世界一やさしい
株の練習帖
1年生

ジョン・シュウギョウ

ソーテック社

ご利用前に必ずお読みください

本書は株式売買、投資の参考となる情報提供、技術解説を目的としています。株式売買、投資の意思決定、最終判断はご自身の責任において行ってください。

本書に掲載した情報に基づいた投資結果に関しましては、著者および株式会社ソーテック社はいかなる場合においても責任は負わないものとします。

また、本書は2017年２月現在の情報をもとに作成しています。掲載されている情報につきましては、ご利用時には変更されている場合もありますので、あらかじめご了承ください。

以上の注意事項をご承諾いただいたうえで、本書をご利用願います。

※ 本文中で紹介している会社名、製品名は各メーカーが権利を有する商標登録または商標です。なお、本書では、©、®、TMマークは割愛しています。

Cover Design & Illustration…Yutaka Uetake

はじめに

「株式投資の本で説明した理論を実践で使えるように練習したいです」

株式投資に関する本を出版して、日本の投資家たちに正しい投資の本質を伝えるのに少しは役に立つことができたと考えていたころ、こんな要望がたくさん寄せられはじめました。

いや、実際は最初の著作「世界一やさしい 株の教科書1年生」を出した当初からリクエストされ続けたことです。そのことはずっと心の片隅に重く陣取って、「心の借金」のようにのしかかっていました。そしてようやくその要望に応える1冊ができあがりました。

❶ 実践にこだわったからこそ力がつく

本書は、私が説明した理論を実際の投資でどのように使うのか、実践に焦点をあわせて企画されました。株の教科書1年生シリーズを通じて十分実践的だという評価をいただきましたが、**理論の部分は教科書に任せて、実際のチャートとファンダメンタル指標を取りあげ、実践に応用するときにポイントとなる部分、さらに深掘りさせる部分について詳しくお話ししたのが本作**です。

❷ 本書の構成と使い方

本書は**17の法則**で構成され、全体の流れは「世界一やさしい 株の教科書1年生」と同じストーリーになっています。

「**買いのタイミング（When）を極める ⇓ 売りのタイミング（When）を極める ⇓ 銘柄選び（What）を極める**」といった、思考の流れに沿って問題を解きながら、実践感覚を身につけられるスタイルになっています。そして最後に、全法則を総括する問題を解くことで、あなたの腕試しをしてもらえるようになっています。個々の法則もそうですが、特に最後の総合問題は解答の説明を先に読まずに、自分の力だけで挑戦してください。そうすることで、読み終えたときのあなたは別人になっているはずです。

各法則は、「**❶基本理論の参照**」「**❷基本理論のサマリー**」「**❸実践問題と解説**」の3つのパートで構成されています。

❶基本理論の参照では、その法則が「世界一やさしい 株の教科書1年生」のどの部分と関連しているのかを示しています。参照する部分を明確にすることで、復習の際、また解説を読む際に、素早くアクセスできるようになっています。

❷基本理論のサマリーでは、教科書の内容を簡潔にまとめています。簡潔にとはいっても、

大事なことがきちんとまとめられているので、自信のある人でもしっかり目を通してください。

③実践問題と解説が、本書のメインパートになります。実際のチャートと投資指標などのファンダメンタル情報を提示して、あなたの投資戦略を立てるような質問を提示しています。必ず、問題を読んで手を止めて（頭は止めないでください）自分で解いてみてから解説を読むようにしてください。

また、各問題には難易度を表しています。「高」レベルの問題が解けたら自分を思いっきり褒めてください。解けなくてもあまり凹まないでください。繰り返しているうちにすらすら解けるようになるので、焦らずに進めていってください。実際に本書に載っている問題の多くは、私が主催するセミナーやワークショップで多くの受講生に挑戦してもらい、効果が実証されたものから厳選したものです。自分と同じ悩みを抱えながら問題に挑戦し、成長していく過程を特典動画で見ることができるのも本書の隠された魅力のひとつです。

同じ考えを持つ仲間たちの成長過程を通じて「私はひとりじゃない」という実感を持ってください。「**わかる、できる、仲間と一緒**」が本書のキーワードです。

わかった！　を手に入れたあなたに会える日を楽しみにしています。

ジョン・シュウギョウ

目次

はじめに …… 3

1時限目 トレンドと買いの達人になる10の法則

01 中 高 「グランビルの法則」をマスターする …… 12
❶「株価の位置によって戦略を変える」ことを覚えるのが目標
❷「上昇の各局面別の、時間と投資資金に対する考え方」を覚えるのが目標

02 中 すべての出発点は上昇1回目の買い …… 22
❶「1回目の買いを検討してもいい銘柄」を覚えるのが目標

Column 1 法則どおりにいくとはかぎらない …… 33

03 中 高 1回目の戦略 75日移動平均線を基準に考える……34
❶「75日移動平均線が下向きでも高くなったら買う」ことを覚えるのが目標
❷ 注文は、買いでも売りでも「逆指値」で徹底する
❸ 利益確定とロスカットは表裏一体、売りの注文もいつも「逆指値」
❹ 売り注文は市場が終わってから設定する

04 低 中 売買にもスキルが必要。画面設定に慣れよう……48
❶ 逆指値の値段がわかるだけではダメ、画面を見ながら正確に設定しよう

05 中 高 ゴールデンクロスはトレンドとあわせて判断する……60
❶ ゴールデンクロスが出たからといって買ってはいけない

06 中 2回目以降はトレンド転換線で決める……72
❶ 2回目以降は線1本で売買が自由自在

07 中 高 トレンド転換線の売買ポイントは高値と安値で決める……88
❶ トレンド転換の買いは高値、売りは安値

08 中 高 最後の上昇局面は利益を確定するところ……102
❶ 上昇中のニュースや推薦は過熱のはじまり。買いではなく利益確定を考える

2時限目 売りの達人になる2法則

09 中 高 株価の位置とローソク足で〝天井〟を知る …… 112
❶ 株価の位置とローソクを組みあわせて天井で買わないテクニック

10 高 株価の位置とローソク足で〝底〟を知る …… 122
❶ 株価の位置とローソクを組みあわせて底から買うテクニック

11 中 高 MACD《マックディ》で売りを極める …… 134
❶ テクニカル指標は過去のデータで未来の価格やトレンドを予測するもの

12 中 高 ボリンジャーバンドで売りを極める …… 148
❶ MACDとの違いは判断のタイミング

Column 2 3回やってもダメでした …… 158

3時限目 銘柄選びと管理の達人になる3法則

13 高 MACDとボリンジャーバンドを組みあわせた最強技 …… 160
❶ 指標の組みあわせは株価の位置とトレンドで使い分ける

14 中 高 ファンダメンタル分析は4指標で即決 …… 178
❶ 迷ったらファンダメンタル

15 中 高 ニュースの正しい使い方 …… 190
❶ ニュースが出たときは、飛び込む前に使い方を考える

Column 3 エコノミー？ アタシ的にはニュース！ …… 204

4時限目 本当の達人になるために売買プロセスをルーチン化する

16 高 最強の投資は〝プロセス〟にあり …… 206
❶ 投資は意思決定と行動のプロセス

17 高 チャンス銘柄はガマンが必要なことも …… 226
❶ 銘柄の仕入れはランキングから、複数のサイトで効率を高める
❷ そのほかの、有用な銘柄の仕入れ先ランキング

あとがき …… 244

1時限目
トレンドと買いの達人になる10の法則

“買い”を極めると“株”が楽しくなります！　何はともあれ、買いの戦略をきっちりマスターしましょう！

難易度
低 **中** **高**

01 「グランビルの法則」をマスターする

1 「株価の位置によって戦略を変える」ことを覚えるのが目標

❶ 上昇1回目　波が小さいので売買単位を小さくする

75日移動平均線がフラットか少し上向きのときに、一部の上級者が試しに買うトレンドのはじまりの局面です（次頁図中❶参照）。参加者が少ないので、「**利益確定が早く、波が小さい**」のが特徴です。

基本戦略は、「**あまり大きな利益を期待せず、売買単位を小さく**

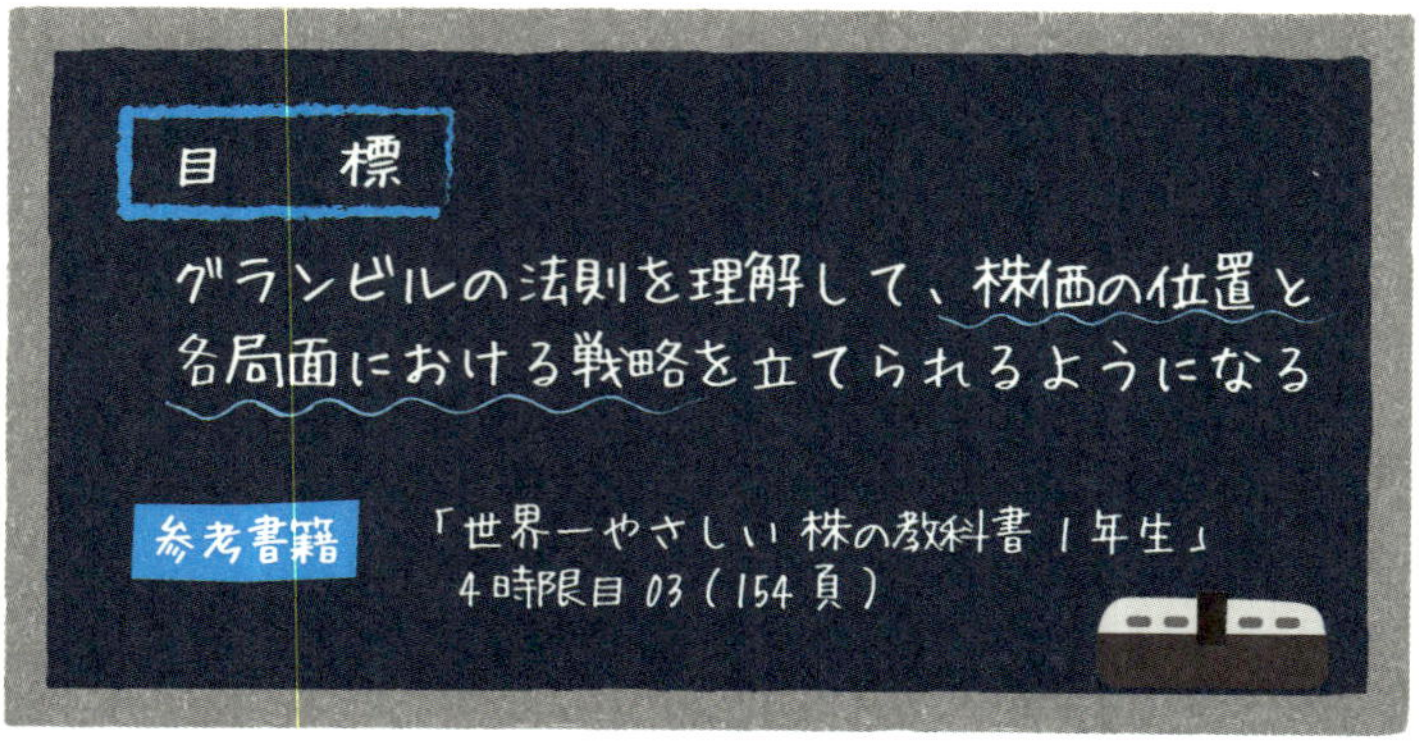

目　標
グランビルの法則を理解して、株価の位置と各局面における戦略を立てられるようになる
参考書籍
「世界一やさしい 株の教科書 1年生」
4時限目 03（154頁）

すること」です。波が小さく参加者も少ない中で、上昇2回目、上昇3回目と同じ単位を売買するような戦略ではなく、「**小さい利益を積み重ねながら底値の確認、上昇トレンドのスタートを確認する**」ことに重きを置きます。

② 上昇2回目 ゆったりと最も大きな利益をねらう

株価が再び75日移動平均線の下から上に抜けていくと、上昇トレンドに気づきはじめた個人投資家が増えてきます（下図中②参照）。上昇1回目で確保できた利益で買いを増やしていきます。時間をかけて75日移動平均線から離れていきながら、緩やかに上げていくのが特徴です。

売買戦略は、「**売買単位が大きくなり参加者が増えてくるので、1回目より売買単位を増やす**」ようにします。「**利益確定にテクニカル指標を活用しはじめるのがこの局面**」です。

● グランビルの法則と株価のサイクル

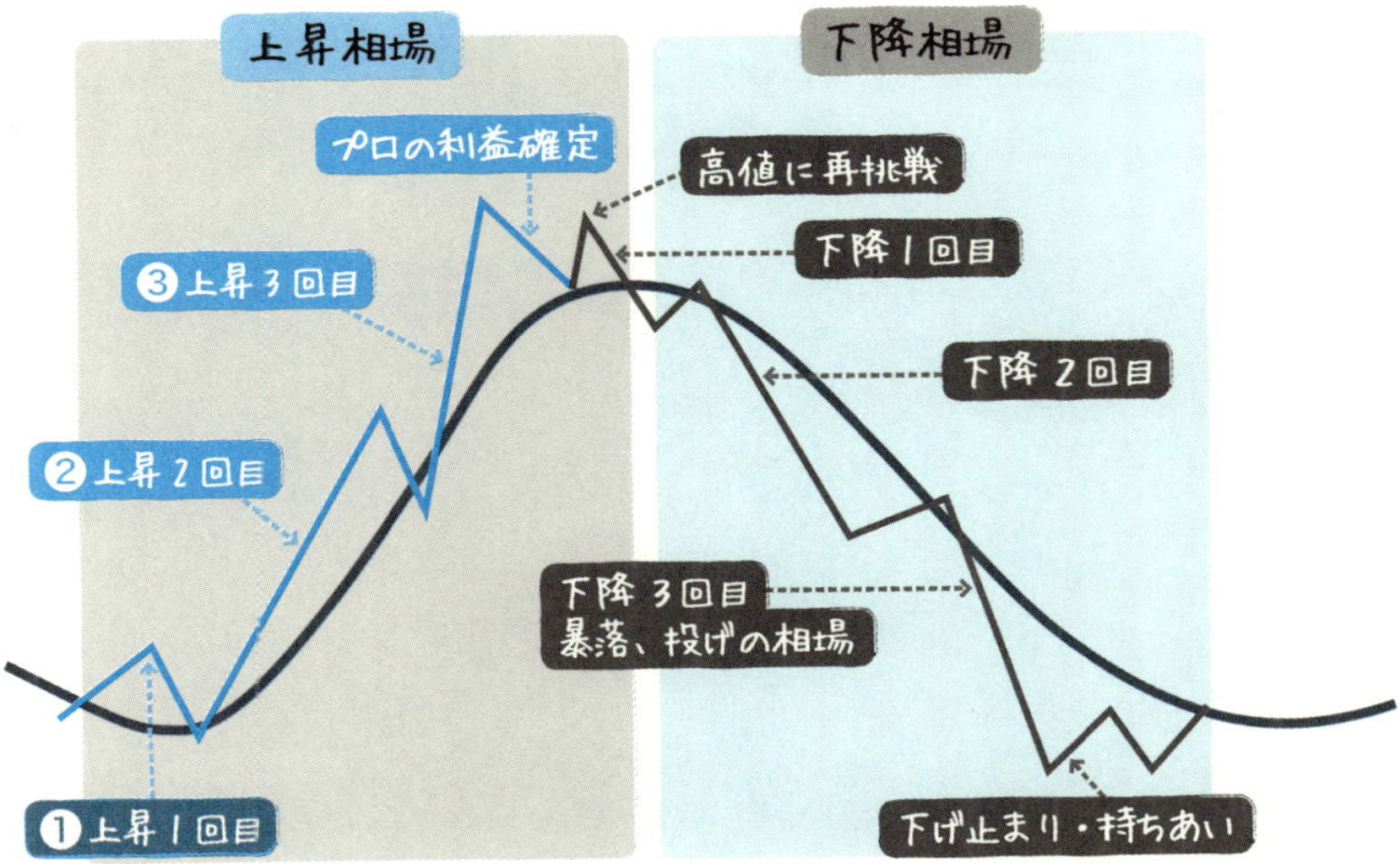

③ 上昇3回目 短期間で大きな利益を得るチャンス

2回目まで順調に上げてきた実績があるのでマスコミで話題になり、雑誌やネット、証券会社の推薦銘柄などに載ることで、一気に売買への参加者が増えます。株価が急騰して過熱すると、その雰囲気に引っ張られて多くの個人投資家が高値つかみを経験する局面でもあります（前頁図中③参照）。

売買戦略は過熱感のある相場ということを認識しつつ、変動が激しいので、「**売買単位は2回目と同じか、小さくしてリスクを限定する**」「**株価の動きが急に反転したら利益を確定して、上昇相場の終了を確認する**」のがポイントです。

では、チャートを見ながら問題を解いていきましょう。

問題1・1 中

次頁のチャートは、株価が底値を抜け出して大幅に上昇してきたヤマダ電機のものです。

上昇の波うちの特徴

1. 1回目は小さいので売買単位を小さくする
2. 2回目はゆったりと最も大きな利益をねらう
3. 3回目は短期間で大きな利益を得るチャンス

現在の株価の位置は、「グランビルの法則」でいう上昇何回目の局面でしょうか？

まずチャート上で株価の各局面を描いてみてください。そして今後の動きがどうなるか考えてみましょう。

解答欄

❶ 上昇の（　）回目

❷ このあとの動きは？

● **問題**「グランビルの法則」でいう何回目の上昇か？（9831：ヤマダ電機）

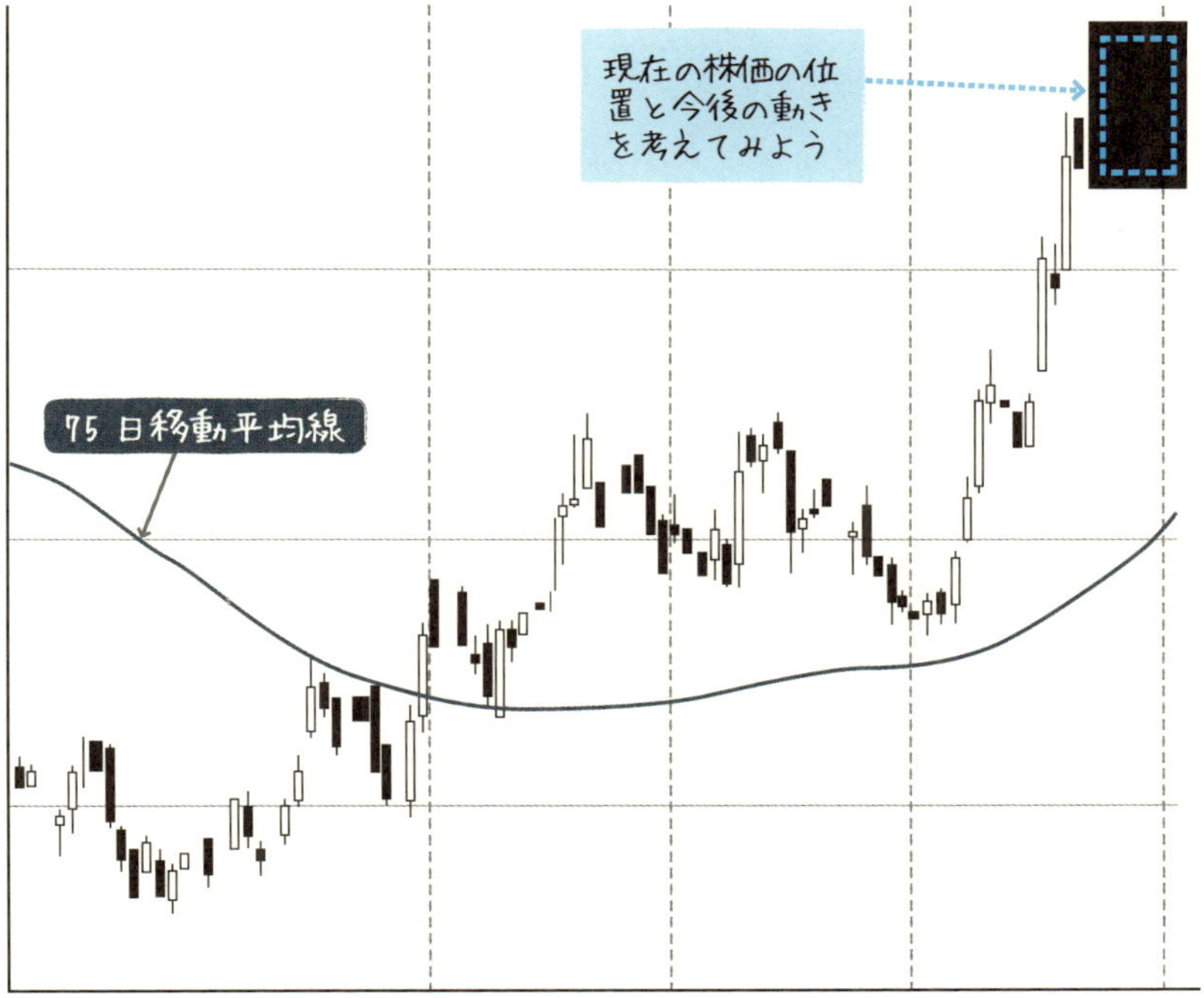
現在の株価の位置と今後の動きを考えてみよう
75日移動平均線

1・1の解説
正解は「上昇の2回目」

75日移動平均線が下向きでずっと下落してきた銘柄はやがて下げ止まり、上昇の1回目に入ります。しかしまだトレンドが発生しているわけではないので、投資家もまだ確信は持てない状態です。

確信が持てない投資家の心理を反映して、この例では上昇1回目のパターンが2回現れています。このように**「トレンドに乗る前は、上昇1回目のパターンが数回現れる」**ことがよくあります。**「上昇1回目が何回現れるのか」**、とても重要なポイントなのでしっかり覚えてください。

1回目が終わってからは参加者が増

答えあわせ 上昇2回目と判断する理由（9831：ヤマダ電機）

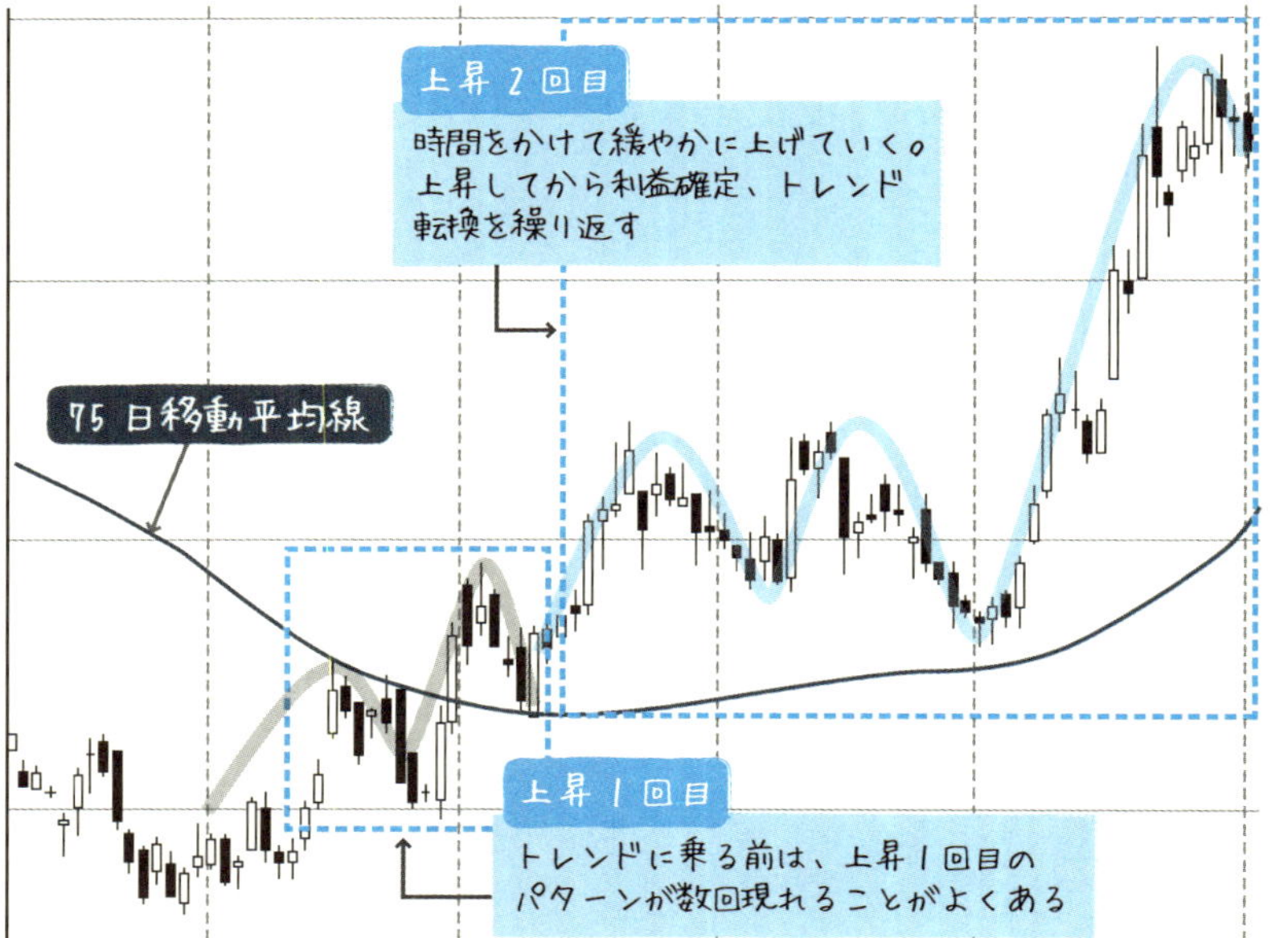

え、売買単位が増えるので波が大きくなり、ゆっくり大きく上げていきます。この**「上昇2回目の局面も1回で終わるのではなく、上昇してから利益確定、トレンド転換して再び上昇することを繰り返します」**。例のチャートも上昇1回目を2回ほど経験したあと、上昇2回目で波を3度つくりながら上昇しています。

今後の動きは上昇3回目

上昇2回目が終わったあとの動きを考えてみましょう。上昇2回目まで上げてきた実績に基づき、参加者が一気に増えます。あまりにも急激に増えるので、株価は一気に上昇して市場が過熱します。上昇2回目の動きとは明らかに異なった急勾配のチャートが現れます。これが上昇3回目にあたります。上昇2回目の局面が3つの波を描きながら終わったあと、急激に上昇して7営業日ほどで前回の上げ幅まで上げてきます。13営業日ほどかかった前回の動きと比較すると、そのスピードはおよそ2倍で、市場が明らかに過熱しています。天井付近では同じくらいの高値を2回つくってから徐々に下げはじめます。

上昇3回目とその後の動きを含めた各局面の投資戦略について**問題1・2**で考えてみましょう。

検証 グランビルの上昇の法則2回目のあとの動き（9831：ヤマダ電機）

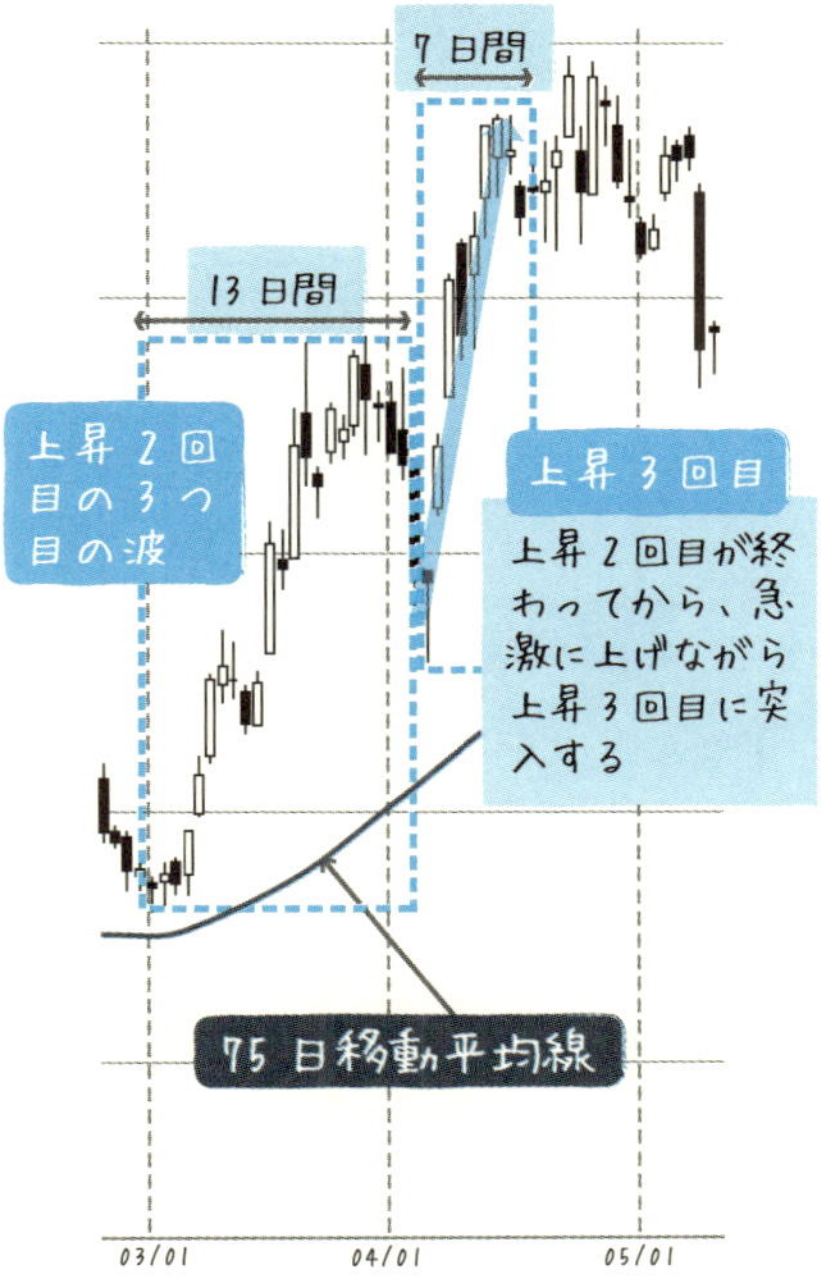

問題1・2

高

下のチャートはヤマダ電機のチャートで、上昇1回目が現れる前から上昇3回目以降の動きまでを網羅したものです。少し簡単ですが、問題1・1の解答を参考に株価の動きを大きな波でとらえて、チャート上に描いてみてください。描いたあとは、それぞれの波の動きがどの局面にあたるのか、また上昇の各局面別に取るべき投資戦略を考えてみましょう。こちらは難易度の高い問題になるので、がんばってください。

解答欄

❶ 下降相場から上昇相場の各局面、再び下降相場に入る動きを下のチャート上に描いてみよう

❷ 上昇の各局面における投資戦略は？

問題 グランビルの法則にあてはめた全サイクルを考える（9831：ヤマダ電機）

1-2の解説
下降相場と上昇相場の終わりを区別できるかがポイント

下図の「答えあわせ」に波線をたくさん入れてしまうとわかりにくくなってしまうので入れていませんが、本来の解答は、次々頁のような波線を書くことです。では解説していきます。

Ａ安値が何回も切り下がる動きと、下げ止まりの動きまでをあわせて「**下降相場**」と呼び、Ｂ上昇1回目から高値再挑戦の失敗までを「**上昇相場**」と呼びます。そして、Ｃ下降1回目に入り再び「**下降相場**」がはじまります。

実際どこまでが上昇相場で、どこまでが下降相場なのかは、人によって意見が違います。たとえば高値再挑戦のところではすでに値段が下がりはじめているので、ここから下降相場のはじまりとすべきだという意見もあります。しかし最も重要

● 答えあわせ グランビルの法則にあてはめた全サイクル（9831：ヤマダ電機）

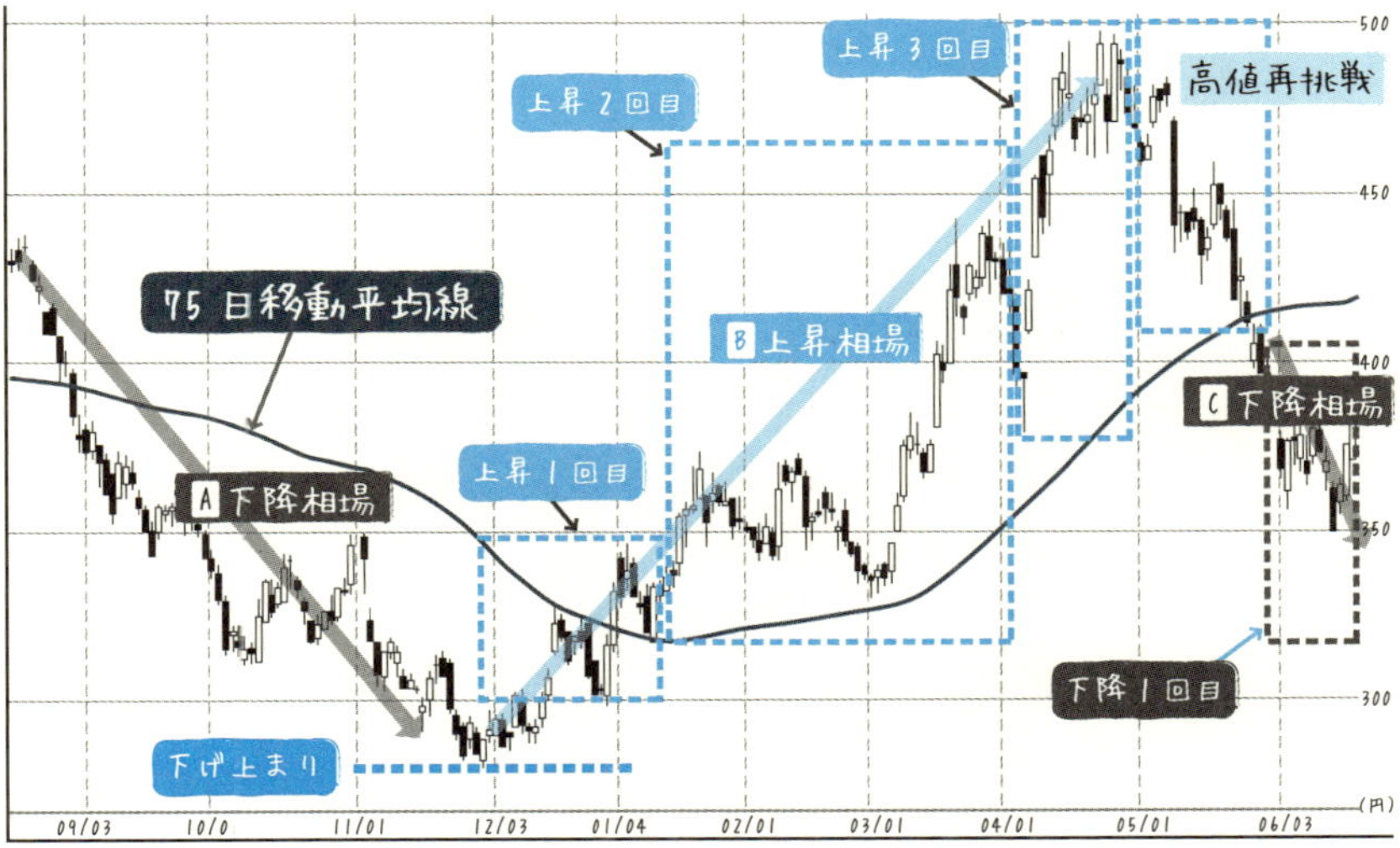

なことは、下降相場と上昇相場の終わりを区別できることです。「**はじまりの定義よりは、現在の株価が上昇相場にあるのか、上昇相場が終わっているのにひとりで一生懸命上げようとがんばっていないかを認識することが大事**」なのです。

2 「上昇の各局面別の、時間と投資資金に対する考え方」を覚えるのが目標

株価のサイクルが理解できたところで、上昇の各局面における投資戦略をまとめてみましょう。

上昇1回目の投資戦略!

トレンドのはじまりということもあり、利益確定が早く波が小さいので、あまり大きな利益を期待しないということも最初から念頭に入れて、売買単位は小さくします。「小さく」といわれてもピンとこないと思うので、具体的な数字でいうと「**全投資資金を10とすると1から2くらいをここに配分**」します。

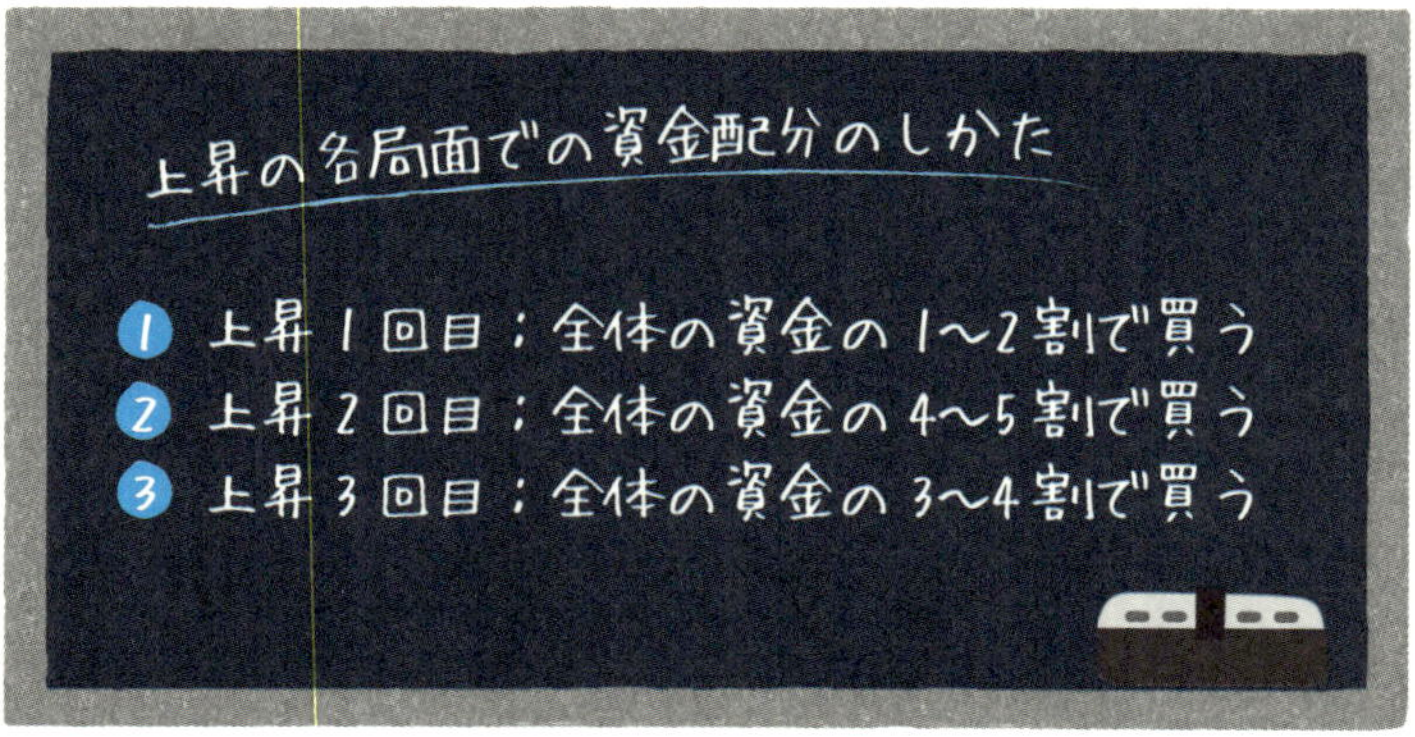
上昇の各局面での資金配分のしかた
1 上昇1回目:全体の資金の1~2割で買う
2 上昇2回目:全体の資金の4~5割で買う
3 上昇3回目:全体の資金の3~4割で買う

上昇2回目の投資戦略！

ゆっくり大きく上げていくので、1回目より大きな資金を投資するのがポイントです。調整を挟む波が2、3回程度現れるのが一般的なので、「**投資資金の4から5を各波ごとに分けて投資**」します。

上昇3回目の投資戦略！

ここは最後の波となるので、短期勝負であることを念頭に入れてトレードに挑むのがポイントです。短期間で大きな利益をねらえるので理想的な局面ですが、「**利益が減ることを嫌う売りが出ることで反転も早いので、無謀に大きな投資資金を入れず、3から4くらい投資する**」のが賢明です。

検証 グランビルの法則にあてはめた投資戦略を検証する（9831：ヤマダ電機）

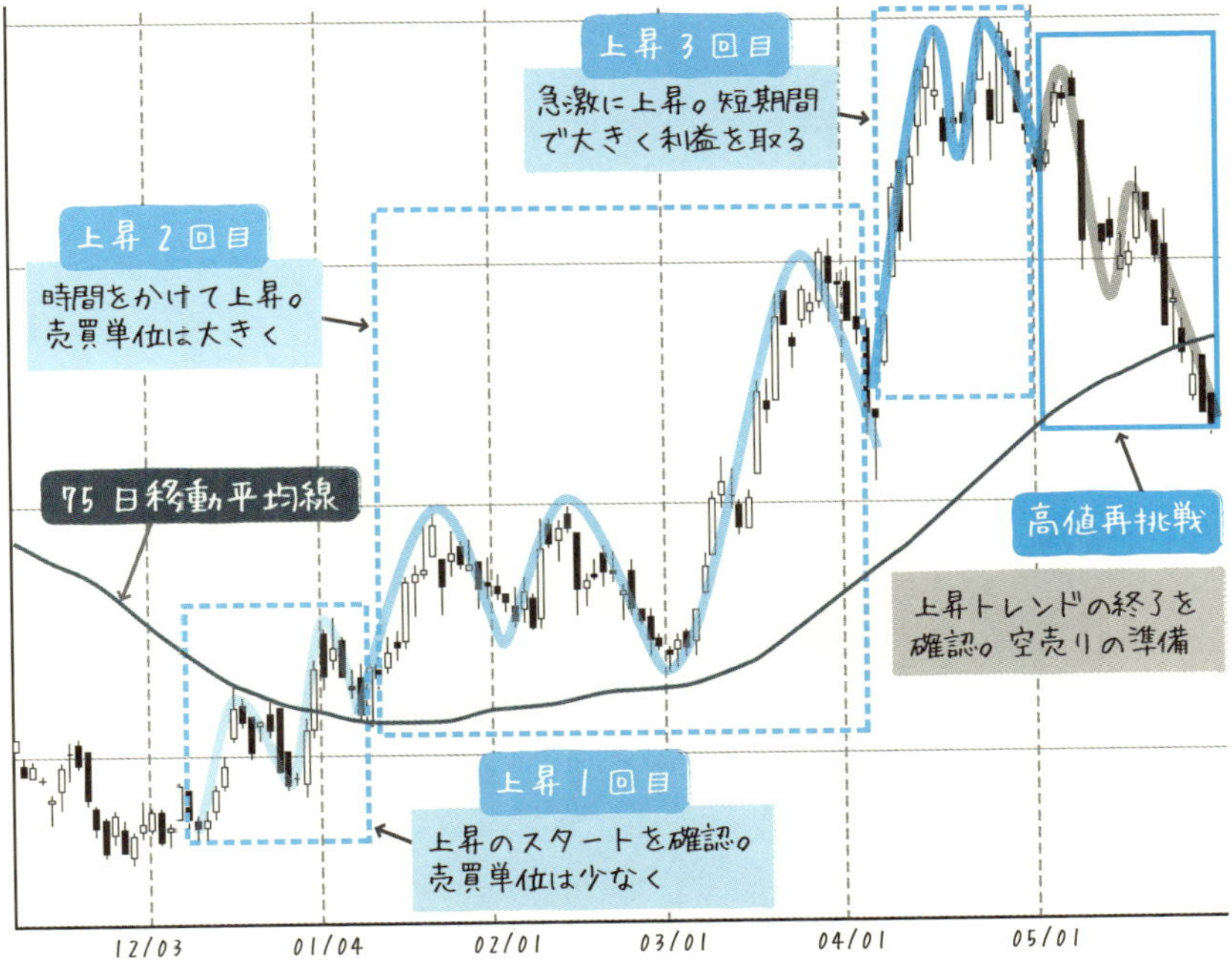

上昇3回目
急激に上昇。短期間で大きく利益を取る
上昇2回目
時間をかけて上昇。売買単位は大きく
75日移動平均線
高値再挑戦
上昇トレンドの終了を確認。空売りの準備
上昇1回目
上昇のスタートを確認。売買単位は少なく
12/03
01/04
02/01
03/01
04/01
05/01

難易度
低 中 高

02 すべての出発点は上昇1回目の買い

1 「1回目の買いを検討してもいい銘柄」を覚えるのが目標

❶ 2～3カ月以上、下げ続けたか？

天井をすぎて、75日移動平均線を1度割り込んでから1カ月ほど下げ続けたぐらいでは、まだ十分に下げたとは判断できません。このあたりまで下げてくると、下げ切ったと思って新たな買いが入りリバウンドすることもありますが、多くの場合はさらなる暴落のはじまりにすぎなかったと、あとから気づくことになります。

「下降の2回目と3回目までをこなすには、おおむね2～3カ月

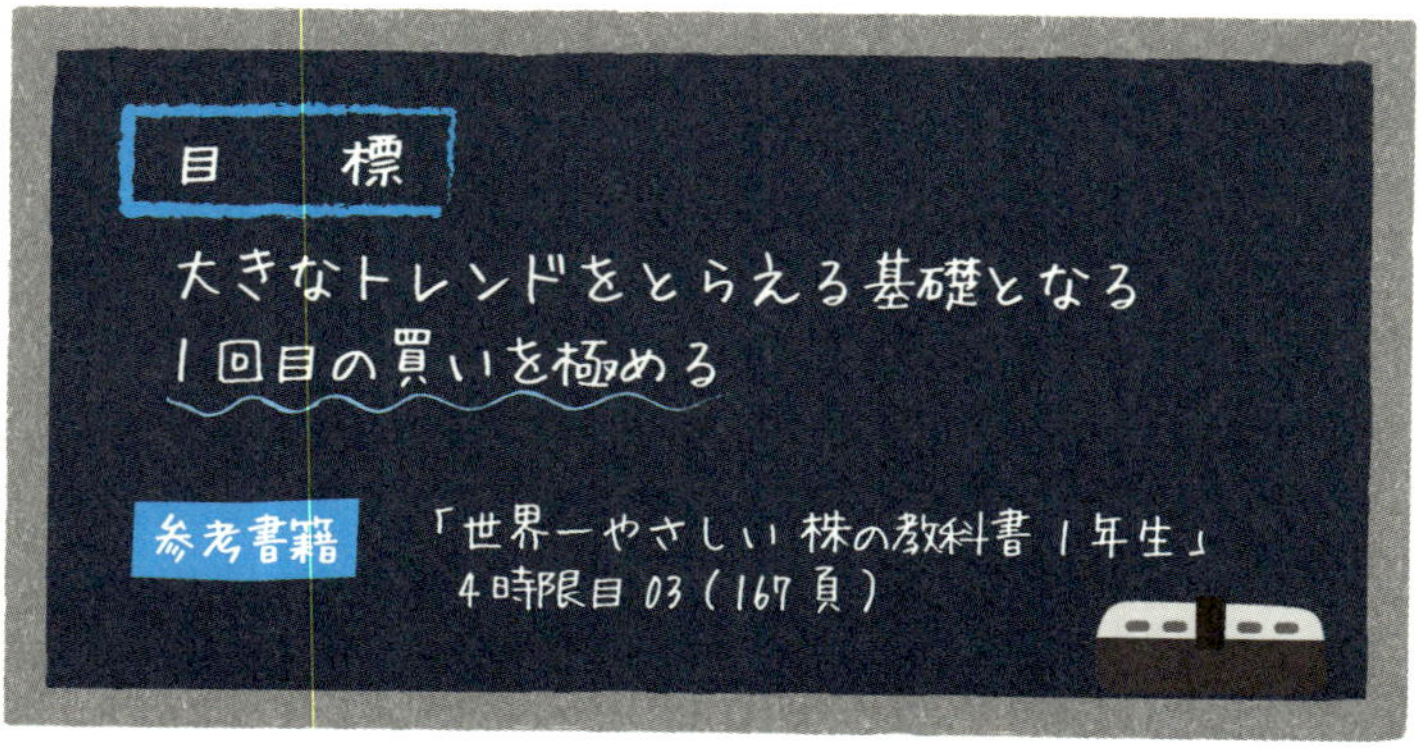
目　標
大きなトレンドをとらえる基礎となる
1回目の買いを極める
参考書籍
「世界一やさしい 株の教科書 1年生」
4時限目 03（167頁）

以上かかるのが普通」です。チャートを見るとずいぶん下げてきたので、「今だ！」と安易な思いで買うのではなく、まずは「**3カ月以上、下げ続けてきたかどうか**」、しっかり確認するようにします。

❷ 3回以上安値切り下げ（3段下げ完成）があったのか？

チャートの大きな流れから見て、前回の安値より今回の安値がより安くなっていることを「**安値の切り下げ**」といいます。3段下げの完成ということは、「**安値の切り下げが3回以上現れたこと**」を意味します。つまり、グランビルでいう下降3回目の局面が確認できたということです。「**3段下げが完成したことで、下降のトレンドが終わった可能性が高い**」と予測できます。しかしこれだけではまだ足りません。もうひとつ、次のポイントを必ず一緒に確認してください。

● 底値の確認と売買のポイント

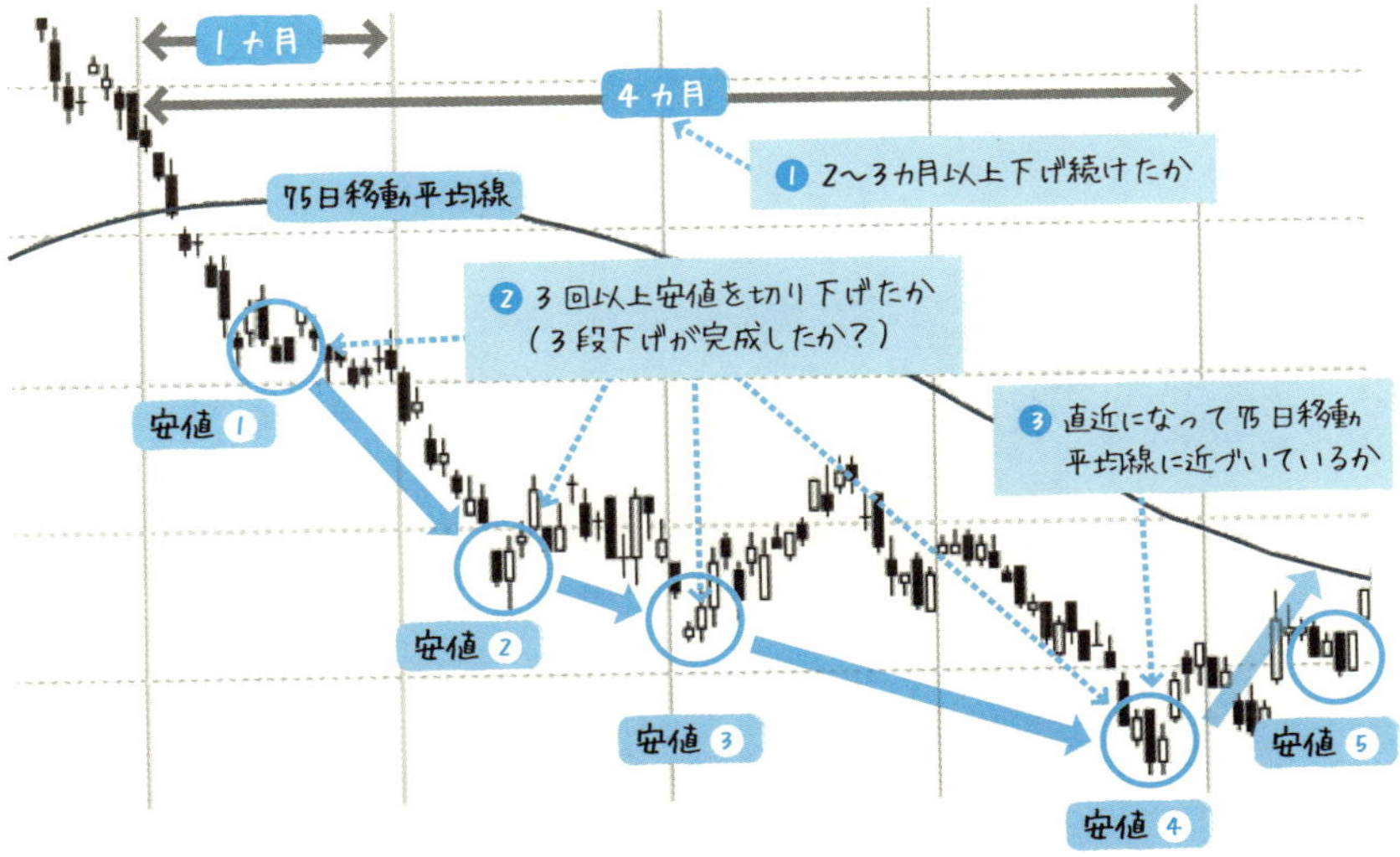

③ 株価が直近になって75日移動平均線に近づいてきたか

下降3回目までは大きく切り下げて下落を続けてきますが、やがて安値の切り下げが止まり、75日移動平均線のずっと下に離れていた株価が75日移動平均線に近づいてきます。そして、安値の切り上げがはじまります（前頁図安値④〜⑤）。下降トレンドが終了して上昇トレンドに変わりつつあるときは、このように「**安値の切り上げがはじまる＝株価が75日移動平均線に近づく**」ことを確認するのが重要です。

この「❶❷❸、**3つの条件を満たしていれば、買ってもいい**」と判断できます。

では、チャートを見ながら問題を解いていきましょう。

問題2・1

中

左頁下のチャートは、8月1日を天井にして株価が下がってき

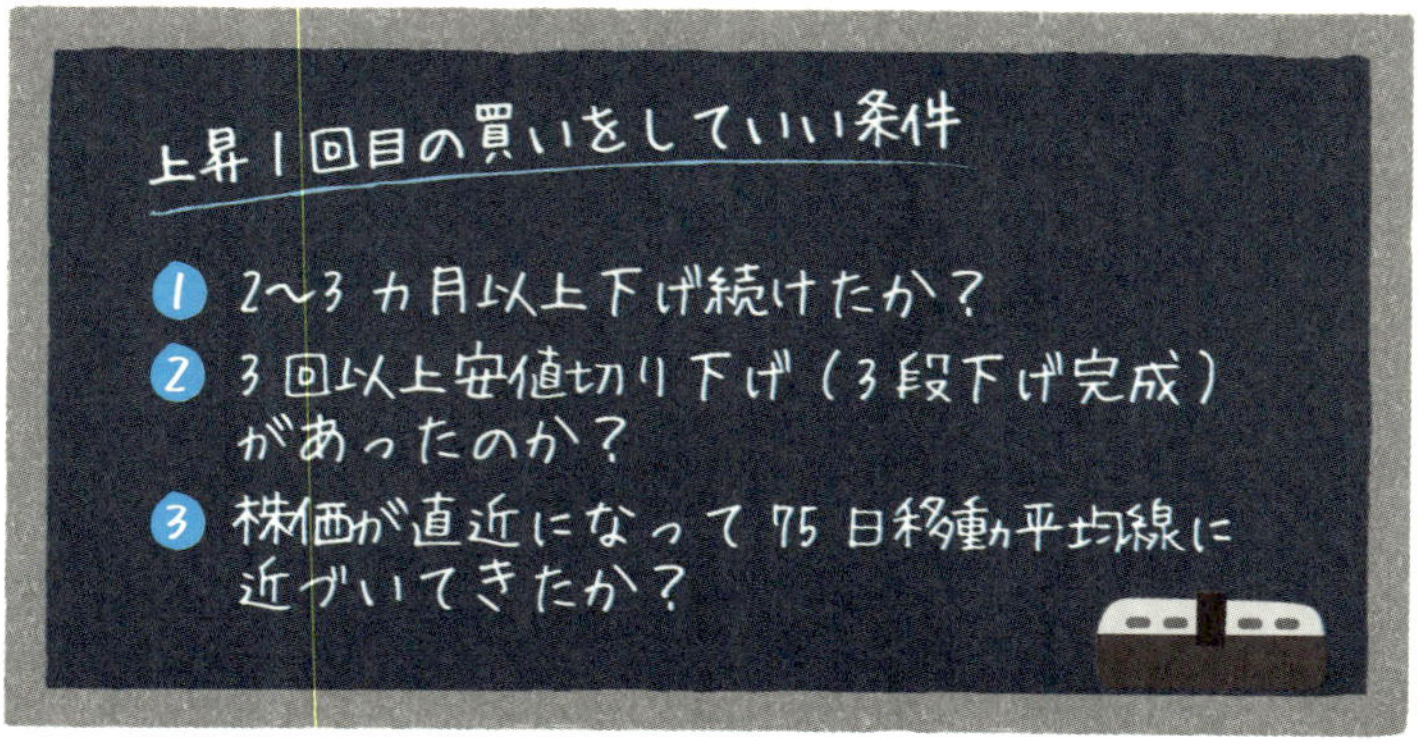
上昇1回目の買いをしていい条件
1 2〜3カ月以上下げ続けたか？
2 3回以上安値切り下げ（3段下げ完成）があったのか？
3 株価が直近になって75日移動平均線に近づいてきたか？

た富士通のものです。今日のローソク足が1番右のローソクだとすると、この銘柄は1回目の買いをしていいでしょうか？　買っていいのか悪いのかを判断するために、その根拠を順を追って考えてみましょう。

解答欄には、「上昇1回目の買いをしていい条件❶❷❸」の3つが書いてあるので、それぞれ検証してみてください。3つの条件をすべて満たしていることが、上昇1回目の買いの条件となります。

解答欄

❶ 2～3カ月以上下げ続けたか？

❷ 3回以上安値切り下げ（3段下げ完成）があったのか？

❸ 株価が直近になって75日移動平均線に近づいてきたか？

★ この銘柄は1回目の買いをしていいのか悪いのか？

問題 今日の夜、1回目の買い注文を入れていいか？（6702：富士通）

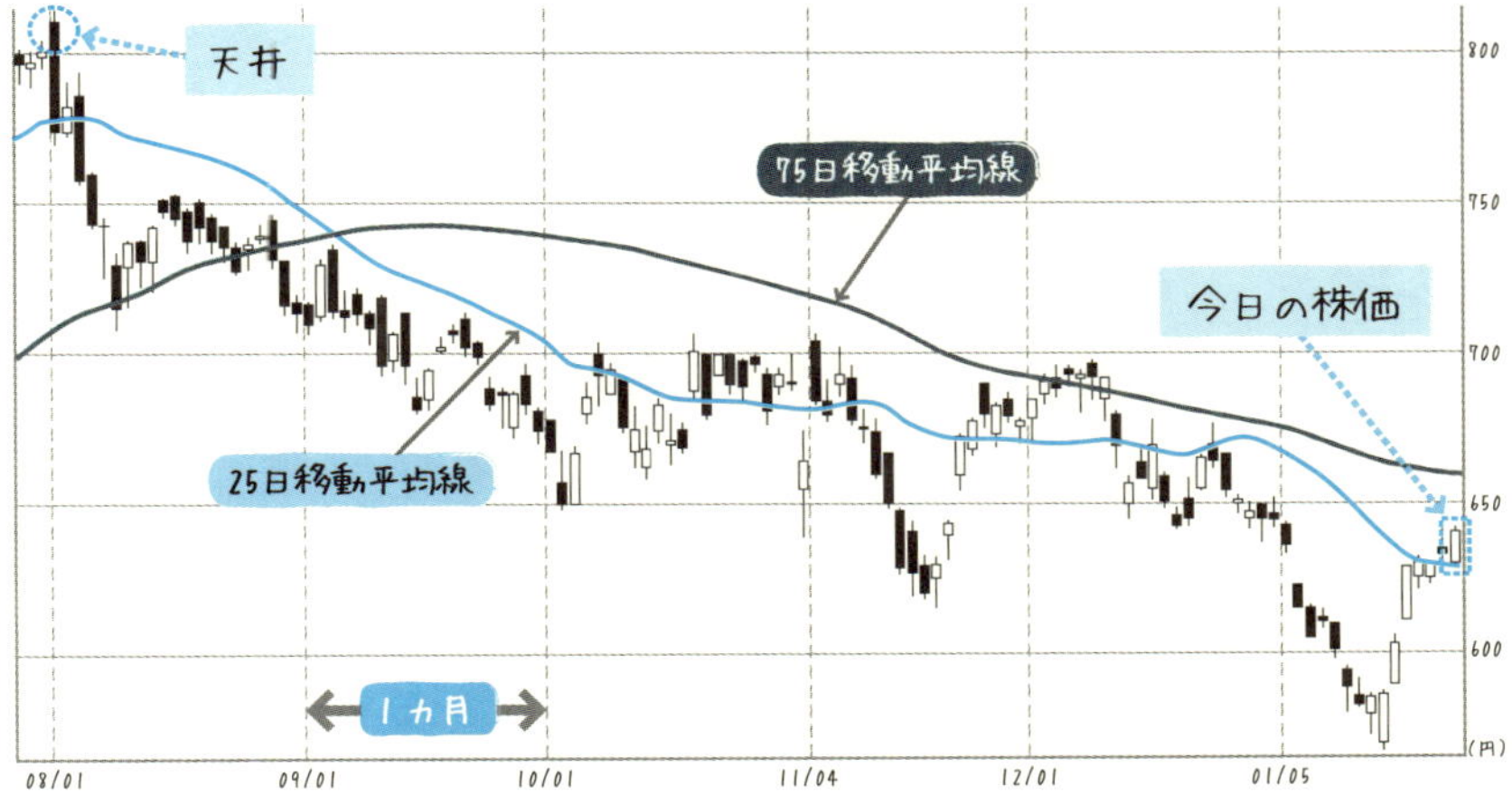

2・1の解説 正解は「買っていい」

まず、下げ続けてきた期間を見てみます。8月1日を天井に下げ相場に転じ、「**75日移動平均線を下に抜けて4カ月以上下げ続けている**」ので、条件❶はクリアです。

次に安値の切り下げ回数について見てみます。この5カ月間ずっと、主な安値は前回の安値より安くなる切り下げを見せています。「**4回切り下げている**」ので、条件❷の3段下げも十分に満たしています。

最後に、「**1月中旬を底にして75日移動平均線に近づいてきている**」ので、条件❸もクリアです。問題のチャートは、条件の3つのポイントを満たしています。つまり、答えは「**買っていい**」です。

ただしここで注意しなくてはいけないのが、「**75日移動平均線に近づいている中で、安値の切り上げがまだ見られない**」ということです。5回切り下げたあと、75日移動平均線に近づきながら安値の切り上げを1回

● 答えあわせ 買い注文を入れていい理由（6702：富士通）

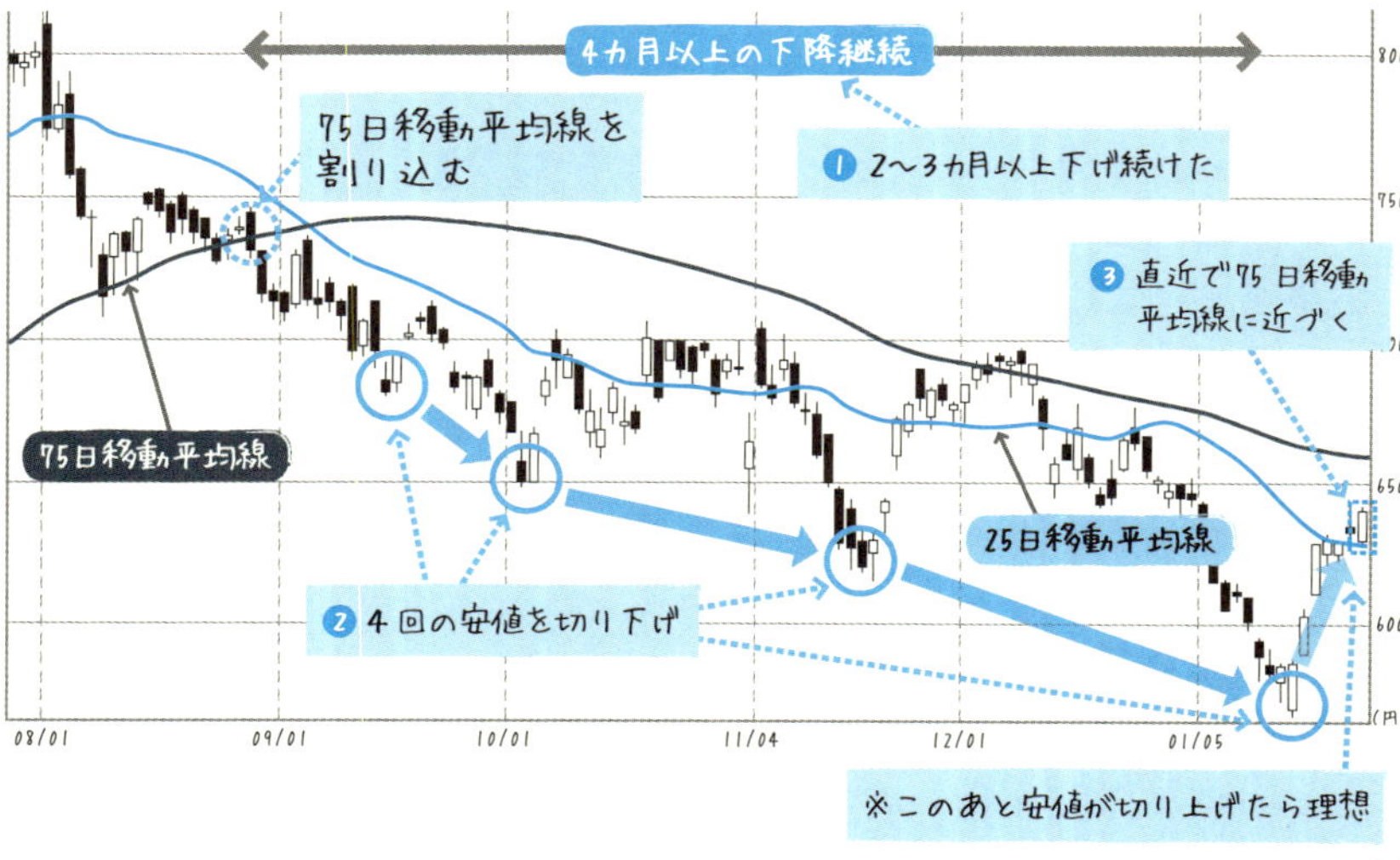

でも見せてくれるのが理想です。この場合「**75日移動平均線に到達して1回上に抜けてきても、まだトレンドが十分発生していないので、ロスカットになる確率が高い**」ということも覚えておきましょう。前頁のチャートの買っていいポイント❶❷❸を確認してください。

その後は大きなトレンドを形成

では、このあとの動きと売買ポイントについて考えてみます。75日移動平均線に近づくことが確認できた今日の夜（下図：株を買おうか考えたときの今日の株価）、75日移動平均線を超えるところに買いの逆指値注文を出しましたが、翌日75日移動平均線近くまで進んでから数日間下がってしまったので約定していません。

しかし株価は25日移動平均線に支えられ

● **検証** 買い注文が約定したあとの動き（6702：富士通）

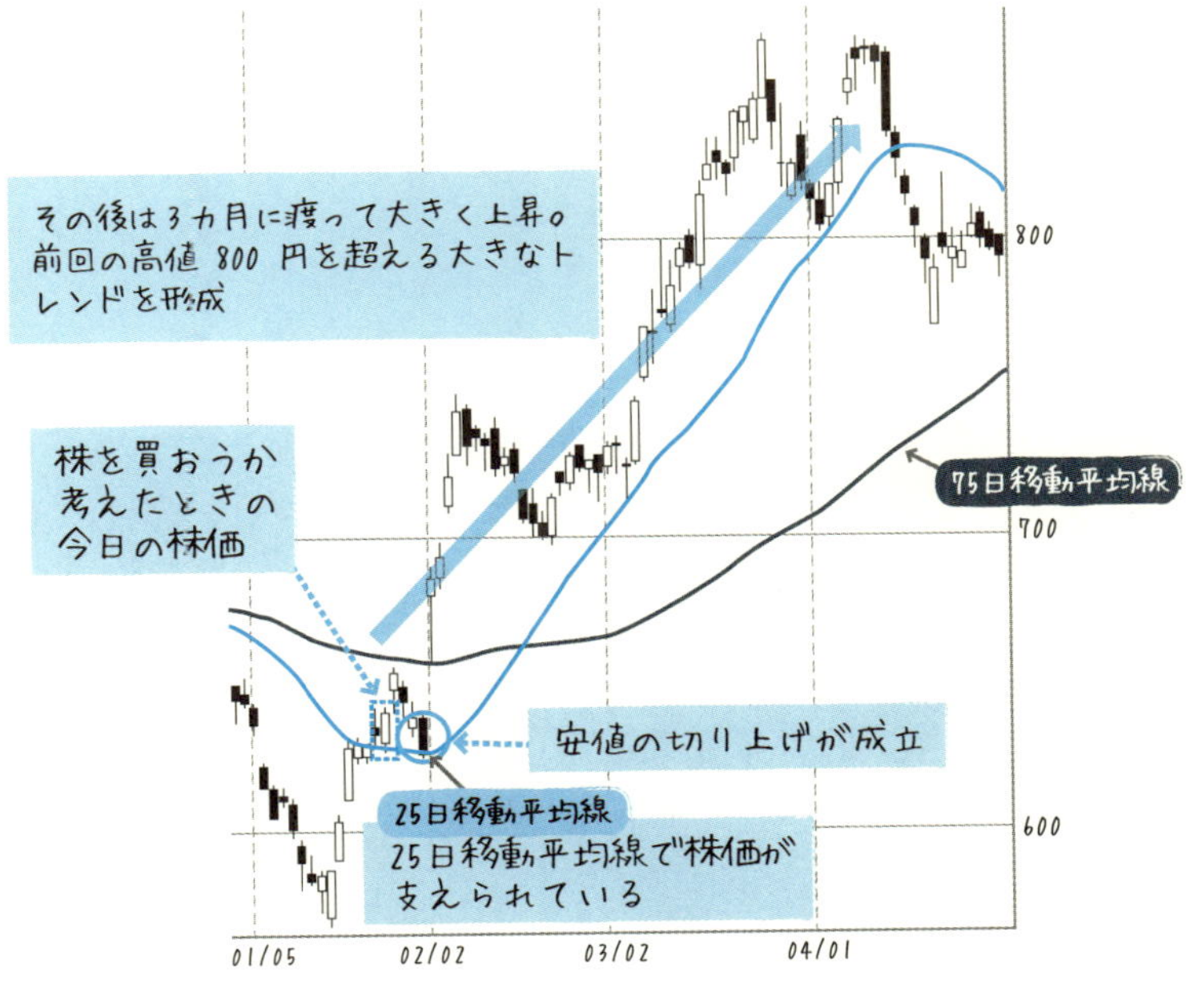

その後は3カ月に渡って大きく上昇。
前回の高値 800 円を超える大きなトレンドを形成
株を買おうか考えたときの今日の株価
安値の切り上げが成立
25日移動平均線
25日移動平均線で株価が支えられている
75日移動平均線
800
700
600
01/05
02/02
03/02
04/01

て、トレンド転換しながら75日移動平均線を超えてきました。これで75日移動平均線超えに設定した買いの注文が約定しました。

ここでもうひとつ確認すべきポイントがあります。これではじめて「**安値の切り上げが成立した**」ということです。「**株価の切り下げが続いたあと、安値の切り上げが現れると、株価が下げ止まり、上昇トレンドへ切り替わった可能性が高い**」ことになります。

前頁のチャートで結果を確認すると、その後は3カ月間に渡って上昇トレンドに乗り、前回の高値800円までも超える大きな上昇トレンドをつくりました。

そして、天井をつくってからは高値に再挑戦し、再度下降していく教科書どおりの株価のサイクルを繰り返しています。

問題2・2

中

次頁のチャートは4月17日を天井にして、株価が下がってきたキヤノンのものです。75日移動平均線を1回割り込んだ6月中旬から2カ月ほど経った今日（8月18日）、株価は75日移動平均線に近づいてきました。今日のローソク足が1番右のローソク足だとす

上昇1回目の買いをしていい条件の決め手

株価の切り下げが続いたあと、
安値の切り上げが現れると、
株価が下げ止まり、上昇トレンドへ
切り替わった可能性が高い！

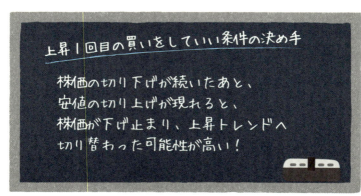

ると、この銘柄は1回目の買いをしていいのでしょうか？ 買っていいのか悪いのかを判断するために、その根拠を順を追って考えてみましょう。

解答欄には、「上昇1回目の買いをしていい」条件❶❷❸の3つが書いてあるので、それぞれ検証してみてください。3つの条件をすべて満たしていることが、上昇1回目の買いの条件となります。

解答欄

❶ 2～3カ月以上下げ続けたか？

❷ 3回以上安値切り下げ（3段下げ完成）があったのか？

❸ 株価が直近になって75日移動平均線に近づいてきたか？

★ この銘柄は1回目の買いをしていいのか悪いのか？

問題 今日の夜、1回目の買い注文を入れていいか？（7751：キヤノン）

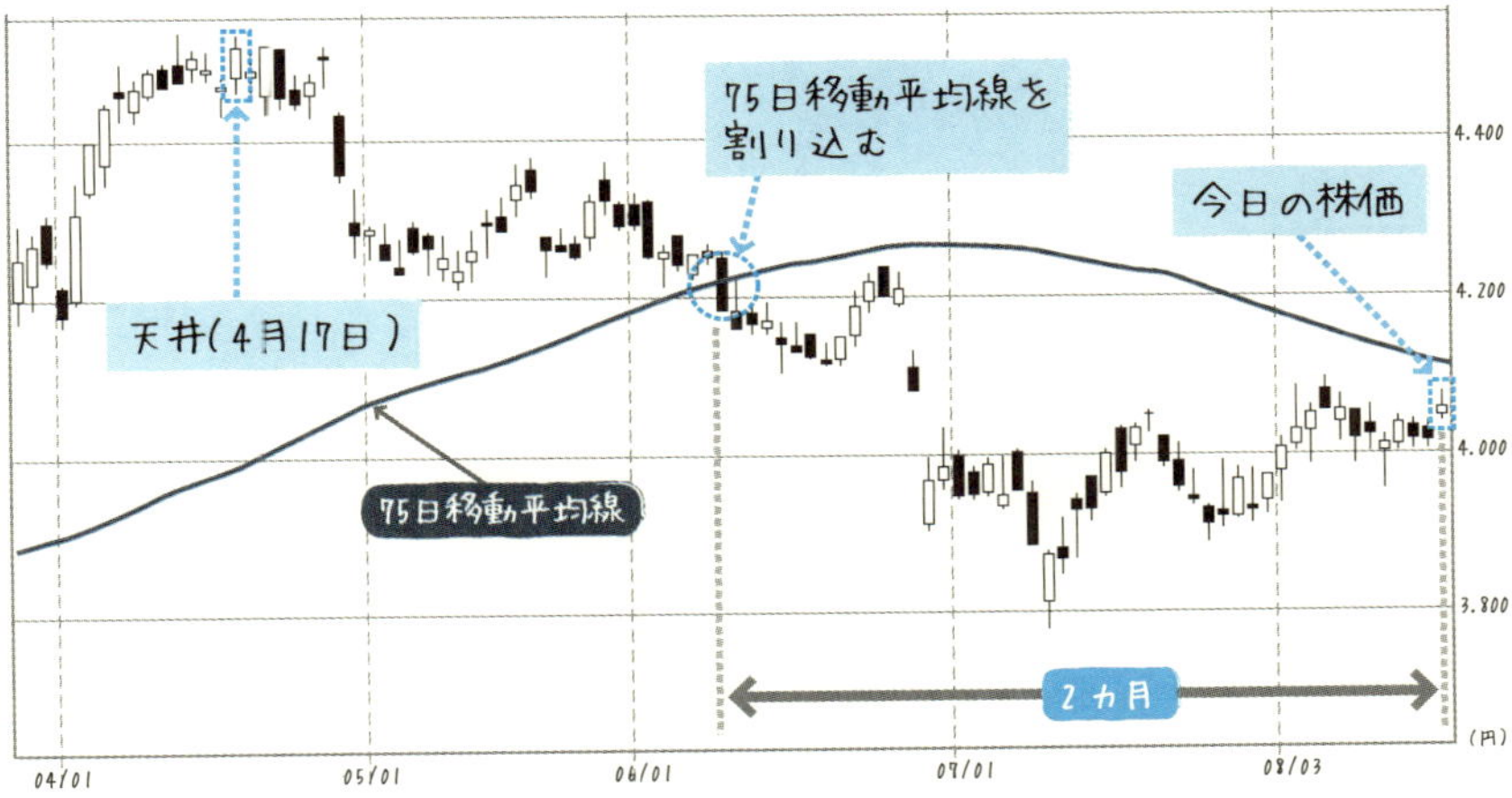

2・2の解説

正解は「買ってはいけない」

まず、下げてきた期間を見てみます。4月17日付近の天井から考えると、下げてきた期間は十分長かったように見えますが、**「75日移動平均線を割り込んで本格的に下げトレンドに入ったのは1カ月半ほど」**です。まだ十分な期間下げてきたとはいえないので、条件❶はクリアできていません。

次に、安値の切り下げ回数について見てみます。天井から考えて、株価自体は大きく下げているように見えます。しかし、**「安値の切り下げはまだ2回ほどしかなく、まだ下げが甘い」**と考えるのが妥当でしょう。条件❷もクリアできていません。

ここで紛らわしいのが、7月下旬に1回安値の切り上げを見せながら75日移動平均線に近づいていくことです。安値の切り上げが成立して、75日移動平均線に近づいていくのは事実ですが、条件

● **答えあわせ** 買い注文を入れていい理由（7751：キヤノン）

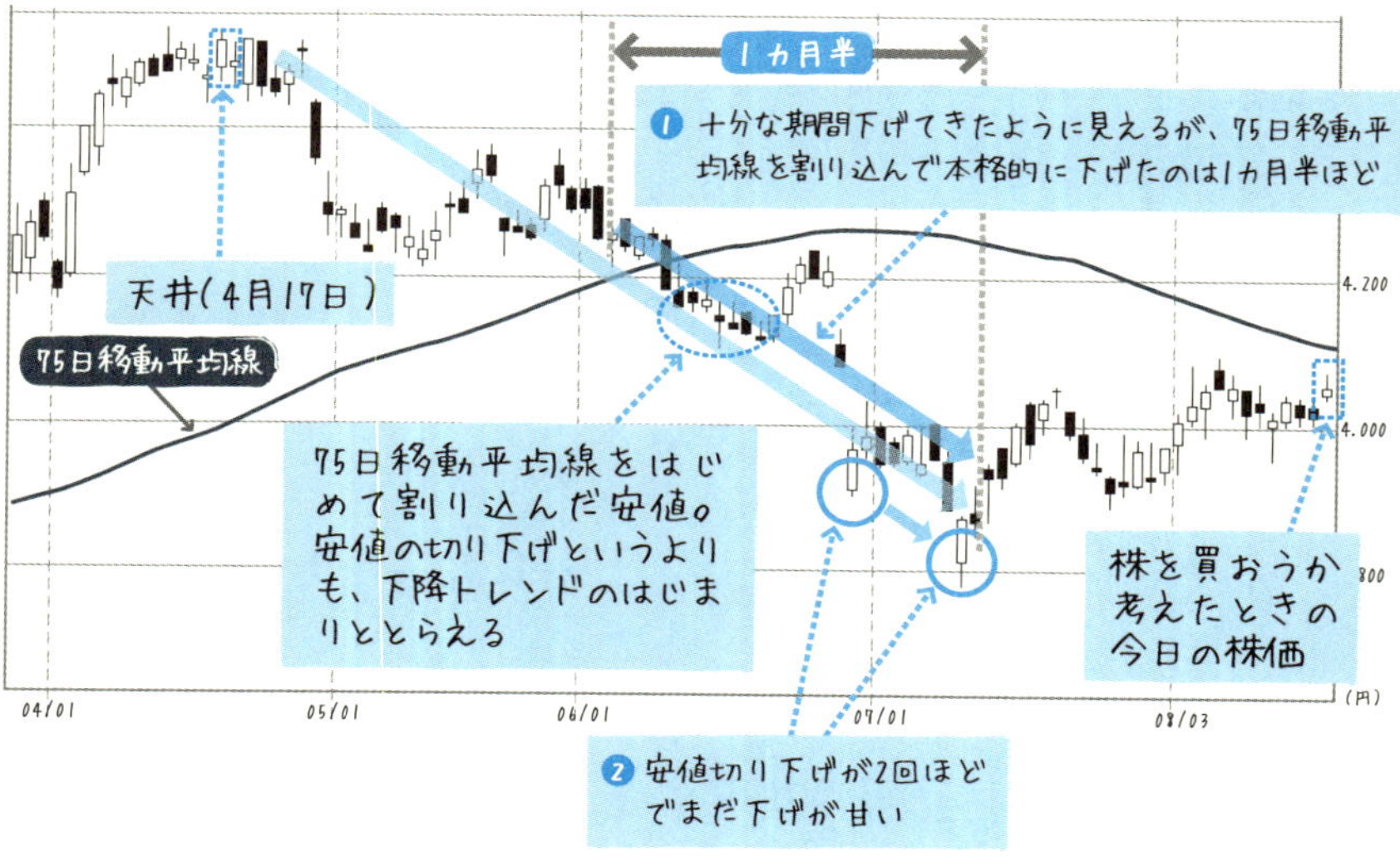

❶と❷をクリアできなかったことで、**「まだ下げが甘いので、75日移動平均線に近づくかタッチすると、もう1度下がる可能性が高い」**と警戒するのがセオリーだということを覚えておいてください。

75日移動平均線超えに買いを設定してもかまわないのですが、ロスカットの設定は絶対に忘れないでください。

3回切り下げても上がるとはかぎらない

ではこのあとの動きを、実際のチャートで検証してみます。下のチャートを見ながら、下げが甘いときの怖さを確認してください。

チャートを見ると75日移動平均線に近づいて、上昇1回目の買いチャンスだと思ったその日は、実はさらなる暴落のはじまりになっていることがわかります。

75日移動平均線を超えたところに注文を出したそ

● 検証 買い注文を入れようとした翌日からの動き（7751：キヤノン）

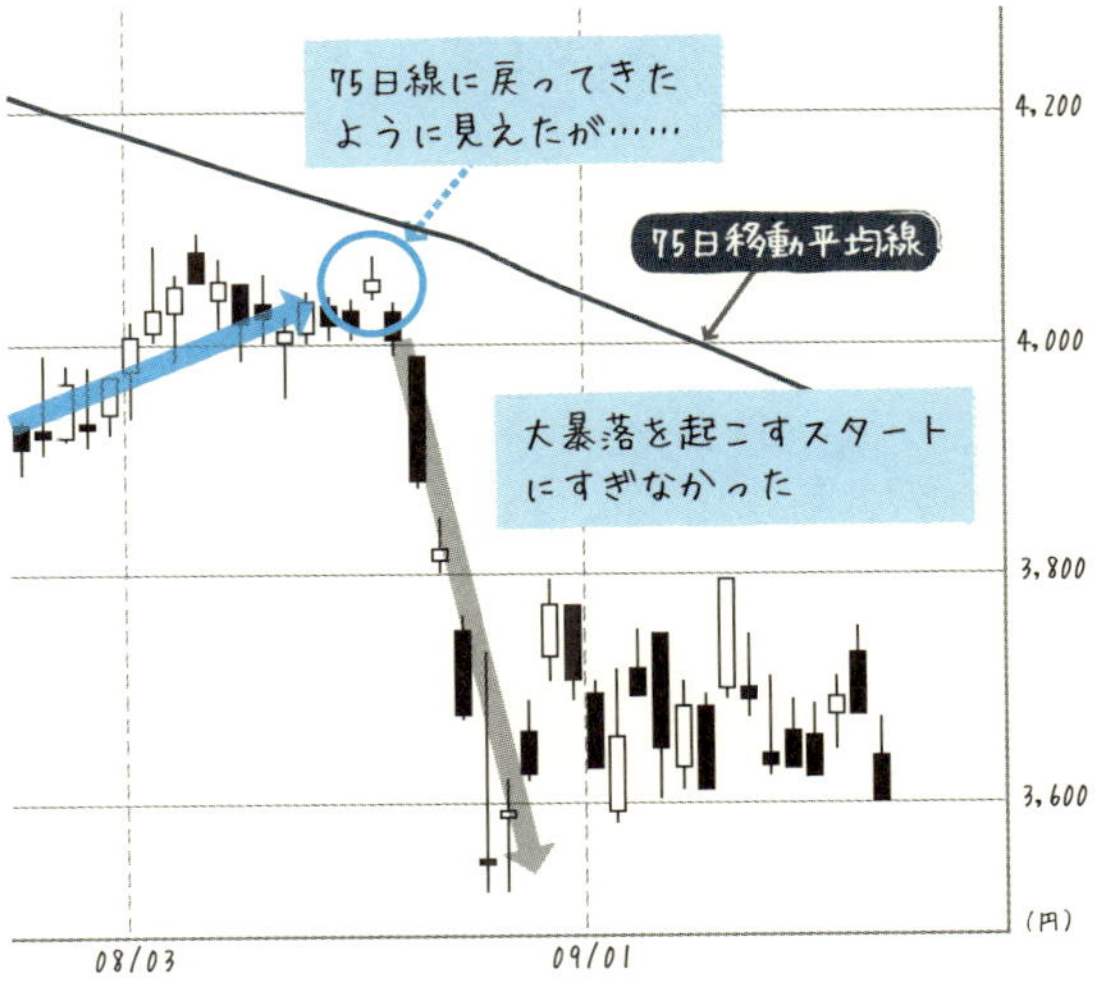

の日は、直近の天井をつくって、その後もう1度暴落を起こしています。

このあとの経過を下のチャートで見てみると、その後は持ちあいに入ってしばらくしてから再び下落をして、最後の切り下げになっています。この時点になって、やっと下げ止まりと上昇トレンドへの転換を検討してもいいタイミングになります。しかし、これも絶対ではないことに注意してください。「**3回切り下げたので絶対上がる**」といった保証はどこにもないことは覚えておいてください。

ここまでの動きをまとめて投資判断してみましょう。

下記のチャートを見ると、9月末で最後の安値が現れ、安値の切り上げがはじまっています。これで安値の切り下げは4回以上になったので、条件を満たしています。

また、75日移動平均線を上から下に抜けてから下げてきた期間も3カ月以上になり、すべての条件を満たすことになっています。

検証 **買い注文を入れようとしたあとの動き（7751：キヤノン）**

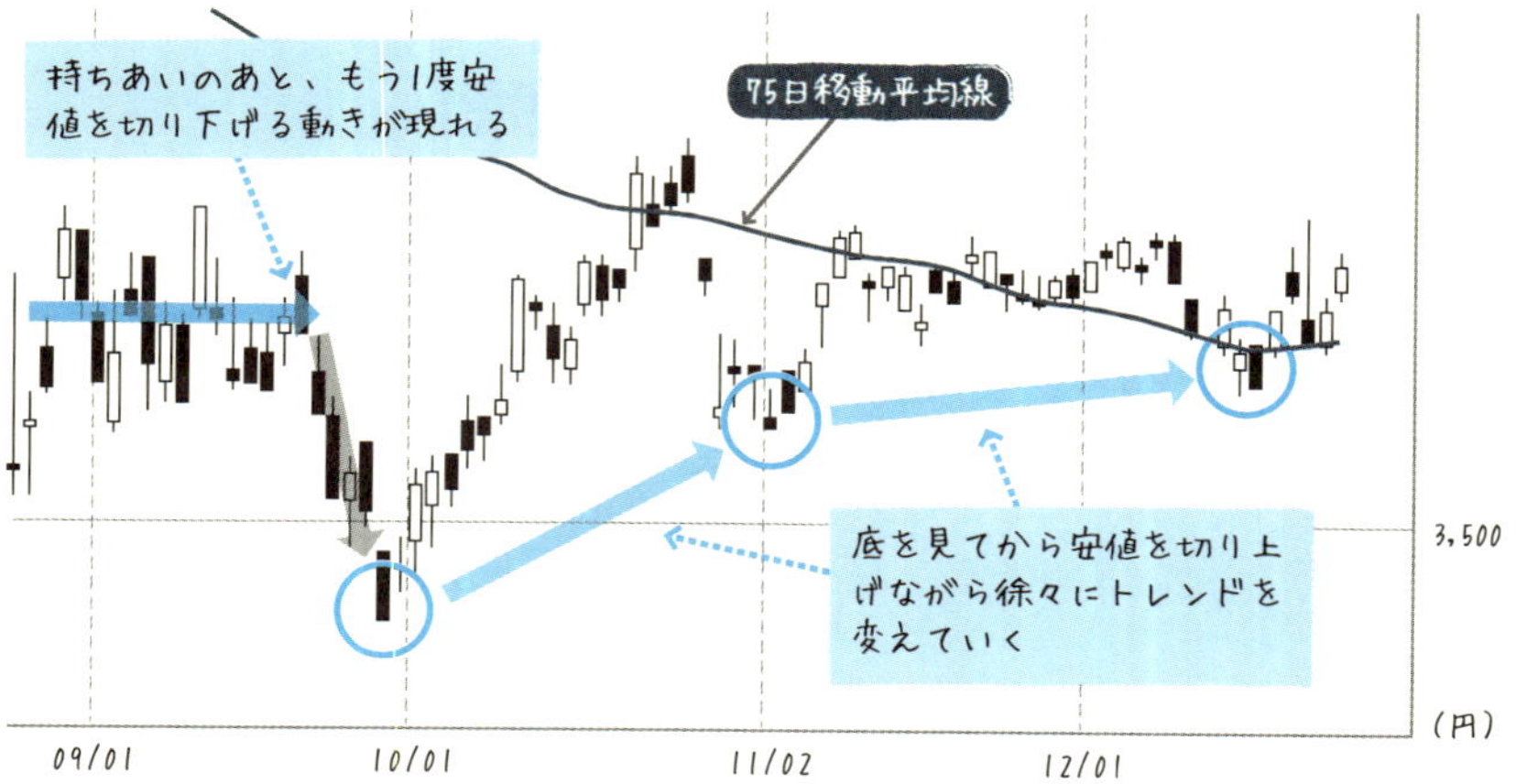

Column 1

法則どおりにいくとはかぎらない

ごくあたりまえのように聞こえますが、法則が存在するからといって、必ずそのとおりにはならないのはよくある話です。思いどおりにはならないことを「マーフィーの法則」という名前で法則にしているくらいですからね。

星の数ほどある投資の理論とテクニカル指標も同様です。グランビル、エリオット波動、メリマンサイクル、ダウ理論など、株価が動くサイクルとパターンを説明する理論は数多く存在しますが、どれも完璧にあてはまるものは存在しません。

法則に基づいた正しいトレードのしかた

では、何が正しい考え方なのでしょうか？

「**完璧な理論や法則を求めるよりは、法則にあてはまらないこともあると認めたうえで、あてはまるときの利益を最大化できるように、その理論を味方につける**」べきです。

もうひとつ、「**理論があてはまらないときに対処する方法を覚えることもセットで身につける**」べきことです。

言葉がややこしいので、実際の例を見ながら紐解いてみましょう。

問題2-1 で出題された富士通（6702）のチャート（26頁参照）を見てください。問題では4回安値を切り下げて75日移動平均線に近づいてきたので、買っていいというのが答えでしたが、実は上昇1回目の買いチャンスはその前にも1回あります。よく見ると、3回の安値切り下げのあと、12月初旬に75日移動平均線を突破しています。グランビルの法則にしたがって買っていきます。これが理論にしたがって、利益の最大化を測る行動です。しかし、すぐ75日移動平均線を下回りもう一度下落しようとします。こちらが理論にあてはまらないときです。このような動きが現れることもあると認めないと、対処ができなくなります。

法則に基づいたトレードにおける対処方法

では、対処方法は何ですか？

はい、私が一貫して教えている「**損失限定（ロスカット）をすること**」です。ロスカットをして、いったん引き下がることです。

たまに「株価のサイクルがあたらないのですが、どういうことですか？」と、抗議に近い質問をしてくる人もいますが、必ず法則どおりに動くなら誰も苦労することはありませんよね。

法則があたらないといって怒るよりは、そのときの対処法を研磨するほうがよほど自分のためになるということです。市場に絶対ということは存在しません。「**確率の高いほうに資金を投じていき、それを絶えず検証していくプロセスが大切**」なのです。

これは絶対上がる！　75日移動平均線に近づいてきたので上がるべきだ！　というのは何の根拠もない「駄々をこねる」にすぎないのです。

難易度 低 中 高

03

1回目の戦略 75日移動平均線を基準に考える

1 「75日移動平均線が下向きでも高くなったら買う」ことを覚えるのが目標

「高くなったら買う」これが基本

銘柄の選定で理想的な形は、「75日移動平均線が上向いている銘柄」だということは十分理解していますよね。しかし **法則02** までの問題を通して、75日移動平均線が下向きのときにも買っていけることがわかりました。次に必要なのは、買いの条件を満たしている銘柄をいつ買うかです。

「買うタイミングは、75日移動平均線の下にあった株価が上に抜

目標

下向きのチャートで売買ポイントを見つけて
ひとりで注文ができるようになる

参考書籍 「世界一やさしい 株の教科書 1年生」
2時限目（124頁、130頁）

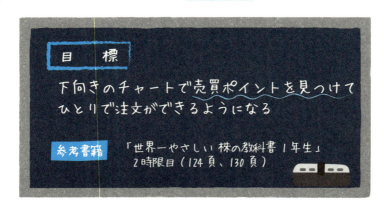

けたとき」です。連日上げながら75日移動平均線に近づくと、普通の人は高くなったから買えないと思います。しかし、「**〝高くなったら買う〟これがプロの行動**」です。

2 注文は、買いでも売りでも「逆指値」で徹底する

買い注文の金額設定のしかた

買いの注文を出すタイミングは、「**株価が75日移動平均線の下にあるとき**」です。上昇トレンドが発生するなら、株価は75日移動平均線を上に抜けていくはずです。では、実際の注文の値段設定をしてみましょう。

たとえば今日の終値が2339円で、75日移動平均線の値は2377円だとします。株価が75日移動平均線を超えるということは、2377円より1円でも高くなるということです。設定する買いの値段は、「**2377円より1円でも高い2378円以上**」になります。

● 逆指値注文の買いの価格設定のしかた

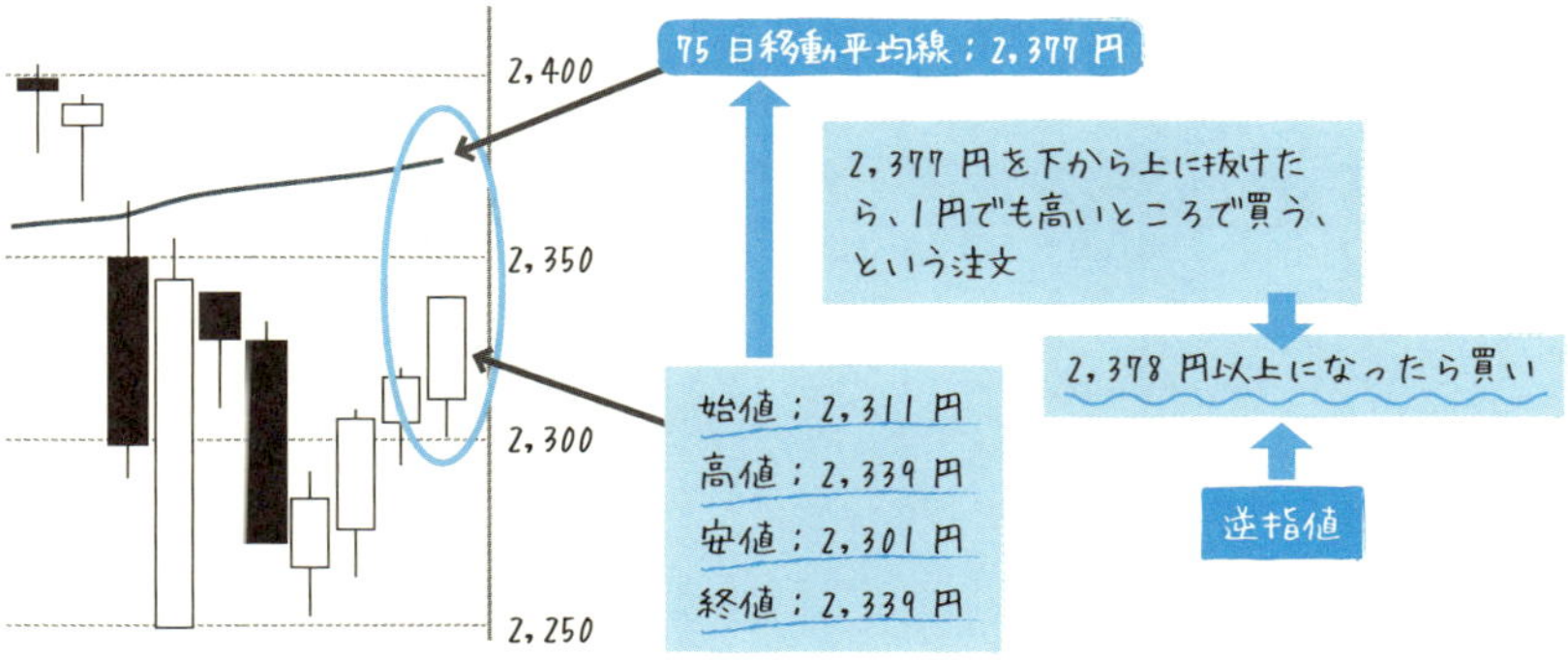

3 利益確定とロスカットは表裏一体、売りの注文もいつも「逆指値」

買い注文が約定したら、次にしなくてはいけないのが**「市場が終わってから翌日の市場がはじまる前までに、売り注文を設定」**することです。入口（買い注文）と出口（売り注文）が一緒だということを忘れないでください。この場合の売り注文が**「ロスカットの設定」**になります。**「75日移動平均線を下から上に抜けるときに買ったので、出口は75日移動平均線を上から下に抜けるとき」**です。

この例では約定した日の75日移動平均線の位置が2378円（前日よりも1円上がっている）だったので、これを「上から下に抜ける」ということは、2378円より1円でも下になれば「抜ける」ことになります。つまり、設定する売りの値段は、**「2378円より1円でも安い2377円以下」**になります。

● **売りの価格設定と損失限定計算のしかた**

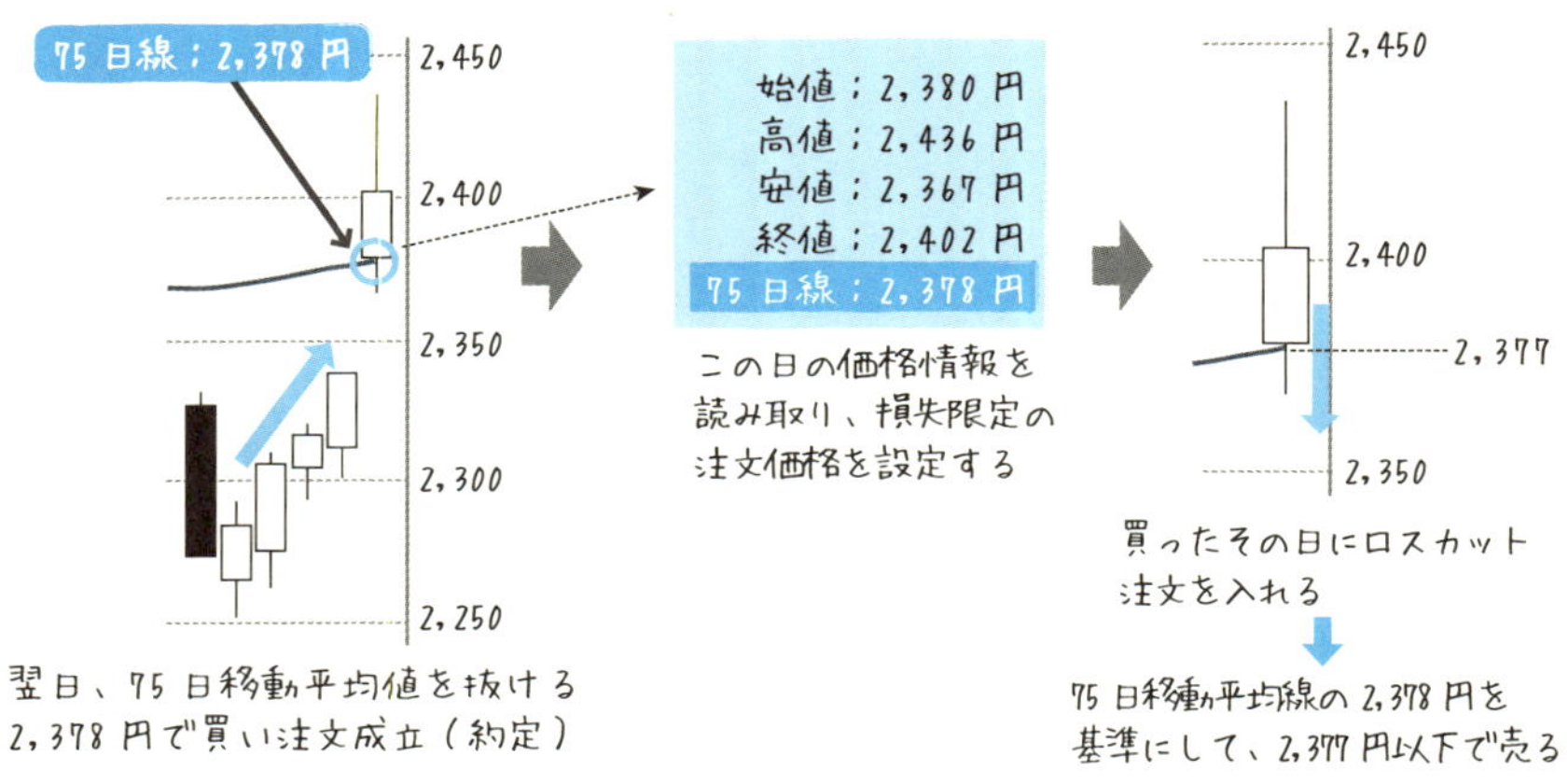

もしロスカットになったとしたら、2,378円 − 2,377円 = 1円
1,000株購入したときの損失額は 1円 × 1,000 = 1,000円

問題3・1

中

下のチャートは、9月の中旬に底をついて株価が上がってきたミクシィのものです。11月17日にミクシィのチャートを見つけたとして、株価の位置判断と売買戦略、そして具体的な買いの値段設定まで考えてみましょう。

つまり、現在の状況で投資判断を行い、早速買いの注文を出そうと決めたとします。現在の位置を買っていいと決める根拠は何でしょうか？ その根拠に基づいて売買の値段を決めてください。

注意点は、買いの値段はいくら？ ロスカットの値段は？ 上がったらどうしよう？ などのいきなり売買戦略を立てないことです。買いの値段を設定して、といいながら矛盾しているように見えますが、解答欄❶の現在の位置を先に記述するには理由があります。

● 問題 11月17日の夜、買い注文を入れていい根拠は？（2121：ミクシィ）

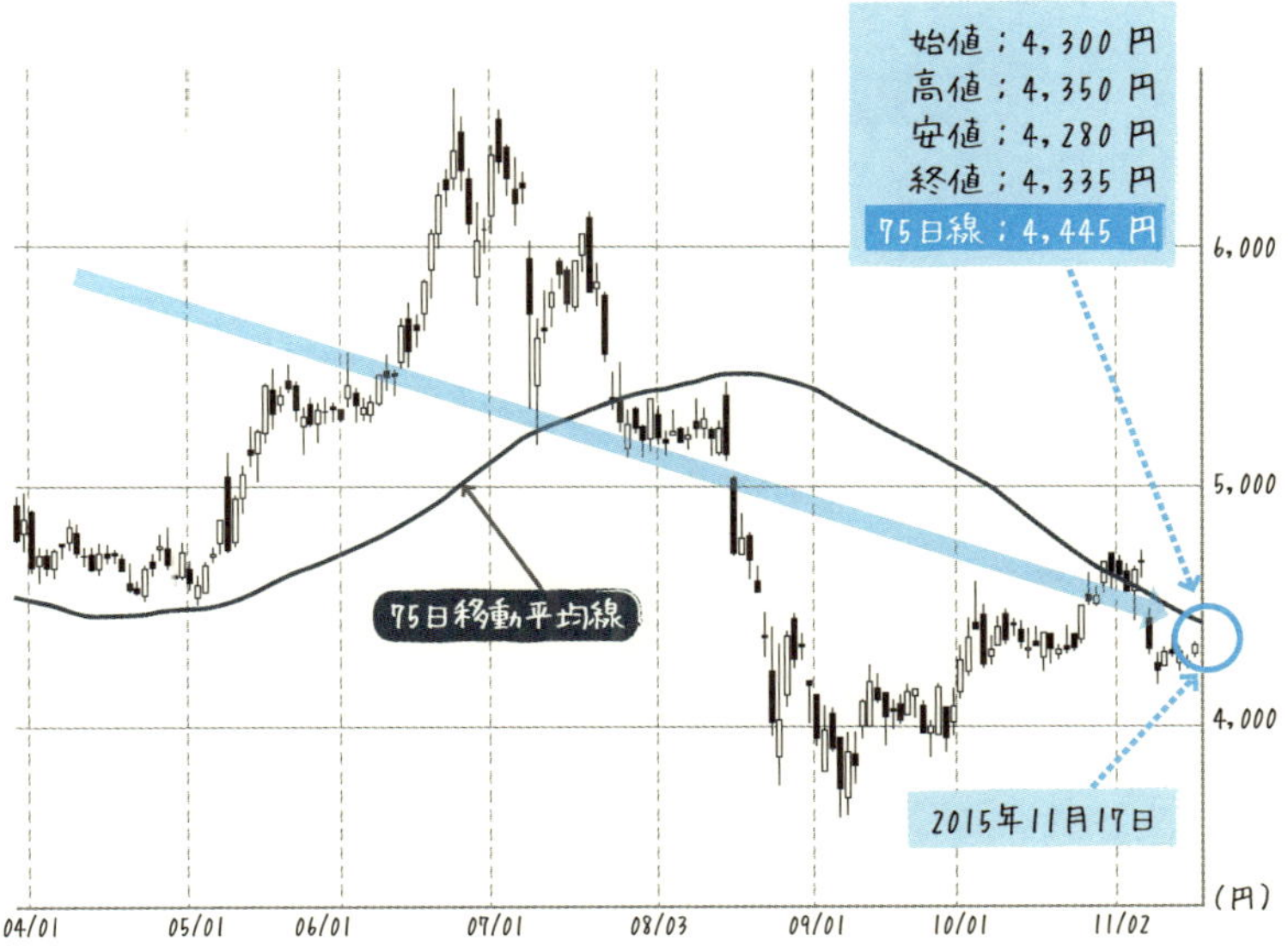

チャートの上に、株価が下落しはじめてからの波を描いてみてください。そして、安値が何回切り下げているのかを描いたうえで現在の局面を判断します。すべての分析はここからスタートします。

解答欄

❶ 現在の位置は上昇の（　）回目

❷ 買っていいと決める根拠は？

---

❸ 逆指値で買い注文を設定するときの値段は？

（　　　）円以上になったら買う

❹ 買い注文が約定する場合、現時点で設定できるロスカットの値段は？

（　　　）円以下になったら売る

● ミクシィの１回目買い設定（2121：ミクシィ）

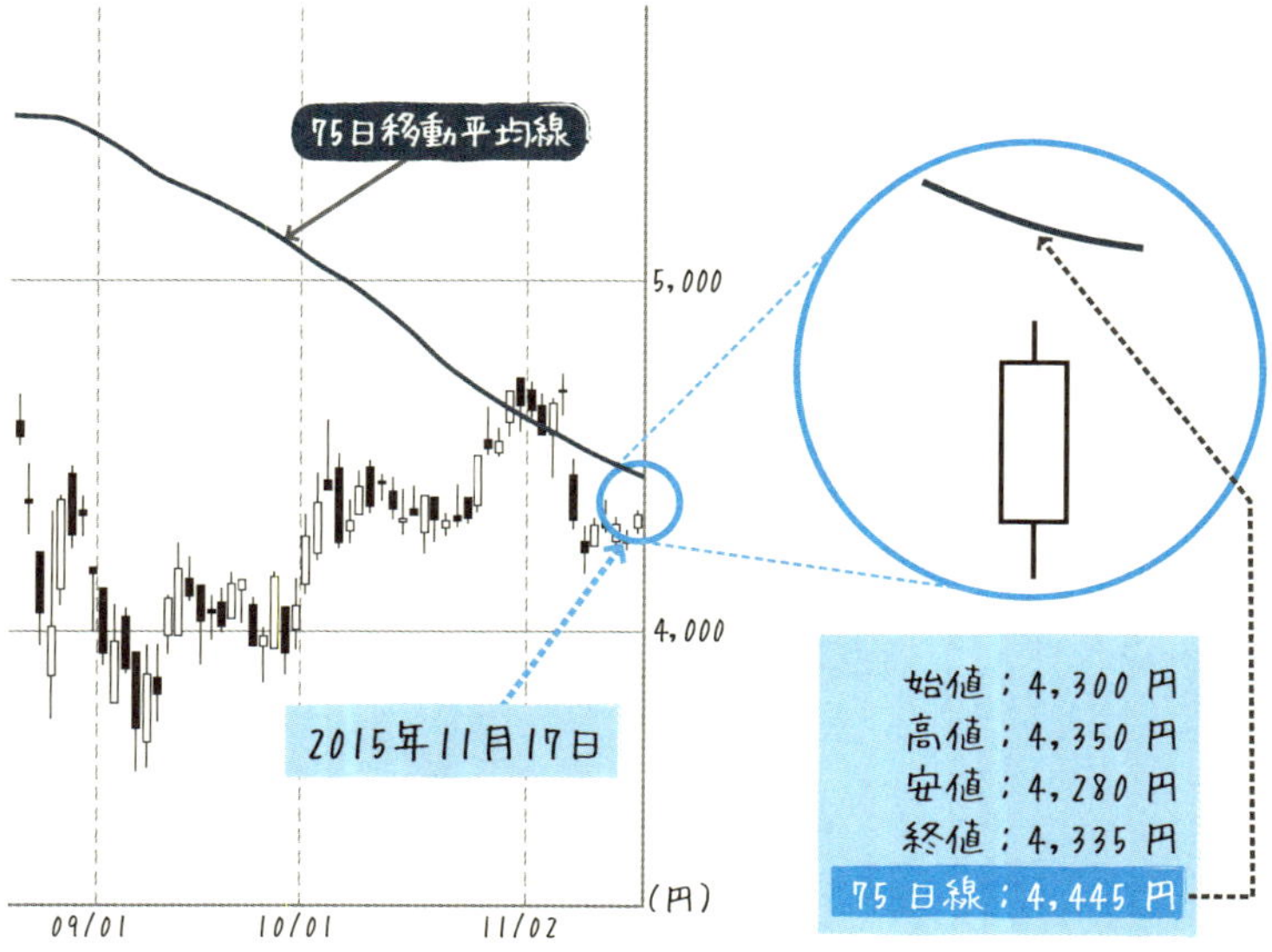

3-1の解説
75日移動平均線に1回触れたことが強い根拠

先ほど、銘柄の状況を見て75日移動平均線が下向きのときでも状況によっては買っていいということを検証しました。その経験を活かして、ミクシィの現状を分析して現時点で買っていいのか、やめるべきなのかを判断してみましょう。

6月下旬から7月上旬にかけて、2回ほど同じ位置の高値で止まって天井を形成してからは下落トレンドがはじまっています。7月下旬から9月の上旬にかけて、急速に3回ほどの安値の切り下げが現れています。ここまで下げが急速だったのは、下

答えあわせ 買い注文を入れていい理由 Ⓐ（2121：ミクシィ）

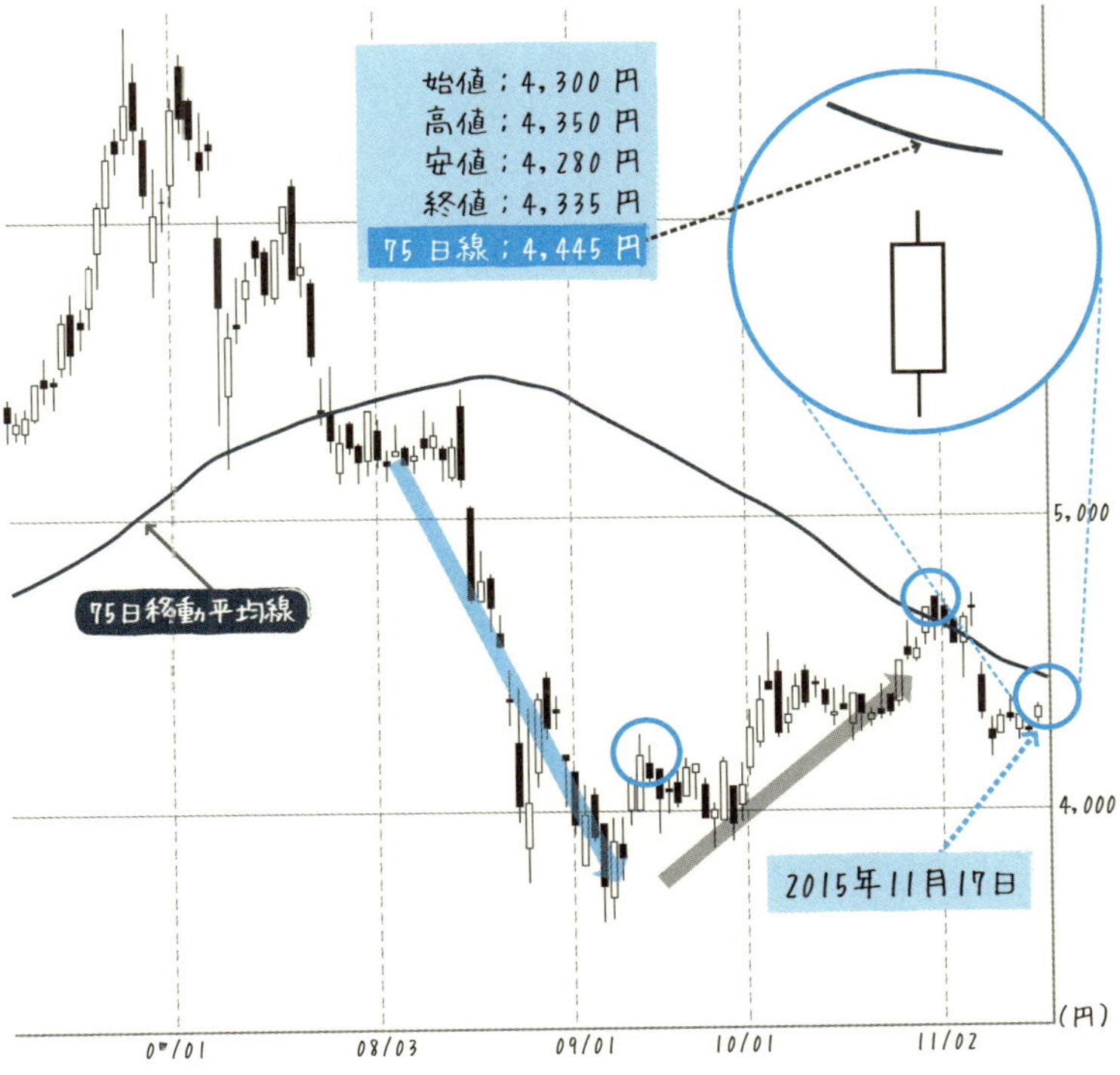

げに対する恐怖が主な原因ですが、中国市場が大暴落を起こした「上海ショック」という側面も大きく関係しています。

その後はいよいよ安値の切り下げが止まり、9月の下旬にはじめて安値の切り上げが現れました。そして10月下旬に75日移動平均線を1回抜けていますが、大きな利益にならずに再び下げています。これは1回目の買いが失敗したというよりは、次の切り上げと買っていい根拠を確実なものにしてくれたと考えるべきでしょう。

11月の中旬以降、もう1度安値を切り上げながら75日移動平均線に接近しているので、買っていい根拠は十分になります。ここまでの分析から、現在の位置は上昇の1回目だということは

● **答えあわせ** 買い注文を入れていい理由 Ⓑ（2121：ミクシィ）

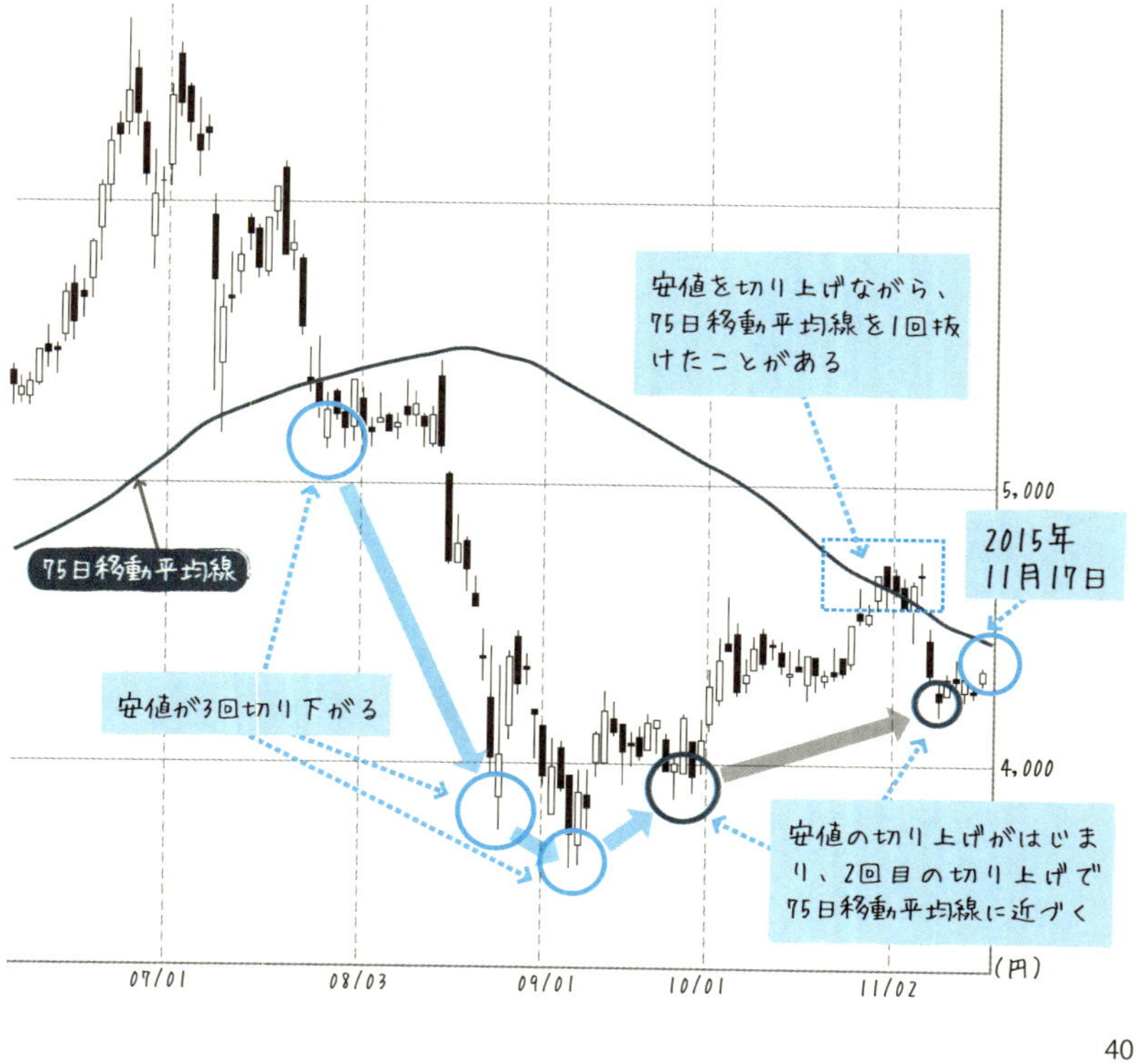

容易にわかりますね。

75日移動平均線の値段より1単位上が買い

買っていく根拠が十分だということはわかったので、次は明日から早速買っていく値段の設定です。問題で提示されている本日の値段情報には75日移動平均線の値が表示されています。これをベースに買い注文を出す値段を計算していきましょう。

11月17日現在、75日移動平均線は４４４５円に位置し、終値は４３３５円で75日移動平均線までは１００円以上の差がある状況です。これだけ差があれば、まさか1日で超えてくることはないだろうと考えがちですが、あなたが買いシグナルに気がついたという

答えあわせ　買いの価格設定のしかた（2121：ミクシィ）

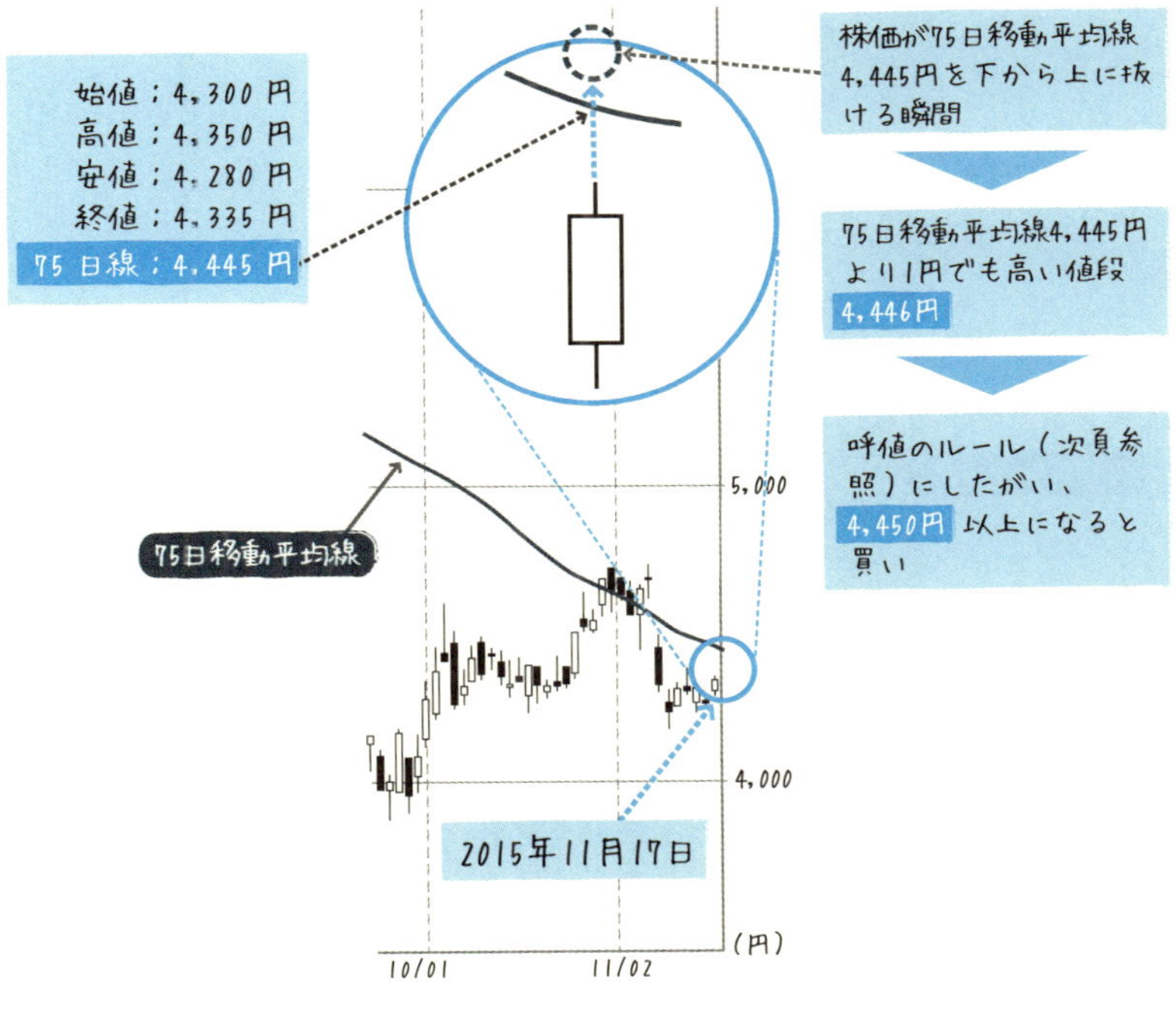

ことは、注目する人が増えているということですから、あっという間に75日移動平均線を超え、買いのタイミングを逃してしまうこともあるので注意してください。

買いの値段は、株価が75日移動平均線の４４４５円を下から上に抜ける瞬間なので、「**４４４５円より１円でも高い４４４６円になった瞬間が買いの値段**」です。しかし、ひと株の値段が４０００円以上の場合は５円単位で注文できる「呼値《よびね》」というルールが存在します。つまり、４４４５円より１単位上の値段とは４４４６円ではなく、５円上の４４５０円になります。ですから「**買いの値段設定は４４５０円以上になると買う**」という設定になります。

ロスカットポイントの設定のしかた

なお、現時点で設定できるロスカットポイントは、75日移動平均線を下に抜ける価格なので、同じく呼値のルールにしたがい５円下の４４４０円以下になると売りに設定します。

● **答えあわせ** 注文した翌日の状況（2121：ミクシィ）

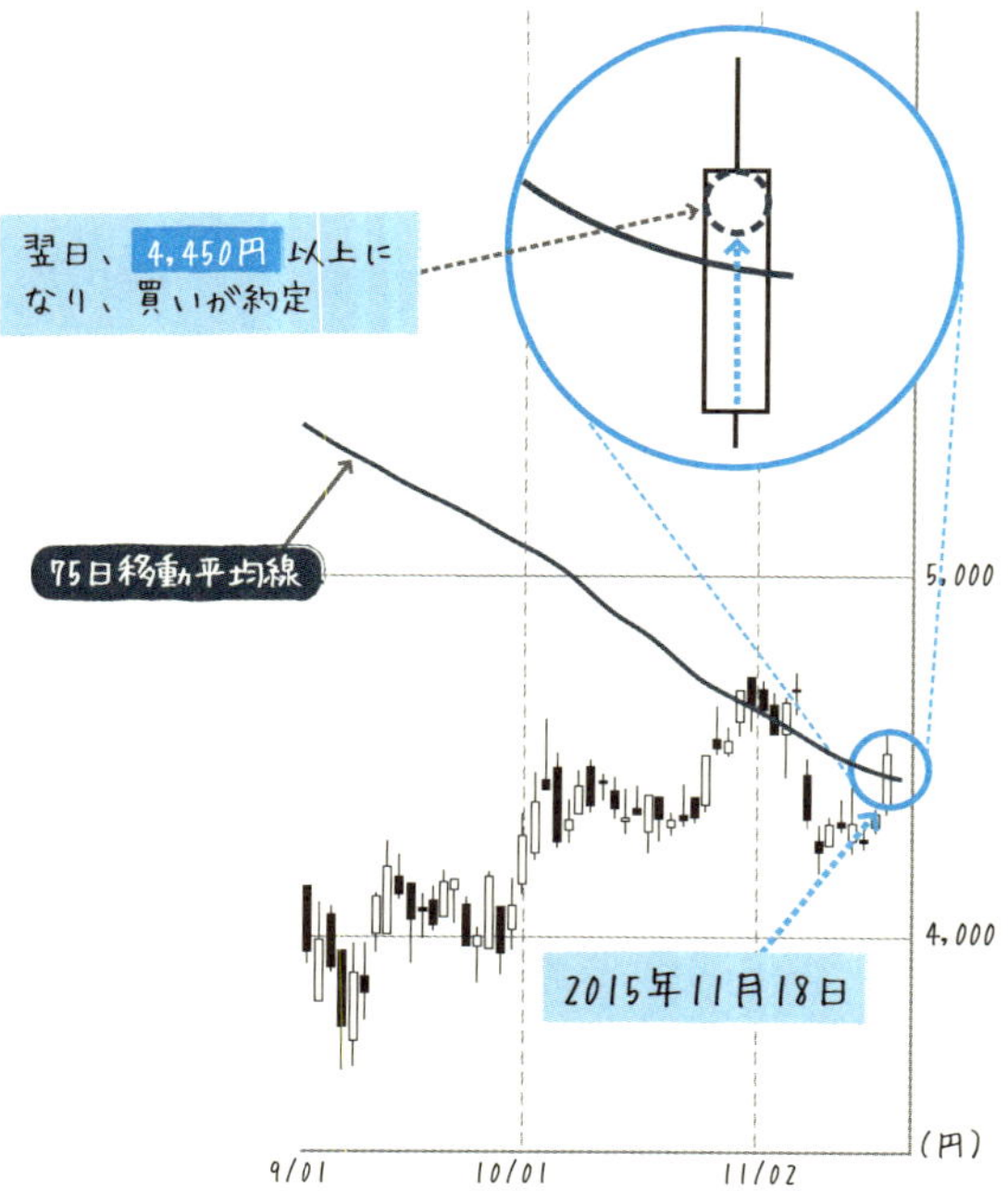

問題3-2

高

下のチャートは、先ほど注文を設定したミクシィの翌日の状況を表しています。たった1日で大きく上昇して、75日移動平均線を超えたので買いが約定しました。では、次にやることはビールを飲んで寝ることではありませんね。

チャートの中に提示されているこの日の株価情報を参考に、ロスカットの値段とそのロスカットが実現された場合の損失金額を計算してください。購入株数は200株とします。

問題 1回目の買い注文に対するロスカットの設定は？（2121：ミクシィ）

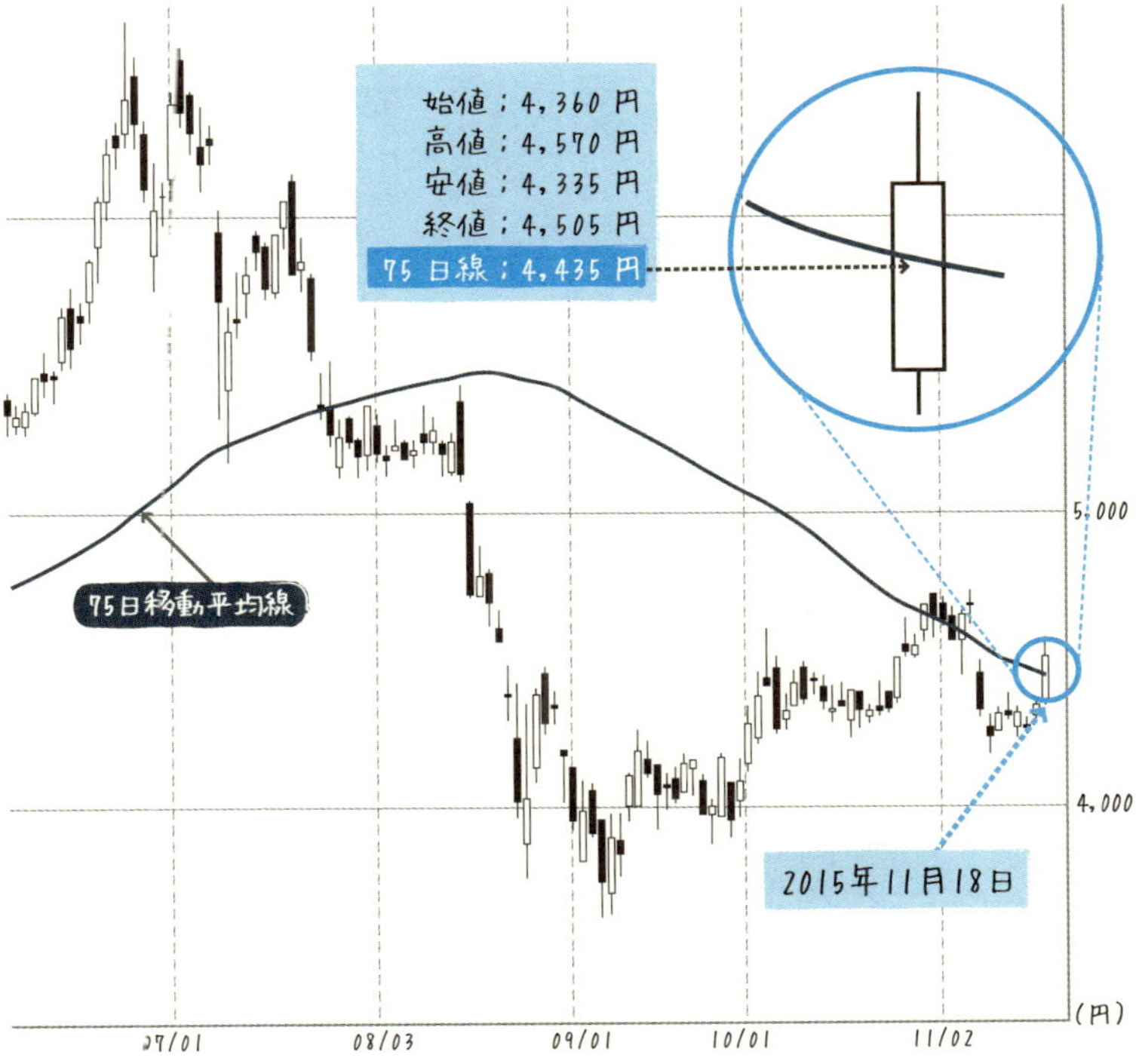

ここで**問題3・1**と**問題3・2**のロスカットの違いについて簡単に説明しておきます。下図❶で設定するロスカットは買う前の価格で、実際に買った日の価格とは異なります。75日移動平均線が下向いているので、翌日はさらに安くなっているのは当然ですね。では買ってから❷の時点で計算すればいいのではないか？ と思いますが、「**買うときにすでにロスカットポイントが見えているか**」がポイントです。つまり❶の時点で答えられない場合、そのトレードは見えていないということなので、注文すべきではないということになります。❷では約定したので、実際の注文価格になります。

解答欄

❶ 約定当日に設定するロスカット売りの注文価格は？

(　　　　) 円以下になると売り

❷ 200 株を買った場合のロスカットする金額は？

(　　　　) 円

● **注文前と約定後のミクシィのロスカット設定**

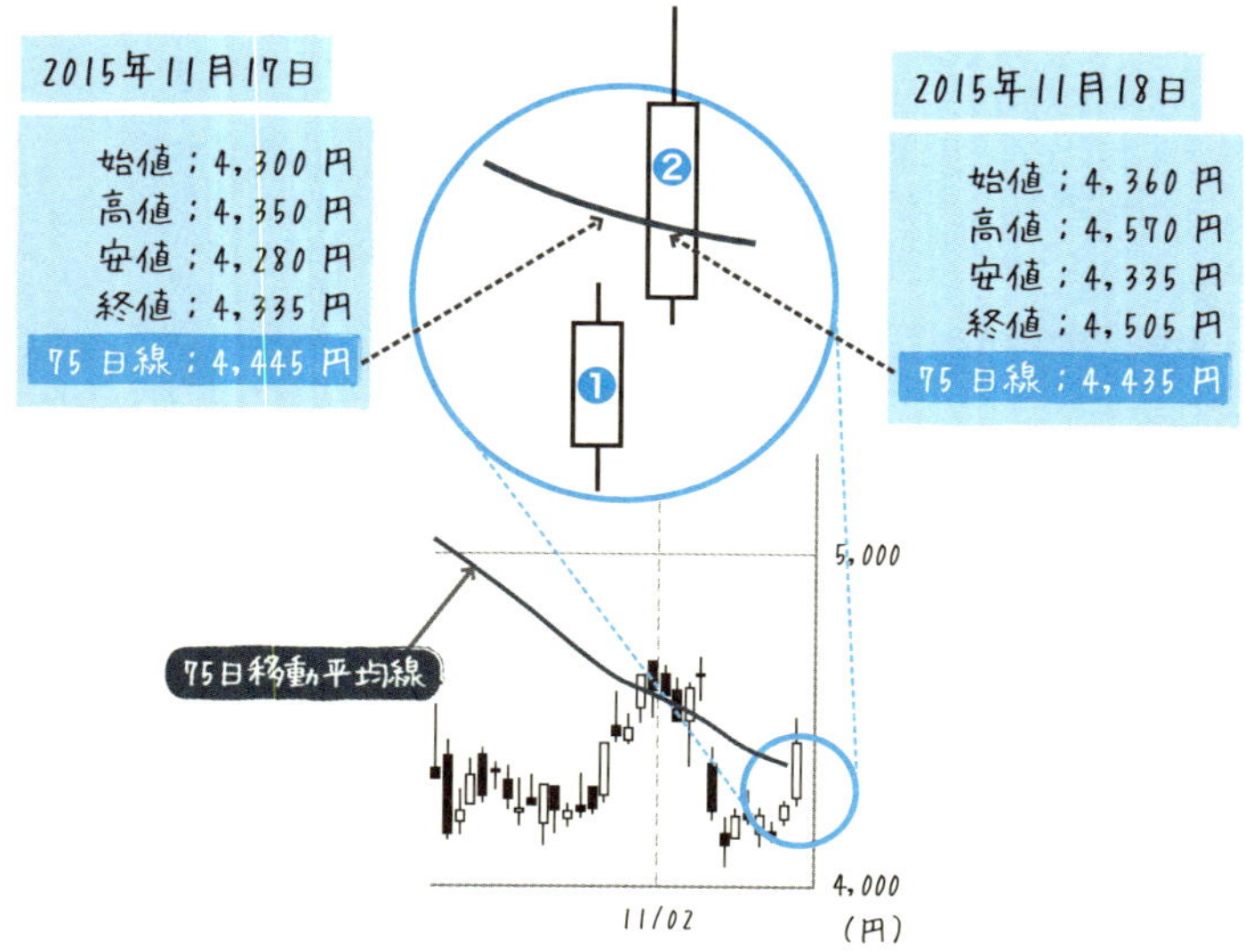

3・2の解説
入口と出口を一緒にするのが基本

注文設定の翌日に高値が４５７０円まで進んだので、４４５０円以上と設定した買いの値段を超えてきて約定しました。チャートを見ればわかるとおり、朝は「**75日移動平均線の下からはじまり、力強く上昇してきて75日移動平均線の上で終わり**」ました。この場合は最も基本的なロスカット設定のルールを適用してもよさそうです。つまり、入口（買い注文）と出口（売り注文）のロジックを一緒にして、「**75日移動平均線を上から下に抜けるところで売って損失を限定すればいい**」わけです。一方、買ったその日に75日移動平均線を再び割り込み陰線で終わる場合のロスカット設定は、「世界一やさしい 株の信用取引の教科書1年生」の１８３頁を参照してください。

答えあわせ 75日移動平均線の上に株価がある場合のロスカットの設定方法（2121：ミクシィ）

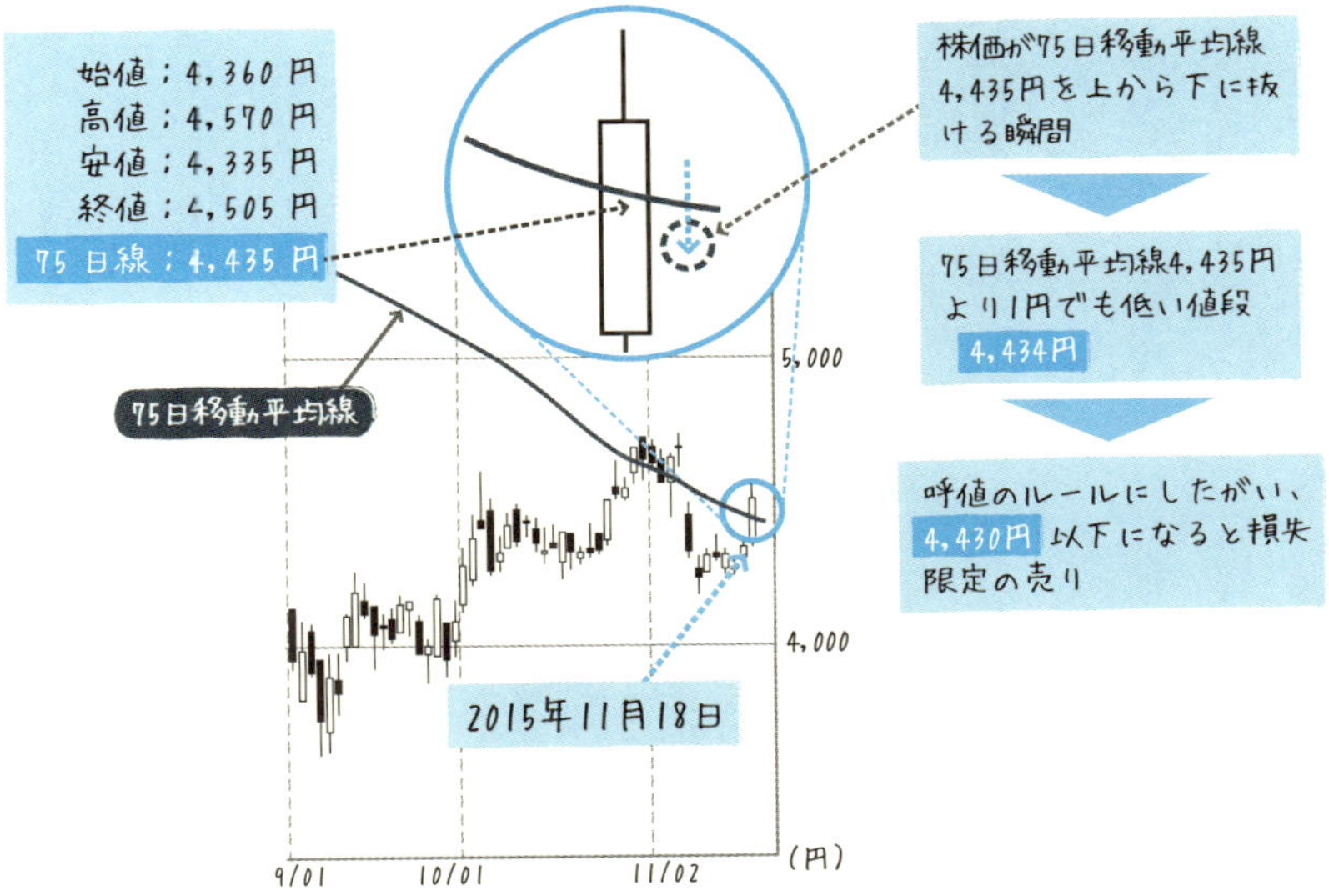

買いのロジックと一緒なので、売りのタイミングは株価が75日移動平均線4435円を上から下に抜ける瞬間です。値段で考えると75日移動平均線が4435円なので、1円でも低い4434円が売りの設定価格ですが、ここでも呼値のルールにしたがい、「**4430円以下**」が売りの値段になります。

この場合のロスカット（損失）金額は（4450－4430）×200＝「**4000（円）**」となります。

4 売り注文は市場が終わってから設定する

ミクシィを買ったあとの結果を見ながら、ロスカット設定の重要性と損失を小さく限定しながら利益を大きくしていく投資の本質について考えてみましょう。

ここでひとつ覚えておきたいことは、「**売りの注文（ロスカット）設定は朝1番で約定した場合でも、その日の市場がすべて終わってから行う**」ということです。75日移動平均線を上昇1回目のパターンで超えてくる場合は、75日移動平均線を挟んで拮抗する動きが激しいので、買った直後にロスカットを設定すると、すぐロスカットになってしまう可能性が高いからです。

11月18日に約定して4000円の損失リスクを設定したあとは、順調にトレンドに乗って株価は上昇していきます。12月7日には直近の高値を形成して5310円で引けました。終値を基準にする場合の利益は（5310－4450）×200＝17万2000円です。最初に設定したロスカット金額の実に43倍の利益を実現することができるわけです。これが「**損失を小さく限定しながら利益を大きくしていく〝投資の本質〟**」の重要性です。その後は2週間くらいで、上向きに変わった75日移動平均線まで戻ってきて75日移動平均線を割り込みます。これで再び買っていくチャンスが訪れます。

次の **法則04** では「投資スキル」にポイントを置き、インターネット証券で買いと売りの注文をどのように設定するのか、実際の画面イメージを見ながら考えていきましょう。

まだ前半ですが、少し難しいですか？

特典動画サイトでわかりやすく説明しているので、必ず確認してみてください。

特典動画❶ 買い1回目の買いとロスカット
(http://www.tbladvisory.com/book003)

検証 買い注文が約定したあとの動き（2121：ミクシィ）

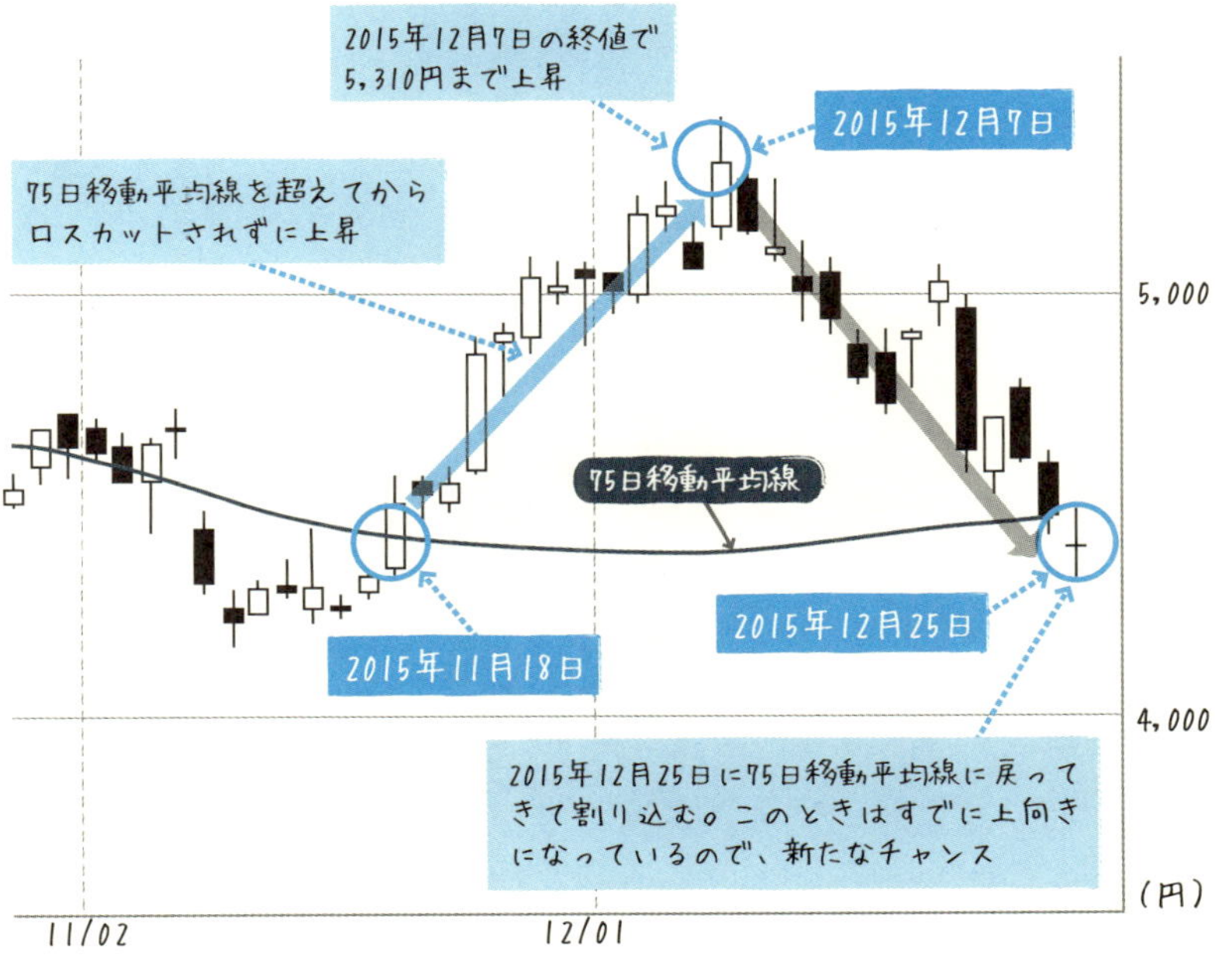
2015年12月7日の終値で
5,310円まで上昇
2015年12月7日
75日移動平均線を超えてから
ロスカットされずに上昇
5,000
75日移動平均線
2015年11月18日
2015年12月25日
4,000
2015年12月25日に75日移動平均線に戻ってきて割り込む。このときはすでに上向きになっているので、新たなチャンス
（円）
11/02
12/01

難易度
低 中 高

04

売買にもスキルが必要。画面設定に慣れよう

1 逆指値の値段がわかるだけではダメ、画面を見ながら正確に設定しよう

逆指値が設定できるのもひとつの立派なスキル

法則03では株価の位置による投資判断を行ったうえで、チャートを使って75日移動平均線の値を参考に、買いの値段、買ったあとのロスカットの設定について詳しく見てきました。しかし必要なのは、値段が計算できることだけではありません。値段が計算できても注文を出す段階で入力を間違えたり、そもそも注文の画面が何を意味するのかわからない場合は、絵に描いた餅にすぎま

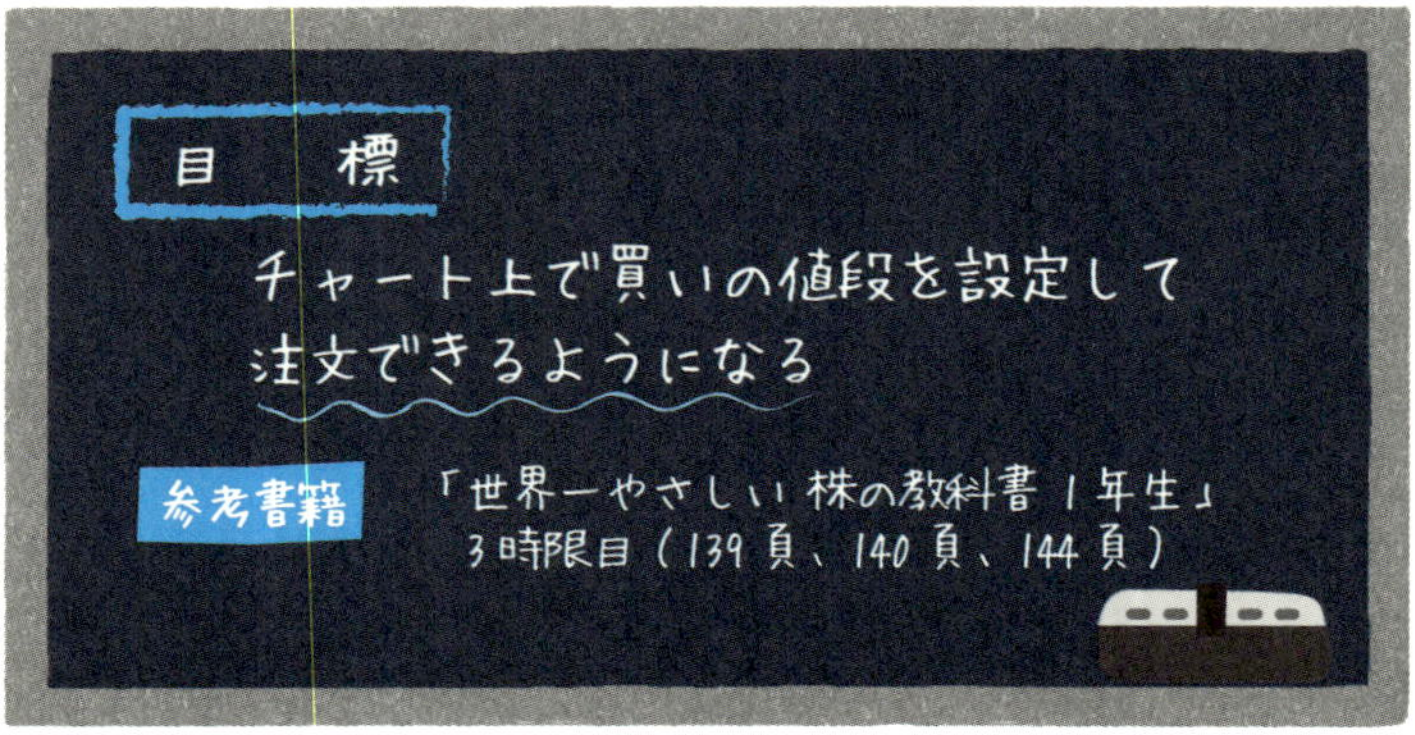

目標
チャート上で買いの値段を設定して注文できるようになる
参考書籍
「世界一やさしい 株の教科書 1年生」
3時限目（139頁、140頁、144頁）

せん。

下図（画像提供：楽天証券 マーケットスピード）を参考にして、逆指値で注文を出す際の注意すべきポイントと、設定したあとのチェック方法を押さえましょう。

まずは入力する項目に慣れることです。そして、どう入力するか何度も試してみてください。

● 買いの逆指値注文の設定

STEP 1-1 買いの逆指値注文の条件設定、注文の期間を指定する

注文画面で「逆指値」を選択します。インターネット証券の大半が「指値注文」（通常）と「逆指値注文」のタブが区分されています。
市場価格が、買いたい価格まで上昇するのを待ってから買う必要があります。この買うタイミングを設定するしくみが「逆指値注文」の条件設定になります。
「買う数量」「条件設定」「買う価格」「注文の期間」を設定します。

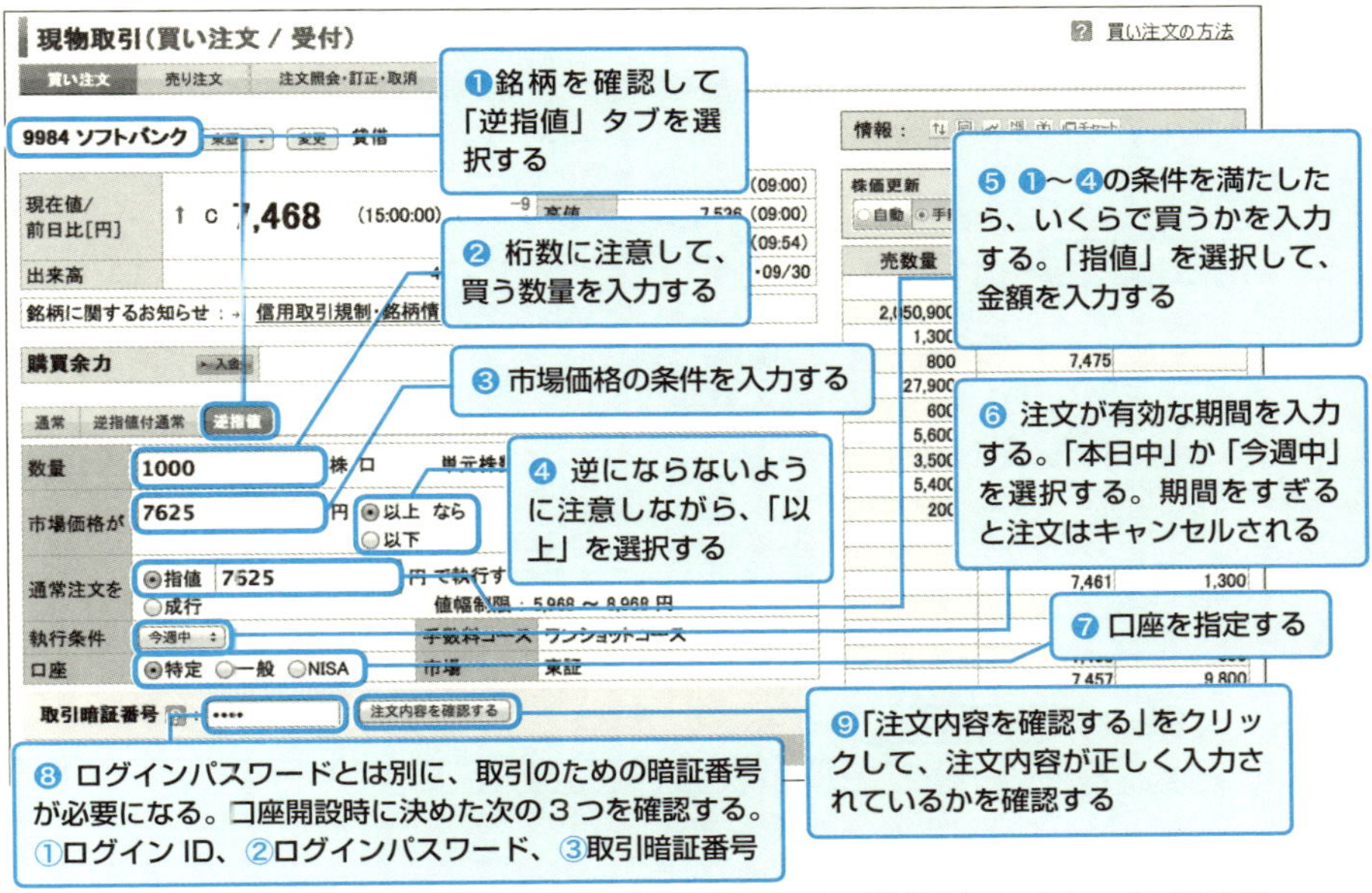

注意点は、逆指値が有効になる価格は「以上」なのか「以下」なのか、ここを間違えると大変なことになってしまうので、何度も確認します。注文の期間は１週間で、週末をすぎると注文は自動的にキャンセルされます。

慣れてきても注文確認画面は必ず表示させる

注文を入力したら、注文を確定するプロセスに入ります。何回か注文を出してみるとすぐに慣れるものですが、慣れたと思うときこそが間違いやすいタイミングです。注文設定の画面を見ると「注文確認画面を省略」といった名称の、確認せずに発注できる機能があります。命の次に大事なお金を扱うことなので、取引はいつだって慎重に行う必要があります。慣れてきても確認画面は必ず表示させましょう。

最近はスピード注文、ワンクリック注文といった名称で、クリック1回で発注ができる機能も一般的になってきました。しかしこれはスピードを重視

● 売りの逆指値注文の設定

STEP 1-2 売りの逆指値注文を条件設定、注文の期間を設定する

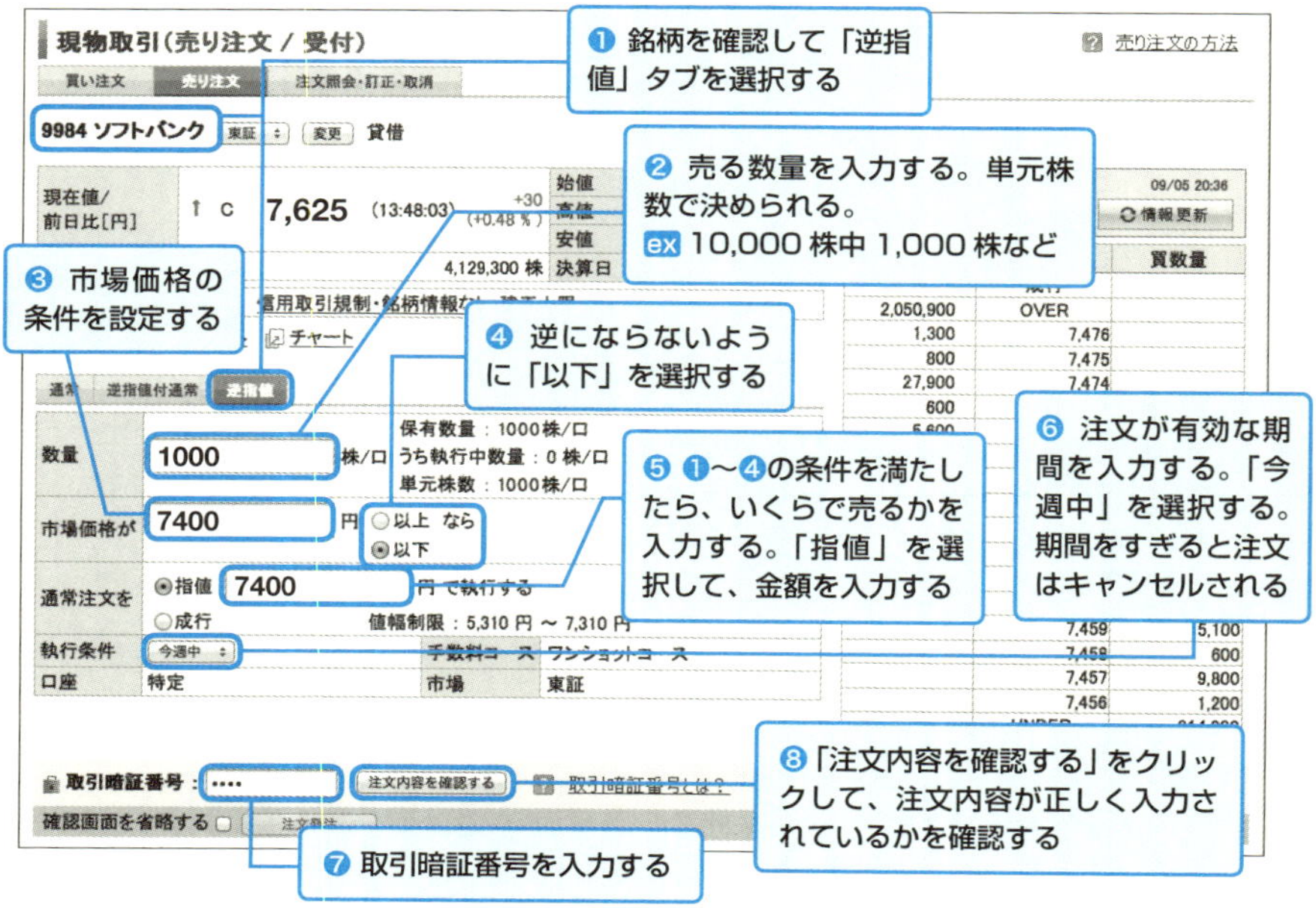

するデイトレードでよく使われる機能なので、慣れるまでは一つひとつ目で確認しながら注文を完了させることをお勧めします。

売りの値段設定は条件が逆になる

約定した次は、ロスカットの売り設定です。買いのプロセスと異なる点は、自分が保有している銘柄の中から売りに出す銘柄を選んで注文を設定するところです。逆指値で売りの設定をするのは買いとほぼ一緒ですが、ひとつだけ重要な違いは**「値段の設定条件が逆」**ということです。**「買いの場合は75日移動平均線に届いていない時点で注文を出すので、100円以上になったら」**というのが基本条件でした。**「売りの場合は上昇の勢いがなくなるのを確認したら売ることになるので、90円以下になったら」**という条件設定になります。

● 買いの逆指値注文の最終確認画面（売りの逆指値注文も同様）

STEP 2 注文項目を確認して、発注する。注文確認画面で、設定が正しいかを最終確認する

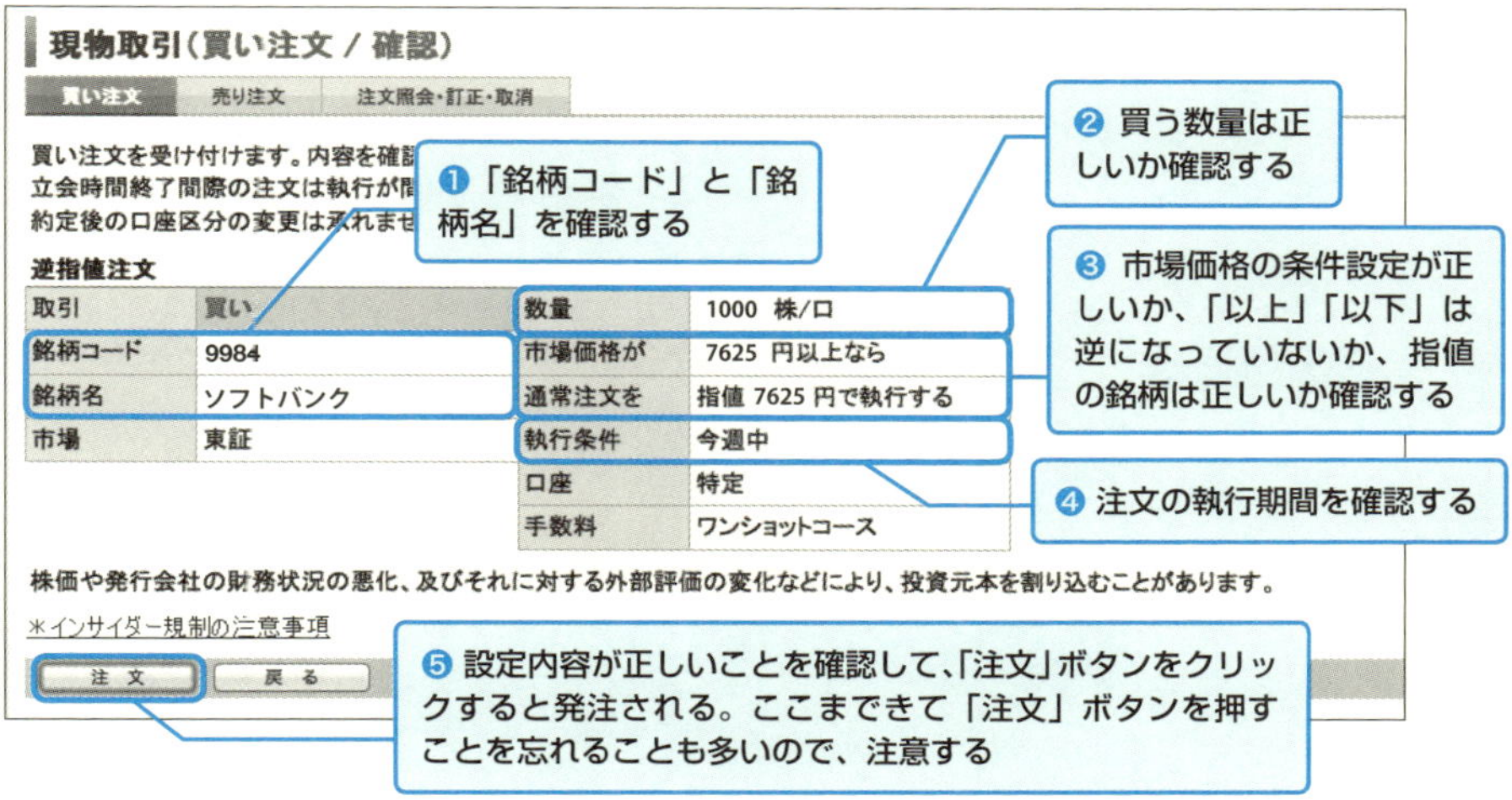

問題4・1

中

下図で、左側のチャートは問題3・1で買いの値段を計算したミクシィのものです。右側はミクシィで検索して、「現物買い」ボタンを押して表示される注文画面です。問題3・1の解説を読み返さずに、自分で買いの値段設定ができるか再度挑戦して、計算された値段で100株の買い注文ができるように数字を書き込んでください。

もし注文の値段がわからないという場合は、必ず法則03に戻ってしっかり復習してから戻ってくるようにしてください。ここがわからないと今後の内容がすべてわからなくなるので、必ずマスターしましょう。

問題＋解答欄　注文画面で買いの逆指値注文をしてみよう（2121：ミクシィ）

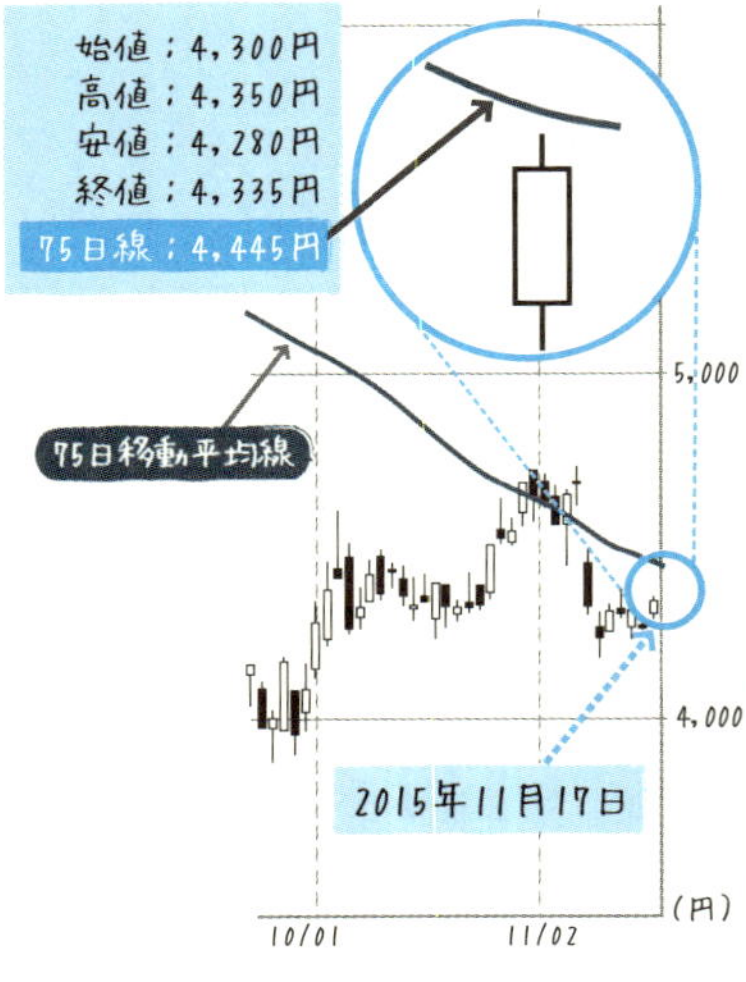

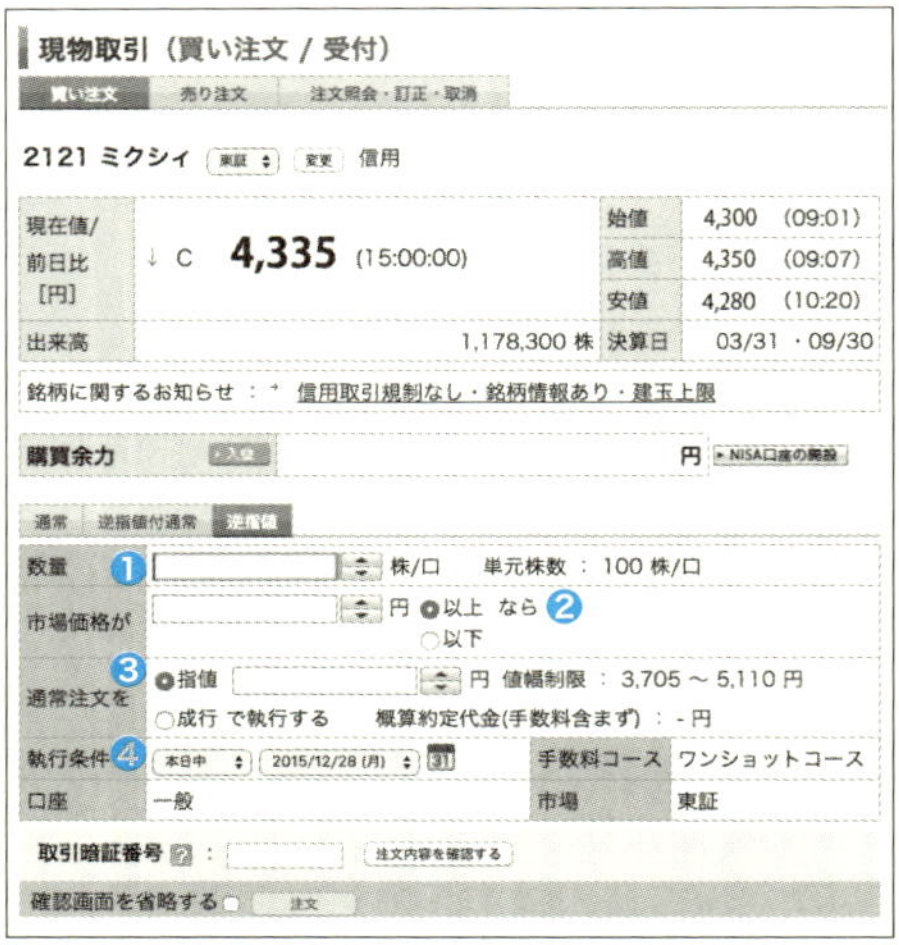

4-1の解説 買いの際は「以上」になっているかをしっかり確認

問題3-1で解説したとおり、当日の75日移動平均線の値は4445円なので、それを下から上に抜ける値段、呼値のルールを考慮すると「4450円以上」になったら買うというのが買いの価格設定です。

100株を買うときの設定なので、❶の数量には「**100**」を入力します。次は最も重要な項目となる価格の条件設定です。

❷には「**市場価格が4450円を超えると買う**」設定をするので、「**4450**」と「**以上**」を選ぶようにします。間違って「以下」を選ぶと、即時に条件を満たすので、買いが約定してしまいます。

❸は条件を満たすといくらで買いを行うか、実際の購入希望価格を入力します。特別な理由がな

● **答えあわせ 買いの逆指値注文の設定画面（2121：ミクシィ）**

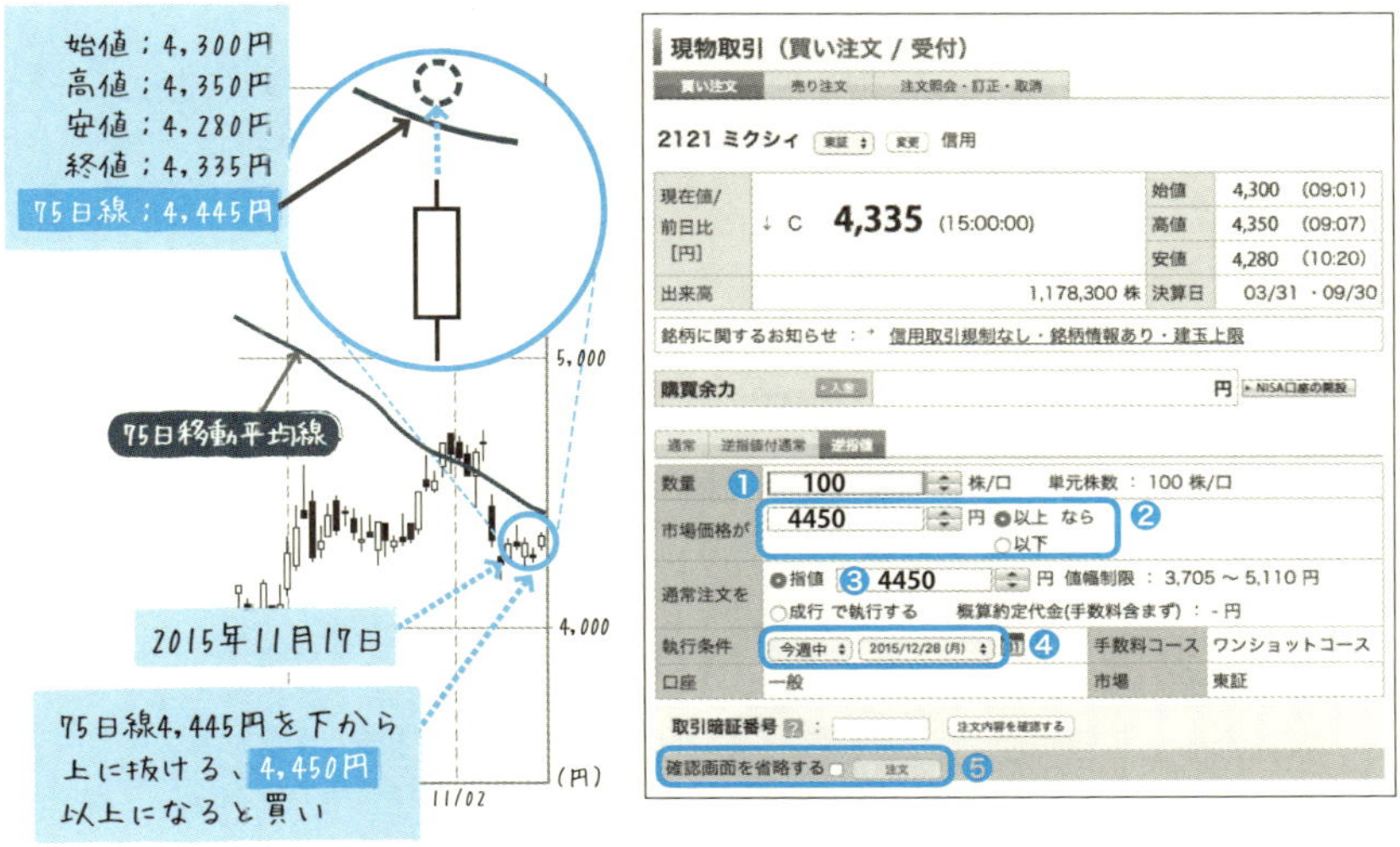

いかぎりは、逆指値の条件価格と同じにして「4450円」と入力します。

ここまでひとりでできるようになると、あとはルールにしたがって繰り返していくだけです。ちなみに続く項目を説明すると、❹のところでこの条件を有効にする期間を設定します。今週中か2カ月くらい先までの日付で指定できるようになっていますが、あまり長い期間を設定するのはお勧めしません。丁寧な投資を目指して1週間に1回くらいは自分の銘柄を見直したいので、注文の期限は1週間以内を目安にしてください。

最終確認の画面を必ず確認する

問題の発端になるのは画面の1番下にある「❺確認画面を省略する」の部分です。ここでチェックを入れて「注文」というボタンを押してしまうと、最終確認の画面を表示しないまま直接注文を出してしまいます。注文が執行される前日の夜に

● 検証 買いの逆指値注文を最終確認の画面で確認する（2121：ミクシィ）

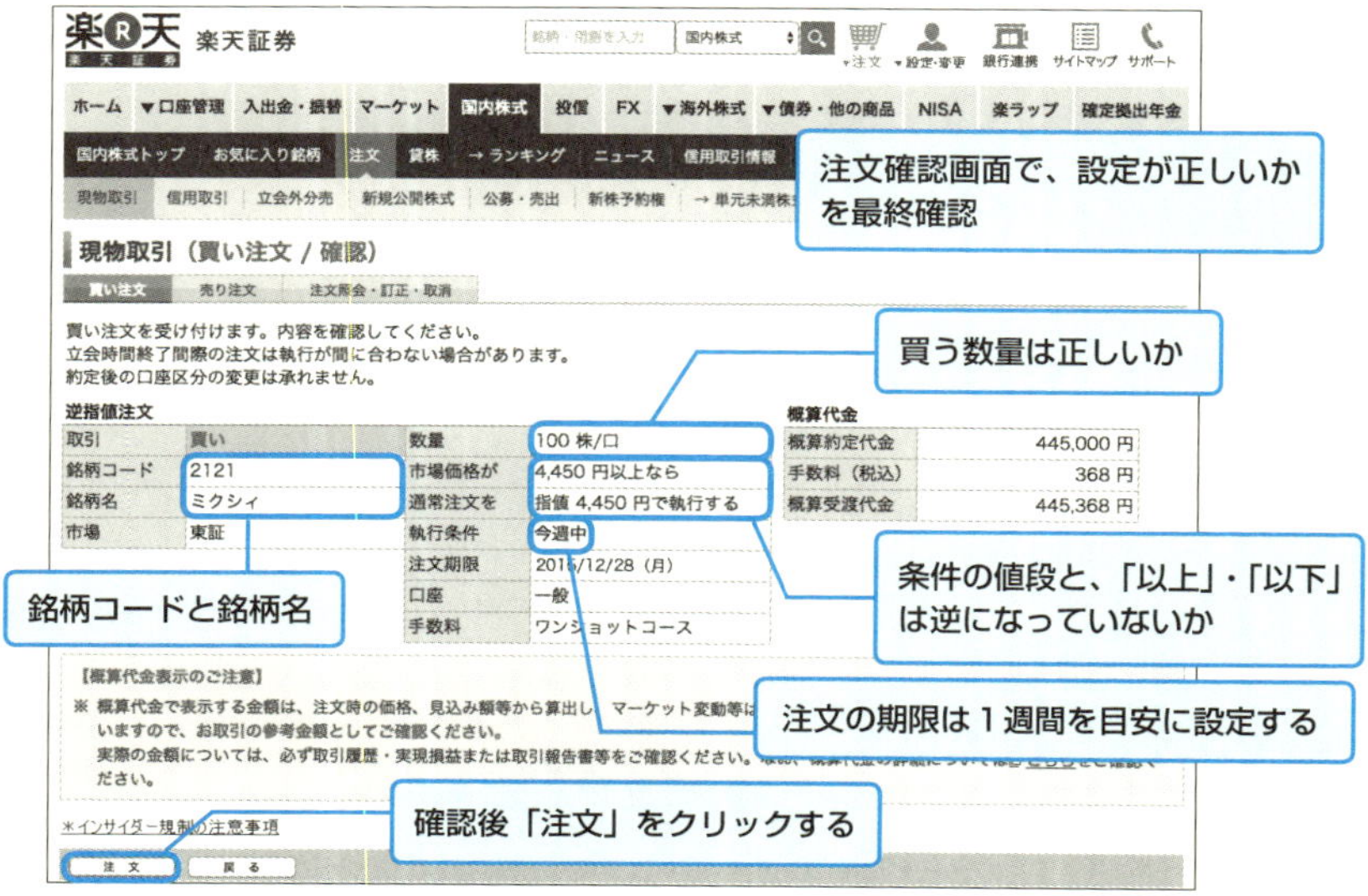

楽天証券
現物取引（買い注文 / 確認）
注文確認画面で、設定が正しいかを最終確認
買う数量は正しいか
100 株/口
2121
ミクシィ
4,450 円以上なら
指値 4,450 円で執行する
今週中
銘柄コードと銘柄名
条件の値段と、「以上」・「以下」は逆になっていないか
注文の期限は1週間を目安に設定する
確認後「注文」をクリックする

注文を出す場合はまだ修正の余裕がありますが、市場がはじまる直前に急いで注文を出したりすると、間違った注文がいきなり約定してしまうなんてことも起こります（もちろん私も経験がありますよ）。

数字のことなので間違える余地はいくらでもあるわけです。しつこいほど強調した「**価格の条件設定**」のみならず、「**数量**」を間違える、「**実際の買う値段の設定**」を間違えるといったことも十分起こり得ます。100株のつもりが1000株と発注された場合の結果を想像してみてください。

最終確認の画面で、今お話ししたポイントを必ずしっかり再確認しましょう。

- **買おうとする会社のコードと名前は正しいのか**
- **買う数量の桁数はあっているか**
- **注文が施行される条件の値段は適切か**
- **とんでもない値段で買うようになっていないか**

● 約定した日に75日移動平均線の価格を確認する（2121：ミクシィ）

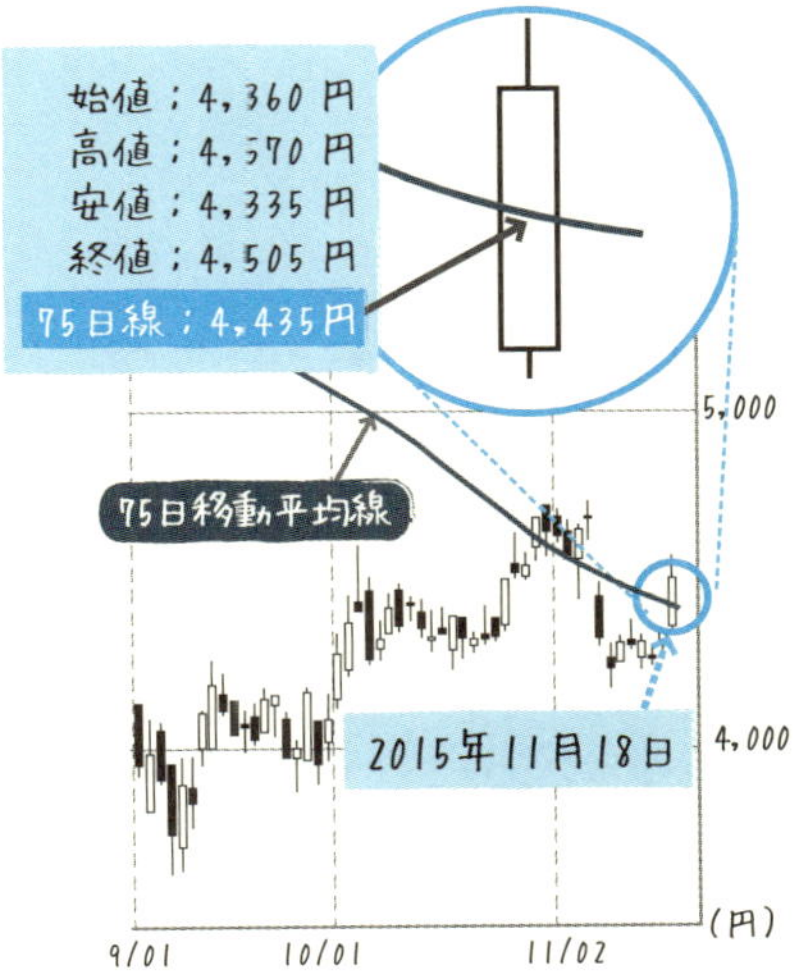

問題4・2

低

前頁の下図は問題3・2でロスカットの値段を計算したミクシィのもので、問題4・1で注文を出した翌日の結果を表しています。この日に75日移動平均線を超えて買い注文が約定しています。

ここでも問題3・2の解説を読み返す前に、必ず自分でロスカットの値段を計算してみてください。ロスカットの計算は利益確定よりも大事なので、計算できるようになりましょう。

計算された値段で100株のロスカットの注文ができるように、下図の注文画面に数字を書き込んでください。

問題 ＋ 解答欄 注文画面でロスカットの逆指値注文をしてみよう(2121：ミクシィ)

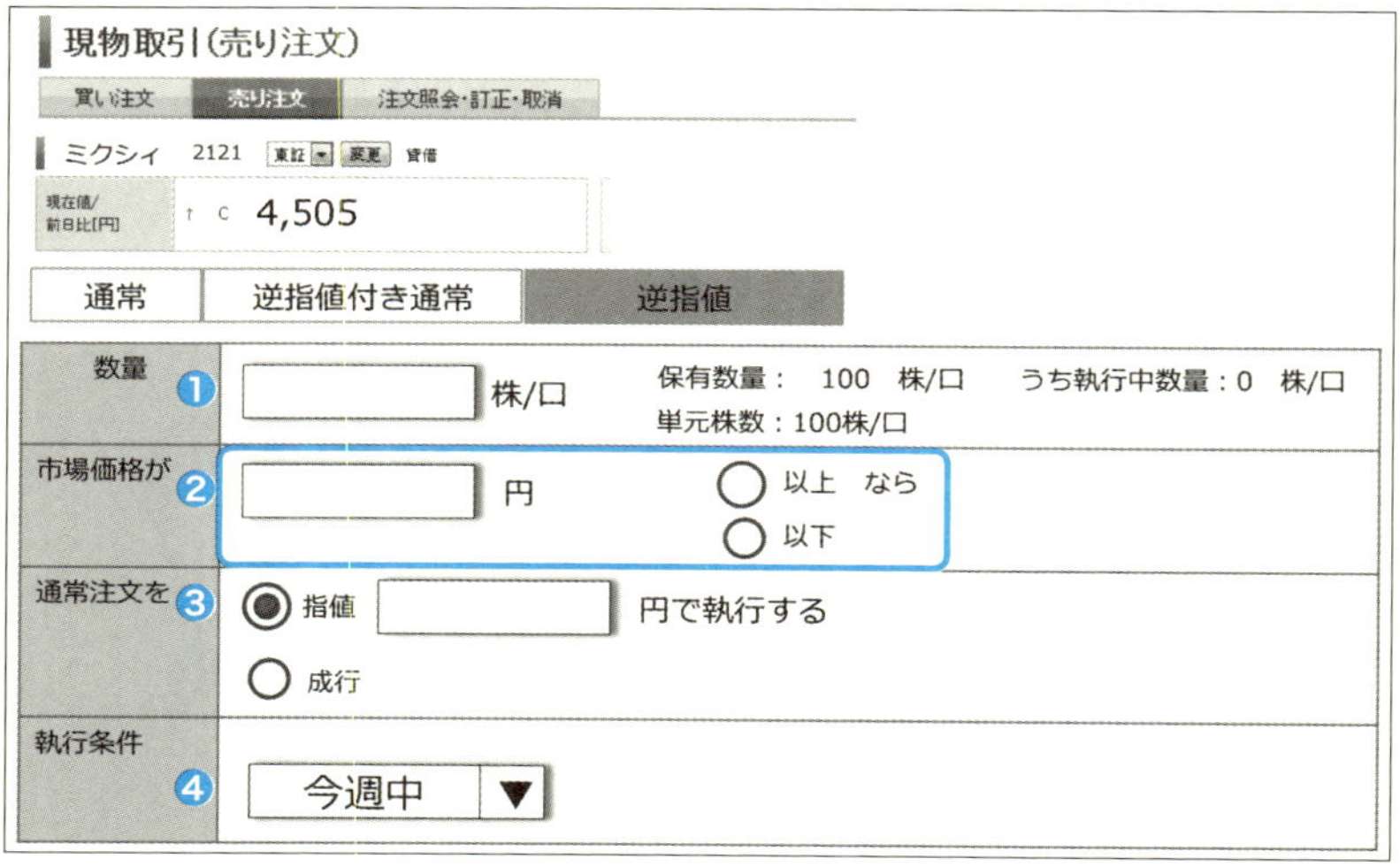

4・2の解説 買った日の75日移動平均線がロスカットの基準になる

解説を読み返さずに自分で計算できましたか？

何回も強調しているように、ロスカットの設定ポイントがわからないということは、車のブレーキの踏み方がわからないのと同じことなので、必ず自分でできるように練習してください。隣の人にブレーキを踏んでもらえるのは教習所だけです。

約定した日の75日移動平均線を割り込むところが基本的なロスカットポイントでした。この日の75日移動平均線の値は4435円（前々頁下図参照）、上から下に抜けるということは4435円より1円でも安くなるということなので、4434円以下、呼値のルールを適用すると「**4430円以下**」になります。

100株のロスカットをする設定なので、桁数に

答えあわせ **ロスカットの逆指値注文の設定画面（2121：ミクシィ）**

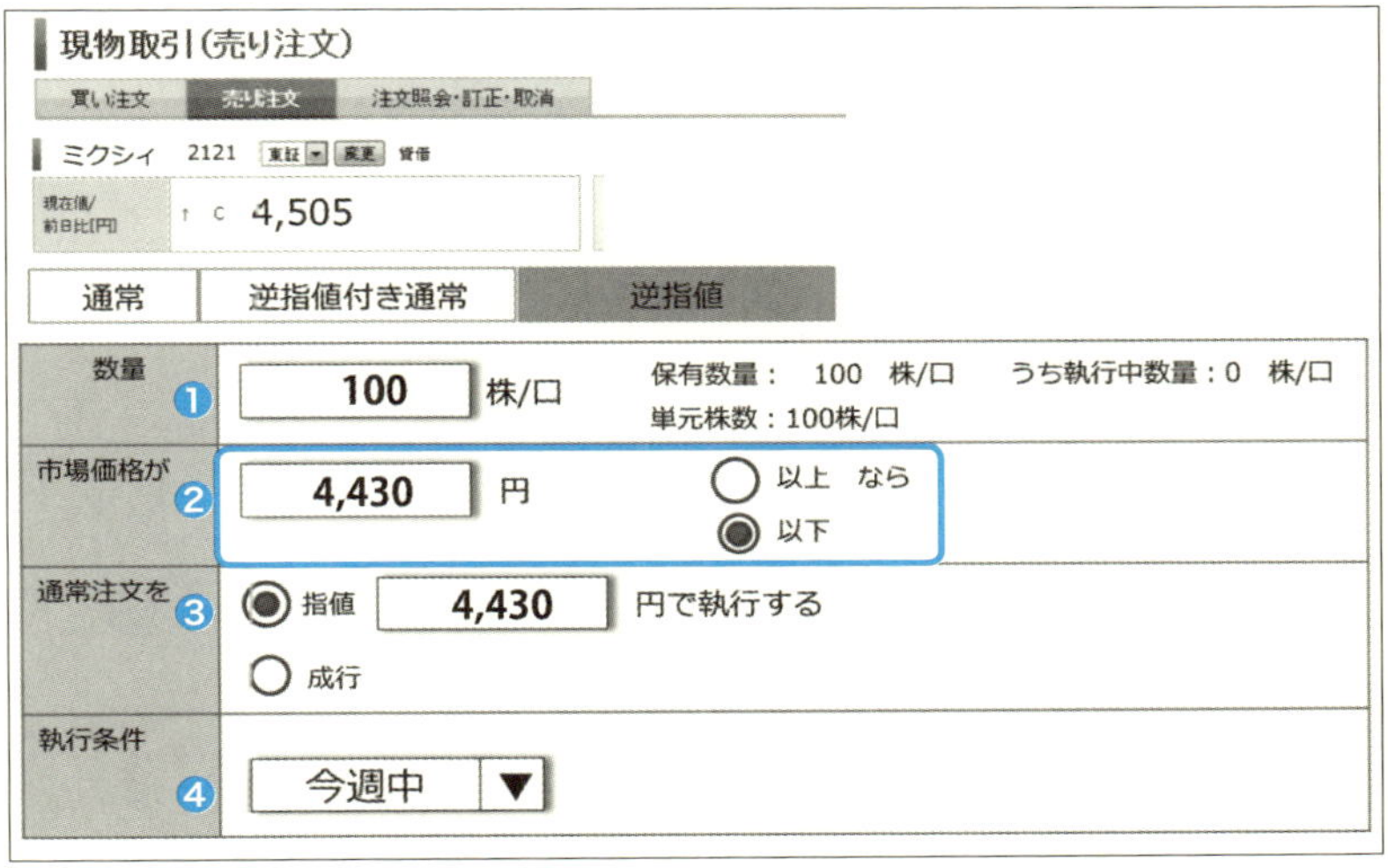

注意して❶の数量に「100」を入力します。

最も重要な項目は買いの設定同様、価格の条件設定です。❷には「**市場価格が4430円を下回れば売る**」設定をするので、「**4430円**」と「**以下**」を選ぶようにします。間違って「以上」を選ぶと、即時に条件を満たすので売りが約定してしまいます。

❸は条件を満たすといくらで売りを行うか、実際の購入希望価格を入力します。特別な理由がないかぎりは、逆指値の条件価格と同じにして「4430円」と入力します。

上昇が継続するとはかぎらないのでロスカットは必須

実際に売りを行う値段まで設定すると、次は❹の「執行条件」で注文を有効にする期間を選びます。ここも1週間に1回くらいは見直したいので、「**今週中**」を選ぶことをお勧めします。

このあとの結果は**問題3・2**で見たように、❶11月18日に約定したあと、順調にトレンドに乗り、❷12月7日には5310円まで株価は上昇します。このあたりでよく質問されることは「どうせ上がるからロスカットは設定しなくてもよかったのではないでしょうか」ということです。

● ロスカットの判断をする
(2121：ミクシィ)

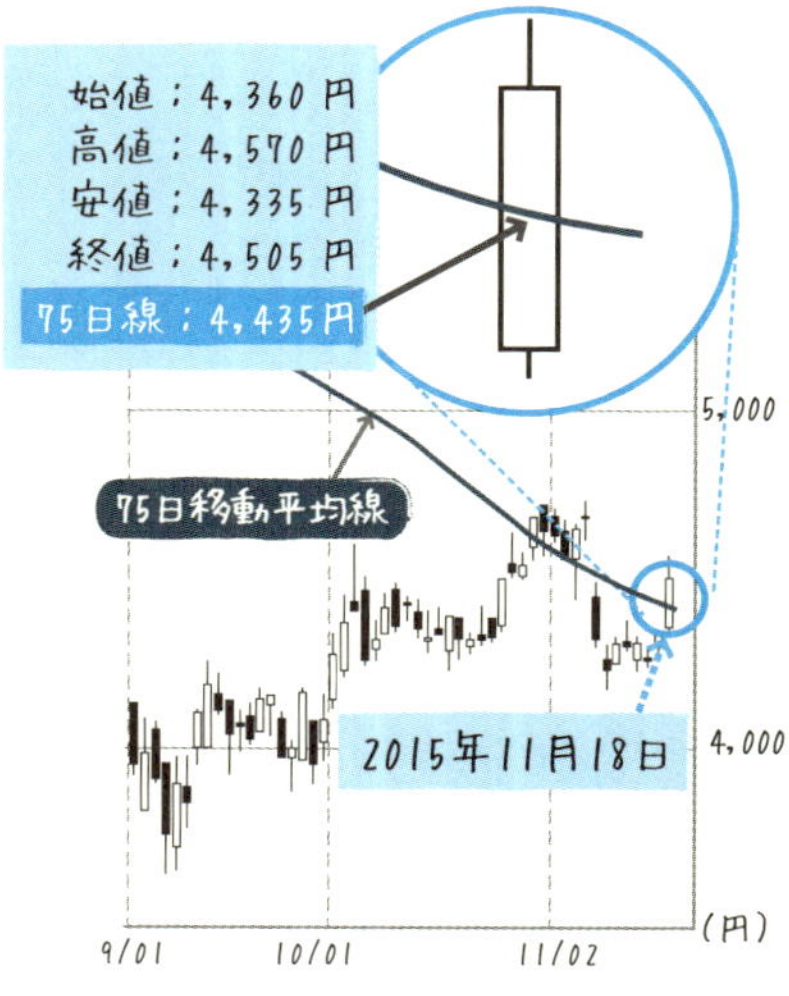

結果的にはうまくいったので一理あるようにも思えますが、「東京オリンピックはどうせ決まったのだから、滝川クリステルさんのお・も・て・な・しプレゼンは要らなかったんじゃないの？」という論理はどう思いますか？　上がったからロスカットは要らないというのはこれと同じレベルの質問です。備えあれば憂いなし、徹底した準備があるからこそ結果が伴うのです。下のチャートに描いてあるように、❸の方向にいって莫大な損失になる可能性だっていくらでもあるわけです。

慣れてきても、次の2つはこれからの投資人生において絶対忘れないでください。

> **Ⓐ 注文の最終確認の画面は必ずチェックする**
> **Ⓑ 上昇が確実に見えてもロスカットの設定は怠らない**

次の問題では、このように上がるサインとして盲信されるサインについて詳しく勉強することにします。「ゴールデンクロス」という現象を用いて、誤ったトレンドの判断がもたらす結果について考えてみましょう。

検証　その後の株価を見てみる（2121：ミクシィ）

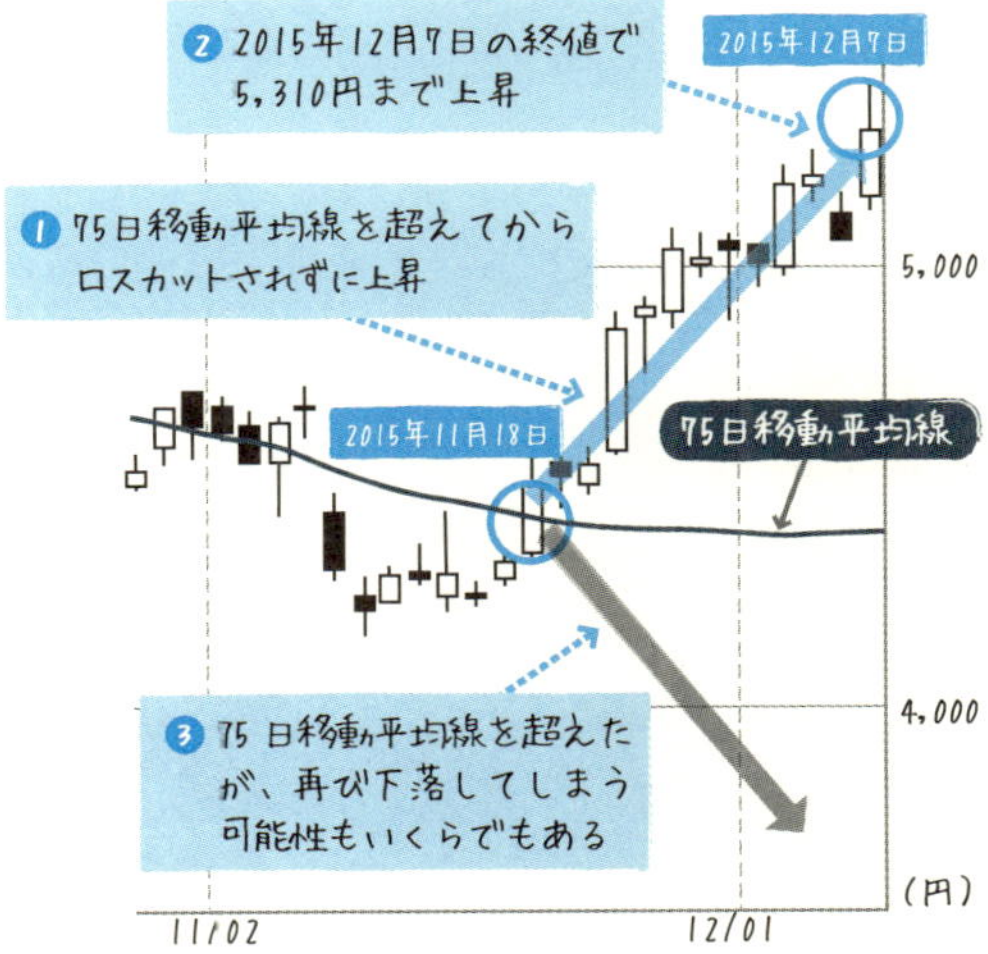

❷ 2015年12月7日の終値で5,310円まで上昇
2015年12月7日
❶ 75日移動平均線を超えてからロスカットされずに上昇
5,000
2015年11月18日
75日移動平均線
4,000
❸ 75日移動平均線を超えたが、再び下落してしまう可能性もいくらでもある
（円）
11/02
12/01

難易度
低 中 高

05 ゴールデンクロスはトレンドとあわせて判断する

1 ゴールデンクロスが出たからといって買ってはいけない

「ゴールデンクロス」だけで買ってはいけない理由

買いサインとしてよく使われるのが、「**25日移動平均線が75日移動平均線を下から上にクロスするゴールデンクロス**」です。機械的に覚えて忠実にしたがうのもいいですが、意味を考えずに繰り返していくと危険な結果が待っている場合がよくあります。「**単純なゴールデンクロスは株価が下落基調にあるときにも発生**」します。下落基調のときは、25日移動平均線が75日移動平均線をゴー

目標

ゴールデンクロスが出たからむやみに買うのではなく、株価の位置によって判断することを理解する

参考書籍　「世界一やさしい 株の教科書 1年生」2時限目（114頁）

ルデンクロスしたタイミングこそ、むしろ大きな下落のはじまりにすぎないことがよくあります。ゴールデンクロスというひとつの側面だけでなく、**「株価の位置と組みあわせて考える」**必要があります。

ここでよく質問されることは「ゴールデンクロス」の種類がいくつもあるということです。25日移動平均線と75日移動平均線のクロスも、5日移動平均線と25日移動平均線のクロスもゴールデンクロスと呼ばれます。

では、どちらが本当のゴールデンクロスなのでしょうか？答えは「どちらも」です。要するに、数字ではなくゴールデンクロスの意味を考える必要があるということです。

「ゴールデンクロスは短期の移動平均線がより長期の移動平均線を超えてくることで、〝直近トレンドが発生していますよ〟というサインを把握するのが目的」です。あなたが日頃5日・25日移動平均線を基準にしてトレードしているなら、そのゴールデンクロスを判断基準にします。25日移動平均線、75日移動平均線を基準にしているなら、そのゴールデンクロスを判断基準にします。

● ゴールデンクロスは大きな下落のはじまりかもしれない

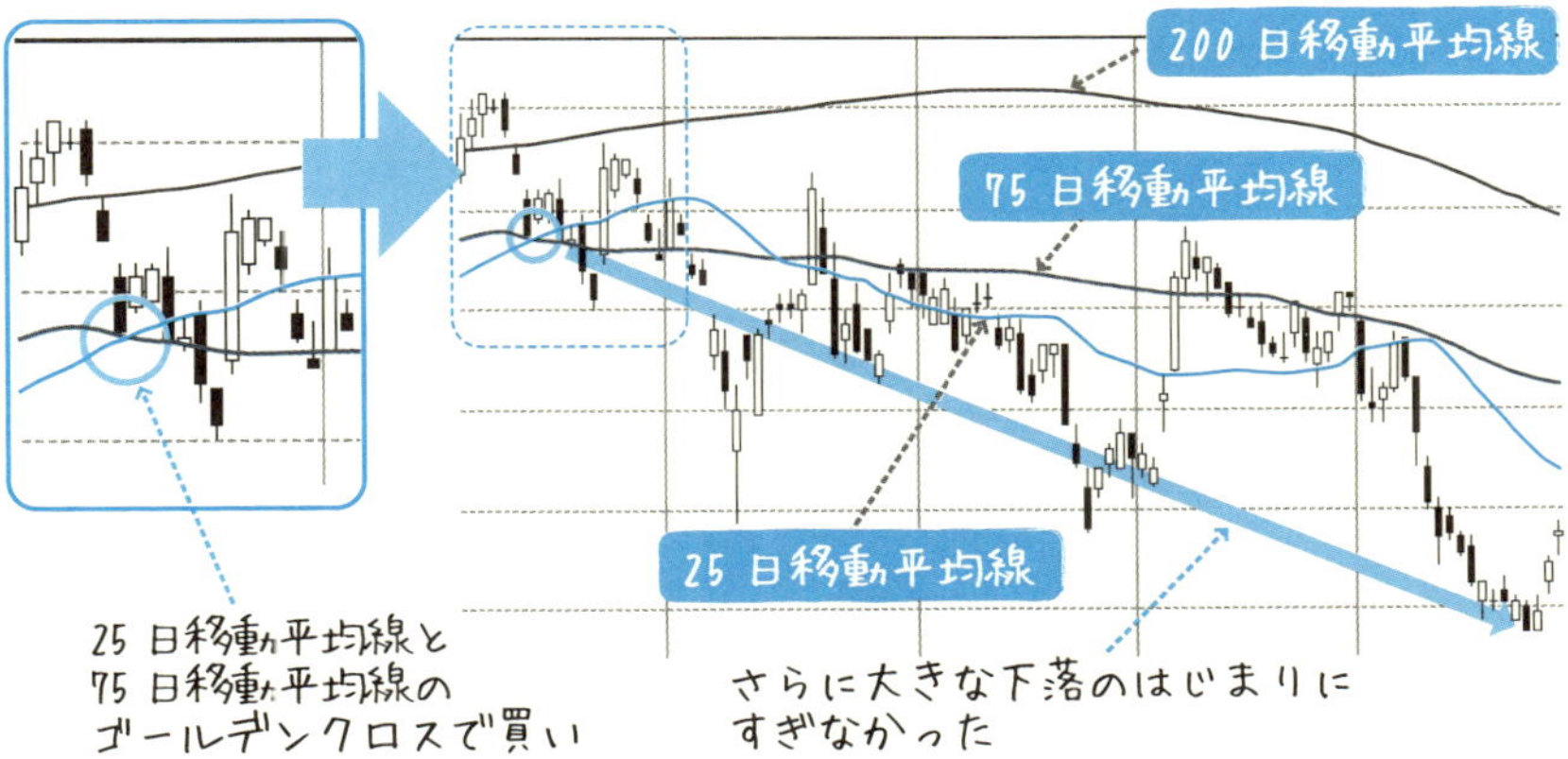
200日移動平均線
75日移動平均線
25日移動平均線
25日移動平均線と
75日移動平均線の
ゴールデンクロスで買い
さらに大きな下落のはじまりに
すぎなかった

ゴールデンクロスを見て買う場合は上昇基調を確認してから

　具体的に、ゴールデンクロスで買っていい位置を見ていきましょう。下の「買っていいパターン」の説明と図を見ながら、75日移動平均線、25日移動平均線、株価の位置関係による判断基準をしっかり覚えてください。

　前頁で、自分が使う移動平均線によってゴールデンクロスの基準が変わるということをお話ししました。買っていいパターンということの説明もまったく同じことがいえます。

　下記のA、Bで説明している75日移動平均線、25日移動平均線の位置関係を25日移動平均線・5日移動平均線に置き換えて考えるだけです。ただし、移動平均線の期間が短いので、動きがより激しいということを覚えておいてください。

買っていいパターン	
A	ゴールデンクロスするタイミングで株価が75日移動平均線と25日移動平均線を上回る位置にあるとき 並び方　上から　株価⇒25日移動平均線⇒75日移動平均線
B	Aまではいかないが、ゴールデンクロスの直前に株価が底値を抜け出して25日移動平均線を上に抜け、75日移動平均線に近づいているトレンド形成の準備段階　並び方　上から　75日移動平均線⇒株価⇒25日移動平均線

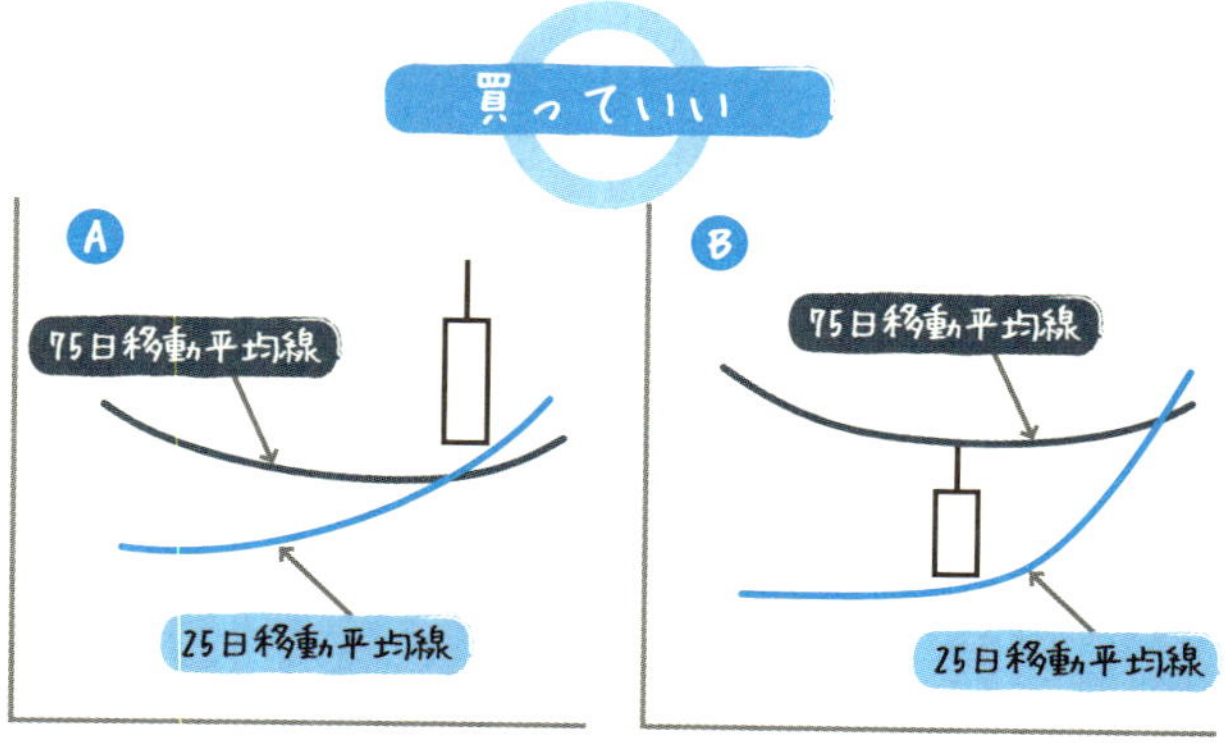

下落基調中のゴールデンクロスはスルーするか空売りのチャンスに

株価が明確に下落基調にあるときに発生するゴールデンクロスは、下降中の戻りによって発生する可能性が高いので、「**買うという判断よりは、スルーする材料として使うべき**」です。下の「買ってはいけないパターン」の説明と図を見ながら、75日移動平均線、25日移動平均線、株価の位置関係による判断基準をしっかり覚えてください。

ⒸかⒹのパターンは、慣れている人にとっては下落トレンドで利益をあげる空売りのサインとしてもよく使われます。下げ切っていないところでゴールデンクロスが発生した場合、25日移動平均線が再び下がり出すと下落が早くなるので、空売りに適した動きになるのです。

	買ってはいけないパターン
C	ゴールデンクロスはしているが、75日移動平均線が下を向いていて、75日移動平均線の下に25日移動平均線がいながら近づいているとき 並び方 上から 25日移動平均線 → 75日移動平均線（下向き）→ 株価
D	下向きの75日移動平均線をゴールデンクロスする前に、株価が25日移動平均線を抜けて下向きの75日移動平均線に近づいたとき 並び方 上から 75日移動平均線 → 株価 → 25日移動平均線

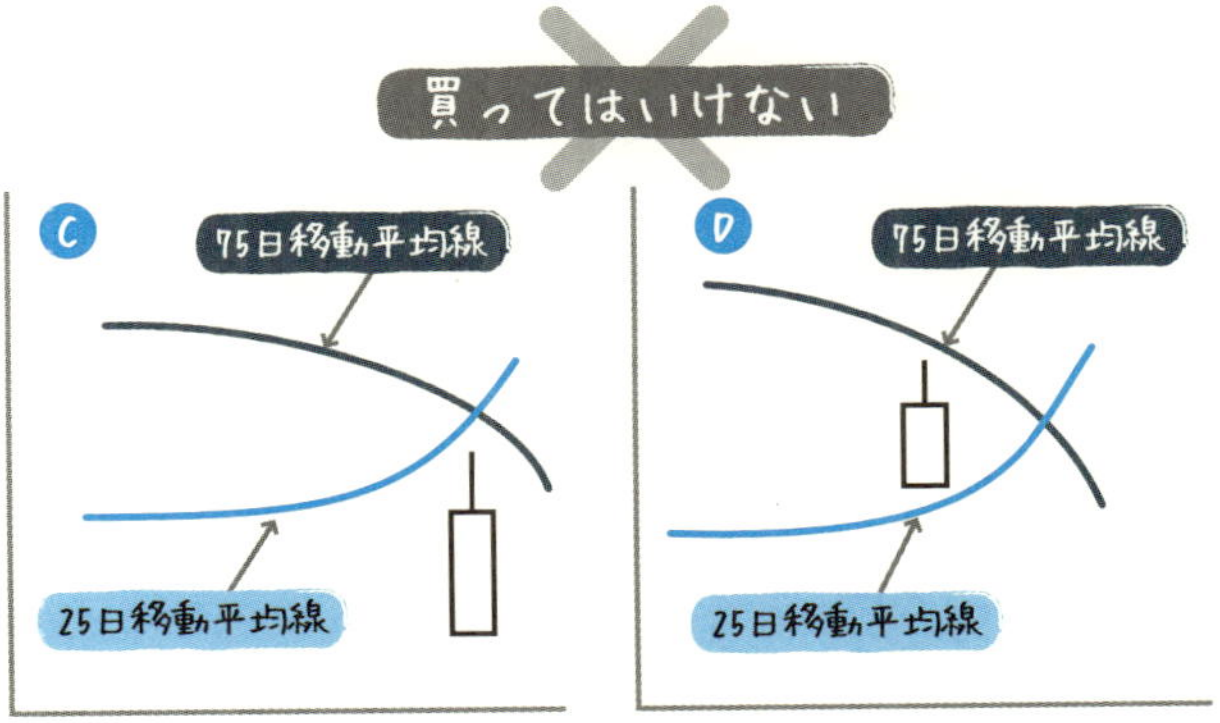

問題5・1 中

次のチャートは、11月に入ってゴールデンクロスが現れたトヨタ自動車のものです。このチャートから判断して、このゴールデンクロスで買っていいでしょうか？　まず現在の株価の位置をチェックし、62頁、63頁のⒶからⒹの中でどのパターンかを判断して、買っていいかどうかを書き込んでください。

解答欄

❶ 現在の位置は上昇の（　　）回目

❷ 株価の位置はどのパターン？

□ Ⓐ　□ Ⓑ　□ Ⓒ　□ Ⓓ

□ どれでもない

❸ 株価の位置で判断する場合、このゴールデンクロスは

□ 買っていい

□ 買ってはいけない

❹ 現在の位置で売買をする際の戦略は

□ ジョン先生が買っていいというなら成行で買う

□ トレンド転換の買い方で買う

● **問題** このゴールデンクロスは買っていいか？（7203：トヨタ自動車）

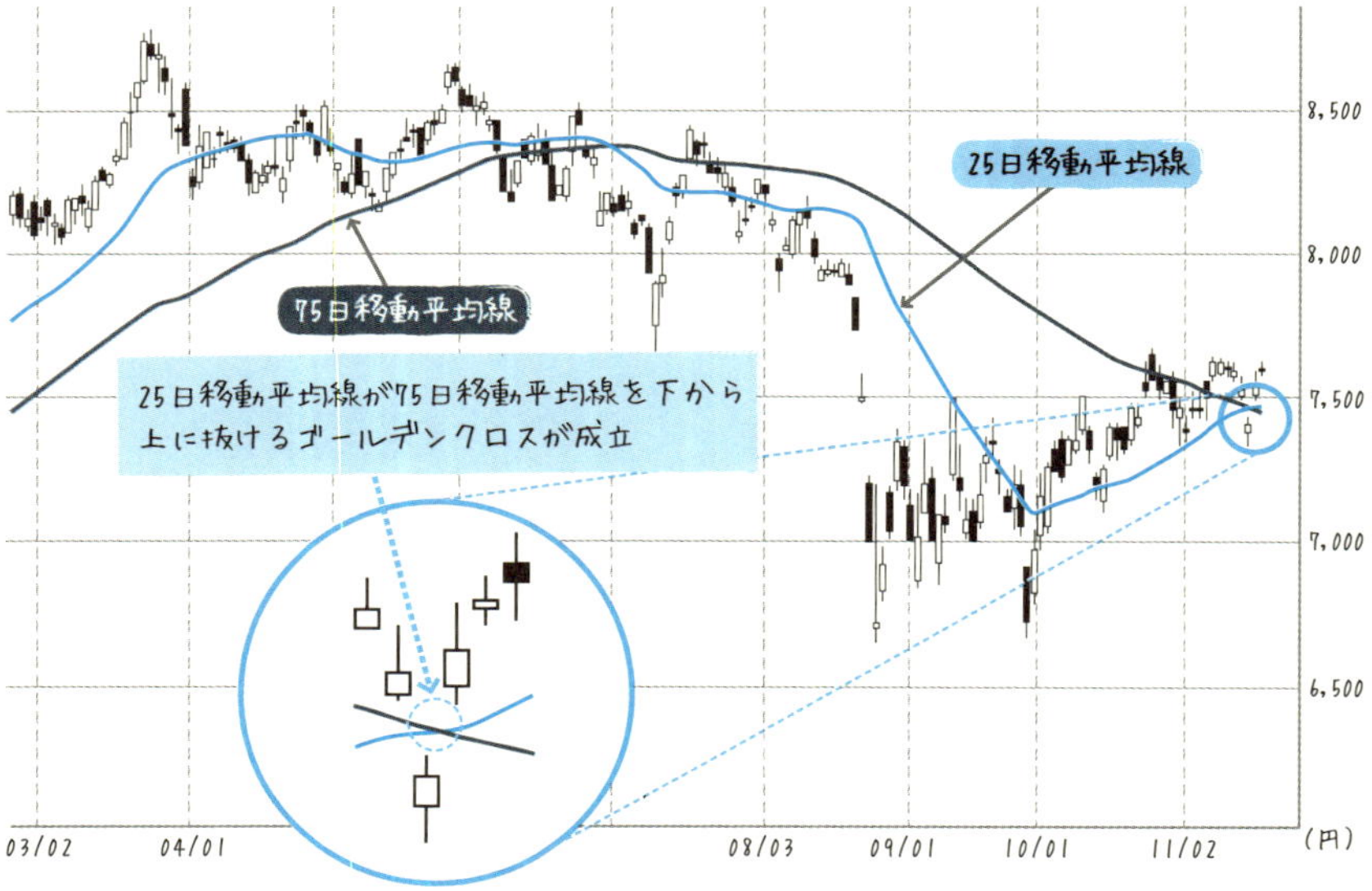

5・1の解説

上昇トレンドにあることを確認してから買う

分析はバッチリですか？　もうここまできたら、株価の位置判断は難しくないですね。

まず**問題5・1** ❶で、株価がどの局面にあるかを考えてみます。75日移動平均線を割り込んで下落をはじめてからは、安値を3回切り下げて8月下旬を底値にして下げ止まりました。そこから乱高下は激しくなりますが、安値の切り上げがはじまります。

25日移動平均線を抜けてきてからは、上昇トレンドに変わりつつある株価が75日移動平均線を1回抜けて再び下落しましたが、もう1度75日移動平均線を抜けてきて、75日移動平均線の上でトレンド転換をしたばかりです。よって、「**現在の位置は上昇の1回目**」で、その局面が2回現れたとこ

答えあわせ　このゴールデンクロスで買っていい理由（7203：トヨタ自動車）

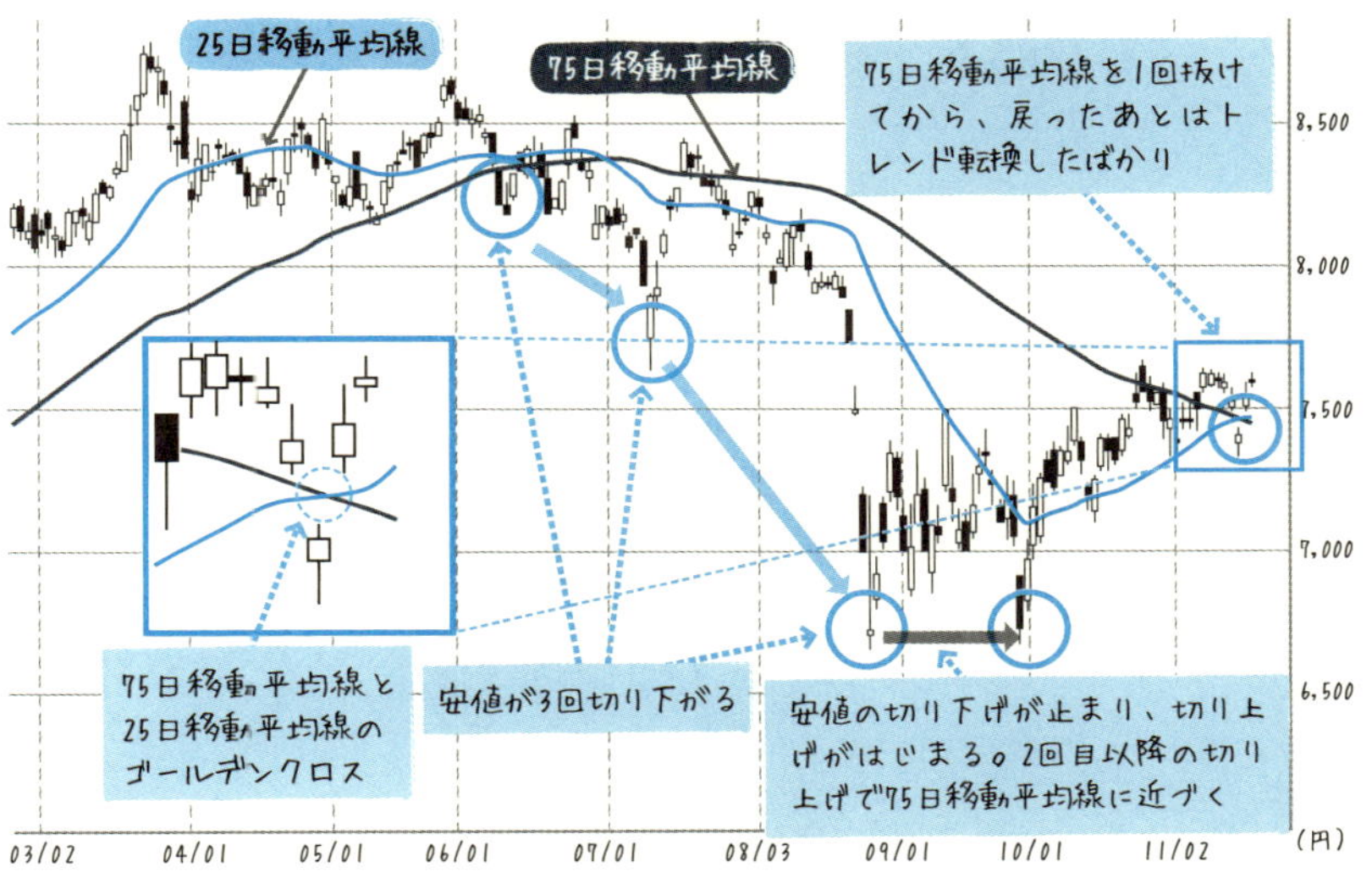

ろです。75日移動平均線がまだ下向いていることがそれを表しています。

次に**問題5・1** ②で、パターンにあてはめて考えてみましょう。現在の移動平均線を見ると、25日移動平均線が75日移動平均線を下から上に抜けてゴールデンクロスが成立しています。株価はゴールデンクロスの上にあるので、**株価**⇓**25日移動平均線**⇓**75日移動平均線**の順番に並んでいるⒶのパターンになります。

ちなみに、Ⓐのような順番をテクニカル分析では「**パーフェクトオーダー**」と呼びます。「完璧な注文」という意味ではありませんよ。

オーダーには「規律・並び」という意味もあるので、「**完璧な並び**」という意味になります。「**ほぼ間違いなく上昇トレンドに乗っている**」ことを表すためにこの言葉を使います。

検証 買い注文が約定したあとの動き（7203：トヨタ自動車）

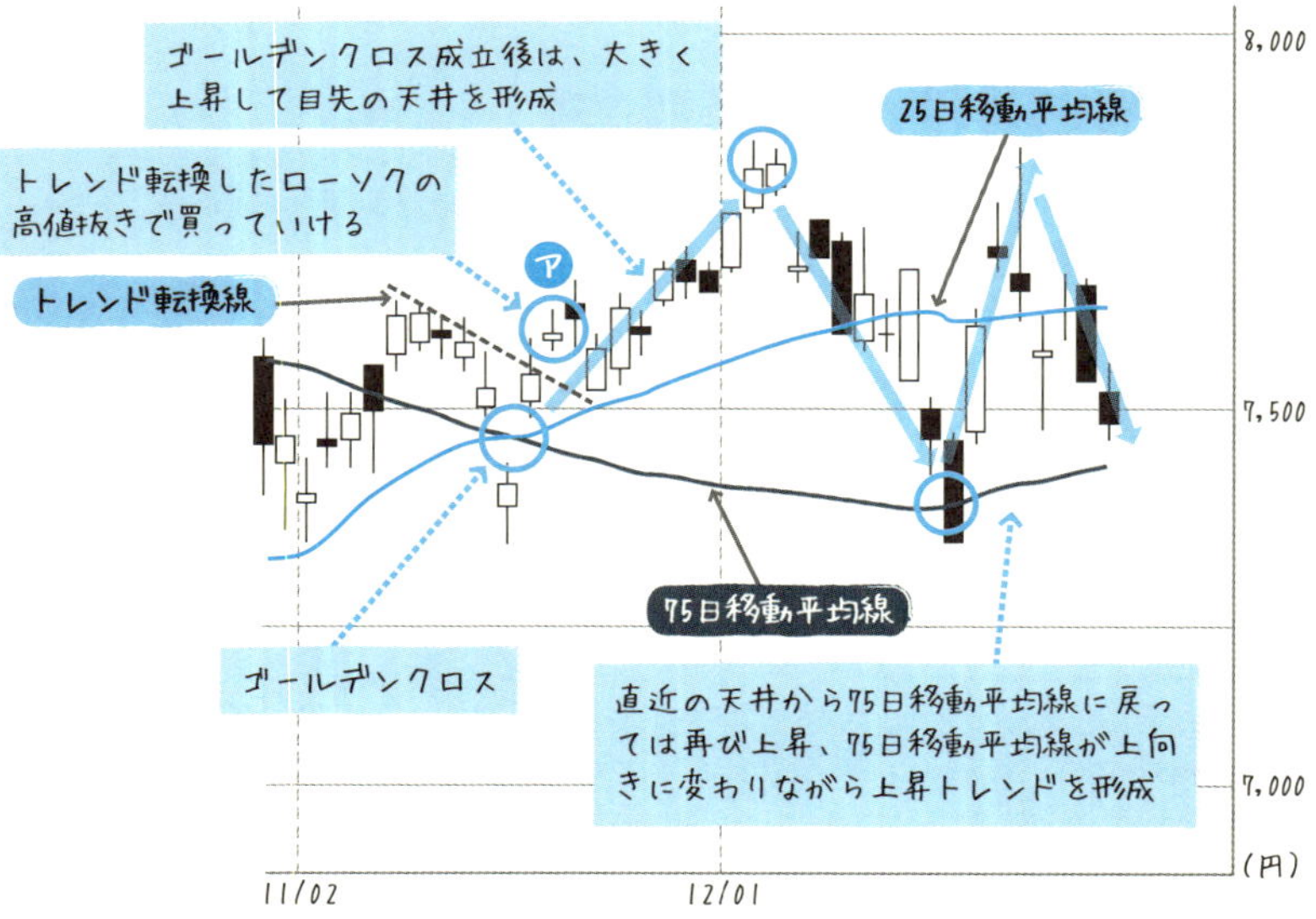

「買っていい」と「買っていいところ」は、まったく異なる話

パターンⒶのゴールデンクロスだということがわかったので、問題5・1 ③の正解は「**買っていい**」です。しかし、ここで注意してほしいのは、「〝**買っていい**〟と〝**買っていいところ**〟というのはまったく別の話」だということです。

前頁のチャートを見ると、㋐の2日前の大きな下落を除けば、今日で短い期間の「**トレンド転換**」をしています。75日移動平均線はまだ下向いていますが、ここまで何回も安値を切り上げてトレンド転換までしたので、このまま上昇の勢いが続くなら本日の高値を抜けて上がり続けるはずです。つまり、トレンド転換線を用いた「**トレンド転換の買い方**」で買っていけばいいのです。これが問題5・1 ④の正解です。

私が「買っていい」と言ったからいきなり成行で買うとか、ゴールデンクロスしたので安心して成行で買っていくというのは、どこにも根拠のない無謀な売買にすぎません。

前頁の㋐の右側のチャートを見ると、約定してから少し足元を固めてから勢いよく上昇して、12月の初旬と中旬に目先の天井を2回ほどつくりながら上昇トレンドを継続しています。

では「トレンド転換の買い方」とは？　次の 法則06 で詳しく勉強していきます。その前に問題5・2 を解いてみましょう。

問題5・2

高

下のチャートは、8月にゴールデンクロスが出たオリエンタルランドのものです。現時点で25日移動平均線が上向き、75日移動平均線を微妙に上に抜けてきました。このゴールデンクロスは買っていいでしょうか？ 問題5・1同様、現在の株価の位置をチェックして、解答欄に書き込んでください。

そして、現在の株価はⒶからⒹの中でどのパターンにあてはまるのかを判断して買っていいのかどうかを考えてみましょう。

解答欄

❶ 現在の位置は下降の（　　　）回目

❷ 株価の位置はどのパターン？

□Ⓐ　□Ⓑ　□Ⓒ　□Ⓓ

□ どれでもない

❸ 株価の位置で判断する場合、このゴールデンクロスは

□ 買っていい

□ 買ってはいけない

❹ 現在の位置で売買をする際の戦略は

□ 75日移動平均線に戻ってきたら買っていく

□ 75日移動平均線に戻ってきたら観察か、空売りのポイントを探す

問題 このゴールデンクロスは買っていいか？（4661：オリエンタルランド）

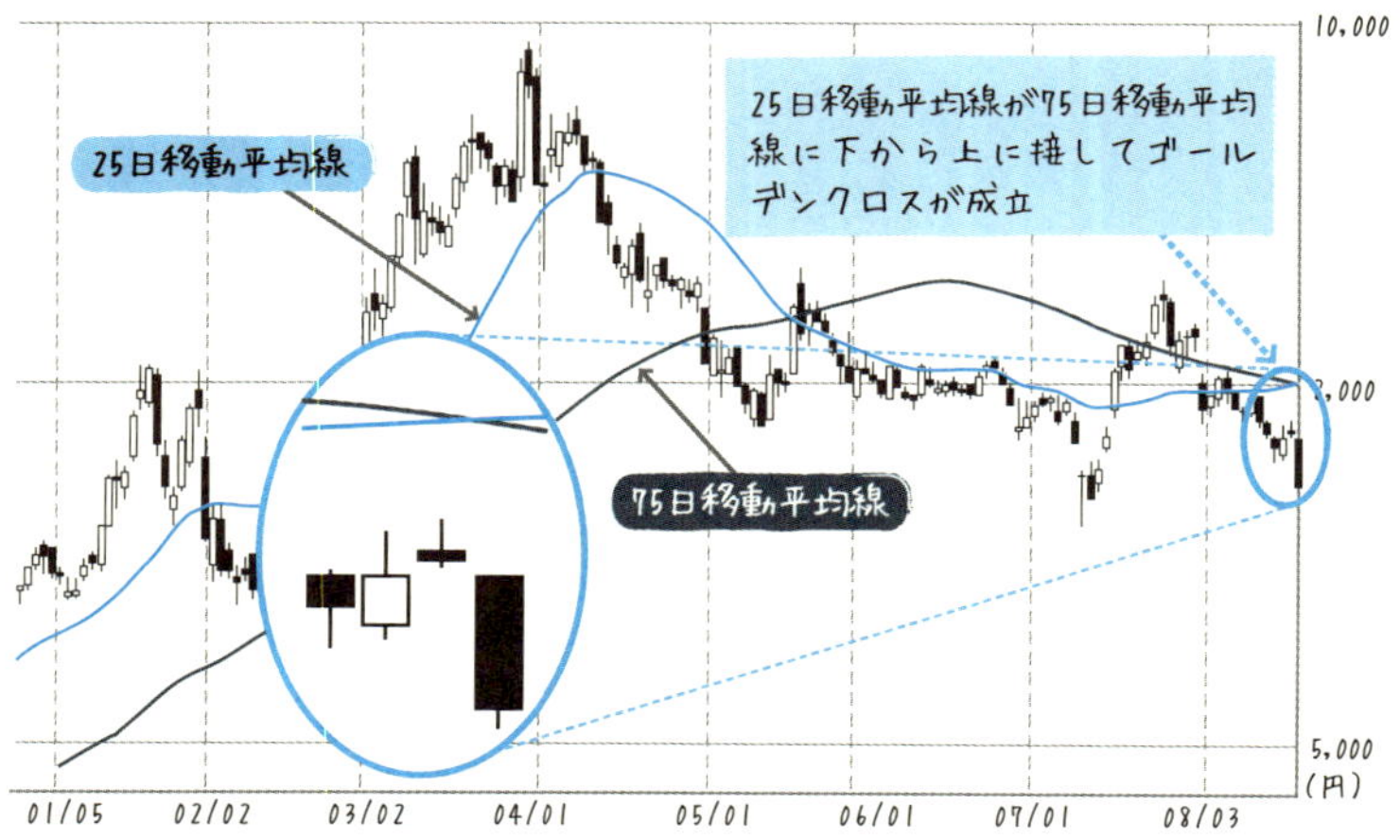

5・2の解説

下降中のゴールデンクロスは買いではなく暴落のはじまり

まず株価の位置を分析して、売買してもいいかを判断します。75日移動平均線を1回割り込んでから下降トレンドに入りますが、安値の切り下げを2回しかしないまま、7月下旬に1度75日移動平均線を超えました。その後数日で再び75日移動平均線を割り込んで、25日移動平均線までも割り込みました。株価が75日移動平均線、25日移動平均線の下に位置したままゴールデンクロスが起きています。この時点で考えると、**問題5・2** ❶の株価の局面は、「下降の2回目」を継続していることになります。

この時点ではまだ下げが甘く、さらに下がっていく可能性があると判断するのが正しい分析でしょう。株価と移動平均線の並び方を見ると、**25日移動平均線** ⇓ **75日移動平均線（下向き）** ⇓ **株価**になっていて、**問題5・2** ❷の問題はパターンⒸが正解です。

パターンⒸの場合、買っていいのか買ってはいけないのか、覚えていますか？「**パターンⒸは、ゴールデンクロスでも買ってはいけないパターン**」です。実際にその後の結果を見ると、ゴールデンクロスが起きた直後に信じられないような大暴落となり、８０００円近くあった株価が6営業日で６０００円を割り込むところまで下落してしまいました（次頁下図参照）。

下降中のゴールデンクロスが起こる理由は一時的な「戻り」のため

今回のゴールデンクロスはパターンⓒだということがわかったので、問題5-2 ③の投資判断は、当然「**買ってはいけない**」が正解です。

パターンとして簡単にまとめましたが、そもそも下降中なのに、どうして25日移動平均線が上向いて75日移動平均線を下から上に抜けるということが起きるのでしょうか？

株価の動きをよく見ると、その理由がわかります。安値を切り下げた時点から、75日移動平均線を超えるまで1カ月足らずの期間で一気に上昇しています。「**25日移動平均線は直近1カ月の動きを反映するので、1カ月の間に急激に上昇すると、当然上向く**」ことになります。これは多くの銘柄で起こることなので、必ず覚えておいてください。これを上昇または下降が終わ

● 答えあわせ このゴールデンクロスで買ってはいけない理由（4661：オリエンタルランド）

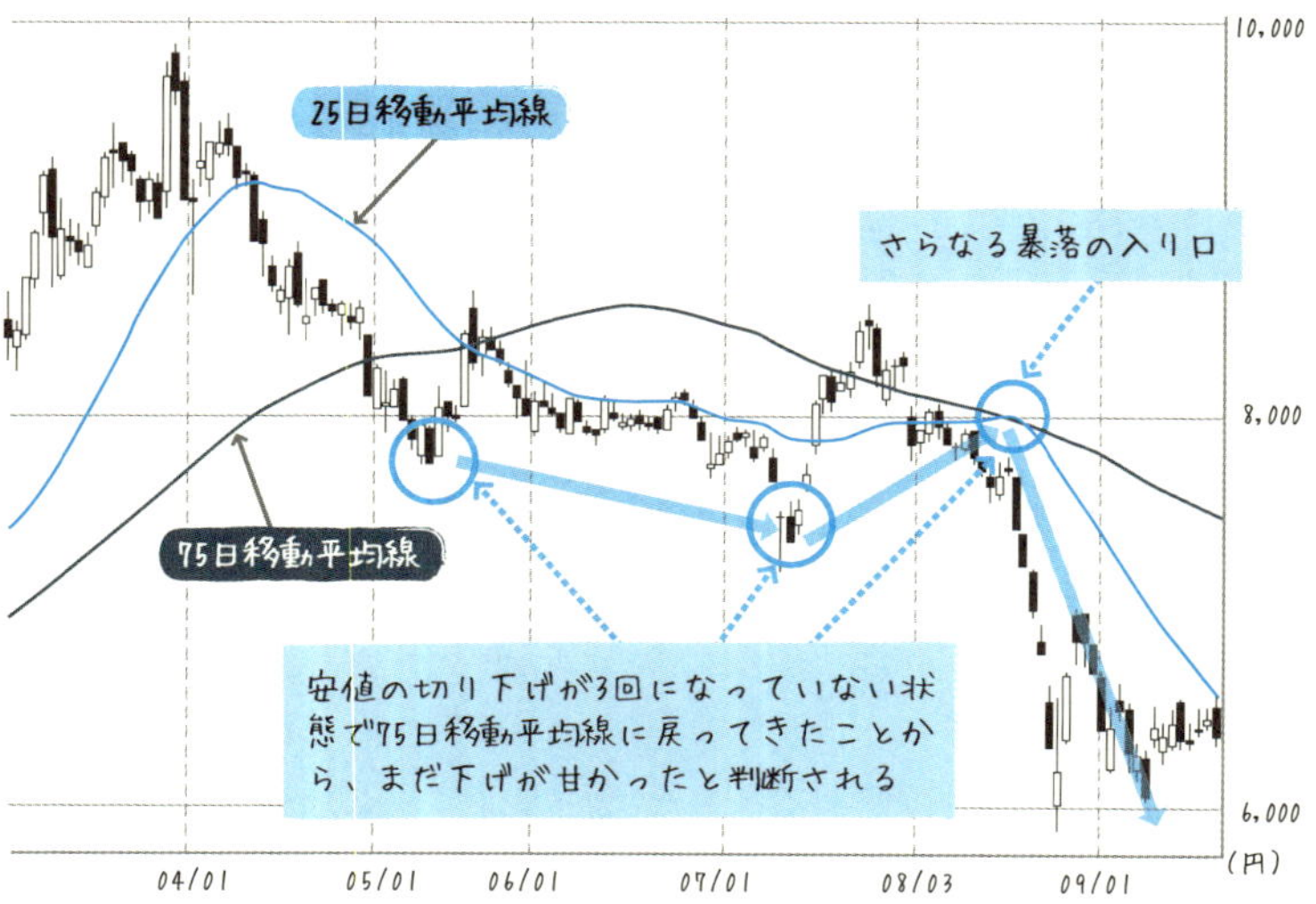

り、上昇トレンドがはじまると捉えてしまう人が多いのですが、**「下降中のゴールデンクロスは一時的な要因で、〝上昇〟ではなく、次の下降のための〝戻り〟と捉える」**べきです。よって正しい売買戦略は、**「何もせずにスルーする」**か**「75日移動平均線に再び戻る場合は空売りの準備をする」**ということになります。

大暴落を起こしたことで3回目の安値切り下げが完成すると、いよいよ安値を切り上げ、75日移動平均線を下から上に抜ける上昇トレンドへの転換をします。そして直近は75日移動平均線の上からトレンド転換をしています。

次の**法則06**では、**問題5・1** **問題5・2**で共通して出てきた、「トレンド転換の売買戦略」について詳しく見ていきます。

検証 大暴落したあとの動き（4661：オリエンタルランド）

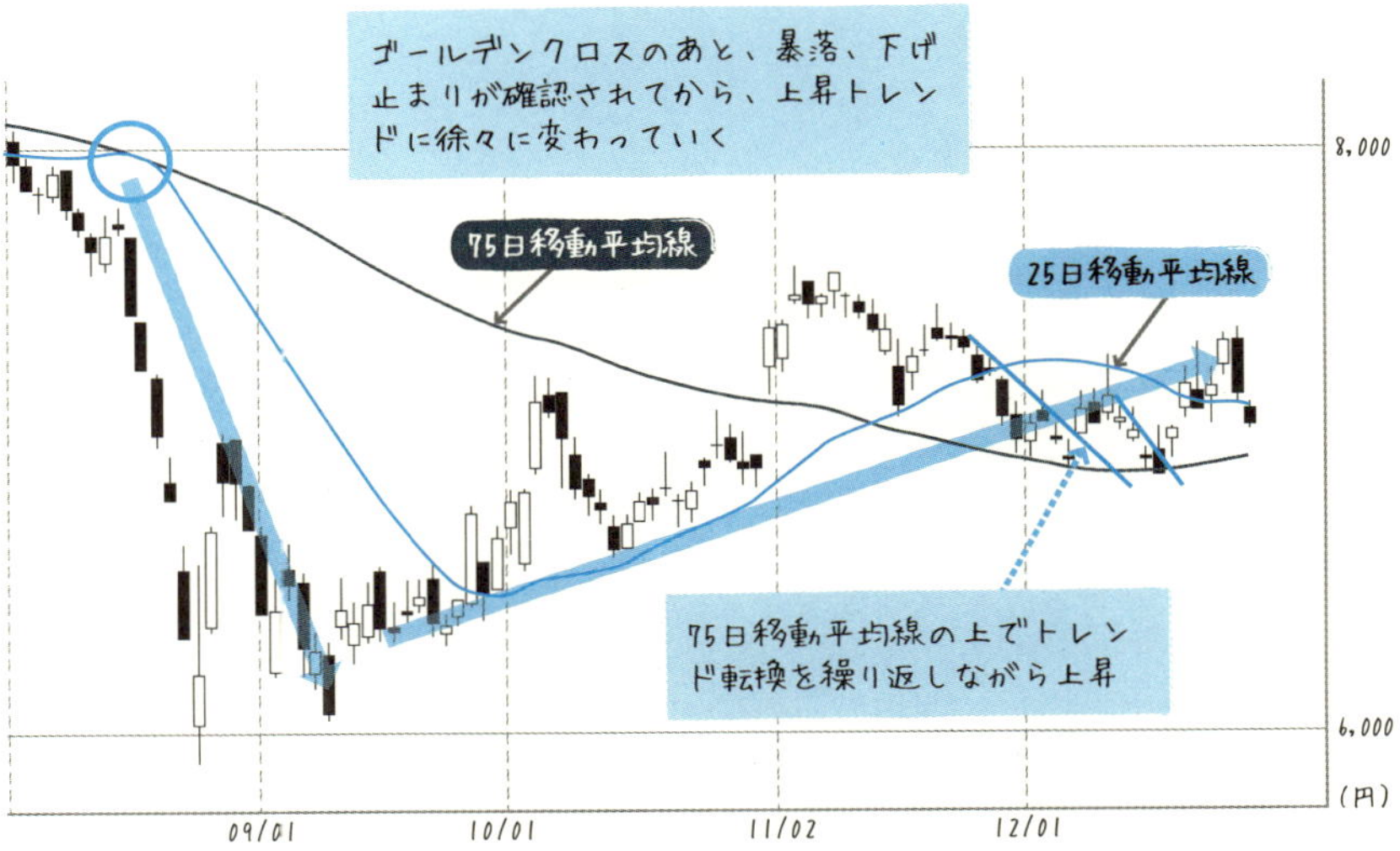
ゴールデンクロスのあと、暴落、下げ止まりが確認されてから、上昇トレンドに徐々に変わっていく
75日移動平均線
25日移動平均線
75日移動平均線の上でトレンド転換を繰り返しながら上昇
8,000
6,000
(円)
09/01
10/01
11/02
12/01

難易度
低 **中** 高

06 2回目以降はトレンド転換線で決める

1 2回目以降は線1本で売買が自由自在

上昇中の調整期間が終わるのを確認するにはトレンド転換線を使う

1回目の波が終わり、次の2回目以降の波で買おうとすると、実際のチャートの多くは、75日移動平均線の上で反転して上に行ってしまうものです。その解決策が「**トレンド転換線**」と呼ばれる魔法の線です。左頁の図を見るとトレンド転換線を境界にして、調整のトレンドが終わり、上昇トレンドに転換していること

目標

2回目の以降の売買戦略はトレンド転換線を引いてポイントを決める

参考書籍　「世界一やさしい 株の教科書 1年生」 4時限目（172、173頁）

がわかります。

トレンド転換線が正確に描けたら、「**この線を超えたところで買うことができ、その後は上昇トレンドに乗れる**」ことを意味します。まさしく2回目、3回目の入るタイミングを教えてくれる魔法の線です。

まずは調整中の高値と安値を見つけて線を引く

最初のステップはトレンド転換を確認したい期間において、直近の高値と安値を探すことです。そして直近高値のローソク足の「実体」から横に線を引いて直近安値の「実体」に向かって下ろしていきます。下ろしていく途中で、安値のローソク足に到達する前にどこかのローソク足の「実体」にぶつかると線を止めて、75日移動平均線の下まで引っ張ります。この線を「**トレンド**

● 上昇2回目以降の買いにはトレンド転換線

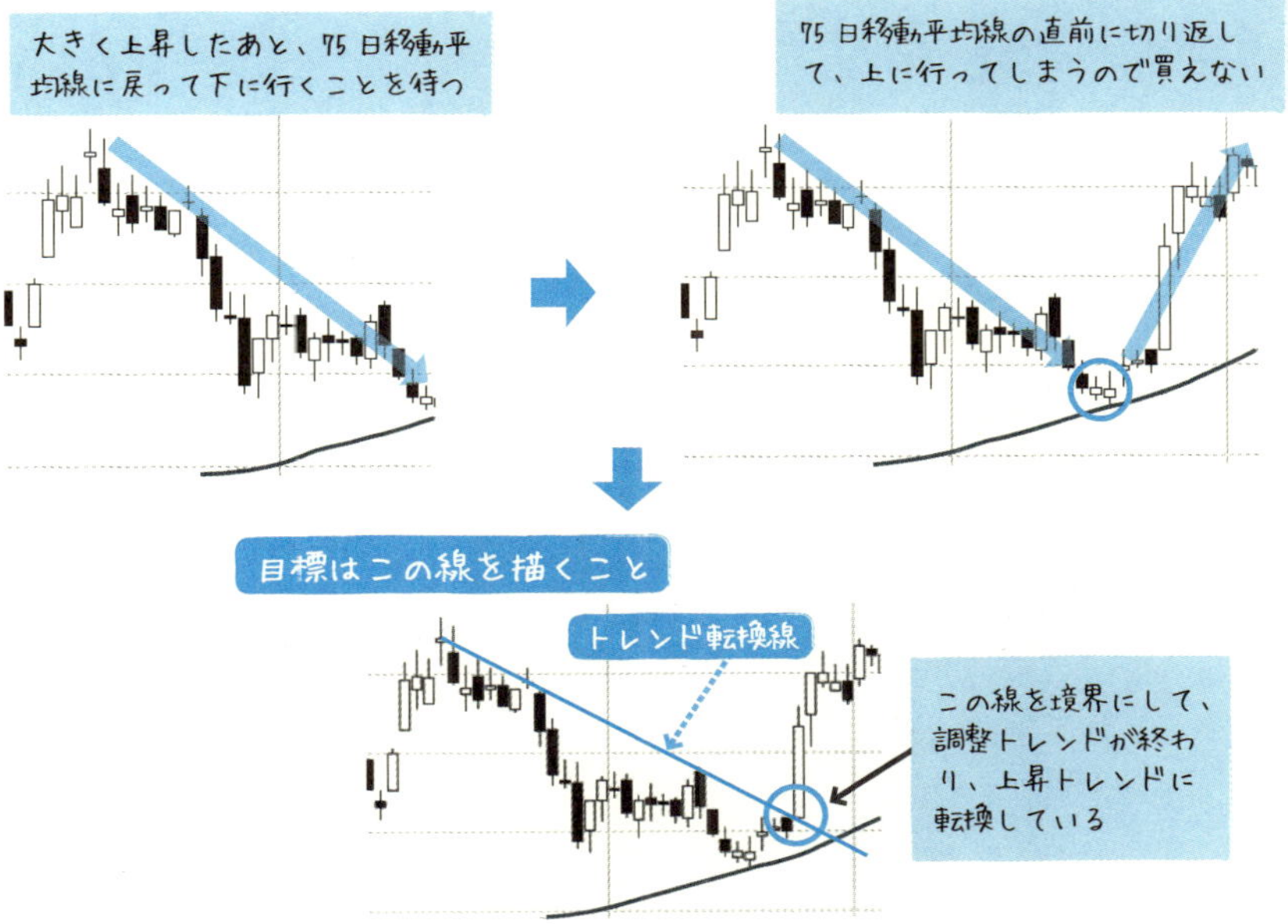

転換線」と呼びます。詳しい書き方は次頁の図や「株の教科書1年生」の特典動画を参考にすることにして、ここでは注意点をまとめます。

トレンド転換線を描く際の注意点

❶ ひげはすべて無視
❷ 転換の確認もひげではなく実体

「**線のはじまりは高値の〝ひげ〟ではなく、〝実体〟から引く**」ことに注意してください。また線を止める位置もひげではなく、実体にぶつかってからということを覚えておいてください。ローソク足の実体がトレンド転換線を下から上に抜けると、この日を「トレンド転換成立した日」と定義し、実体が超えたこのローソク足の高値を抜けるところで買いを行います。この際の基準も「**ひげではなく、実体が超えていること**」だと、必ず覚えておいてください。

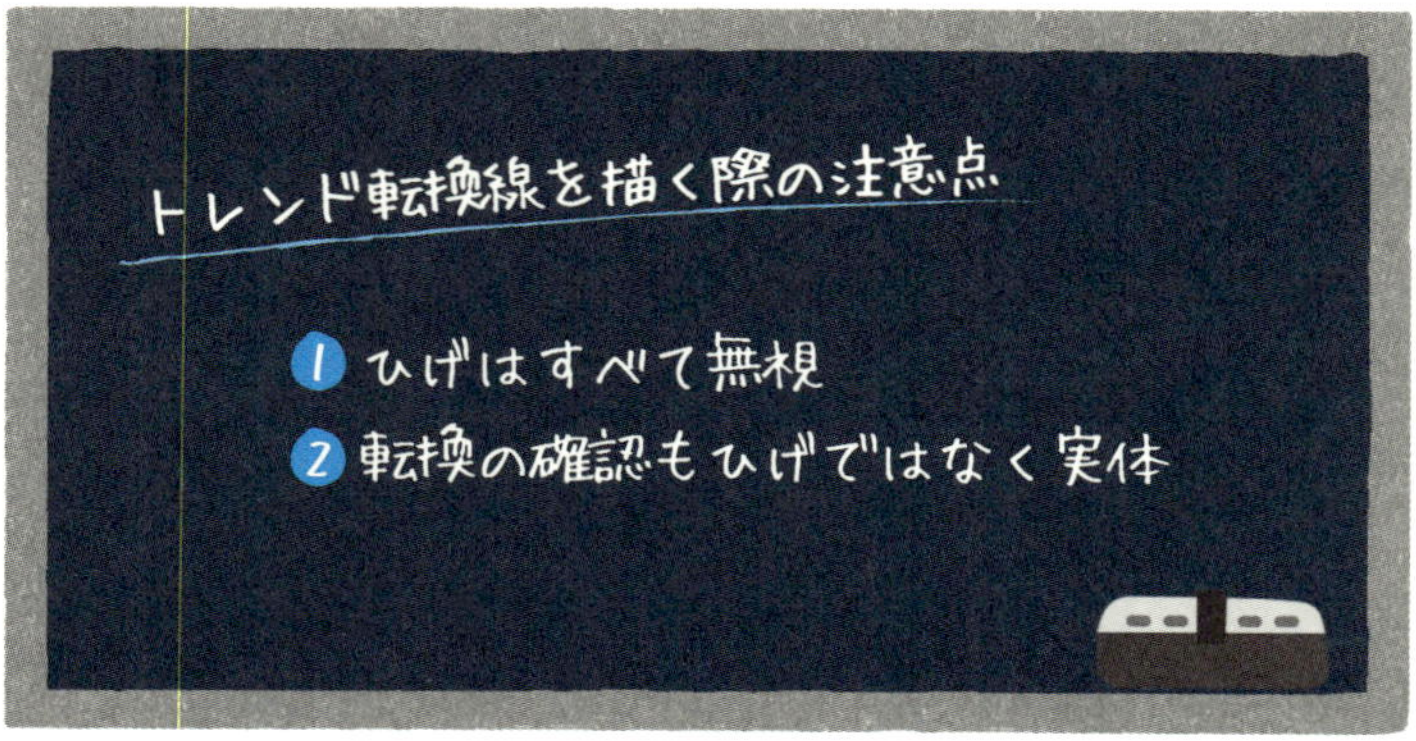

STEP 1 調整期間中の高値・安値を見つける

トレンド転換を確認したい期間において、直近の高値と安値を探します。この銘柄は直近の天井から現在に至るまで、上向きの75日移動平均線の上で、調整をしています。この調整期間においては天井にあたるⒶが高値のローソク足で、Ⓑが直近安値のローソク足になります。

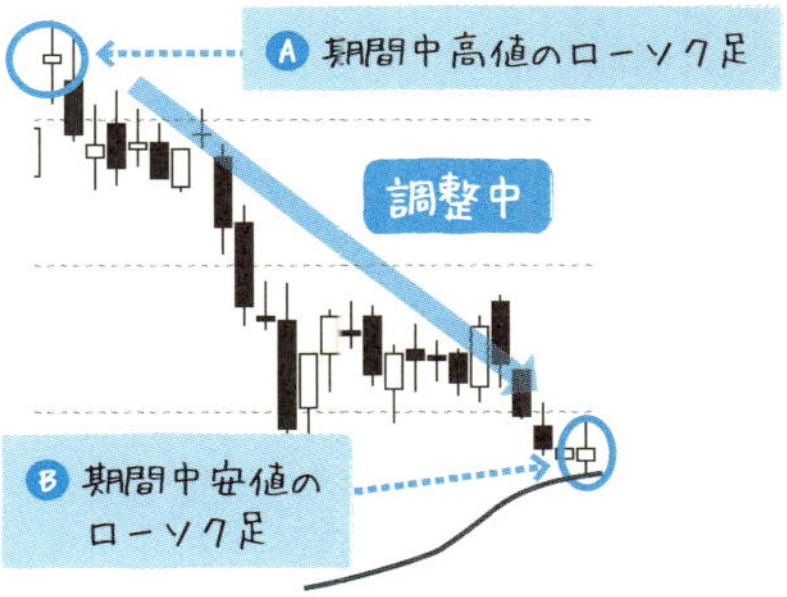

STEP 2 高値から線を引き、下ろしていく

直近高値のローソク足Ⓐの「**実体**」から横に線を引きます。この線をⒷ直近安値の「**実体**」に向かって下ろしていきます。高値の「ひげ」ではなく、「実体」から引くことに注意してください。

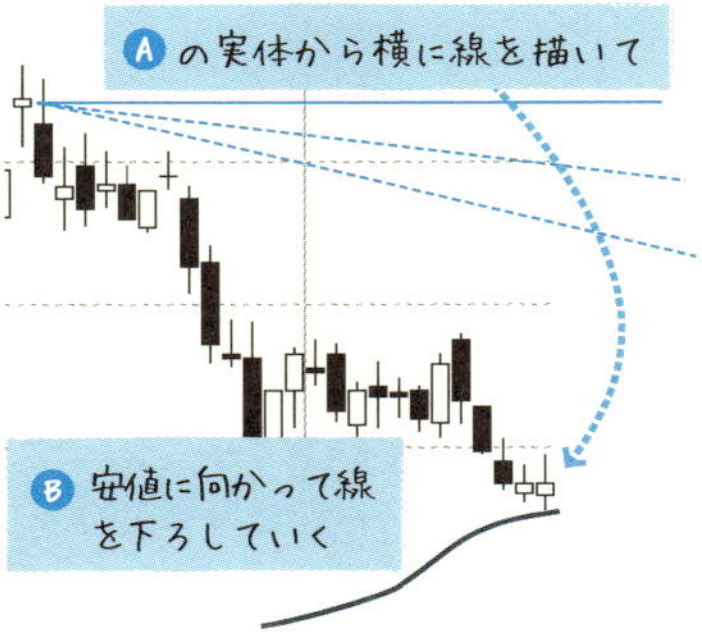

STEP 3 安値に到達する前に実体にぶつかったら止める

降ろしていく途中で、安値のローソク足に到達する前にどこかのローソク足の「**実体**」にぶつかります。実体にぶつかったら線を止めて、75日移動平均線の下まで引っ張ります。この線を「**トレンド転換線**」と呼びます。

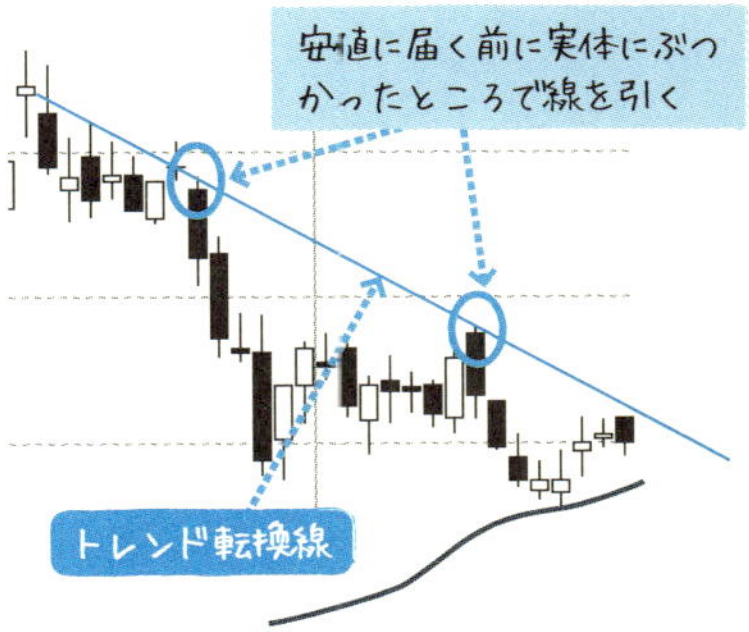

STEP 4 ローソク足がトレンド転換線を超えてくるかを確認する

何日間か観察して、ある日のローソク足の実体がトレンド転換線を下から上に抜けることを確認します。超えたこの日を「**トレンド転換成立した日**」と定義します。実体が超えたこのローソク足を「**トレンド転換のローソク足**」と呼びます。図ではⒸの日にトレンド転換が成立し、Ⓒがトレンド転換のローソク足として定義されます。

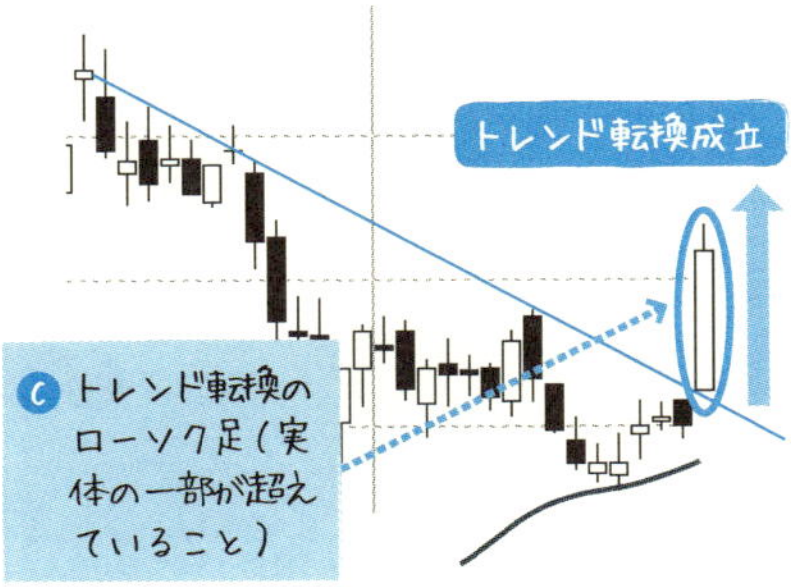

問題6・1

中

下のチャートは2015年2月のキッコーマンのチャートです。1回大きく上昇してから調整に入って75日移動平均線に近づいています。現在の状況に基づき、現在の株価の位置を分析してください。そして、トレンド転換線を描いてみましょう。トレンド転換線を描いた結果、本日、トレンド転換したのか、そしてあなたの投資判断を解答欄に記入してください。

解答欄

❶ 現在の位置は上昇の（　　　）回目

❷ トレンド転換線を描いた結果、現在の位置で

- □ トレンド転換をしている
- □ トレンド転換をしていない

❸ 上記に基づいて、あなたの投資判断は

- □ 早速成行ででも買っていく
- □ トレンド転換を確認してから買う

問題 本日、トレンド転換したのか？（2801：キッコーマン）

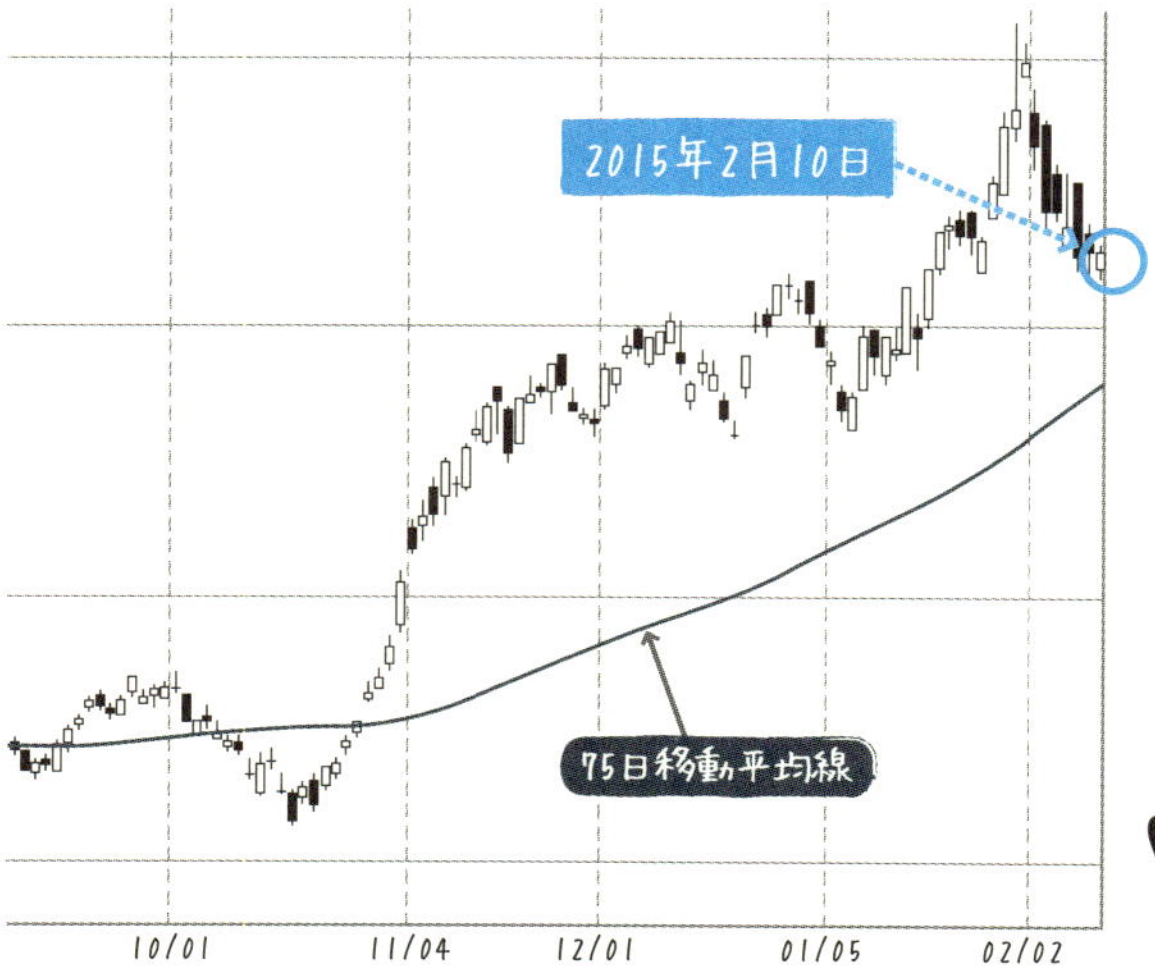

6-1の解説
75日移動平均線上向きで位置の確認を必ず行う

まず、現在の位置から考えてみましょう。株価は、75日移動平均線が少し上向いた時点で75日移動平均線を上に抜けてきて、2015年の10月中旬まで1回目の動きを見せています。その後、10月下旬に75日移動平均線を再び抜いてから大きくトレンドが発生して現在は直近高値から調整に入っているところです。現在の局面は上昇の2回目、最後の動きに近い状態だということがわかります。というわけで、❶の答えは「**上昇の2回目**」です。

次に、本日までの調整期間でトレンド転換線を引いてみます。直近の高値Ⓐの実体から本日のローソク足Ⓑに向かって線を引いて下ろします。Ⓑに至る前にⒸの実体にぶつかるので、線を止めます。線を引く前は、本日が安くはじまって上昇して終わった

● 答えあわせ 局面分析とトレンド転換の判断（2801：キッコーマン）

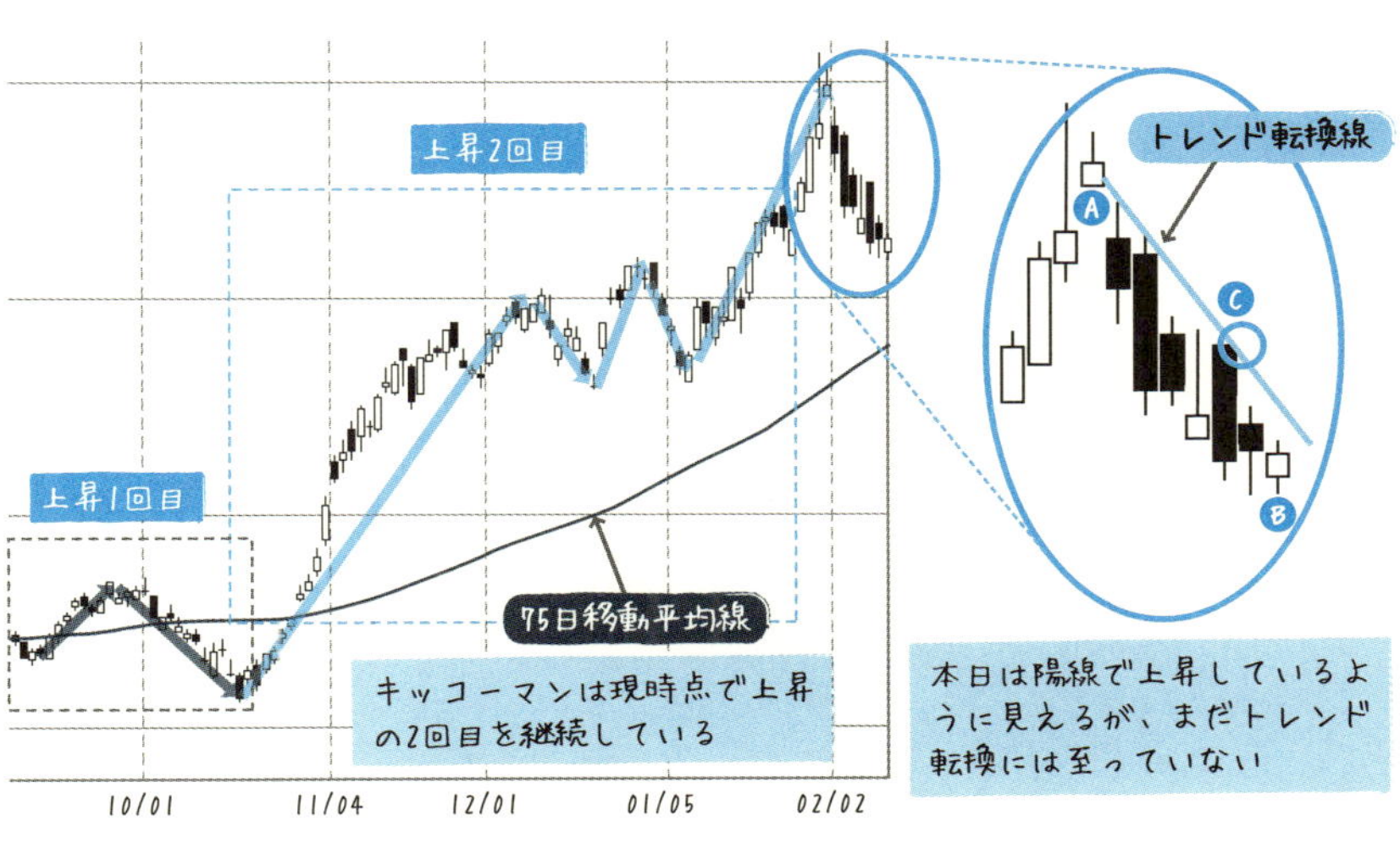
上昇2回目
上昇1回目
75日移動平均線
キッコーマンは現時点で上昇の2回目を継続している
トレンド転換線
A
C
B
本日は陽線で上昇しているように見えるが、まだトレンド転換には至っていない
10/01
11/04
12/01
01/05
02/02

陽線なのでトレンド転換したように見えますが、線を引いてみるとそうではないということがよくわかります。まだ実体がトレンド転換線に触れずに離れた状態なので、❷は**「まだトレンド転換をしていない」**というのが正解です。

実体が触れずに線を超えてしまってもトレンド転換

現在の位置ではトレンド転換をしていないので、❸投資判断は**「今は買わない。トレンド転換を確認してから買う」**が正解です。

そして、たまに投資家を悩ませることが次のような結果です。その翌日キッコーマンは大きく上昇して朝方からトレンド転換線を超えてはじまり、そのまま上昇して陽線で終わりました。結果的には実体どころか、安値すらもトレンド転換線に触れないまま線を超えています。よく質問されることは、このように**「実体に触れない場合でもトレンド転換をしていると判断するか？」**ということです。

答えは**「もちろんトレンド転換しています。しかも勢い**

検証 キッコーマンのトレンド転換成立

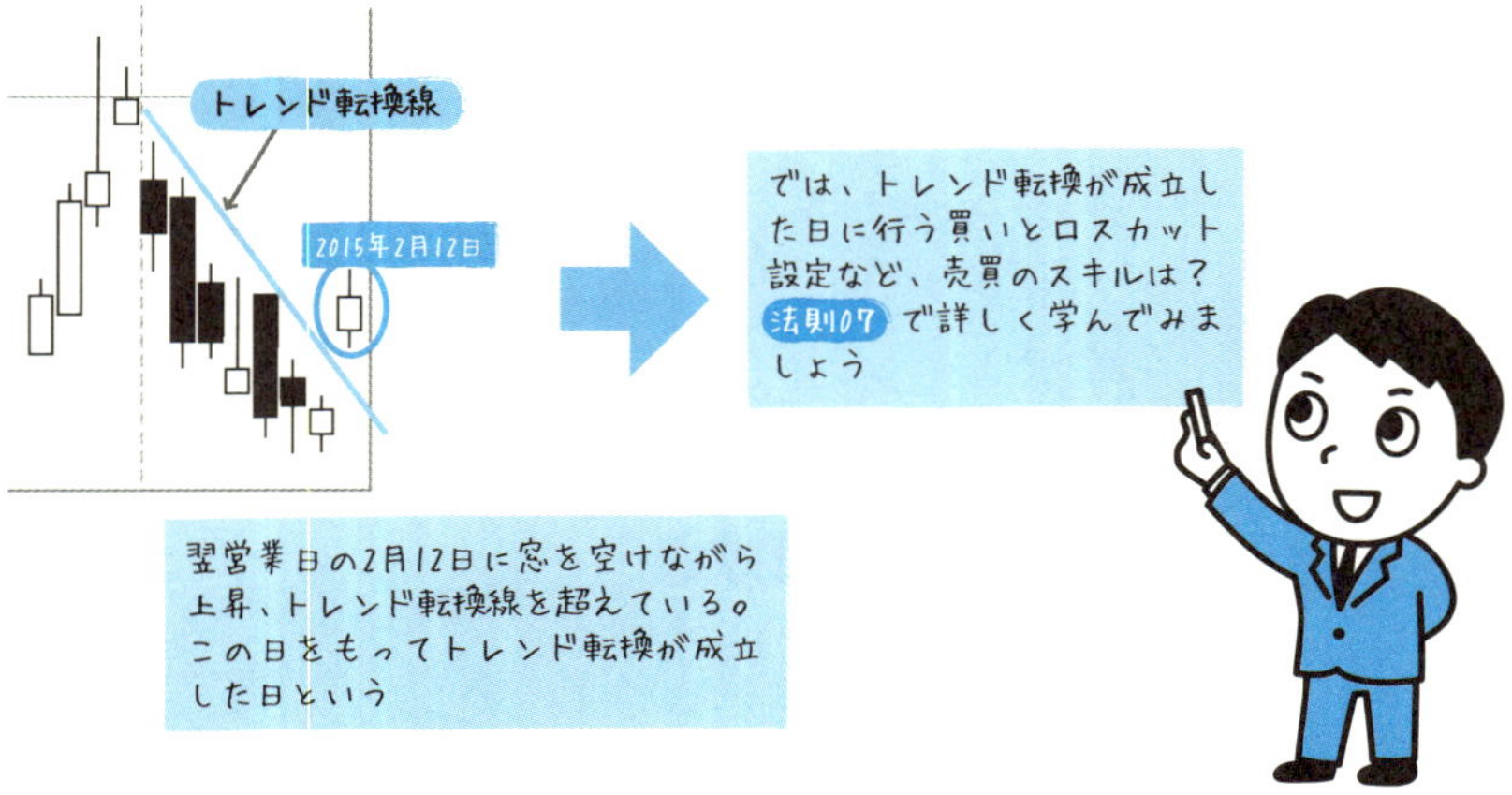

トレンド転換線
2015年2月12日
では、トレンド転換が成立した日に行う買いとロスカット設定など、売買のスキルは？ 法則107 で詳しく学んでみましょう
翌営業日の2月12日に窓を空けながら上昇、トレンド転換線を超えている。この日をもってトレンド転換が成立した日という

よく」です。実体が線を超えることには物理的に触れることのみならず、窓を空けながら上昇し、線に触れていない場合も入ります。これが1番目の理由です。

次に、「勢いよく」というのは、心理的な面を考えてみればわかります。トレンドが転換するときは注目する投資家が多いので、買いが集まり窓を空けることがよくあります。これは「上がったから怖い」ではなく、**「転換できちんと注目されるので勢いがついている」**と考えるのが正しいです。

もうひとつ注意したいことは、トレンド転換が成立したからといって、翌日すぐその高値を抜けて買いが約定するとはかぎらないということです。確かにトレンド転換はしたけれど、まだ迷いが残る、売りと買いが拮抗する状況が数日間続いたあと、やっと高値を超えてくることもよくあります。

下のキッコーマンの例もトレンド転換が成立してから3日後までは再び調整が入って、4日後に大きく反転して上昇したときに約定することになります。

● **トレンド転換成立からの動き（2081：キッコーマン）**

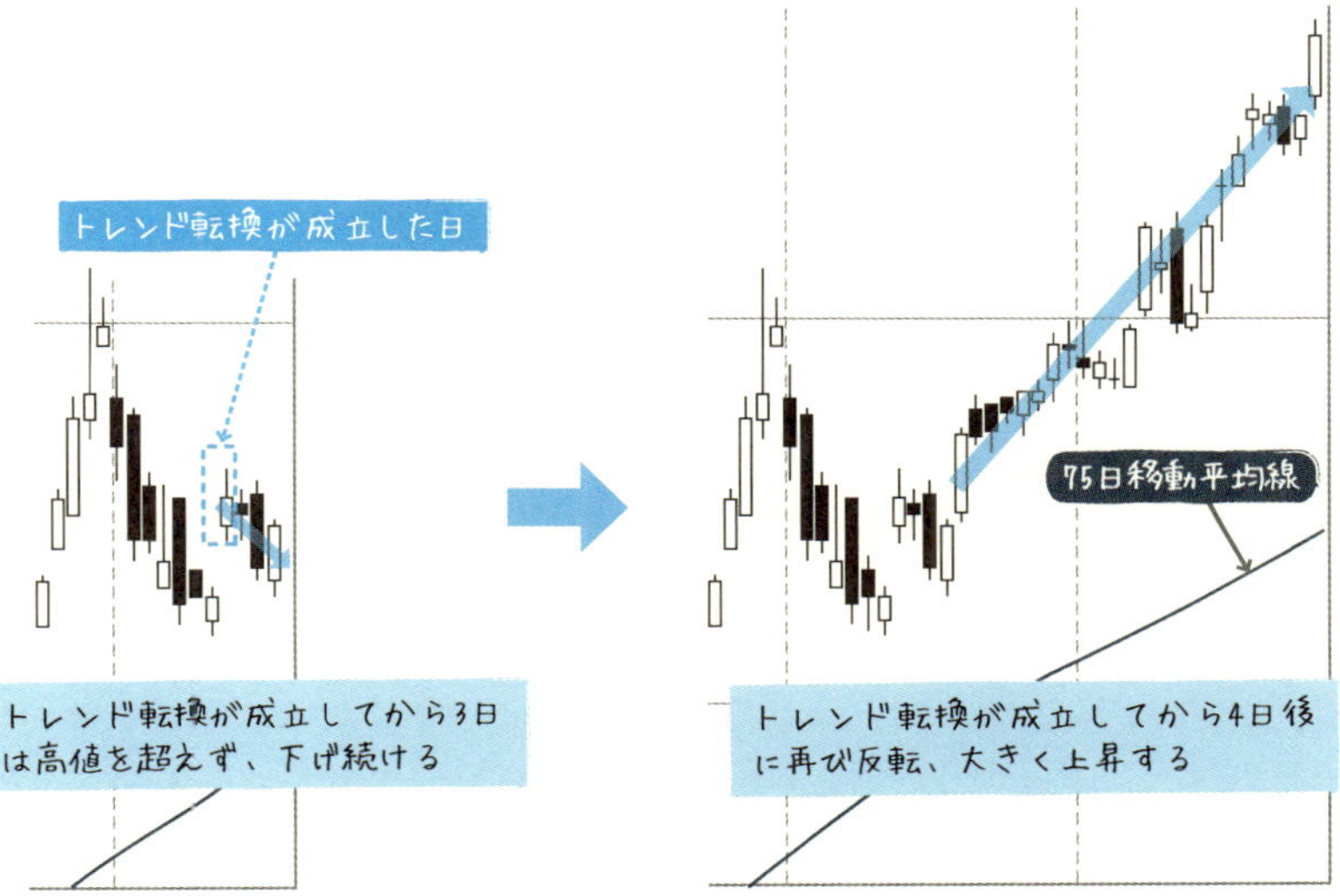
トレンド転換が成立した日
トレンド転換が成立してから3日は高値を超えず、下げ続ける
75日移動平均線
トレンド転換が成立してから4日後に再び反転、大きく上昇する

問題6・2

中

下のチャートは２０１４年6月、良品計画のチャートです。高値が同じところで2回止まってから、調整に入って75日移動平均線に近づいています。**問題6・1** 同様、現在の状況に基づき現在の株価の位置を分析してください。そして、トレンド転換線を描いてみましょう。トレンド転換線を描いた結果、本日、トレンド転換したのか、そしてあなたの投資判断を解答欄に記入してください。

解答欄

❶ 現在の位置は上昇の（　　　）回目

❷ トレンド転換線を描いた結果、現在の位置で
- □ トレンド転換をしている
- □ トレンド転換をしていない

❸ 上記に基づいて、あなたの投資判断は
- □ 早速成行ででも買っていく
- □ トレンド転換の買い方で買っていく

問題 本日、トレンド転換したのか？（7453：良品計画）

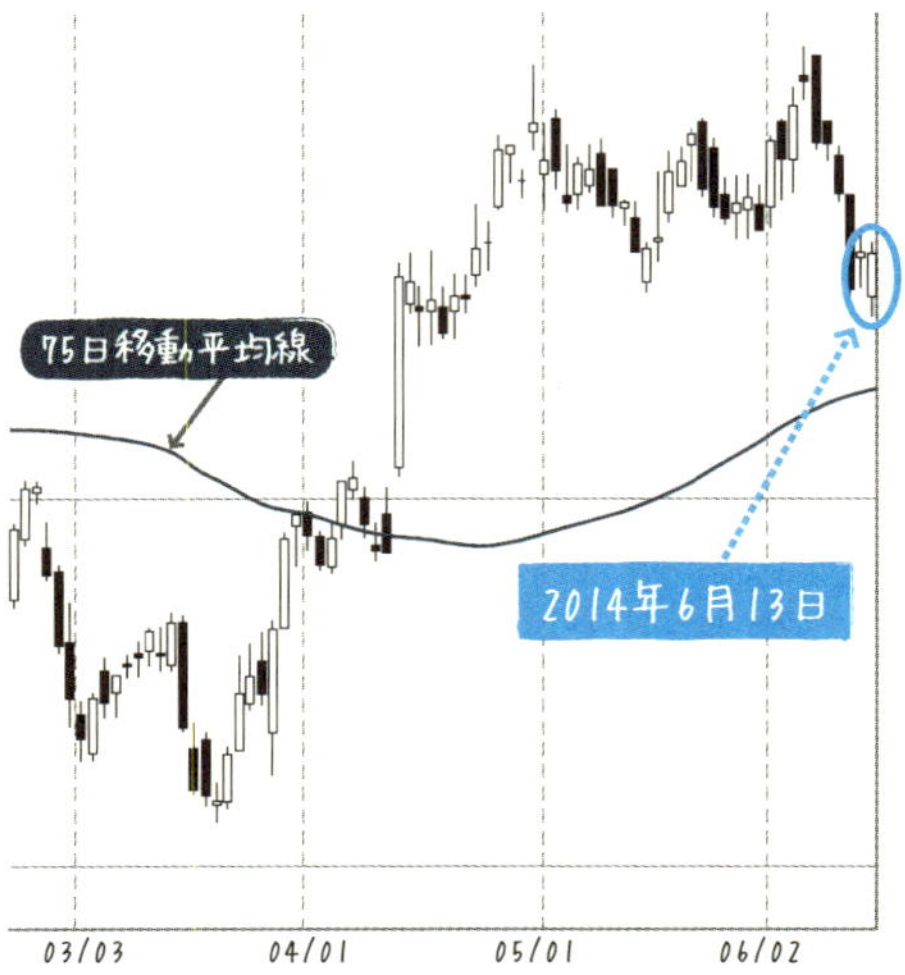

6・2の解説 転換の確認も実体、色は関係ない

まず、株価の位置から分析してみましょう。無印良品で有名な良品計画は75日移動平均線がまだ下向きのときに、微妙に75日移動平均線を抜けてくる上昇1回目のパターンを繰り返しています。その後、大きい陽線が出現してから本格的なトレンドが発生しました。そのトレンドは同じ位置の高値を形成してから現在の位置まで調整の動きを見せています。ここまでくると、良品計画の位置はどこに当たるのかおわかりですね？　そうです。上昇の2回目で、トレンドが継続しています。よって❶の答えは**問題6・1**同様、「**上昇の2回目**」です。

次に、調整期間でトレンド転換線を引いてみます。直近の高値Ⓐの実体から本日のローソク足Ⓑに向かって線を引いて下ろすと、調整期間は短いですが、Ⓒで見られるように実体が2回ほどぶつかって止ま

● 答えあわせ　局面分析とトレンド転換の判断（7453：良品計画）

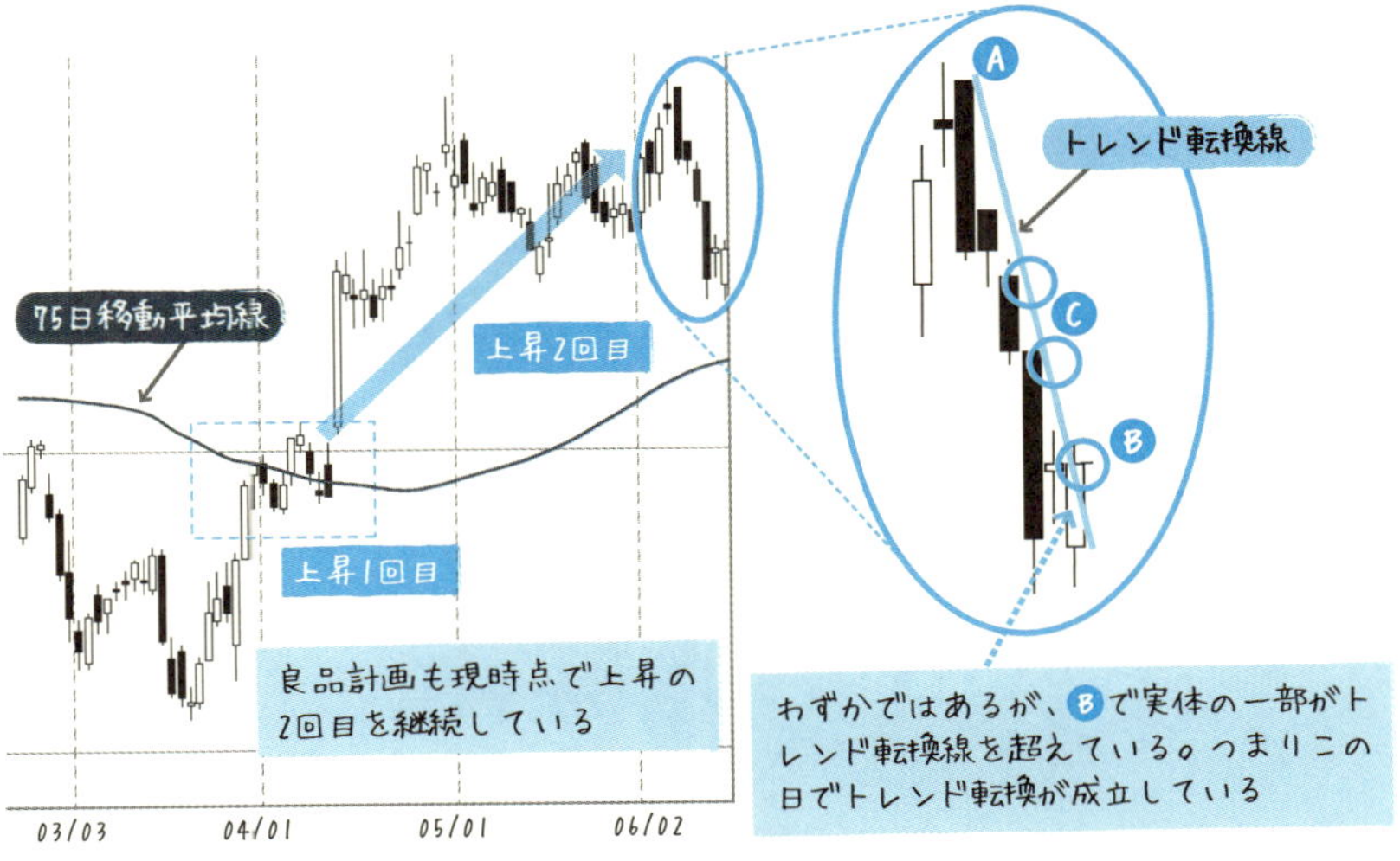
75日移動平均線
上昇1回目
上昇2回目
A
トレンド転換線
C
B
良品計画も現時点で上昇の2回目を継続している
わずかではあるが、Ⓑで実体の一部がトレンド転換線を超えている。つまりこの日でトレンド転換が成立している
03/03
04/01
05/01
06/02

ることになっています。よく見ると本日のローソク足の実体がトレンド転換線をきれいに超えています。微妙な割合ではありますが、これも立派にトレンド転換していると判断します。よって、❷は「**トレンド転換をしている**」というのが正解です。「**本日のローソク足が陰線でもトレンドは転換していると判断**」します。

トレンド転換した翌日に買いが成立するとはかぎらない

本日の位置でトレンド転換をしているので、❸投資判断は「**トレンド転換の買い方で買っていく**」が正解です。ここもたまに勘違いされる場合があるので、明確に説明しておきます。トレンド転換したことを確認すると「トレンドが変わって上昇になったので、成行ででも買っていい」と捉えている人に会うことが多いですが、そのような説明はしたことがありません。「**転換してその次も上昇を続けるなら転換したローソク足を超えてくる、それを確認して買う**」というのが正解でした。

● **検証** 良品計画のトレンド転換成立

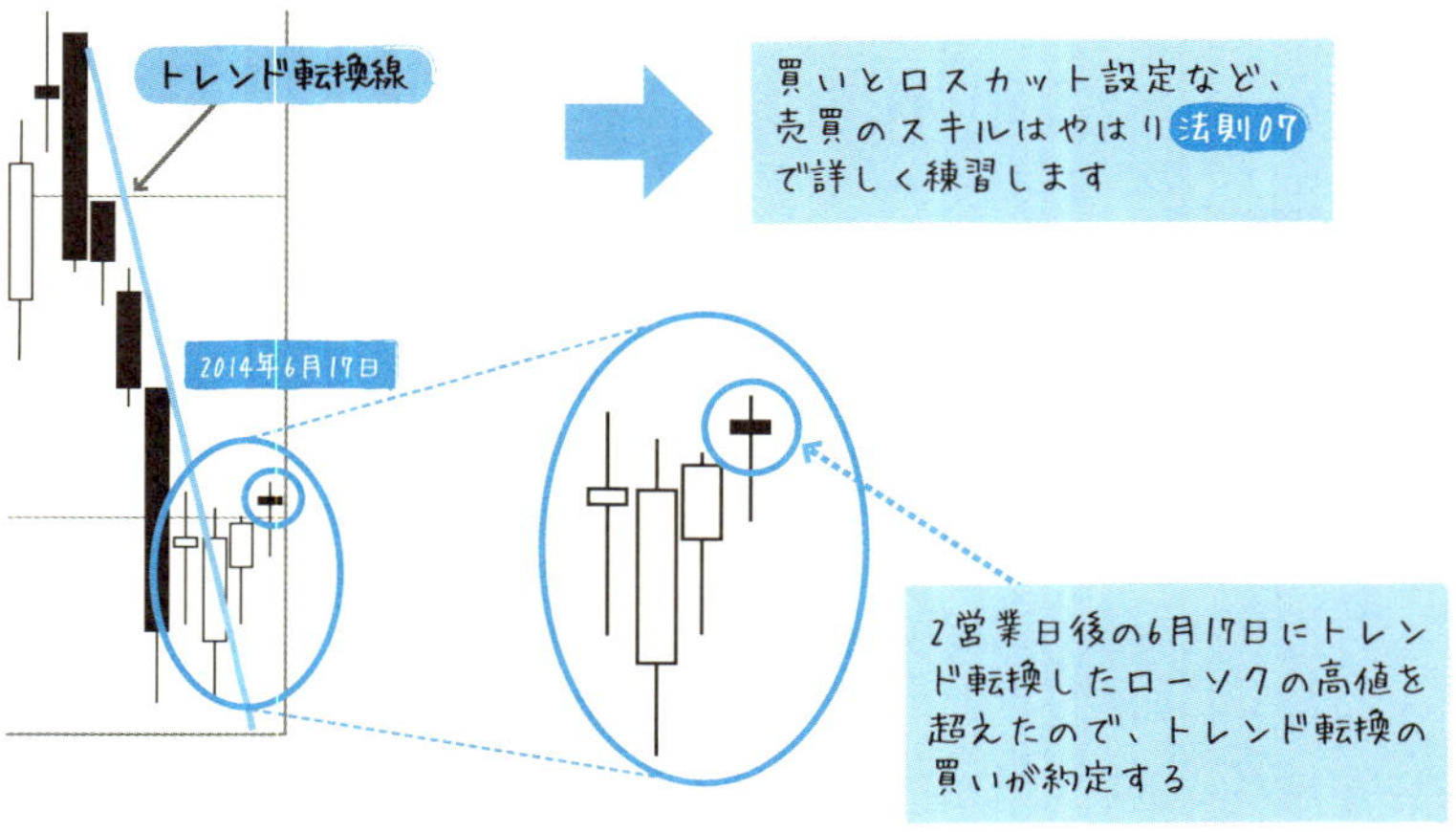
トレンド転換線
2014年6月17日
買いとロスカット設定など、売買のスキルはやはり法則07で詳しく練習します
2営業日後の6月17日にトレンド転換したローソクの高値を超えたので、トレンド転換の買いが約定する

前頁の図で実際の結果を確認してください。トレンド転換が成立した日の翌日は前日のローソク足に包まれる持ちあいになってから、2日目になって買いが約定しています。このようにトレンド転換してから翌日にすぐ買いが約定するとはかぎりません。また転換したからといって、上昇を続けるという保証もありません。転換はしたけれど、翌日からは再び下がるということも珍しくありません。**「トレンド転換が成立したら、上昇の勢いが続くことを確認して買っていく」**。これを忘れないでください。

トレンド転換線の描き方は投資が上手になればなるほど必要なスキルで、うまくなると強力な武器になってくれます。トレンド転換の買いが約定してからの動きを観察すると、数回にわたって上昇、調整、トレンド転換を繰り返しています。トレンド転換の判断と買いが上手になると、このすべての局面がチャンスになることがわかります。せっかくなので、もうひとつ違うパターンの位置と投資判断について考えてみましょう。

● 良品計画のトレンド転換成立からの動き（7453：良品計画）

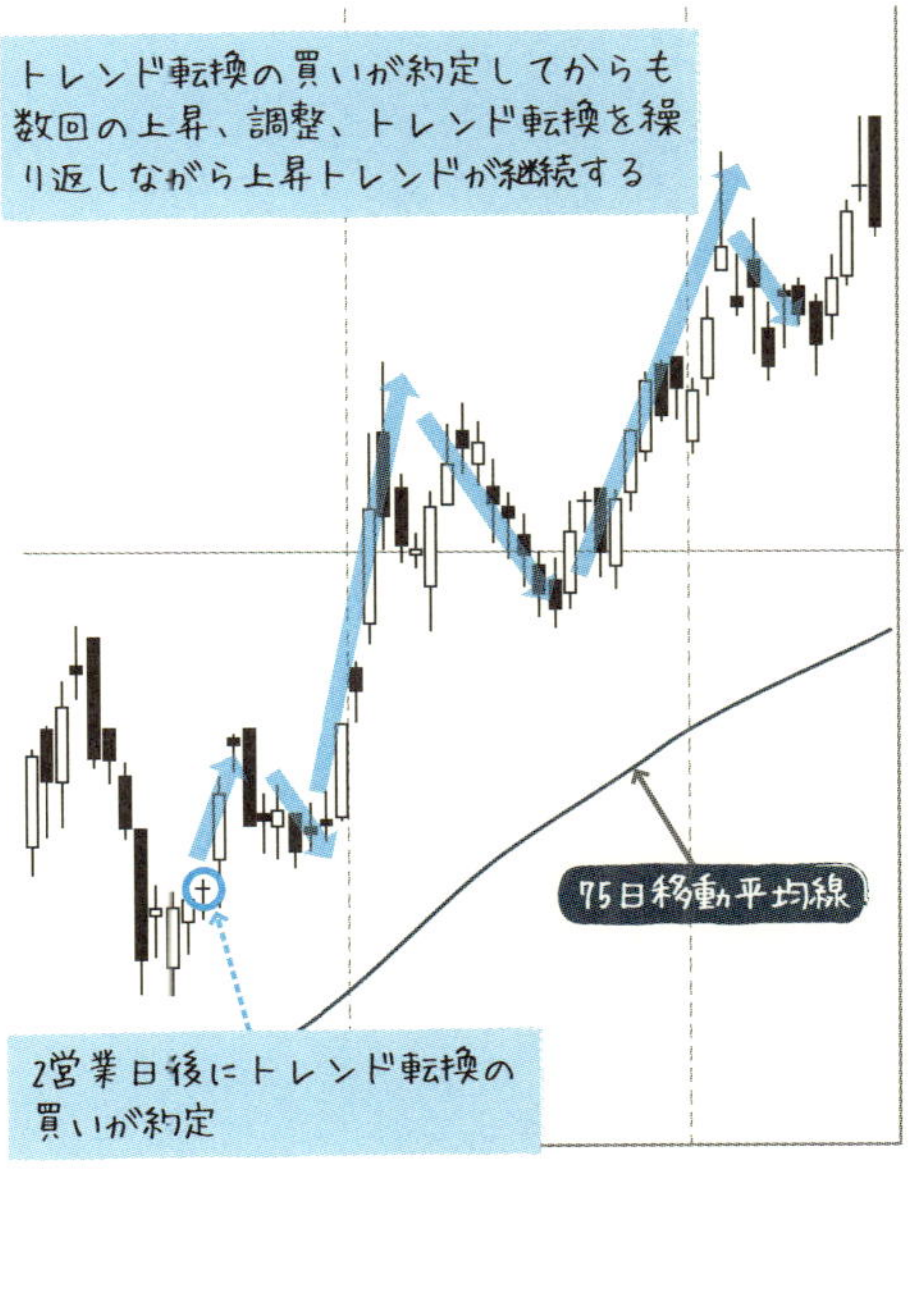
トレンド転換の買いが約定してからも
数回の上昇、調整、トレンド転換を繰り返しながら上昇トレンドが継続する
75日移動平均線
2営業日後にトレンド転換の買いが約定

問題6・3 中

下のチャートはオリックスの動きを表しています。高値が同じところで2回止まっているのは問題6・2の良品計画と一緒ですが、どうやら株価の位置は違うように見えます。まず、現在の状況に基づき現在の株価の位置を分析してください。そして、トレンド転換線を描いてください。トレンド転換線を描いた結果、本日、トレンド転換をしたのか、そしてあなたの投資判断を解答欄に記入しましょう。

解答欄

❶ 現在の位置は上昇の（　　　）回目

❷ トレンド転換線を描いた結果、現在の位置で

□ トレンド転換をしている

□ トレンド転換をしていない

❸ 上記に基づいて、あなたの投資判断は

□ 早速成行ででも買っていく

□ トレンド転換の買い方で買っていく

● **問題** 本日、トレンド転換したのか？（8591：オリックス）

6-3の解説

大きな上げに乗れなかった……でも大丈夫

まず、現状はどの局面にあるのかを分析してみましょう。オリックスのチャートで特徴的なのは75日移動平均線を抜けた直後から、大きく上昇トレンドに乗ったということです。まだ下向きの75日移動平均線に1回触れてからもう1度下り、再び75日移動平均線に戻ってきます。

この状況から75日移動平均線を上に抜けて大きく上昇します。1カ月くらいかけて大きく上昇する動きを反映して、下向きの75日移動平均線は上向くようになります。同じ位置で2回の高値をつくってから調整に入って75日移動平均線に戻ります。75日移動平均線にタッチしている本日の状況は、まだトレンドがはじまったばかりの「**上昇の1回目**」に分類することができます。

答えあわせ トレンド転換成立（8591：オリックス）

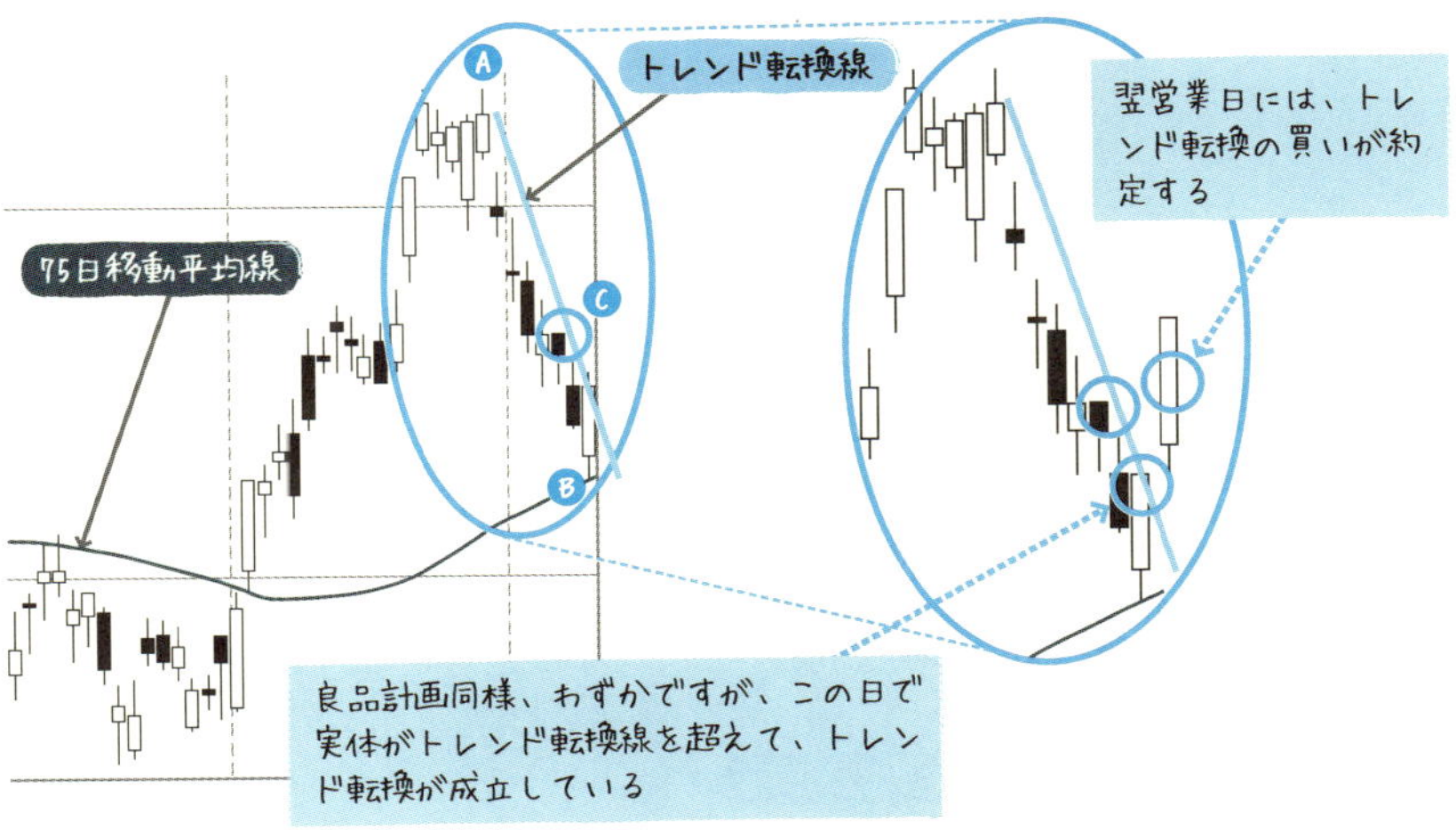

よって、❶の答えは「**上昇の1回目**」で、ここでトレンド転換をすると「**上昇の2回目**」へ突入することになります。この大きな上昇を見て「あ、乗れなかった！　もったいない」と見捨ててしまう人が多いですが、この局面がわかるとトレンドがまだまだこれからも続くというのがわかります。

理想のトレンドラインは75日移動平均線近くで転換

次は調整期間でトレンド転換線を引いてみます。上昇トレンドが急であったこともあり、7営業日ほどで75日移動平均線まで戻ります。75日移動平均線に触れた本日の安値Ⓑに向かって直近の高値Ⓐの実体から線を引いて下ろすと、Ⓒの実体にぶつかって止まることになっています。線を長く引いて75日移動平均線の下まで下ろすと、本日のローソク足の実体がトレンド転換線を超えています。

よって、❷は「**トレンド転換をしている**」というの

● **検証** 転換後の結果（8591：オリックス）

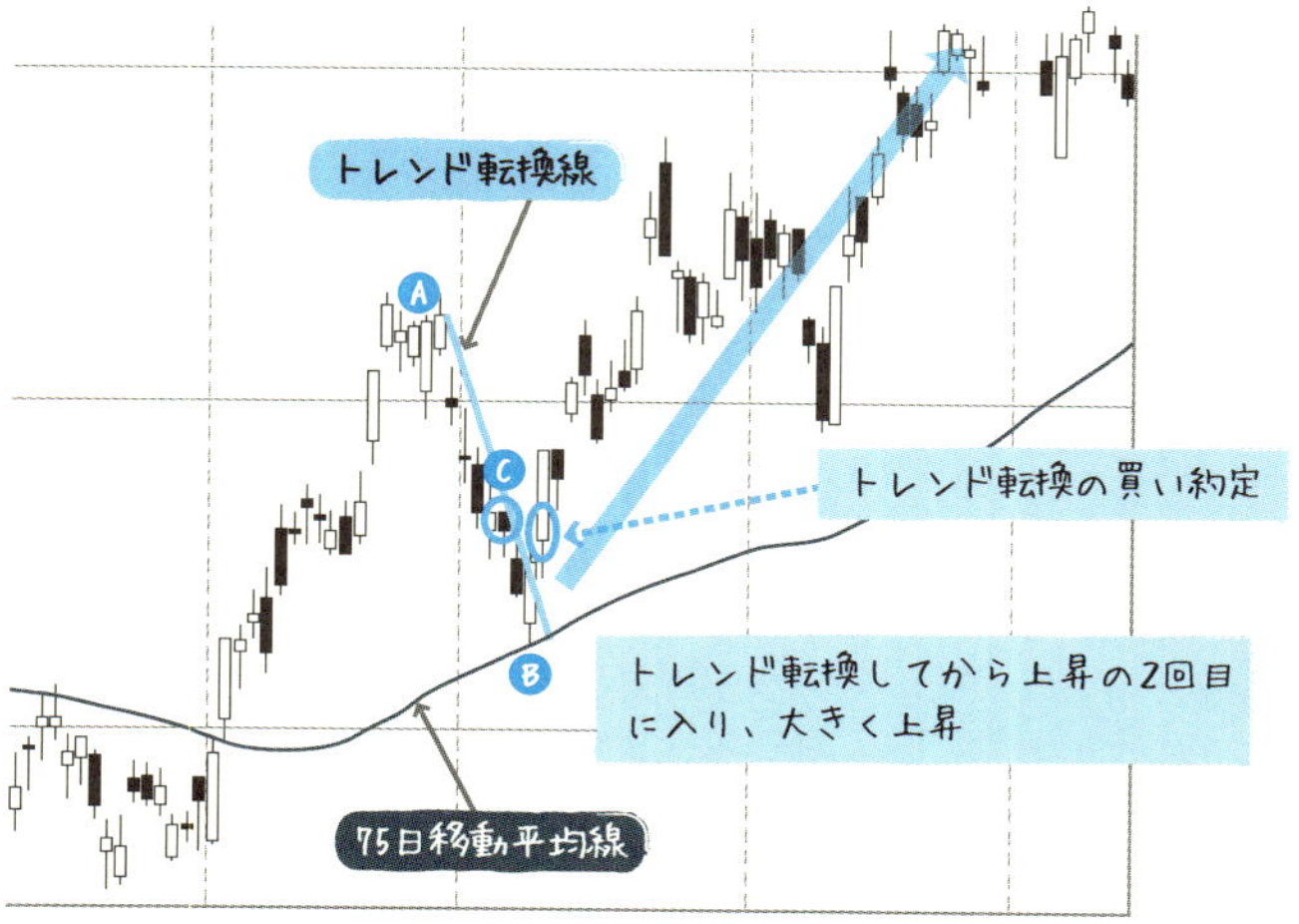

が正解です。しかも本日のローソク足はひげの安値が75日移動平均線をタッチしてから戻り、「**トレンド転換をしているまさしく絵に描いたような形で転換**」しています。陰線の場合でもトレンドは転換していると判断します。

また、本日の位置でトレンド転換をしているので、③投資判断は「**トレンド転換の買い方で買っていく**」が正解です。

翌日の動きを見ると、トレンド転換したローソクを超えてきて買いが約定しています。また75日移動平均線にタッチしているのでロスカットの設定もわかりやすく、金額も小さくてすみます。この例からわかるように、「**最も理想的なトレンド転換は75日移動平均線にできるだけ近いところで起きます**」。

次の **法則07** では問題に出てきた銘柄の例を用いて、トレンド転換が確認されてから買っていくポイント、ロスカットの設定などを詳しく見ていきます。

● 転換後にも再びチャンスがある（8591：オリックス）

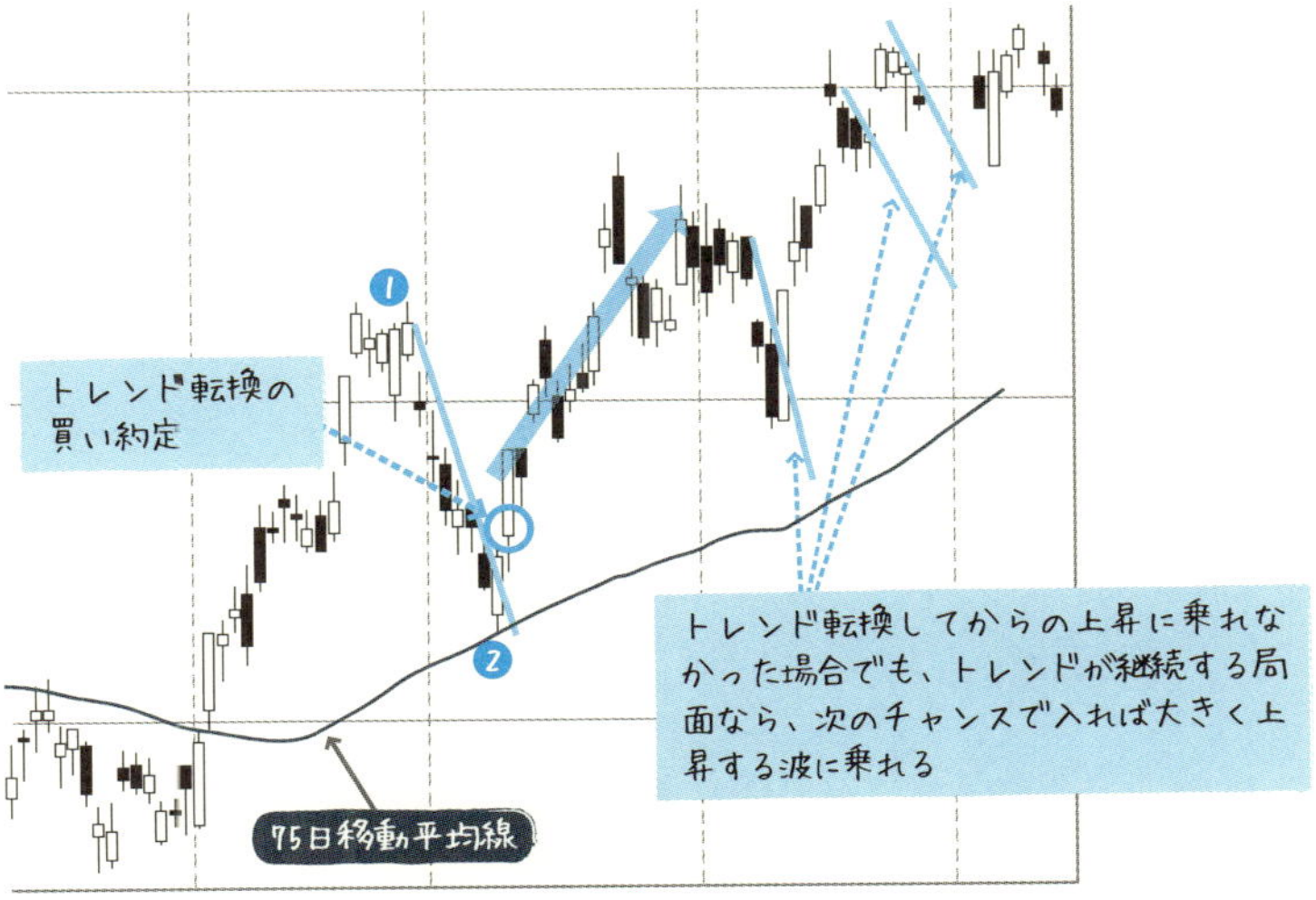

1
2
トレンド転換の買い約定
トレンド転換してからの上昇に乗れなかった場合でも、トレンドが継続する局面なら、次のチャンスで入れば大きく上昇する波に乗れる
75日移動平均線

難易度

低 中 高

07 トレンド転換線の売買ポイントは高値と安値で決める

1 トレンド転換線の買いは高値、売りは安値

売買ポイントの設定はトレンド転換を確認したあと

トレンド転換線で間違いやすいことは、いつ、いくらで買うかです。ここでしっかり理解して間違わないようにしましょう。

まず、「**買いの注文を設定するタイミング**」です。トレンド転換線を引いて、実体がその線を超えてくるローソクが現れると（左頁の図Ⓐ）、その日を「**トレンド転換した日**」といいます。「トレンド転換した日」とは言葉のとおり、「**上昇トレンドに変わった可能性のある日という意味で、〝買う日〟ではありません**」。買う日

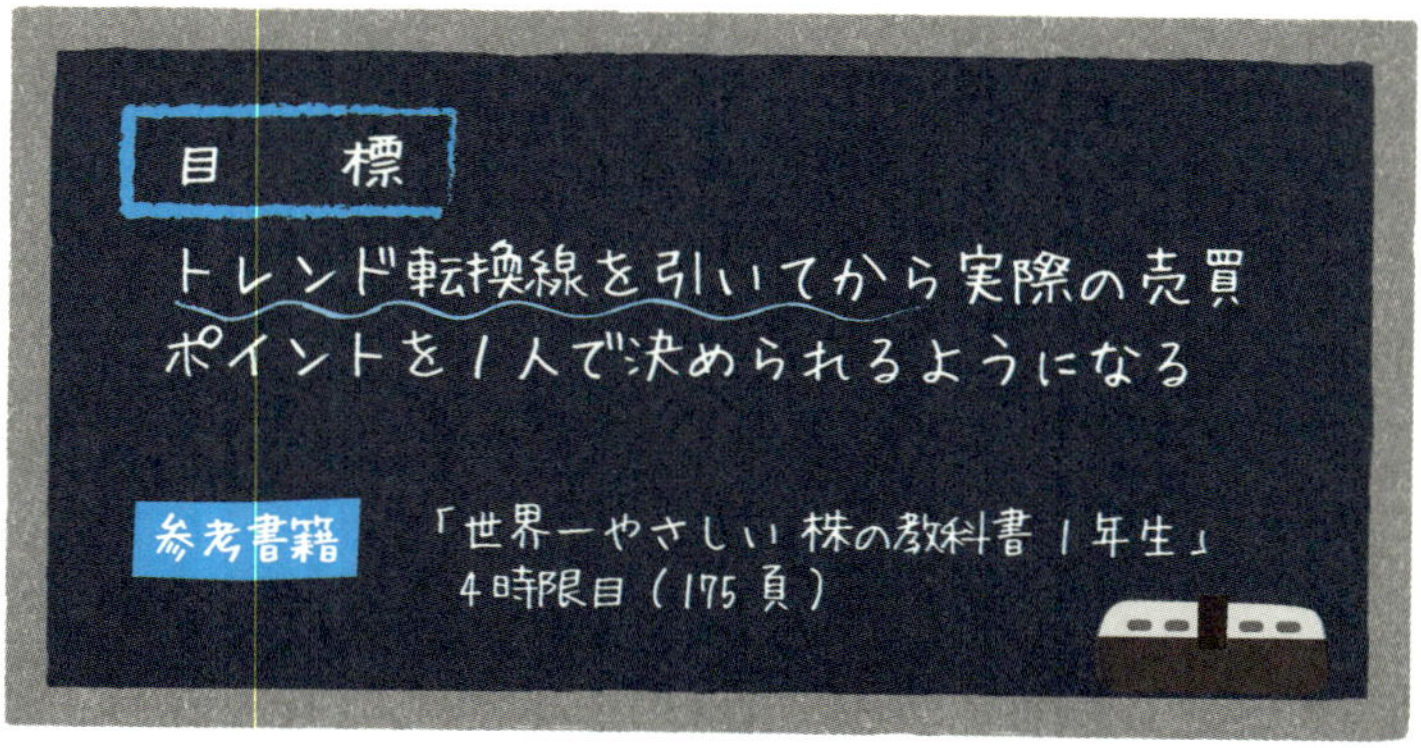
目標
トレンド転換線を引いてから実際の売買ポイントを1人で決められるようになる
参考書籍
「世界一やさしい 株の教科書 1年生」
4時限目（175頁）

STEP 1 買いの価格設定をする

75日移動平均線を下から上に抜けるポイントで買うのと同じ要領で、トレンド転換を抜けたローソク足Ⓐの高値を下から上に超えるタイミングで買う逆指値の注文を出します。たとえばⒶの高値が100円の場合、逆指値の価格は「101円以上になったら、101円で買う」設定にします。

STEP 2 約定を確認する

上昇がはじまるサインは、Ⓐの高値を超えてきてそのまま上に抜けていくことです。翌日にすぐ約定しなくても数日持ちあったあと、超えてくることも多いので、注文期間を1週間ほどにして約定したかを毎日チェックします。この例は翌日早速、101円で買いが約定（Ⓑ）しています。

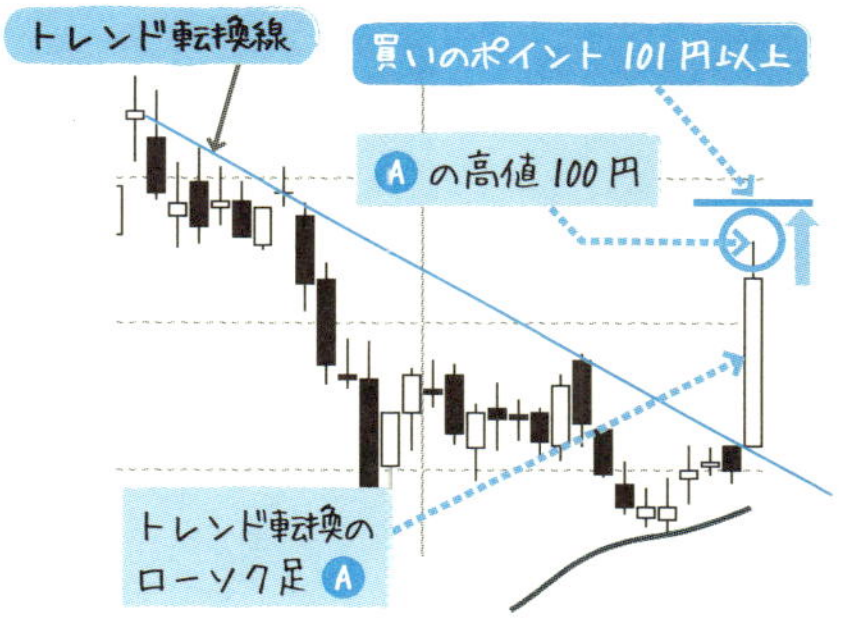

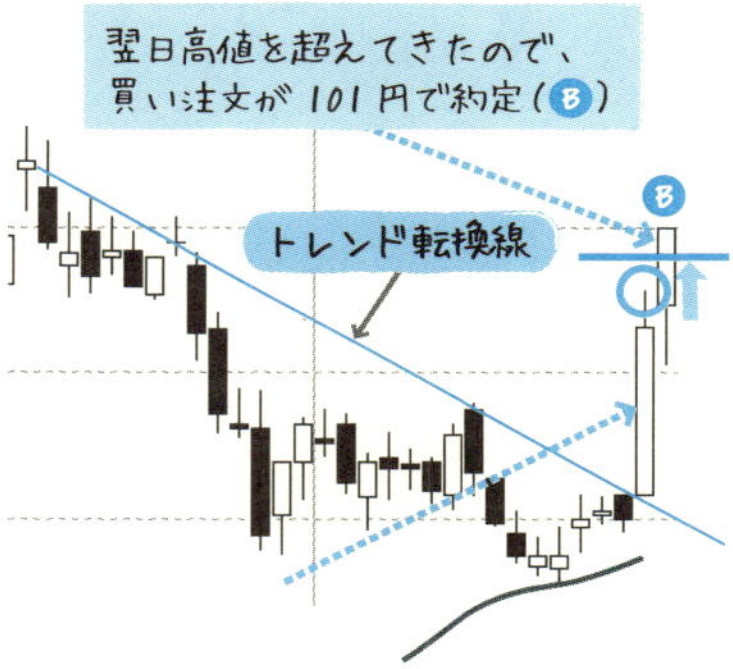

次のステップは何でしょうか？「**新たに利益になる戦略を覚えたら、必ずそれとペアになるロスカット（損切り）の方法を覚える**」ことが大切です。この場合も新たに買いのチャンスを増やしたので、次のステップは当然ロスカットの設定になります。

STEP 3 ロスカットを設定する

ロスカットは、75日移動平均線を超えるときのポイントと一緒です。約定した日の75日移動平均線の下にロスカットを設定します。この日の価格情報を見ると、75日移動平均線が95円の値になっています。ロスカット設定は75日移動平均線を下に抜ける94円以下が条件になります。ここでも値幅注文を活用して「94円以下になると、93円で売る」といった設定をしておきます。

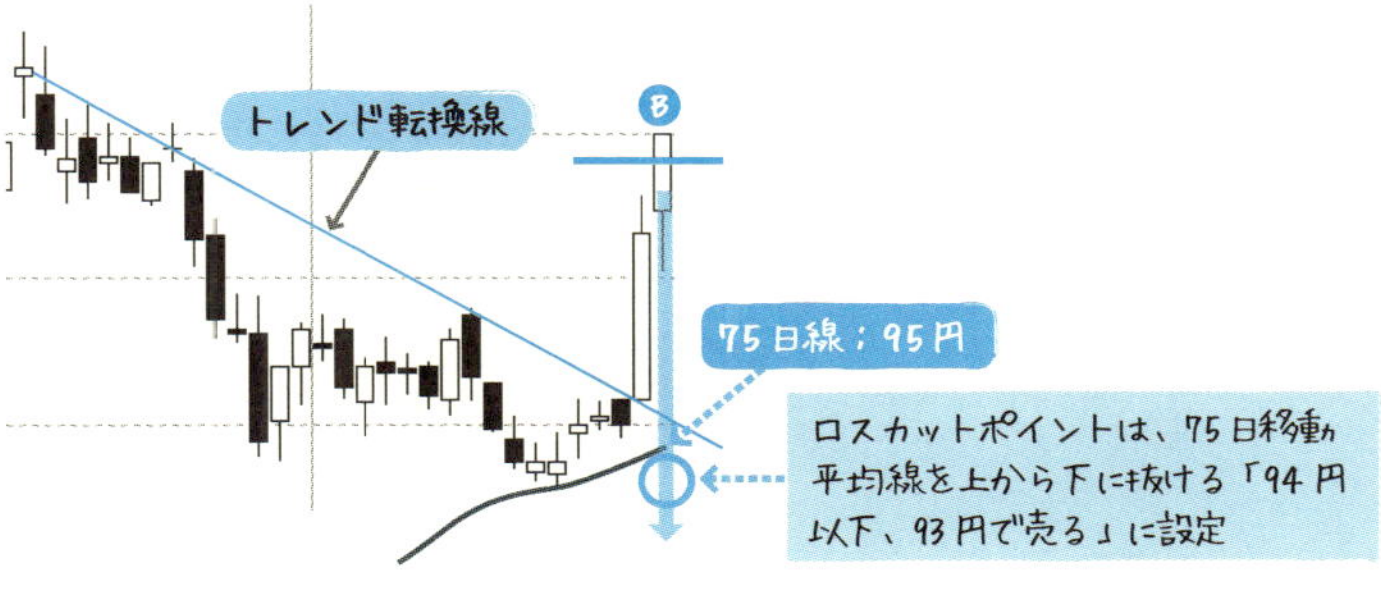

はこのローソクの高値を超えてくる翌日以降になります。

基準は常に高値抜き、トレンド転換した日は買わない

上昇トレンドに変わって勢いが増すなら、高値を超えて上がっていきますが、それが翌日になるか、数日後になるかは誰にもわかりません。トレンド転換はしたけれど、翌日は下がって調整が続く可能性もあります。

「**焦って買うのではなく、逆指値で高値を抜けてくる価格に設定してじっくり待ちます**」。下図では❸の高値が100円の場合、101円以上になったら買うという設定になります。

ロスカットは安値、並んでいる場合は低いほうを取る

トレンド転換の買いが約定して最初にするこ

● 安値が並んでいる場合は低いほうをロスカットポイントにする

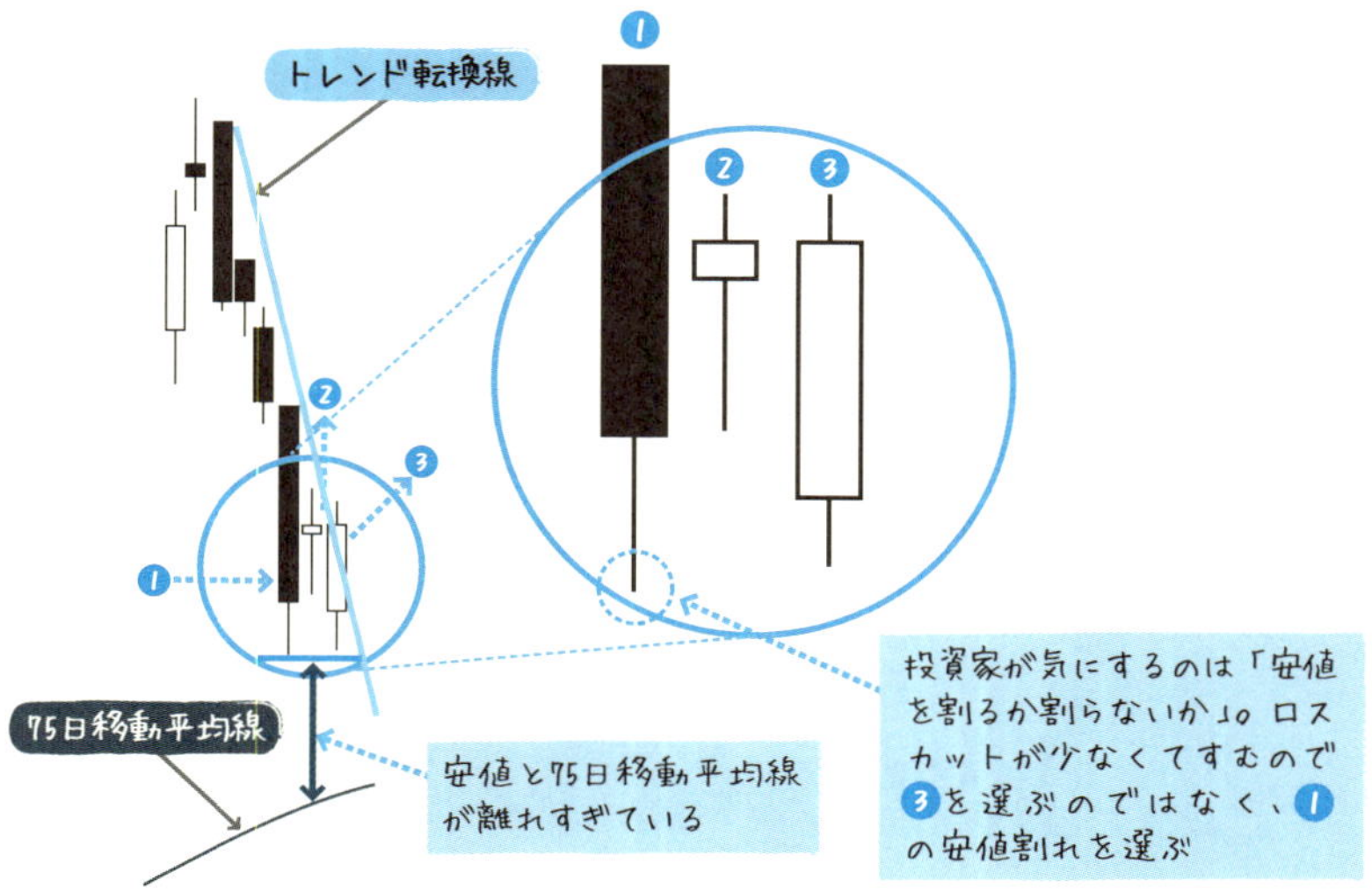

とは、ロスカットの設定です。

本文では、75日移動平均線近くでトレンド転換する場合をお話ししましたが、右頁の図のように75日移動平均線から離れたところで転換すると、ロスカットの金額が大きすぎることになります。この場合は、トレンド転換線を引いたローソク足の直近の安値が割れるところに設定します。

特に図のように❶と❸の安値がほぼ同じところに並んでいる場合は、低いほう（❶）をロスカットの設定ポイントにしてください。たまに、「**ロスカット金額が少ないからという理由で❸を選ぶ人を見かけますが、投資家が気にしているのは安値だということを忘れない**」でください。

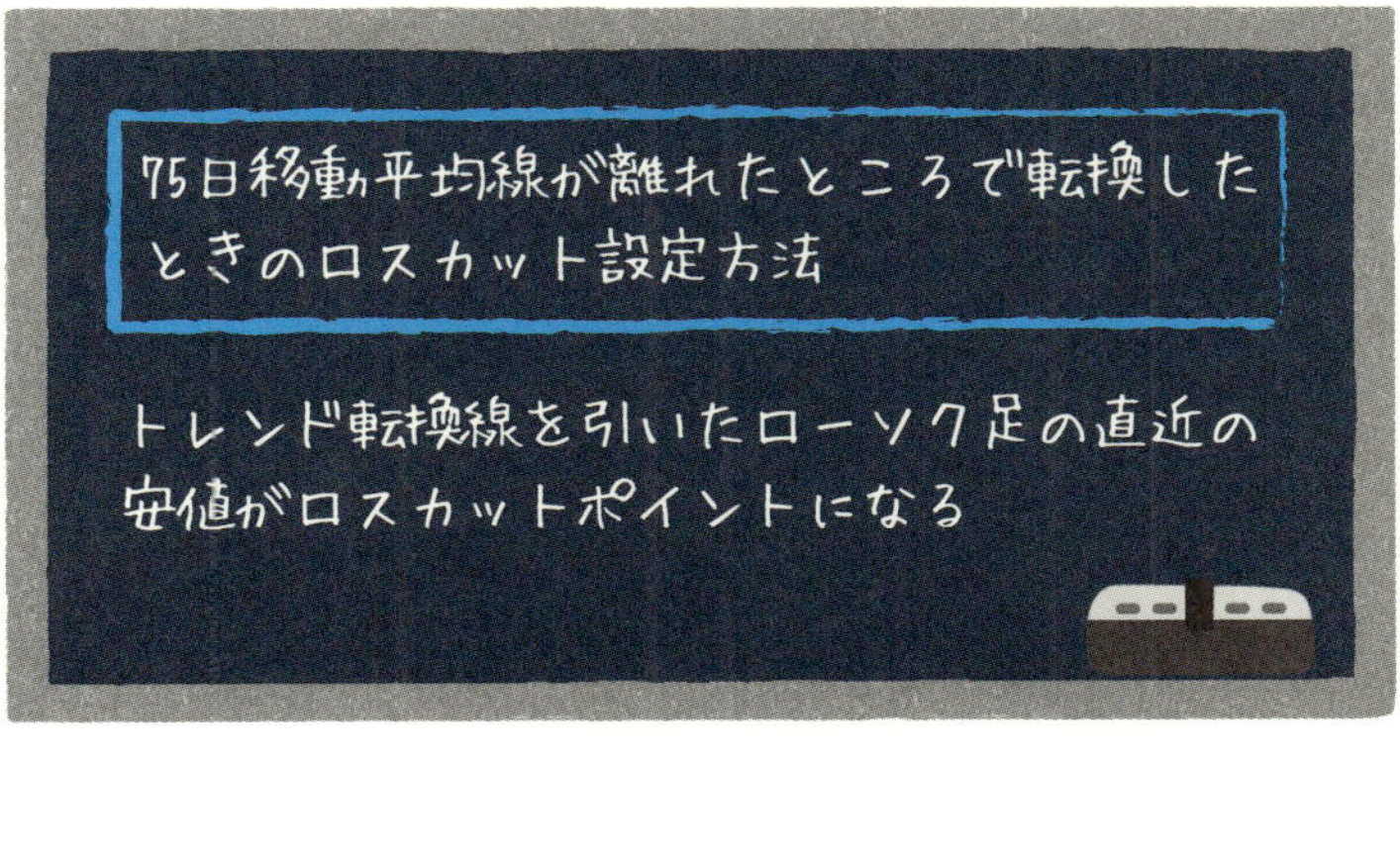
75日移動平均線が離れたところで転換したときのロスカット設定方法
トレンド転換線を引いたローソク足の直近の安値がロスカットポイントになる

問題7・1

中

下のチャートは問題6・2でトレンド転換線を引いた良品計画のチャートです。このチャートでトレンド転換時の売買ポイントを詳しく見ていきましょう。まず法則06の解説を読まずに、自分でトレンド転換線を引いてみましょう。答えを先に読まずに必ず引きなおしてください。

その転換線とチャートに表示されている価格情報を参考に買いとロスカットの価格を計算してください。

解答欄

❶ トレンド転換の確認後、逆指値で買い注文を設定するときの値段は

・6月(　　)日の(□高値　□安値)(　　　)円を(□上　□下)に抜ける

・(　　　)円(□以上　□以下)になったら買う

❷ 逆指値で買い注文が約定すると、ロスカットの設定値段は

・6月(　　)日の(□高値　□安値)(　　　)円を(□上　□下)に抜ける

・(　　　)円(□以上　□以下)になったら売る

問題 トレンド転換と売買戦略 ❶ (7453：良品計画)

7・1の解説
高値抜きで買い、注文の価格設定時は呼値を忘れずに

法則06を密かにのぞいたりはしていませんね？ トレンド転換線は身につけてしまえば簡単でありながら、全世界の株式市場で使用できる非常に強いスキルです。ぜひ自分で自由自在に引けるまで練習しましょう。

下図の左側を見るとトレンド転換線が引かれて、本日トレンド転換していることがわかります。買いの値段は、トレンド転換が成立した日の高値を基準にするので、6月13日のローソク足の価格に基づいて設定します。

6月13日の高値が1万1010円なので、その高値を上に抜けてくる「**1万1020円以上になったら買う**」が正しい買い注文の設定になります。あれ？ 1円高い1万1011円ではない

答えあわせ 高値抜きで買う（7453：良品計画）

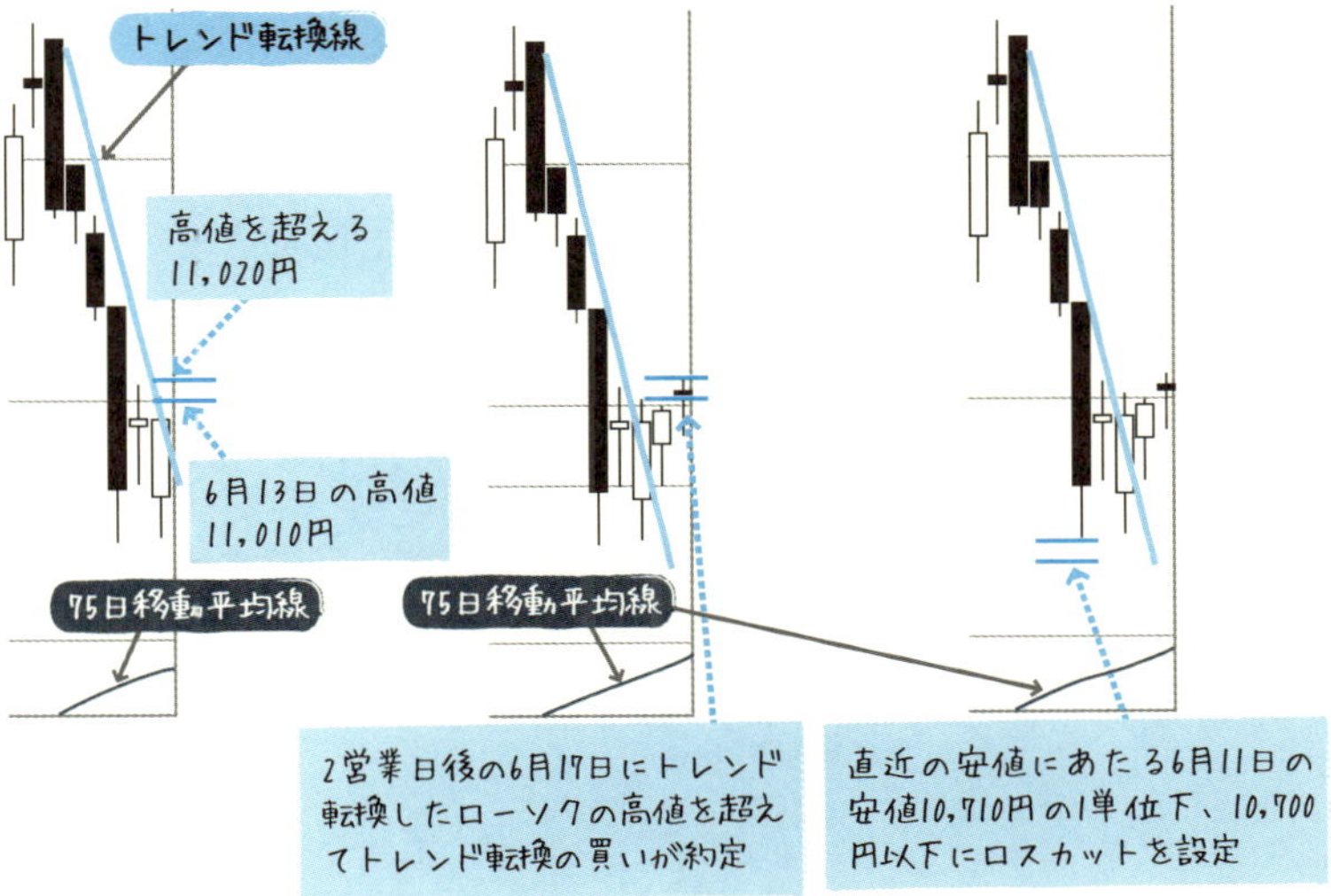
トレンド転換線
高値を超える 11,020円
6月13日の高値 11,010円
75日移動平均線
75日移動平均線
2営業日後の6月17日にトレンド転換したローソクの高値を超えてトレンド転換の買いが約定
直近の安値にあたる6月11日の安値10,710円の1単位下、10,700円以下にロスカットを設定

の？　と思うかもしれません。呼値というルールが適用され、1株1万円以上の銘柄は10円単位で注文できるというのがその理由です。ただし、**TOPIX100**に入る銘柄にかぎっては1円単位でも注文ができるので、インターネット上で注文を設定できないなと思ったら、このルールの存在を思い出してください。

呼値については東証の情報を参考にしてください。

> **日本取引所グループ：TOPIX100構成銘柄の呼値の単位が変わります（http://www.jpx.co.jp/news/1030/nlsgeu0000016dib-att/Japanese1.pdf）**

ロスカットは安値、転換した日ではなく直近の安値割れに設定

買いの注文を設定しても翌日に約定するとはかぎらないということは **法則06** でお話ししました。この例では、翌日持ちあいになってから2日目で設定した価格を超え

検証 トレンド転換して上昇を続けている（7453：良品計画）

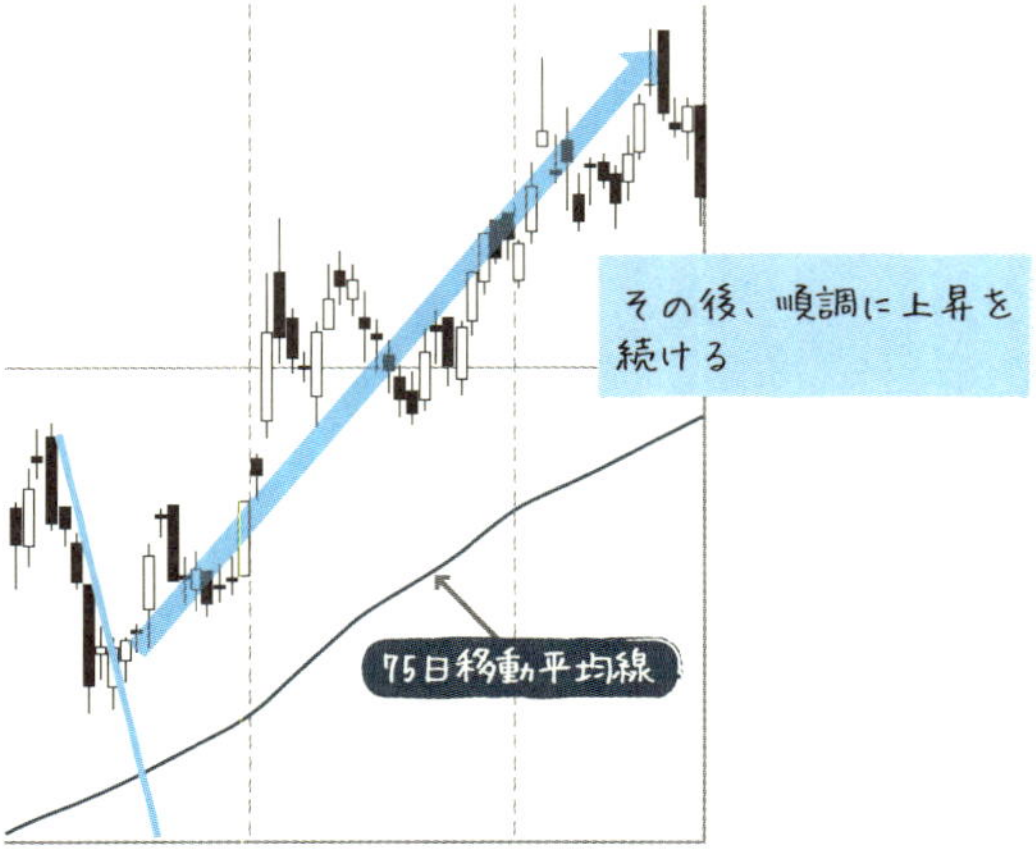
その後、順調に上昇を続ける
75日移動平均線

て買い注文が約定しています。

買い注文が約定して市場が終わってから、ロスカットの売り注文を計算して設定します。良品計画の場合は75日移動平均線から離れたところでトレンド転換の買いが約定しているので、75日移動平均線を割り込むところにロスカットを設定してしまうとロスカット金額があまりにも大きくなります。これでは「損失を小さく、利益を大きく」という基本原則に沿わなくなるので、直近の安値に設定することになります。６月13日と2日前の６月11日がほぼ同じところで安値をつくっていますが、**法則07** でお話ししたとおり、並んでいる場合は低いほうを選択します。

６月11日の安値が安値1万７１０円なので、その1単位下にあたる「**1万7００円以下になると売り**」と注文するのが正しいロスカットの設定です。

その後は結果で見るように75日移動平均線の上で順調に上昇していきます。

● 10円の差だけど、低いほうをロスカットポイントにする理由

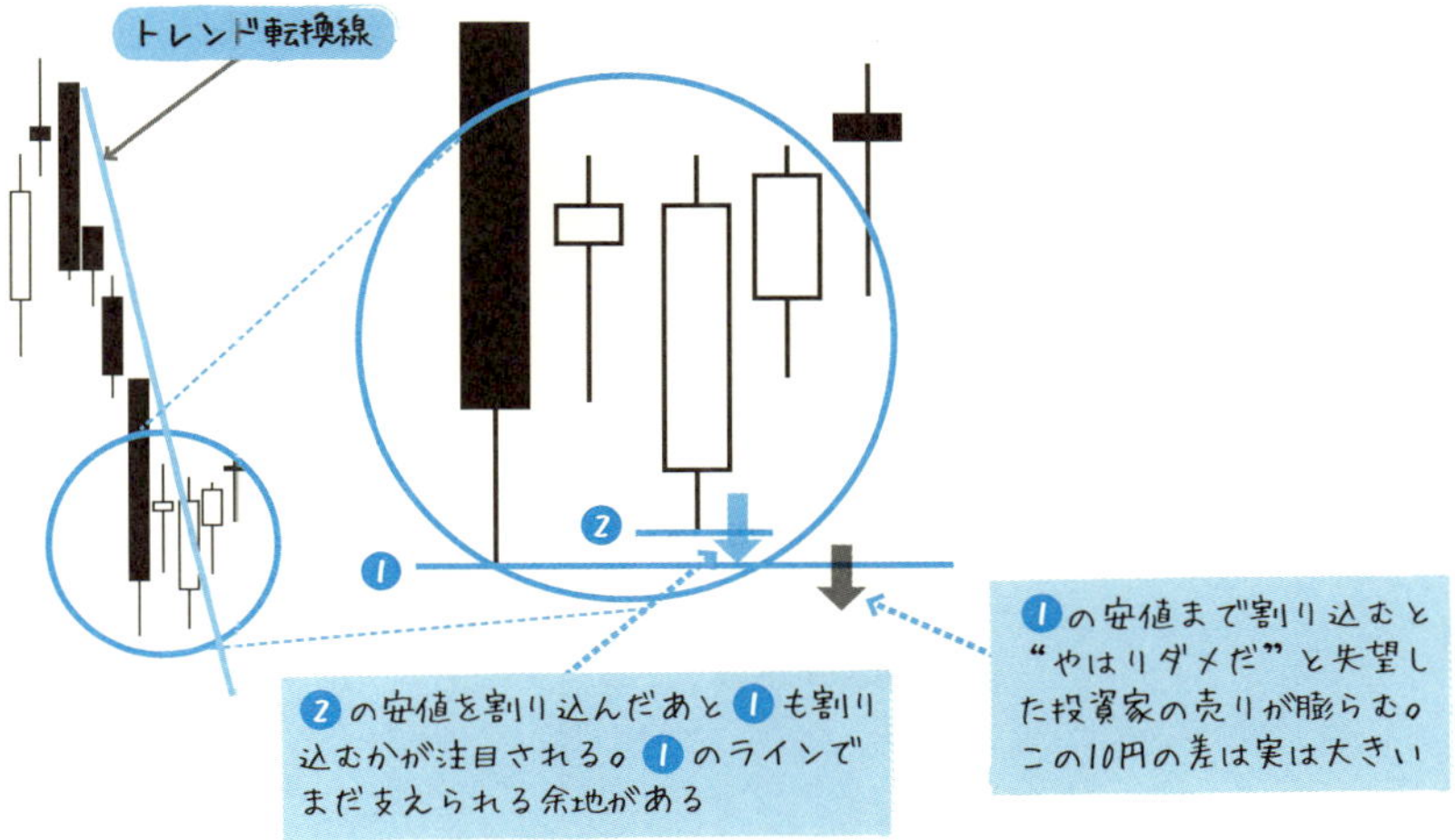
トレンド転換線
2
1
2の安値を割り込んだあと1も割り込むかが注目される。1のラインでまだ支えられる余地がある
1の安値まで割り込むと"やはりダメだ"と失望した投資家の売りが膨らむ。この10円の差は実は大きい

問題7・2

高

下のチャートはヤオコーのものです。75日移動平均線が上向き上昇トレンドに乗っていますが、現在は75日移動平均線に戻ってくる動きが続いています。トレンド転換線を引き、その転換線とチャートに表示されている価格情報を参考に、買いとロスカットの価格を計算してください。

解答欄

❶ トレンド転換線を描いた結果、本日は

□ トレンド転換をしている

□ トレンド転換をしていない

❷ トレンド転換の確認後、逆指値で買い注文を設定するときの値段は

9月（　　）日の（□高値　□安値）

（　　　　）円を（□上　□下）に抜ける

（　　　　）円（□以上　□以下）になったら買う

❸ 上逆指値で買い注文が約定すると、ロスカットの設定値段は

9月（　　）日の（□高値　□安値）

（　　　　）円を（□上　□下）に抜ける

（　　　　）円（□以上　□以下）になったら売る

● **問題** トレンド転換と売買戦略❷（8279：ヤオコー）

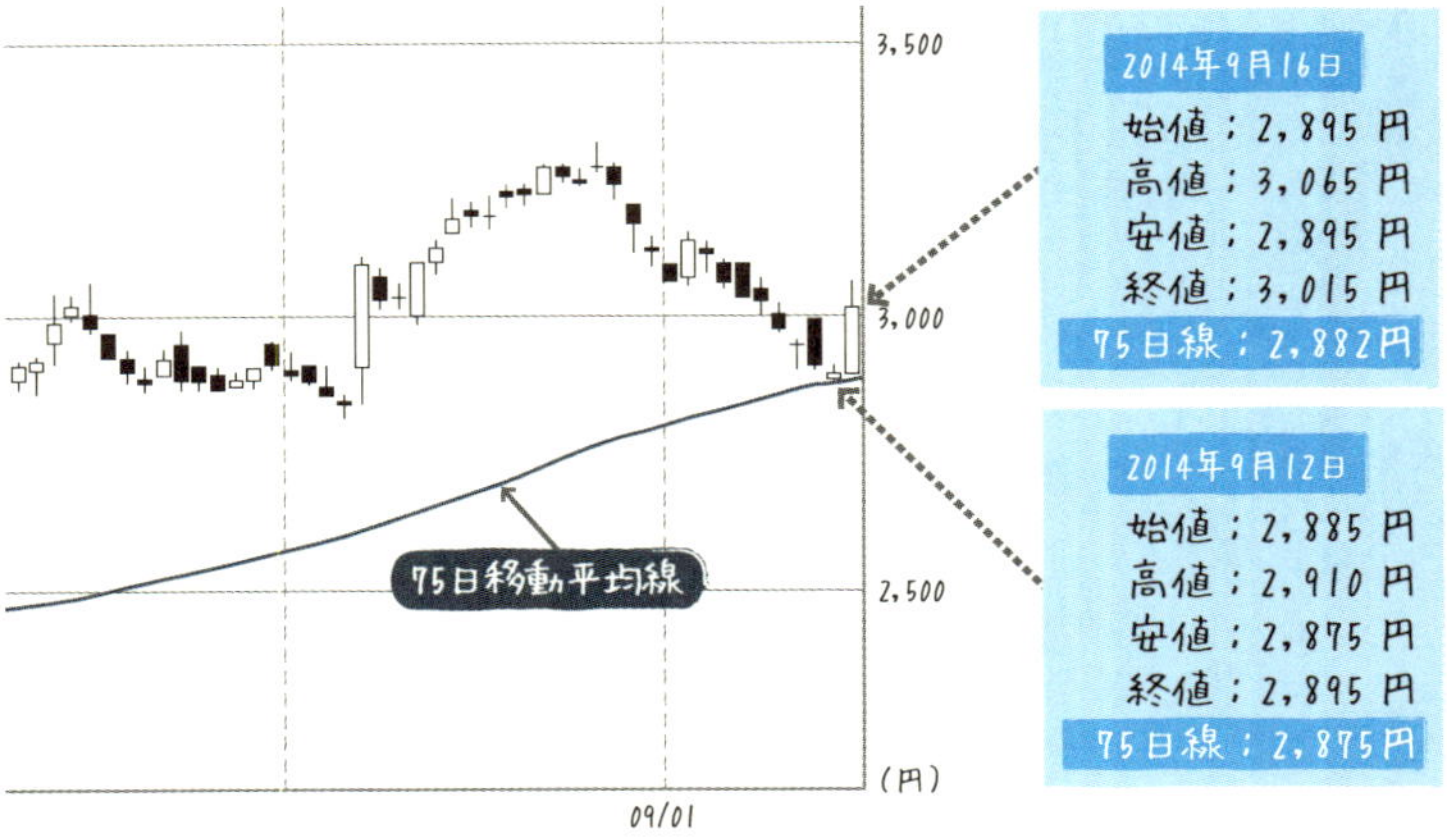

7・2の解説

翌日転換しないこともあるので、注文は2、3日継続する

このチャートは、トレンド転換線を引いてみると非常に理想的な形で転換をしていることがわかります。前日ローソク足の安値で75日移動平均線に触れていますが、割れることはなく、翌日に大きな陽線で上昇しています。トレンド転換線を引くと2日前と6日前の陰線にぶつかって止まり、本日の陽線が実体を持って超えています。

　買いの注文はトレンド転換した日の高値を超えるところなので、9月16日の高値3065円を下から上に抜ける1単位上が買いのポイントです。ここでも呼値を考慮すると5円上の「**3070円以上になったら買う**」が正しい買いの注文価格です。

　翌日は迷いの陰線が出て、2日後の9月18日に高値を超えて約定しています（次頁図参照）。「翌日に

答えあわせ 1 トレンド転換に2、3日かかることもある（8279：ヤオコー）

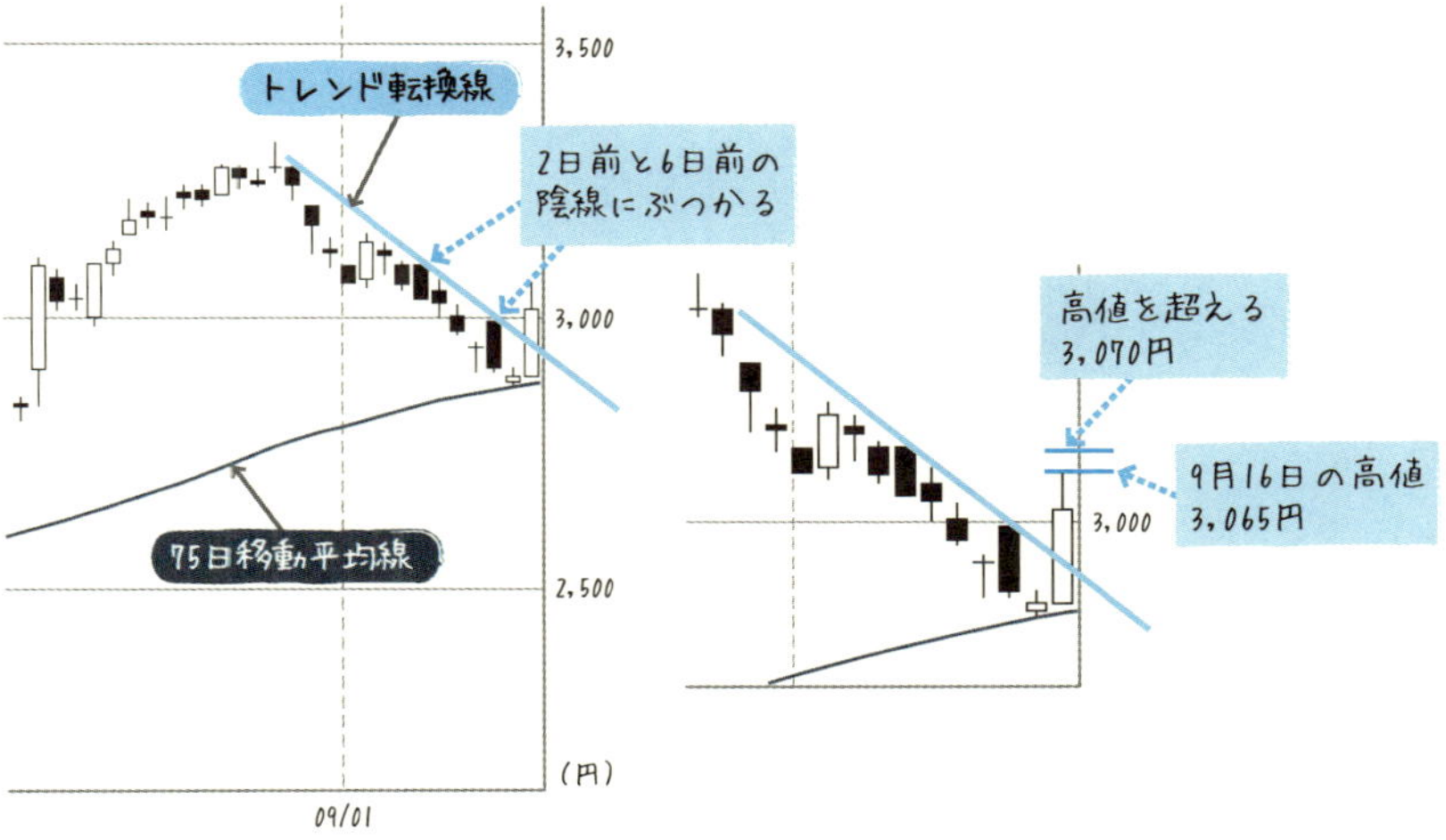

約定しない場合はいつまで待てばいいですか？」など、約定する期間もよく質問されることのひとつです。答えは「約定するまでです」といってしまえば簡単ですが、曖昧にならないように目安を決めましょう。多くの場合は「**2、3日くらいで高値を超えて約定**」してきます。逆に3日以上超えてこない場合は、まだ上昇の勢いが強くないということなので、再び下落することが多いです。

理想的なトレンド転換はロスカットも小さくなる

買いが約定したのでロスカットを設定してみましょう。**問題7・1**と違う点は❶75日移動平均線にかぎりなく近いところで転換、❷調整のローソク足（トレンド転換線を引きはじめるはじまりのローソク線から、実際にトレンド転換するまでの間にあるローソク足の数）が10本以上（つまり10取引日以上）あり、十分な調整を経ていることです。

トレンド転換線を引くときの安値にあたる9月12日の安値をチェックすると2875円で、ちょうど75日移動平均線と同じ値になっているのがわかりま

答えあわせ 2 トレンド転換してから2日後に約定したらロスカット設定をする
(8279：ヤオコー)

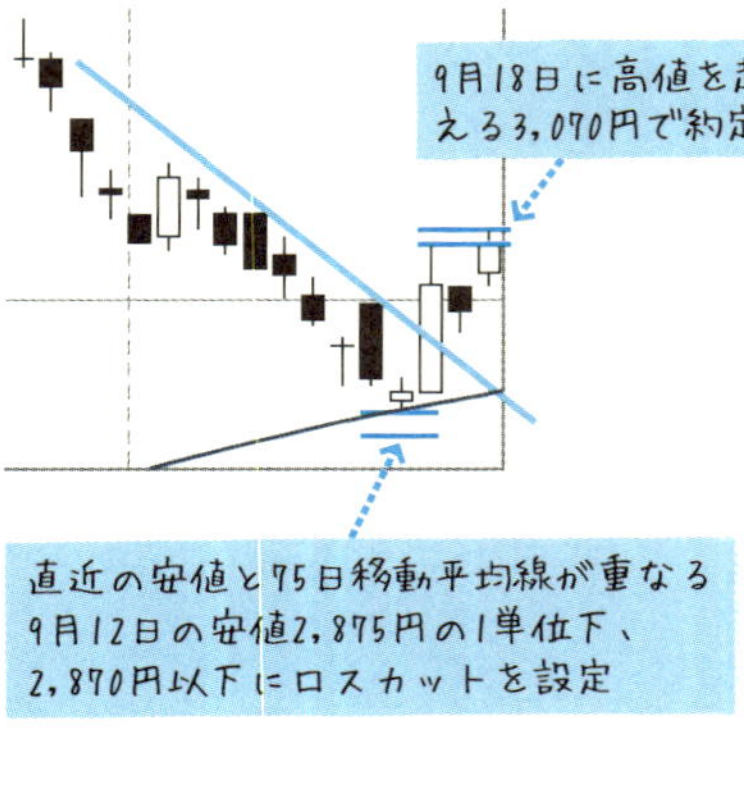

9月18日に高値を超える3,070円で約定
直近の安値と75日移動平均線が重なる9月12日の安値2,875円の1単位下、2,870円以下にロスカットを設定

す。これならロスカット設定が簡単にできるだけでなく、ロスカットされたときの損失金額も少なくてすみそうです。2875円の1単位下、**「2870円以下になると売る」**というのが正しいロスカットの設定になります。

十分調整したことで前回の取引で利益を蓄積した投資家は再び買う気になっているし、75日移動平均線タッチからの反転、トレンド転換が同時に起きたというテクニカル的なサインが注目に値することで、このあとは順調に上げていきます。下記のチャートで結果を確認すると、トレンド転換の買いが約定してから2カ月くらい経過する時点で3500円を超えるところまで上昇しています。

次の問題ではトレンド転換のあと、順調に上げていく上昇2回目の次に訪れる上昇3回目における相場判断と投資戦略について詳しく考えてみることにします。

検証 トレンド転換と売買ポイント（8279：ヤオコー）

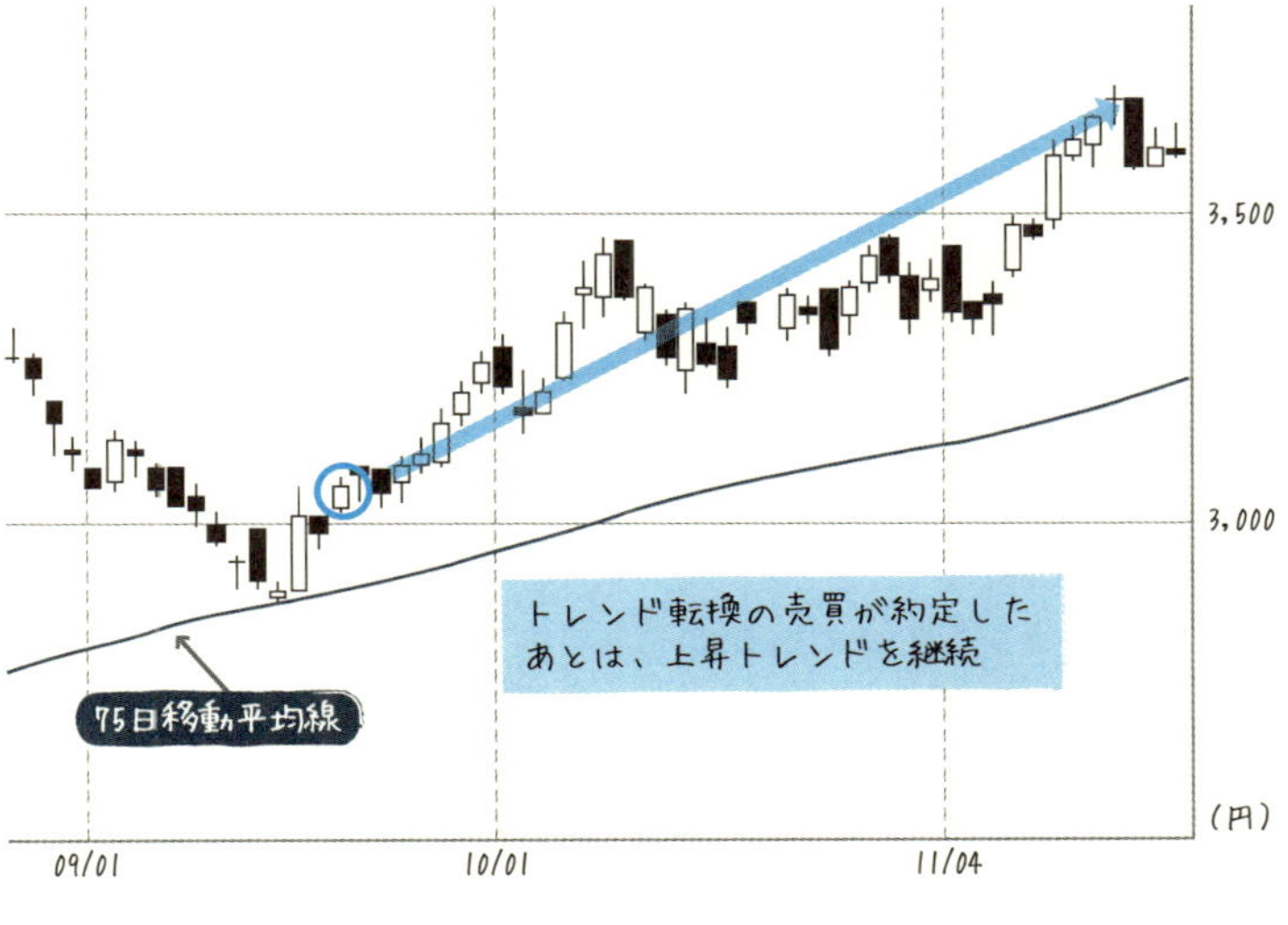

ボーナス問題

トレンド転換線に基づく売買の設定は非常に大事なテーマなので、２つ追加で問題を載せておきます。**問題7-1** **問題7-2** のように、トレンド転換線を書いてみて、売買戦略を考えてみましょう。問題と解答を別のページに提示していますが、解答を見る前に必ず自分で解いてみてください。解答を見てわかったつもりになるのと、自分で解いてみるのとはまったく効果が違います。

問題 1 トレンド転換と売買戦略 ③
（8591：オリックス）

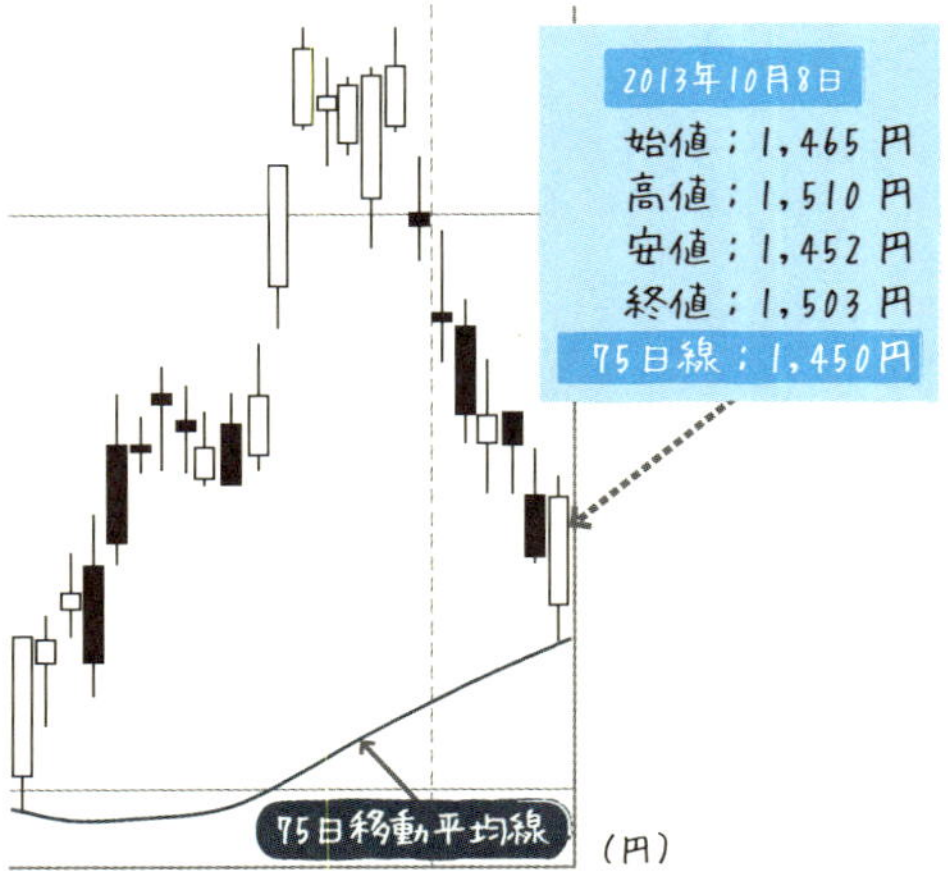

問題 2 トレンド転換と売買戦略 ④
（2801：キッコーマン）

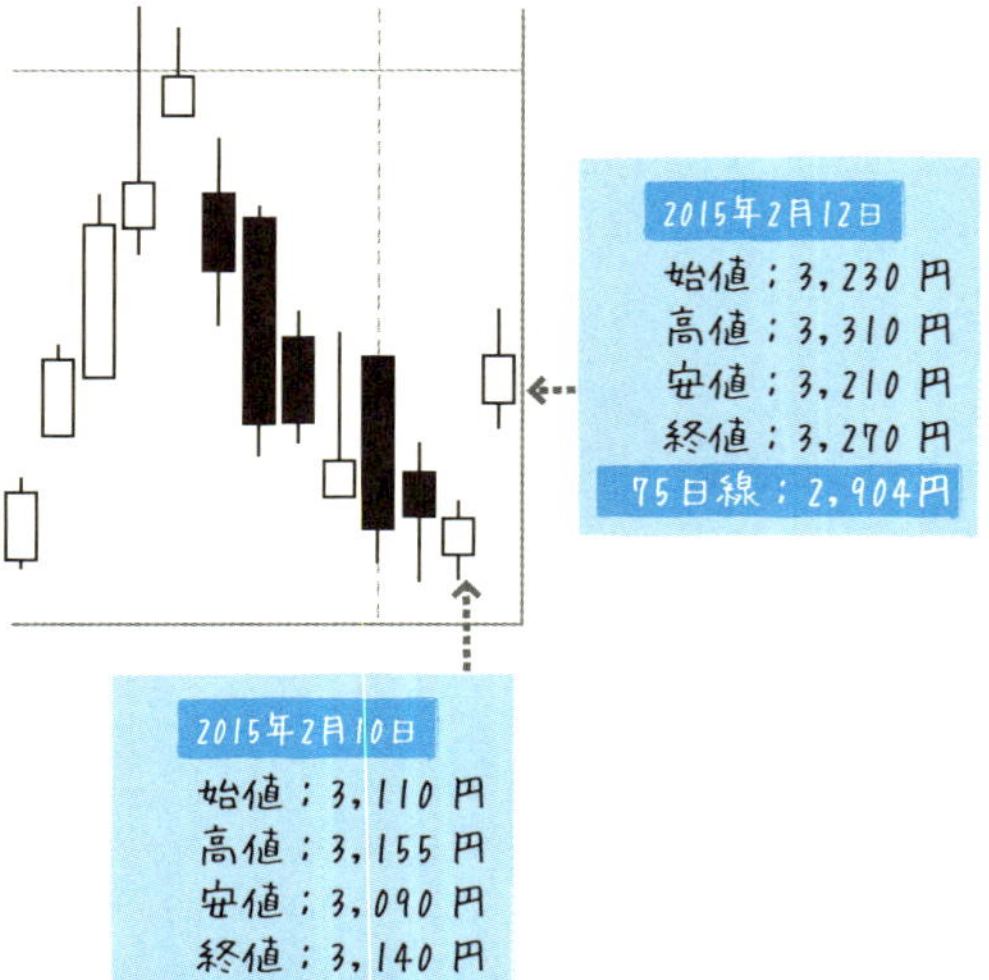

ボーナス問題の解説

やはり詳しい説明がほしいですよね？　その気持ち、もちろんわかります。特典動画サイトで詳しく説明しているので必ず確認してください。本には載っていない大事なことも話しています。

特典動画②　トレンド転換線によるトレード！
(http://www.tbladvisory.com/book003)

答えあわせ　トレンド転換したあとの買い注文とロスカット設定（8591：オリックス）

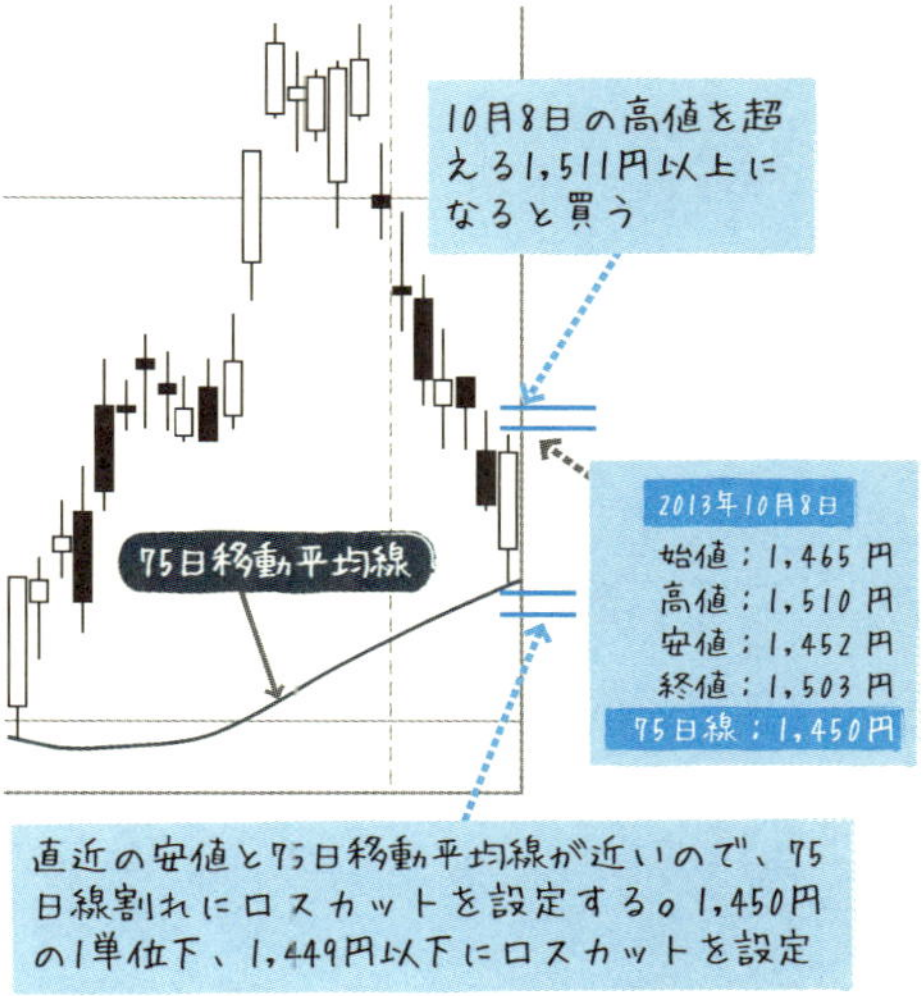
10月8日の高値を超える1,511円以上になると買う
75日移動平均線
2013年10月8日
始値：1,465円
高値：1,510円
安値：1,452円
終値：1,503円
75日線：1,450円
直近の安値と75日移動平均線が近いので、75日線割れにロスカットを設定する。1,450円の1単位下、1,449円以下にロスカットを設定

答えあわせ　トレンド転換したあとの買い注文とロスカット設定（2801：キッコーマン）

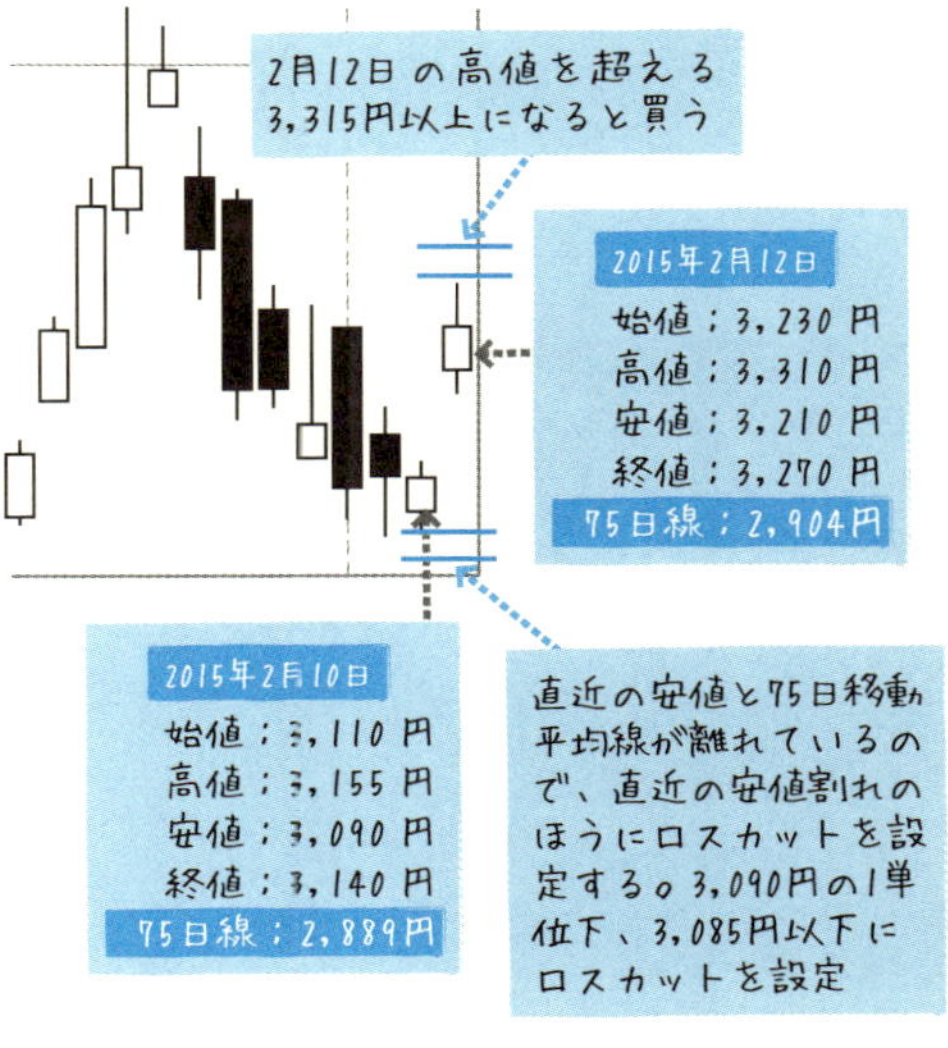
2月12日の高値を超える3,315円以上になると買う
2015年2月12日
始値：3,230円
高値：3,310円
安値：3,210円
終値：3,270円
75日線：2,904円
2015年2月10日
始値：3,110円
高値：3,155円
安値：3,090円
終値：3,140円
75日線：2,889円
直近の安値と75日移動平均線が離れているので、直近の安値割れのほうにロスカットを設定する。3,090円の1単位下、3,085円以下にロスカットを設定

難易度

低 中 高

08

最後の上昇局面は利益を確定するところ

1

上昇中のニュースや推薦は過熱のはじまり。買いではなく利益確定を考える

上昇2回目が継続する中、ニュースが出たときにはまず考えよう

2回目の利益確定が一段落すると、上向きの75日移動平均線を再び抜いて上昇していきます。

また、75日移動平均線に戻る途中で切り返して、再び上昇することもよくあるとお話ししました。そのために使うのが **法則07** で勉強した「**トレンド転換線の売買方法**」です。上昇の2回目を経

目標

3回目上昇はトレンド転換で入って、過熱気味で出てくることを理解する

参考書籍 「世界一やさしい 株の教科書 1年生」4時限目（157頁）

て、トレンド転換の売買が何回か成功すると、銘柄に対する関心は自然に高まります。関心が高まったので、何かのきっかけで火がつくとあっという間に燃えあがります。

その最中にポジティブなニュースが出たときが個人投資家が深く考える局面です。

ポジティブニュースは売りの材料、買いの材料ではない

2回目まで順調に上げてきた実績があると、証券会社やマネー系の雑誌などで頻繁に紹介・推薦されるようになります。さらに、ポジティブなニュースが入るとより多くの個人投資家が気づきます。こうなると一気に売買への参加者が増えるので、株価の上がり方が急激になり、あっという間に過熱します。多くの個人投資家が高値つかみを経験しますが、それはこの局面で入ってくるのが原因です。あとから振り返ると、そこは入る場

● グランビルの法則と株価のサイクル

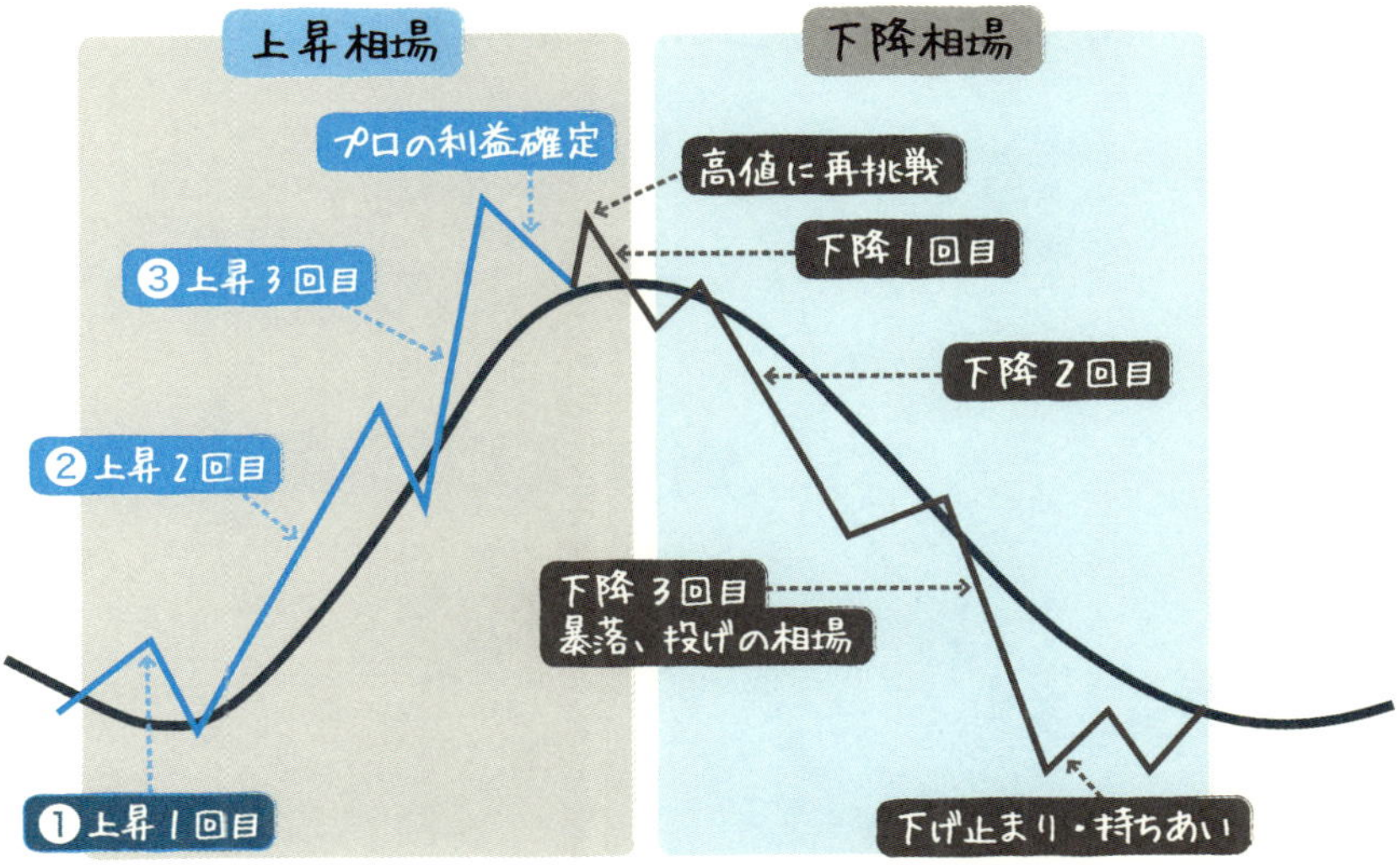

面ではなく、むしろうまく利益を伸ばし、利益確定の売りを考えるタイミングであることに気づきます。

過熱だとわかったら、それにあわせて行動するのみ

では、いいニュースが出た場合はどのように行動すればいいでしょうか？　次の２つを確認して、方針をしっかり決めてください。

❶ ニュースが出たらすぐ買う前に、株価の位置を確認する
❷ 株価の位置が上昇の最終局面の場合
Ａ その銘柄を保有しているなら、過熱が終わるのを確認して利益確定をする
Ｂ 保有していないなら、パスするか、短期勝負だということを決めて買っていく

● トレンドが続く際にニュースが出たときの戦略の立て方

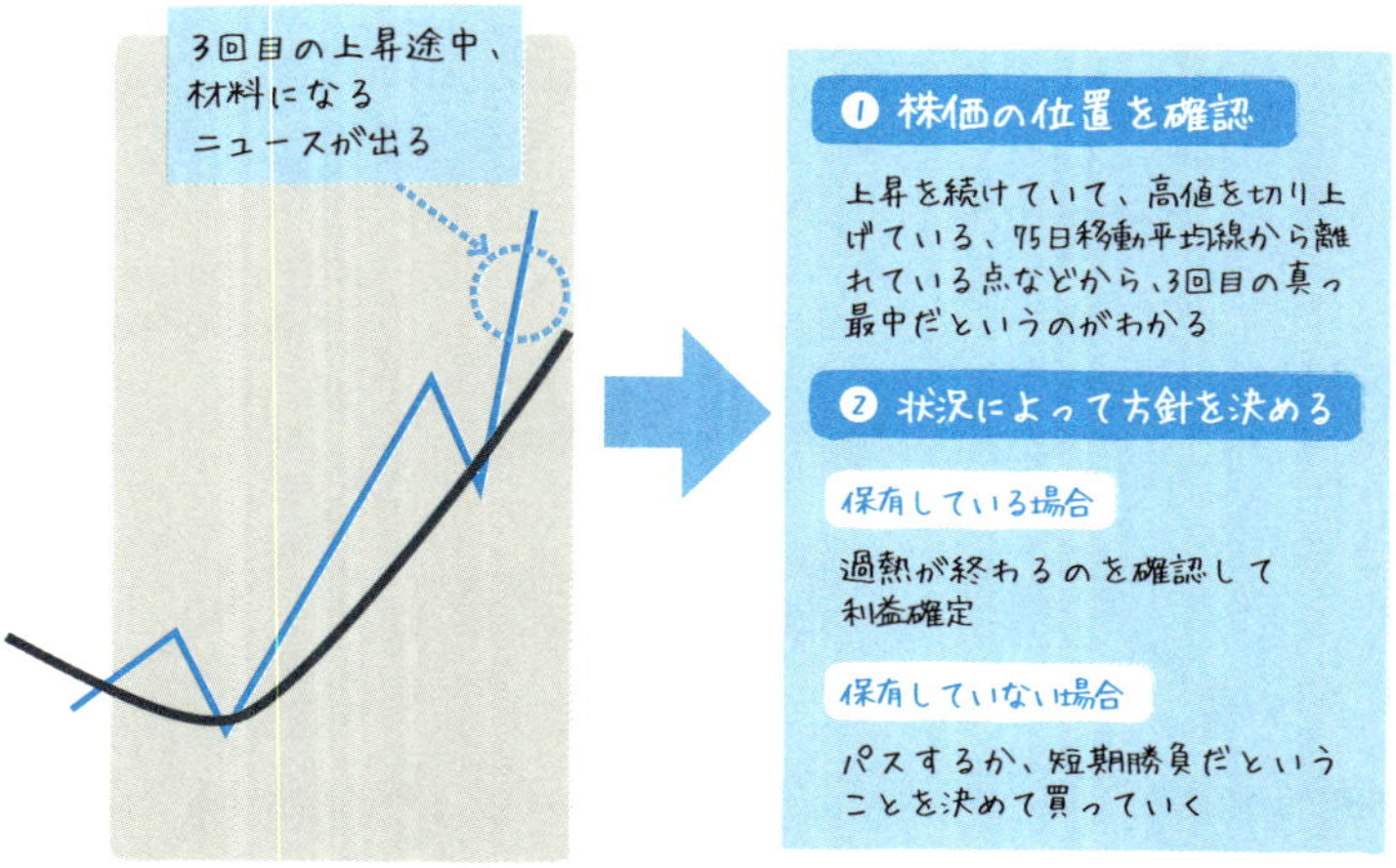

3回目の上昇途中、材料になるニュースが出る
❶ 株価の位置を確認
上昇を続けていて、高値を切り上げている、75日移動平均線から離れている点などから、3回目の真っ最中だというのがわかる
❷ 状況によって方針を決める
保有している場合
過熱が終わるのを確認して利益確定
保有していない場合
パスするか、短期勝負だということを決めて買っていく

問題8・1

中

下図は、２０１５年１月から上昇を続けてきた資生堂のチャートです。２０１５年７月31日に経常利益について、従来予想より２６６％の上方修正を発表しています。翌営業日の８月３日は利益確定が優先され、大きく下げてはじまったものの、徐々に話題になり最終的には大幅な上昇で終わっています。

このチャートに基づき、現在の位置を確認したうえで、あなたの投資方針を解答欄に書き込んでください。

解答欄

❶ 現在の位置は上昇の（　）回目

❷ このニュースによって上昇する動きは上昇の（　　）回目

❸ あなたの投資方針は？

---

❹ このあと、予想される株価の動きをチャートの横に描き込んでみてください

問題 トレンドが続く際にニュースが出たときの戦略（4911：資生堂）

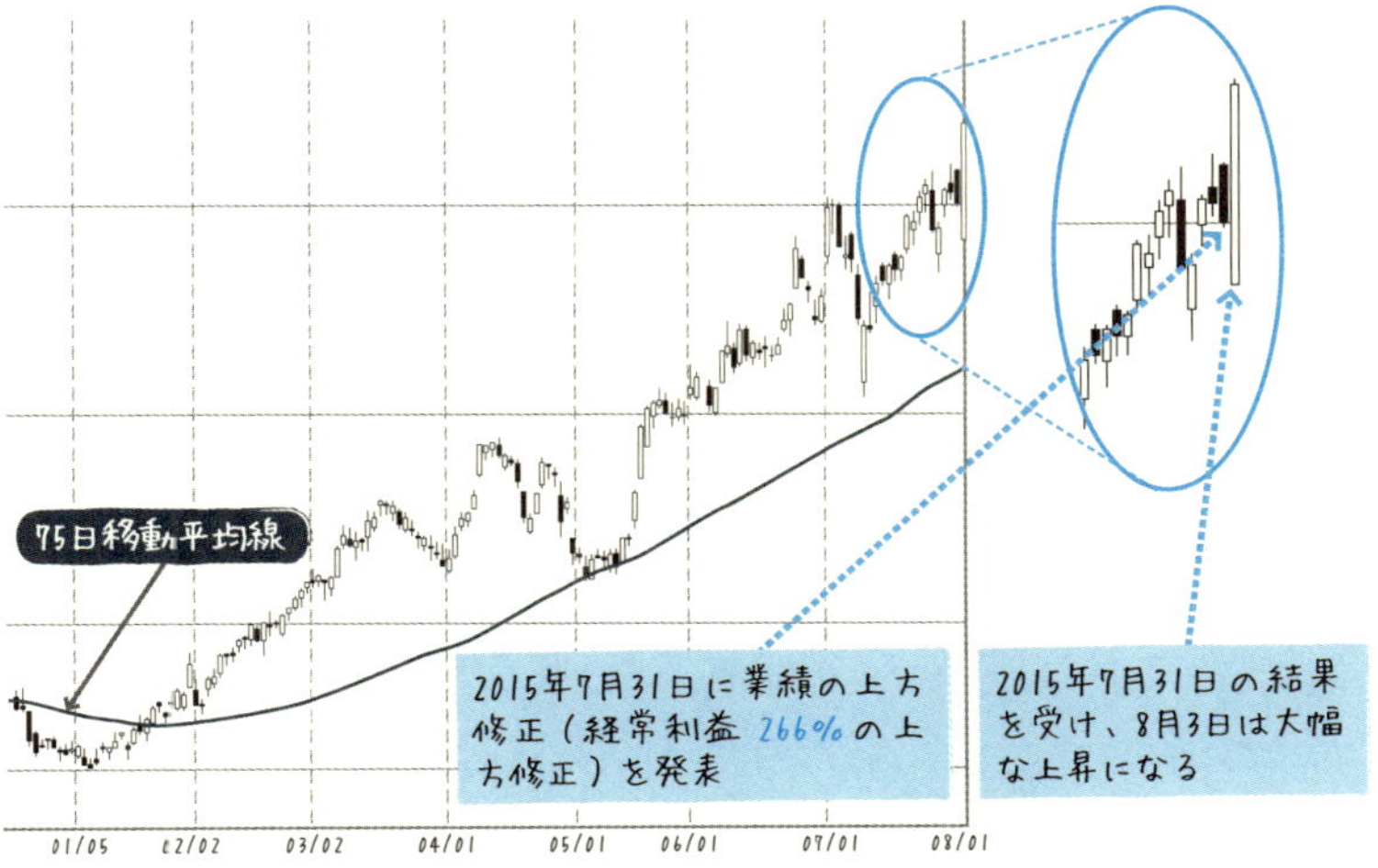
75日移動平均線
2015年7月31日に業績の上方修正（経常利益266%の上方修正）を発表
2015年7月31日の結果を受け、8月3日は大幅な上昇になる
01/05
02/02
03/02
04/01
05/01
06/01
07/01
08/01

8・1の解説

上昇3回目のはじまりはわからなくても、過熱していることだけわかればいい

このチャート、実は結構難しい問題のひとつです。セミナーなどでも、課題としてディスカッションしてもらうと、必ずといっていいほど上昇1回目と2回目の境界、また上昇3回目がどこからはじまったのかで意見が分かれます。そして、激しい口論になったりもします。この問題を解いたあなたも下図を見て、納得できない場合もあるでしょう。上昇の1回目が長すぎとか、2回目のほうが短いとはどういうこと？　など、各自の観点によってはさまざまな意見があり得ます。

しかしここで大事なのは、上昇3回目がはじまった時期ではなく、**「この動きが過熱かどうかを判断できるか」**ということです。上昇3回目という名前でなく、株価の位置から考えて、この時点で出たニュースによる動きは明らかに過熱であることがわかって、自分の

答えあわせ　トレンドが続く際の株価の位置（4911：資生堂）

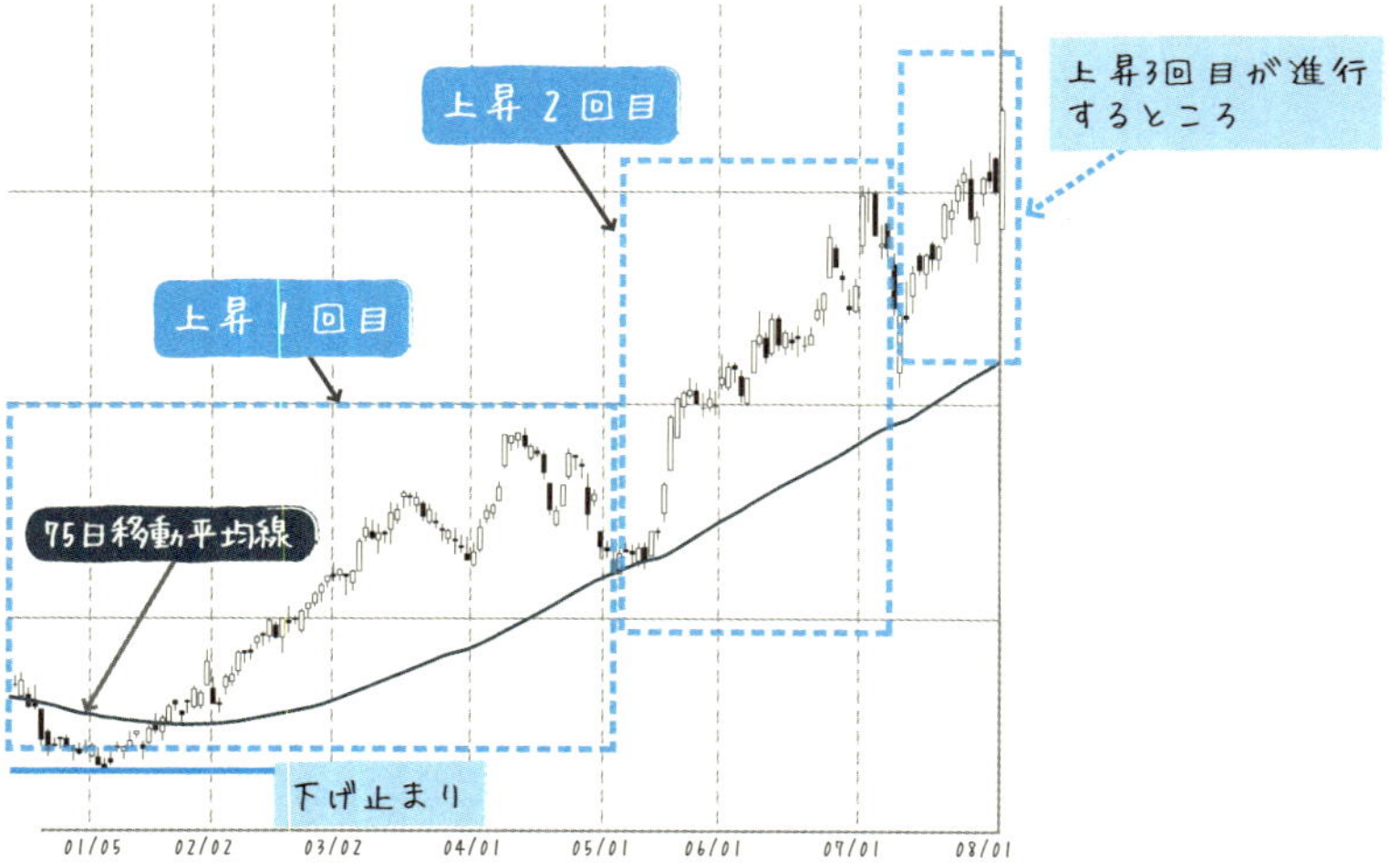

行動が決められたら、すべてOKです。

次の動きが見えてきたら、行動は自ずと決まる

では、このあとの動きはどうなるでしょうか？ 現在の位置は上昇の3回目が進行しているところで、考えられる今後の動きとしては、下図のように想定できます。上昇の3回目が完成して過熱ムードがピークに達すると（❶）利益確定の動きが出て、株価は早いスピードで下がります（❷）。そして、もう1度買いが入ってきて上昇しますが、前回の高値に届かず、反転して下げます。ここからは失望の売りと、空売りで利益を取ろうとする投資家が入るので、下がるスピードはだんだん早くなります（❸）。

この動きが想定できるとあなたの行動は？ **「もし保持していなかったら、ここで新たに買うことは控える」**のが正しい行動でしょう。逆に「**保持しているなら、最後の上げ局面をゆったりと楽しんだあと、❷の動きが出るときには利益確定をする**」のが賢明です。

検証 上昇3回目以降株価はどうなる？（4911：資生堂）

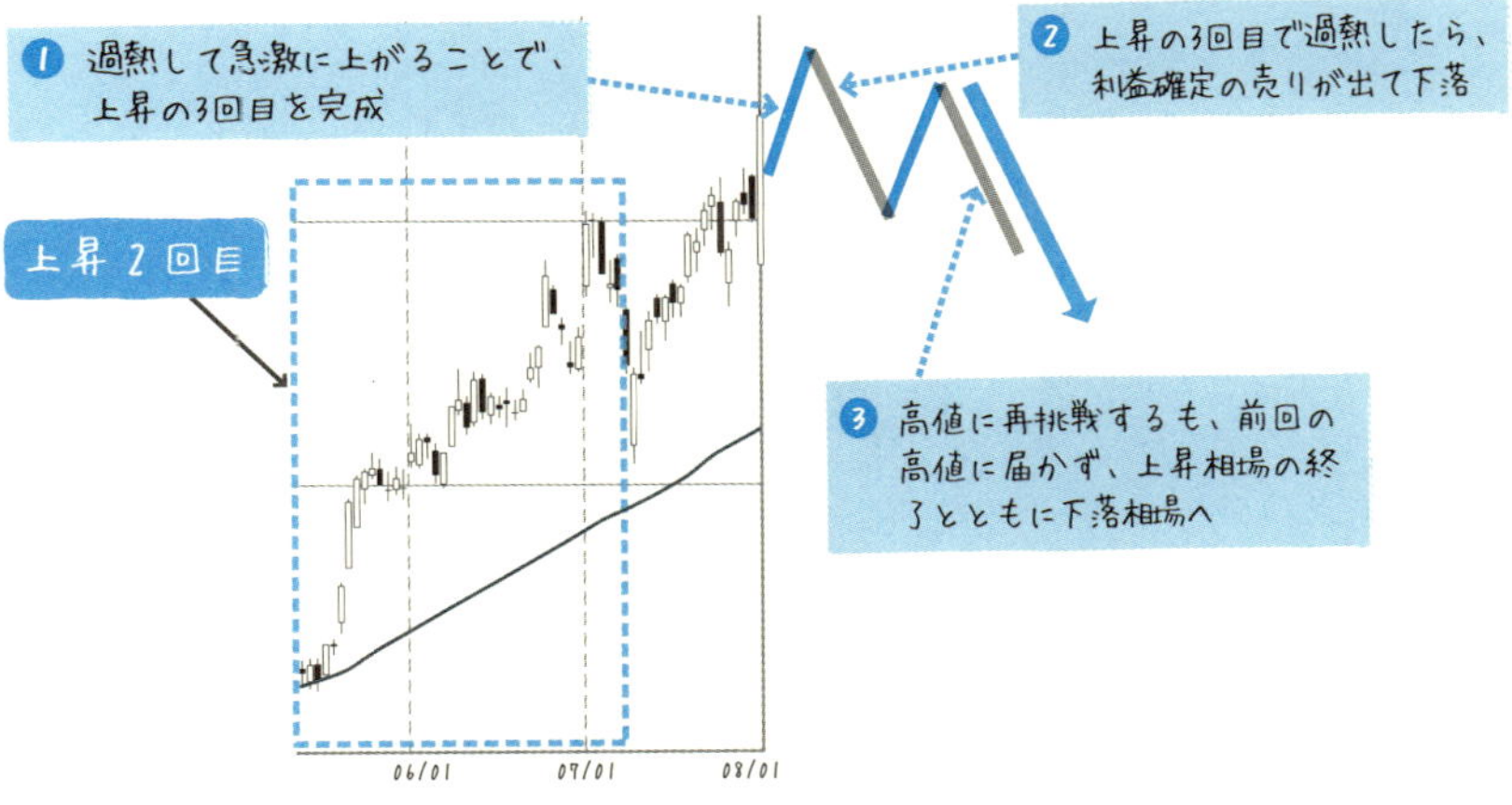
❶ 過熱して急激に上がることで、上昇の3回目を完成
❷ 上昇の3回目で過熱したら、利益確定の売りが出て下落
上昇2回目
❸ 高値に再挑戦するも、前回の高値に届かず、上昇相場の終了とともに下落相場へ
06/01
07/01
08/01

問題8・2

高

次は問題8・1で分析したチャートの続きを表しています。あなたはニュースによって暴騰する株価の動きに惑わされ、大きな陽線が出た次の日に飛び込んで買ってしまいました。その後の動きはご覧のとおり、買ったあとの数日間は上下に激しく動き、持ちあいを続けてから、急激に下がり出します。株価の位置から考えて、あなたがとるべき行動は何かを解答欄に記入してください。

解答欄

❶ 天井で買ってしまった投資家がとるべき行動は

- □ 戻るまで待つ
- □ ロスカットする

❷ ロスカットを選んだ場合、適切なロスカットのポイントは？

問題 天井圏で買ってしまったあとの株価はどうなる？（4911：資生堂）

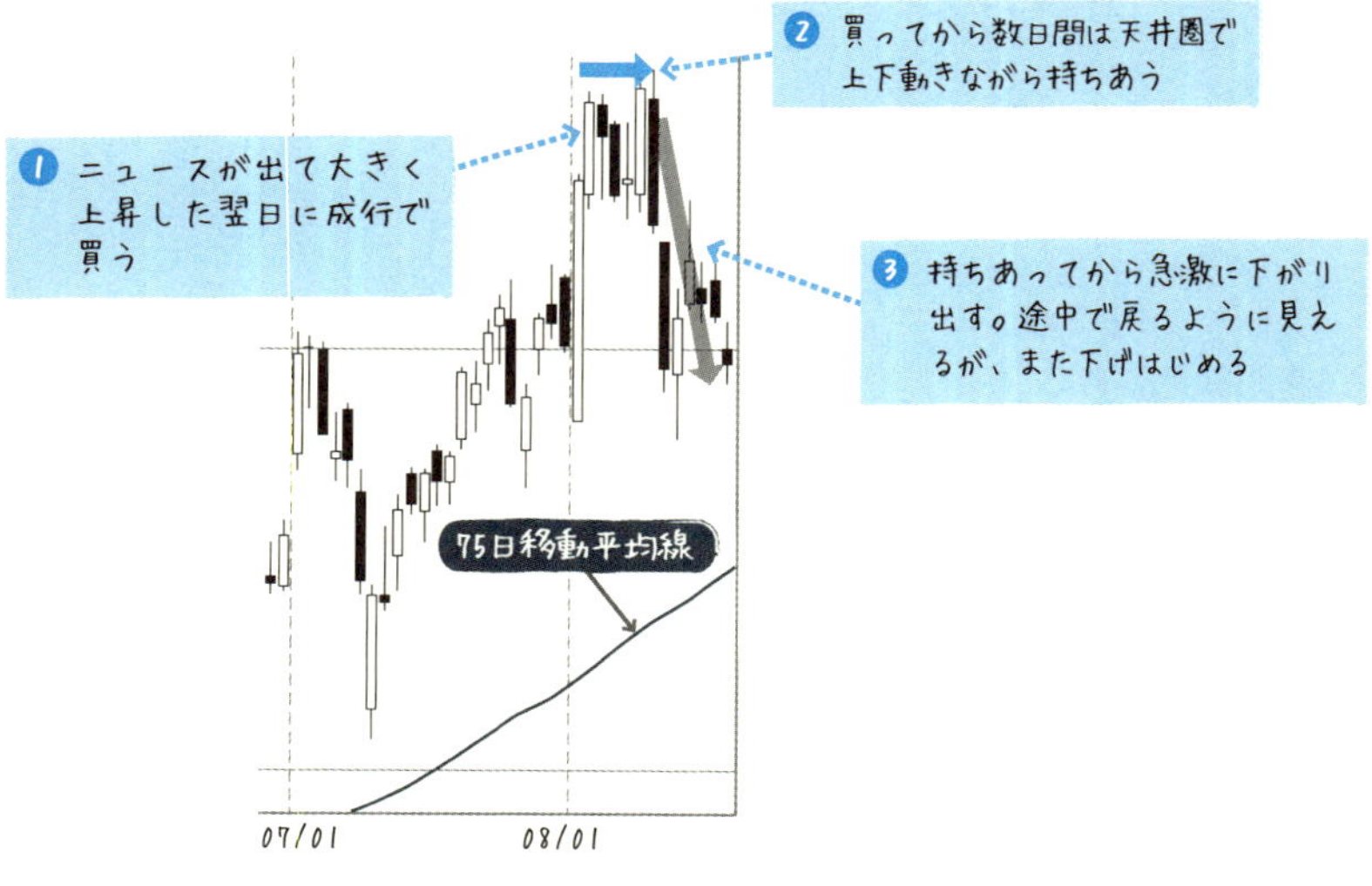

❶ ニュースが出て大きく上昇した翌日に成行で買う
❷ 買ってから数日間は天井圏で上下動きながら持ちあう
❸ 持ちあってから急激に下がり出す。途中で戻るように見えるが、また下げはじめる
75日移動平均線
07/01
08/01

8-2の解説
天井圏の典型的な動きが出たら即ロスカット

この問題に対してまさか、「戻るまで待つ」を選んだ人はいませんね？ はい、そのとおりです。この銘柄の動きは位置、現れるローソクのパターンから考えても、典型的な天井の動きをしています。成行で買ったあと、しばらくは天井圏で横ばいの持ちあいを続けます。ここで油断していると、ある日突然大きな陰線が出現します。過熱していることを確認して、しばらく様子見していたプロたちが、これ以上高値を切り上げないことが確認されると大量に利益確定の売りに動きます。大陰線が現れることを見て、ほかの個人投資家も利益確定の売りを急ぎます。その勢いが強い場合は、前日の終値より離れてはじまり、そのまま下落する、いわゆる「窓空け」が発生します。

答えあわせ 天井圏の典型的な動き（4911：資生堂）

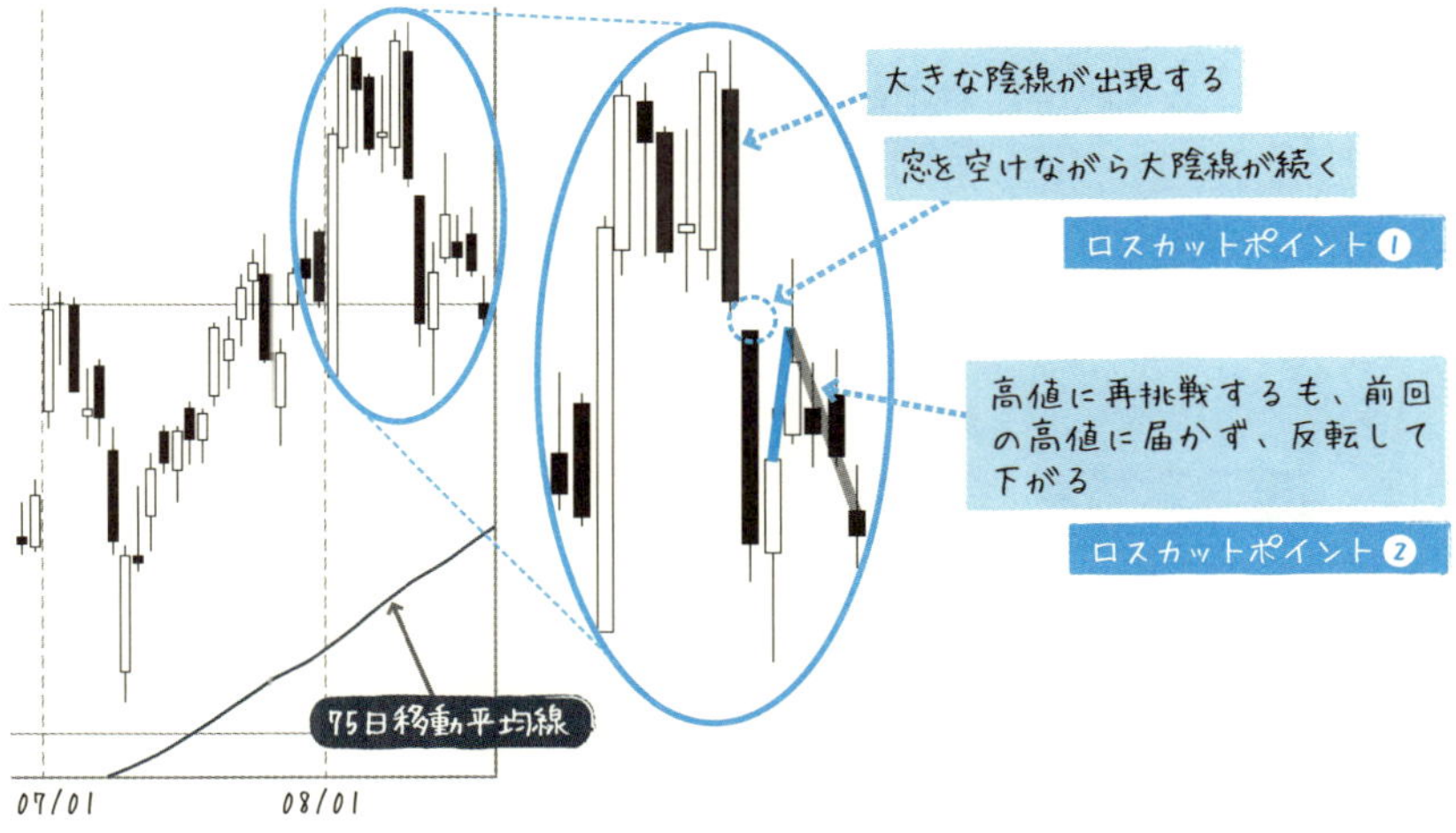
大きな陰線が出現する
窓を空けながら大陰線が続く
ロスカットポイント1
高値に再挑戦するも、前回の高値に届かず、反転して下がる
ロスカットポイント2
75日移動平均線
07/01
08/01

さらに投資家たちを惑わせることは、下落の途中で現れる高値再挑戦の動きです。この銘柄の場合は2日間陽線が現れ、勢いよく戻るように見えますが、その後は反転してさらに下落をはじめます。「**高値再挑戦にも失敗した場合は何がなんでも即ロスカット**」と覚えておいてください。

天井圏でのロスカットポイントは2つ

高値再挑戦が失敗して再び下落し出す、この動きを見ても何も行動を起こさない場合はひどい結末が待っています。

天井の典型的な動きがわかったところで、ロスカットポイントについて考えてみましょう。最初のロスカットポイントは「**大きな陰線が出現、窓を空けながら大陰線が続くことが確認されたあと**」です（前頁下図中ロスカットポイント❶）。

ここでもロスカットができず、高値再挑戦でいい気になってしまったあなた、ひどい目にあう前

検証 資生堂の実際の動きと相場の変化のまとめ（4911：資生堂）

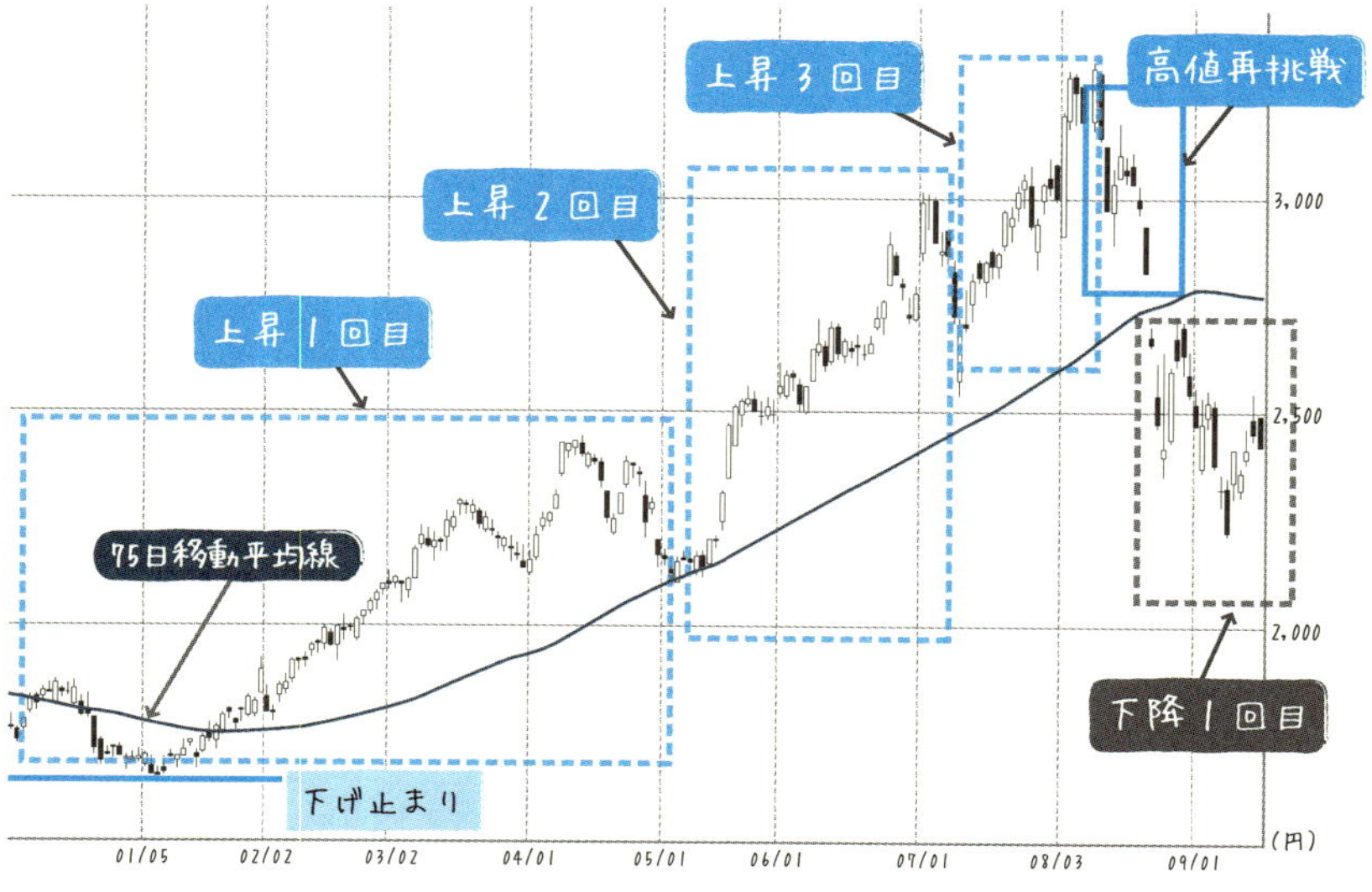

に、「**前回の高値に届かず反転して下がり出すことを確認**」したら、せめてここではロスカットをしておきましょう（前々頁下図中ロスカットポイント②）。

ロスカットをしなかった場合に起きることを前頁の下の図から確認することができます。最初の利益確定の動きよりも下げるスピードが早くなって、わずか4営業日後には75日移動平均線を割ってしまいました。ここまでくるともはや、上昇銘柄の面影はなく、下落トレンドに乗ってしまいました。「**ロスカットポイントは必ず守る**」、忘れないでくださいね。

次の **法則09** では、天井の形についてより深く勉強していきましょう。

ロスカットは必ずする！
これは何よりも先に覚えてください！

難易度
低 中 高

09 株価の位置とローソク足で“天井”を知る

1 株価の位置とローソクを組みあわせて天井で買わないテクニック

最初のステップは株価の位置確認

前項までは株価の位置を中心に、過熱する局面を見極めることを勉強しました。ここからは株価の位置とローソクの形を組みあわせて、天井を判断する方法について深く考えてみます。

天井を判断するために何より大事なのは、現在の株価の「**位置**」です。ここまでのトレンド判断でもずっと株価の位置を確認してきましたが、天井をすぎて大きなトレンドの変化をつかむために

目標

上昇の3回目や底値で長いひげを持つローソク足が出ながらトレンドが変わることを理解する

参考書籍
「世界一やさしい 株の教科書 1年生」
2時限目（102頁）
4時限目（157頁、160頁）

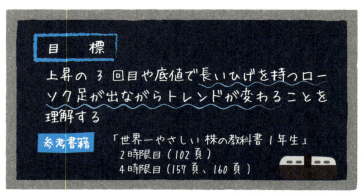

は位置の確認が何より大事です。

大きい陽線のあと、長い上ひげを持つと売りのサイン

株価の位置が確認できたら次のステップはそこから現れるローソクの形を見て、投資家の心理を把握することです。投資家の心理を把握するとは、ローソクの実体とひげの形で投資家が何を感じているか読み取ることです。喜んでいるのか？　不安なのか？　ローソクの形とひげの長さなどで心理を把握する基本は、下図で確認することができます。

これをより実践で使えるようにまとめたのが次頁下

STEP 1　株価の位置の確認

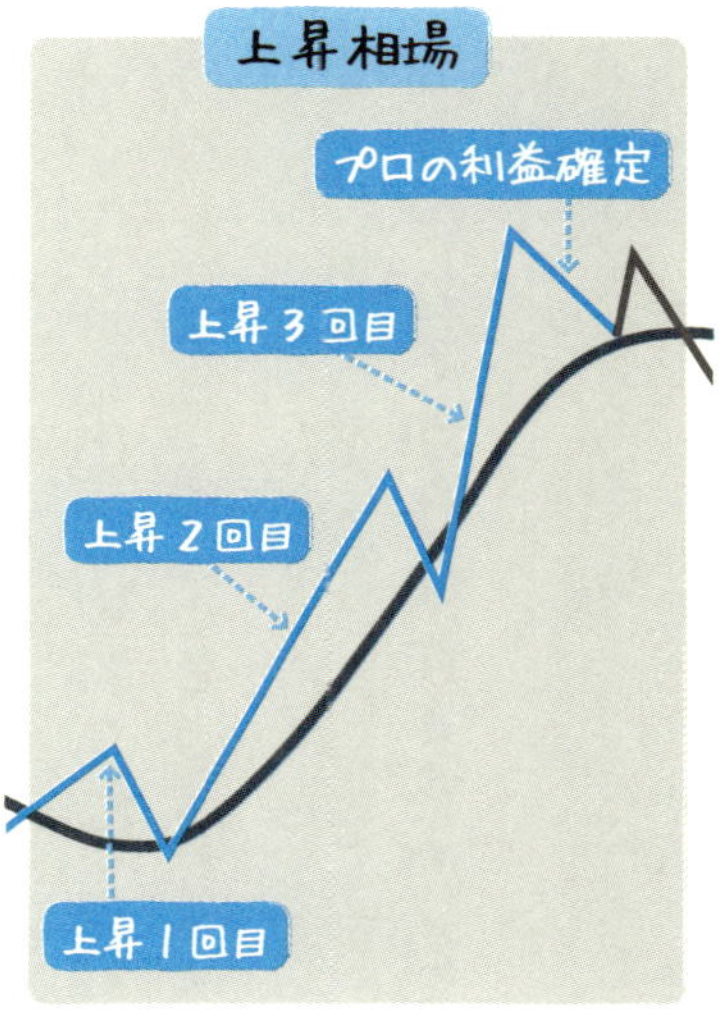
上昇相場
プロの利益確定
上昇3回目
上昇2回目
上昇1回目

STEP 2　ローソクの形と心理を確認

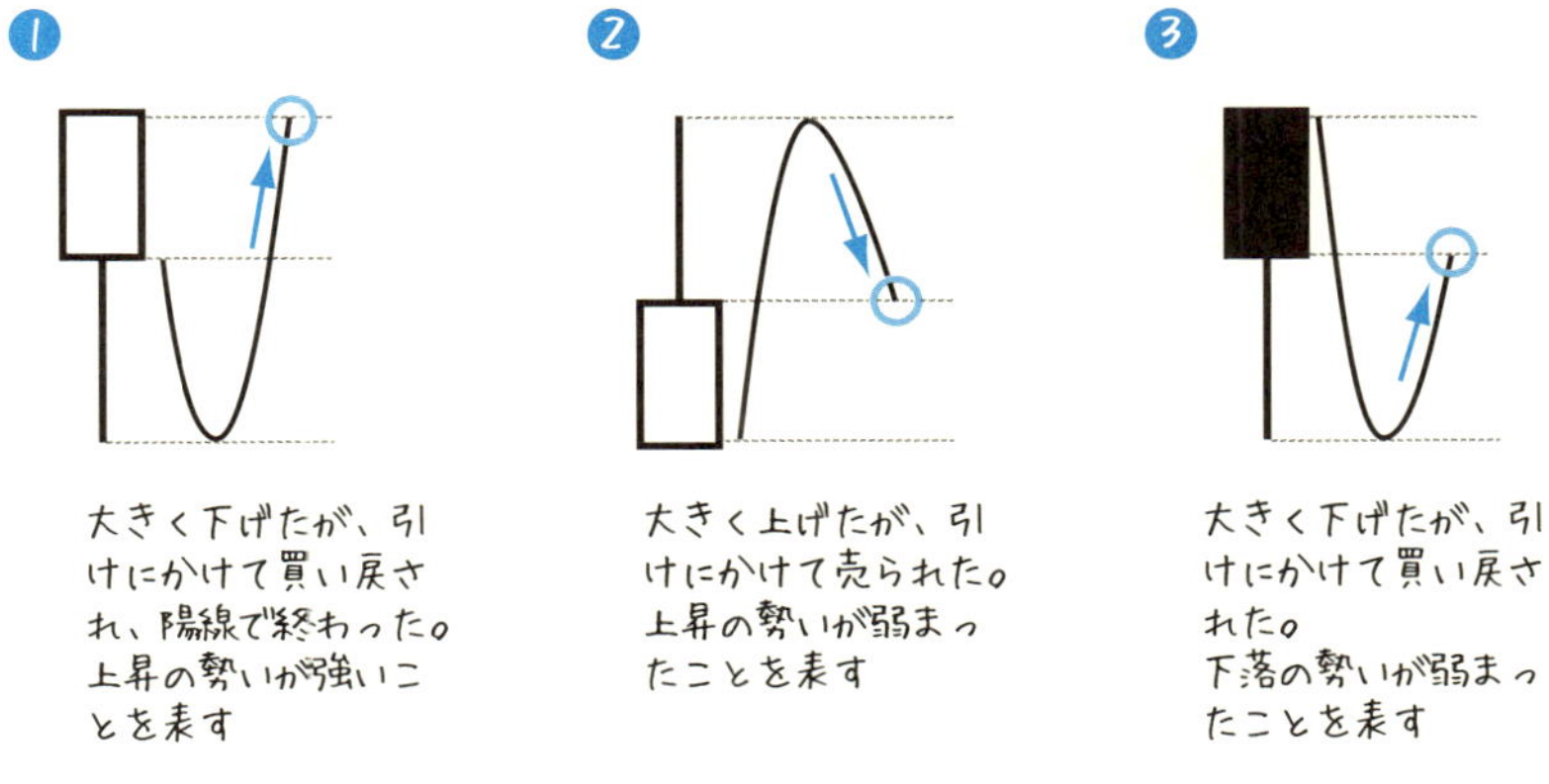
1
大きく下げたが、引けにかけて買い戻され、陽線で終わった。上昇の勢いが強いことを表す
2
大きく上げたが、引けにかけて売られた。上昇の勢いが弱まったことを表す
3
大きく下げたが、引けにかけて買い戻された。下落の勢いが弱まったことを表す

図の❶と❷です。陽線が続いたあと、長い上ひげを持つローソクが出現、翌日か数日後に反対方向に反落したことを確認すると利益確定します。

十字架が現れてから反転するのも売りのサイン

上ひげを持つ陽線または陰線のみならず、実体を持たない十字架の形も天井のサインとして大変有用です。

十字架とは始値と終値が同じ値段で実体がつくられる横の線と、上下ひげだけを持つローソクのことを指します。

特に、長い上ひげを持つ十字架を下十字《したじゅうじ》といい、買いの勢いが弱くなり、相場の反転と売りのサインとしてよく使われます。

● ローソクの形による天井の判断

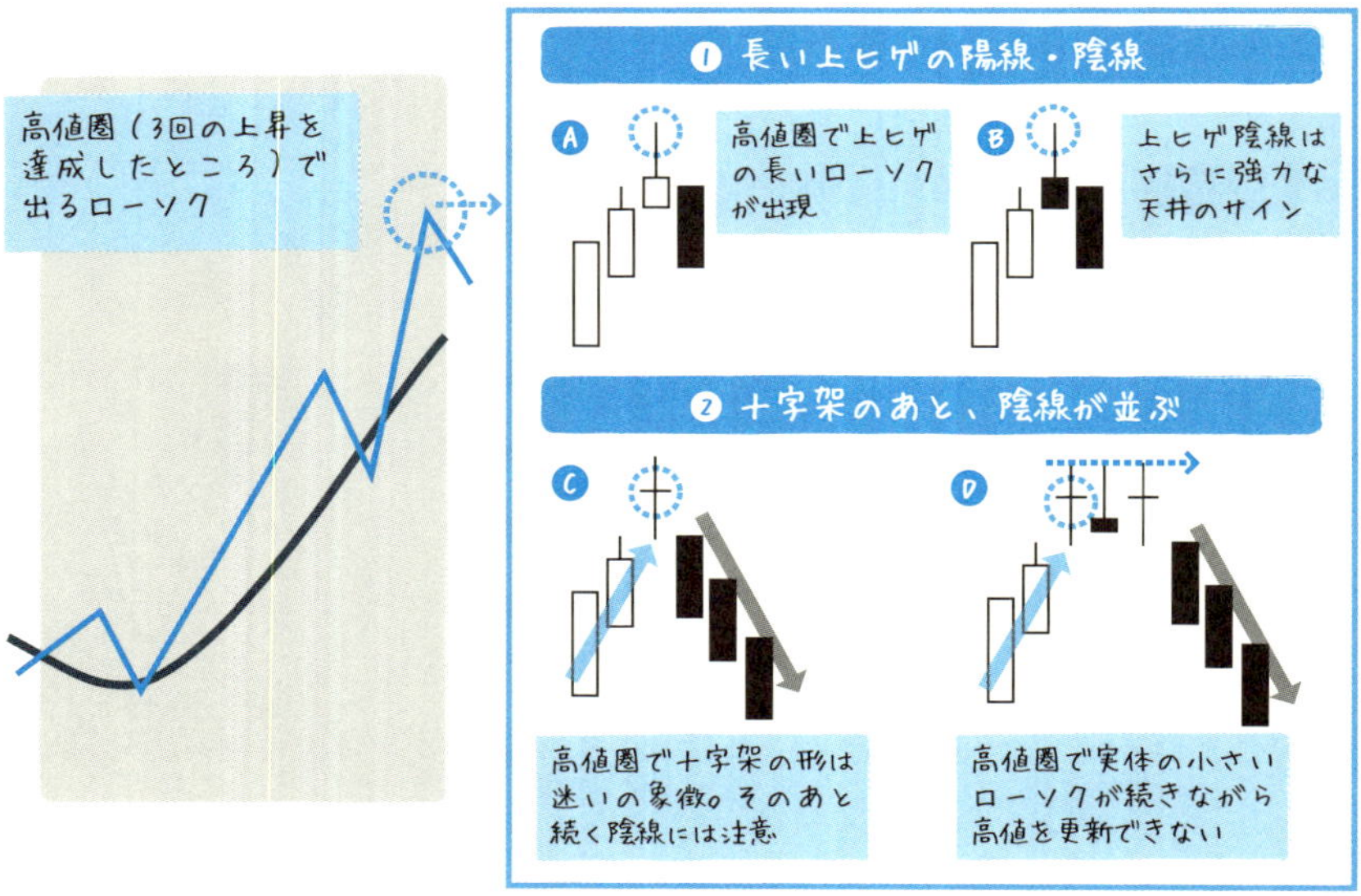
高値圏（3回の上昇を達成したところ）で出るローソク
❶ 長い上ヒゲの陽線・陰線
A
高値圏で上ヒゲの長いローソクが出現
B
上ヒゲ陰線はさらに強力な天井のサイン
❷ 十字架のあと、陰線が並ぶ
C
D
高値圏で十字架の形は迷いの象徴。そのあと続く陰線には注意
高値圏で実体の小さいローソクが続きながら高値を更新できない

問題9・1

中

ここで示しているチャートの銘柄は大きくトレンドが発生して勢いよく上昇しています。本日はその勢いが続くかどうかが疑わしくなった陰線が出現しました。チャートの上に株価の各サイクルを描いたうえに、これからの投資判断について解答欄に記入してください。

解答欄

❶ 現在の位置は上昇の（　）回目

❷ 陰線が現れた本日の状況であなたの投資判断基準とその根拠は？

Ⓐ 保有していない場合

□ 早速買う　□ 何もしない

判断根拠：

Ⓑ 保有している場合

□ 最後まで持つ　□ 利益確定の準備

判断根拠：

❸ 今後の動きはどうなるのか、予測してチャートの右側に描いてください。

その際、あなたの行動は？

問題 過熱局面で持ちあい・上ひげが出現したときの売買戦略（6330：東洋エンジニアリング）

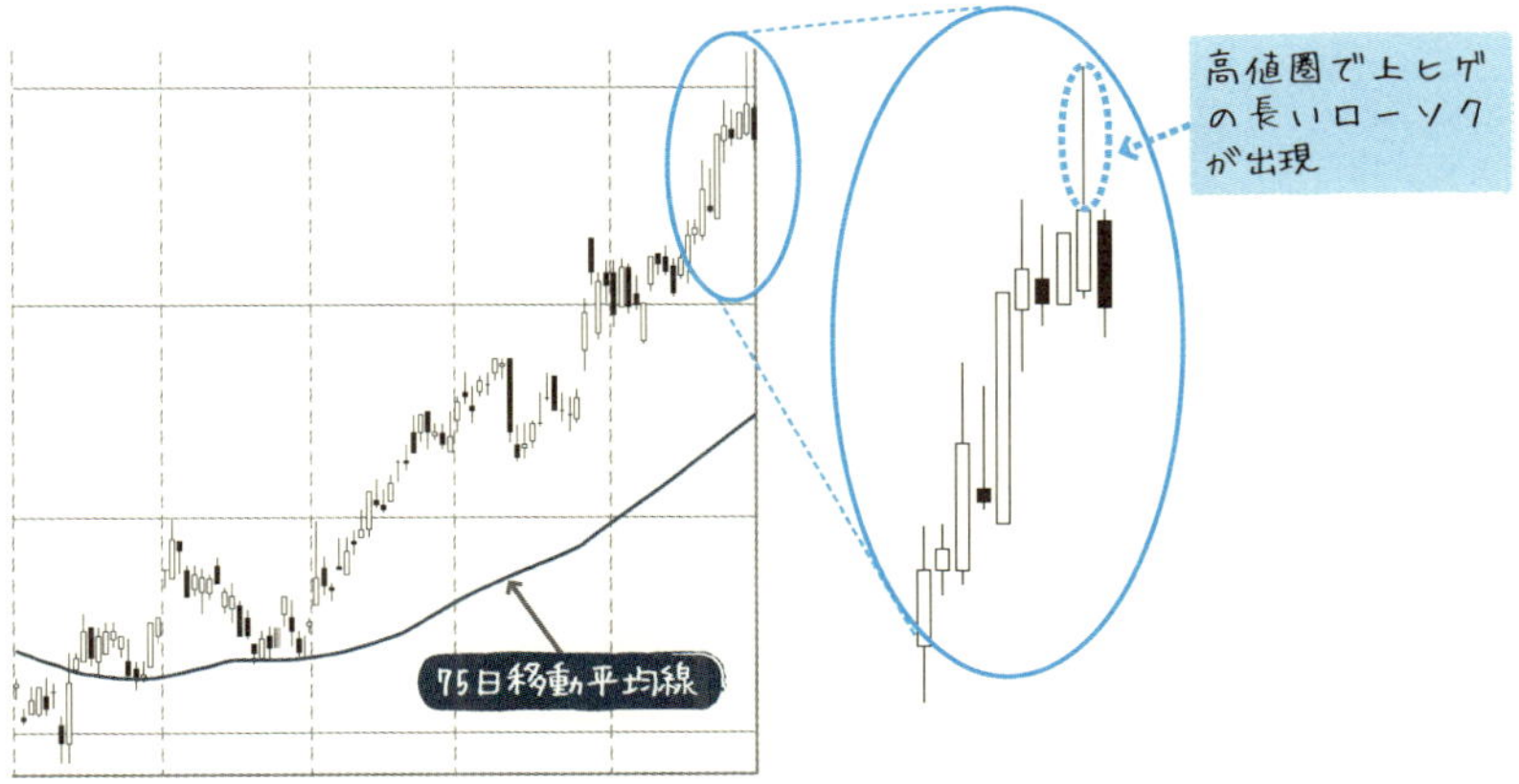

75日移動平均線
高値圏で上ヒゲの長いローソクが出現

9・1の解説
過熱局面で迷いのあと、買いは論外！

株価のサイクルを何回書かせるの？　と思わずに、この本の中だけでも自分で考えてみてください。チャートを見た瞬間に現在の位置と投資判断ができるようになります。

まず株価の位置を確認すると、本日は**「上昇の3回目」**で曲がり角に来ていることがわかります。ローソクは、天井を表す長い上ひげが出現したあと、陰線が出てその後は陽線と陰線が交差しながら持ちあっています。ここで間違っても「持ちあったあとはまた上がる」と思い込まないことです。またそのように思い込んでしまっても、持ちあいのあと、大きく反対方向に下落してしまうと、早く決断を下して行動する必要があります。

つまり保有していない場合はこの下落を買いのチャンスだと思わずに**「何もしない」**か、保有している場合は**「利益確定」**をするか、間違って天井のひげで買った場合でも**「ロスカット」**をします。

答えあわせ　過熱局面で持ちあい・上ひげが出現したときの株価の位置（6330：東洋エンジニアリング）

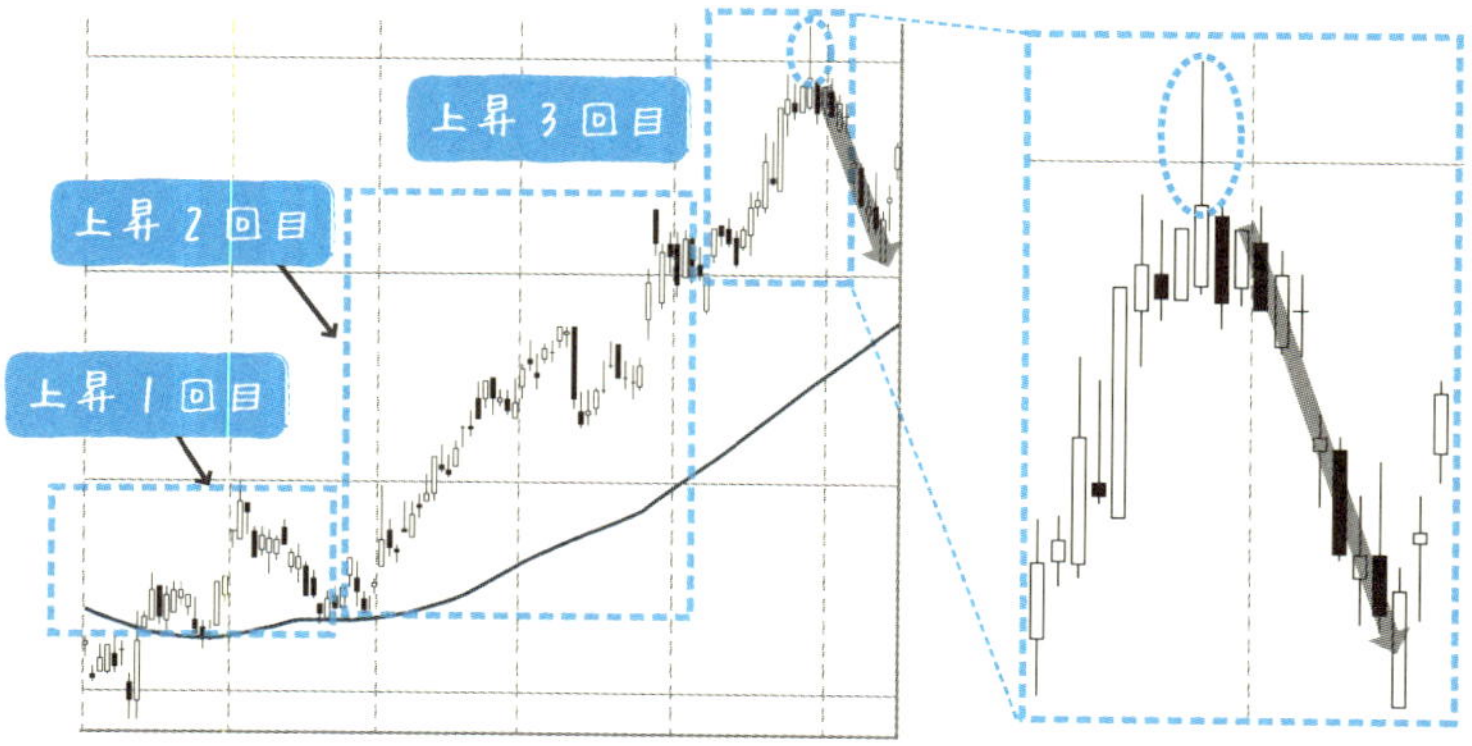

高値再挑戦の失敗と上昇トレンドの終了を確認

下図を見ると、1回下げてからいったん戻るのがわかります。これが実は投資家を惑わせるもうひとつの要因です。天井をすぎた時点からは、また上げたい投資家とこれから下げたい投資家がぶつかりあっているので、動きが激しくなります。そこでこのように早いスピードで戻ると、上げたい投資家は未練がましく持ち続けるか、もう1度買っていきます。悲劇はそのあとです。下図を見ると、勢いよく上昇していた株価が前回の高値に届かずに反転すると、以前よりも早く、激しく上下繰り返しながら下がっていきます。これが「**高値再挑戦**」という局面です。

もちろんすべての銘柄がこの局面で高値更新に失敗するわけではありません。ポイントは「**高値再挑戦で前回の高値に届かずに反転すると、失望による売りが大量に出ると同時に、下げて利益を取りたい空売りが入って下げが加速する**」ということです。ここでの投資判断は「**何もしない**」、保持している場合は「**売り**」を行うのが正解です。

検証 高値再挑戦の動き（6330：東洋エンジニアリング）

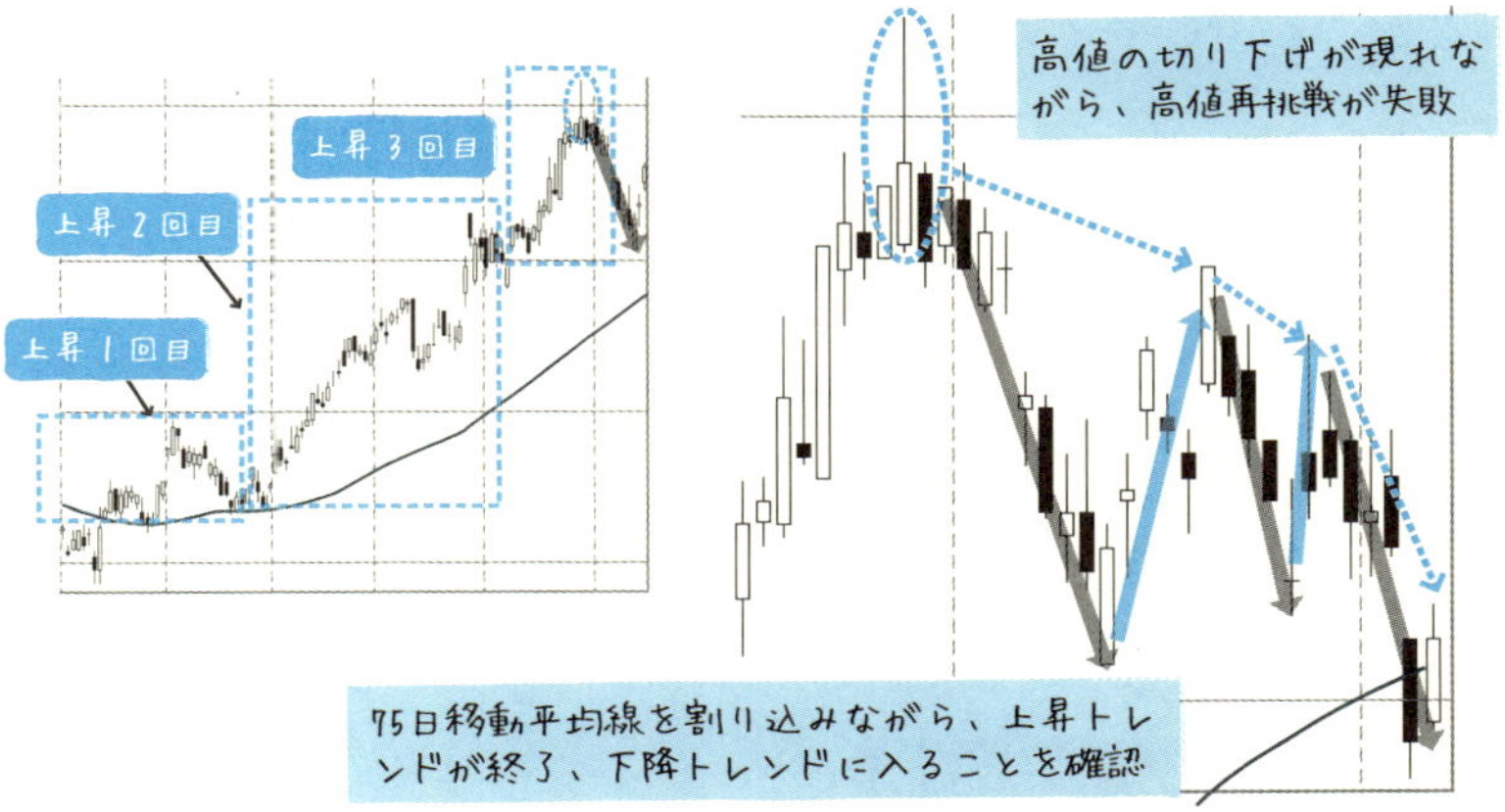
上昇3回目
上昇2回目
上昇1回目
高値の切り下げが現れながら、高値再挑戦が失敗
75日移動平均線を割り込みながら、上昇トレンドが終了、下降トレンドに入ることを確認

問題9・2

高

次のエディオンは**問題9・1**同様、大きくトレンドが発生して勢いよく上昇しています。前日に長い上下ひげを持つローソクが現れてから、本日は大きく下げました。チャートの上に株価の各サイクルを書いたうえに、これからの投資判断について解答欄に記入してください。

解答欄

❶ 現在の位置は上昇の（　）回目

❷ 陰線が現れた本日の状況であなたの投資判断基準とその根拠は？

Ⓐ 保有していない場合

□ 早速買う　□ 何もしない

判断根拠：

Ⓑ 保有している場合

□ 最後まで持つ　□ 利益確定の準備

判断根拠：

❸ 今後の動きはどうなるのか、予測してチャートの右側に描いてください。

その際、あなたの行動は？

問題 短期的な過熱局面で十字架が出現した際の売買戦略（2730：エディオン）

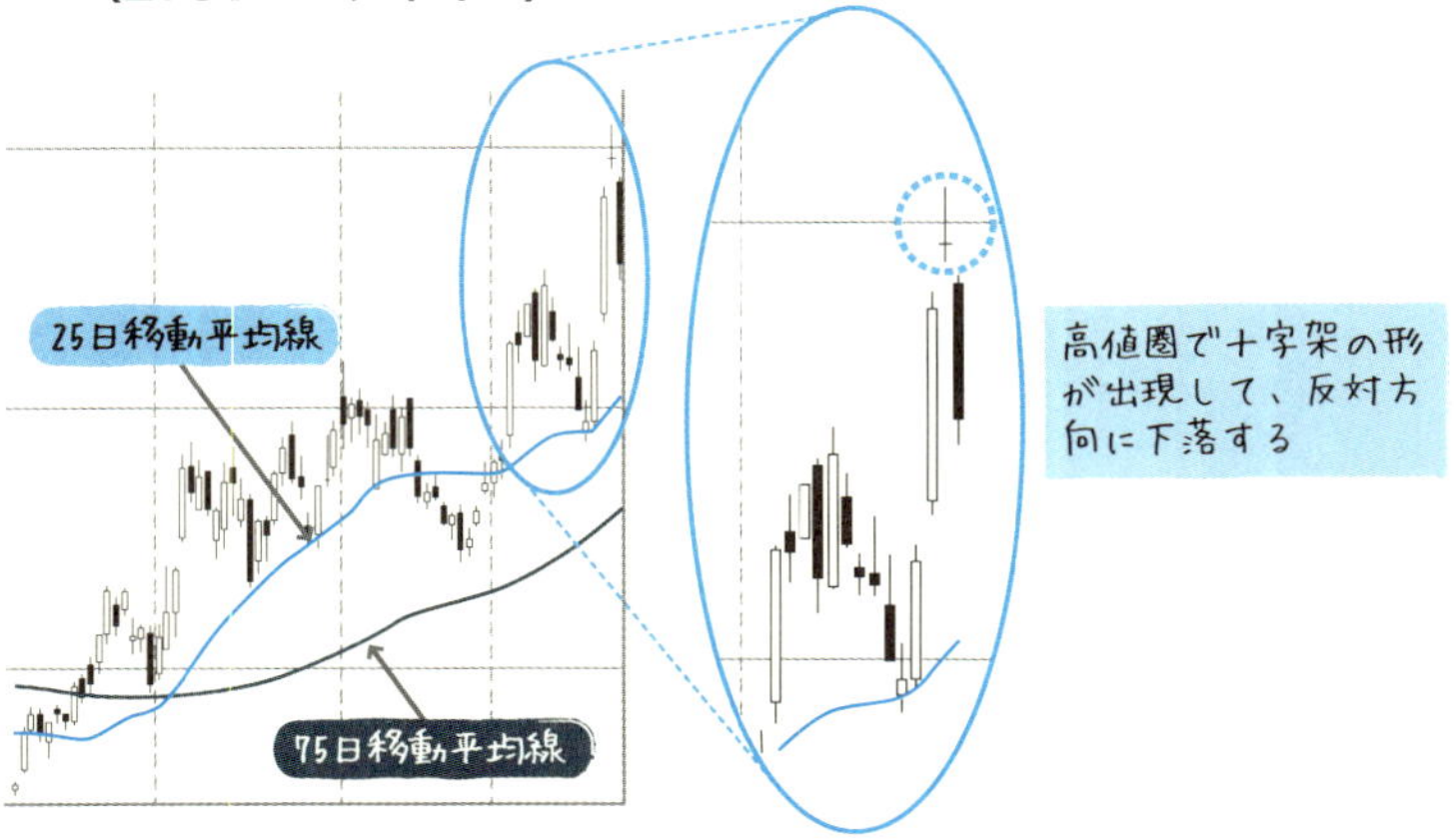
25日移動平均線
75日移動平均線
高値圏で十字架の形が出現して、反対方向に下落する

9・2の解説 迷いから反転が出ると売りのサイン

十字架のローソクが現れる2日前からの動きは典型的な過熱の動きです。25日移動平均線まで1回下がってからタッチすると、2日の上昇で前の2カ月の上昇分くらいを上げてきます。ここで「**上昇の3回目**」となります（❶の解答）。その翌日に上下ひげを持ち、始値と終値が同じ値になる十字架（日本語では下《した》十《じゅう》字《じ》と呼びます）が現れてから、大きく下げる陰線が出ると要注意です。下十字という形がどのように現れるかを考えてみると、その理由は明白です。

長い上ひげは相場が動いている間に、大きく上げてから終わりにかけて戻ってきたことを意味します。高値で買い上げていた投資家は自信を持つよりは、怖くなって売りはじめたということです。なおさら終わった位置は大きく窓を空けてはじまった値段です。迷いの頂点に立っているわけです。

答えあわせ 過熱局面で出現する十字架は変化の前兆（2730：エディオン）

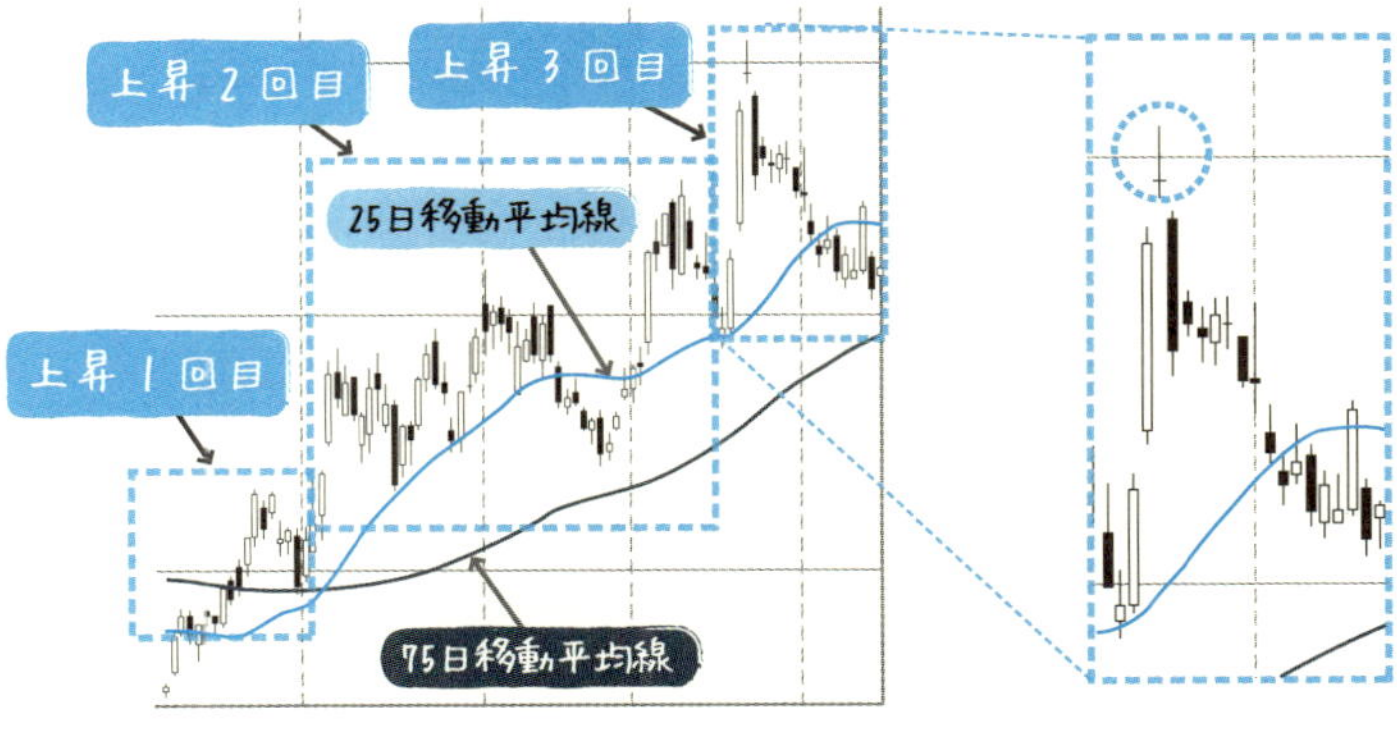

この動きに加えて、翌日に窓を空けながらはじまり、下げが加速すると、以前から保有していた投資家は利益確定を急ぎ、売りに加わります。その下げを見た次の投資家がまた売りに出す、この動きが続いた結果、大陰線がつくられます。「**利益確定か、ロスカットをする**」のが賢明な投資判断でしょう。

さらに上昇したからといって「売らなくていい」ではない

このあとの動きを見ると、**問題9・1**とは少し様子が異なります。この時点で上昇3回目をすぎ、天井の可能性が高いと判断して売りましたが、再び上に反転（トレンド転換）してから、前回の高値を更新しながら上昇していきました。**問題9・1**で「すべての銘柄がこの局面で高値更新に失敗するわけではありません」とお話ししたのが実際に現れた例です。ここで起きる誤りが「ほら、やっぱり売らなくてもいいでしょう」と結論づけてしまうことです。そして、ロスカットをしなくなる、売りの

検証 短期的な過熱局面で再び十字架が出現した際の株価の位置（2730：エディオン）

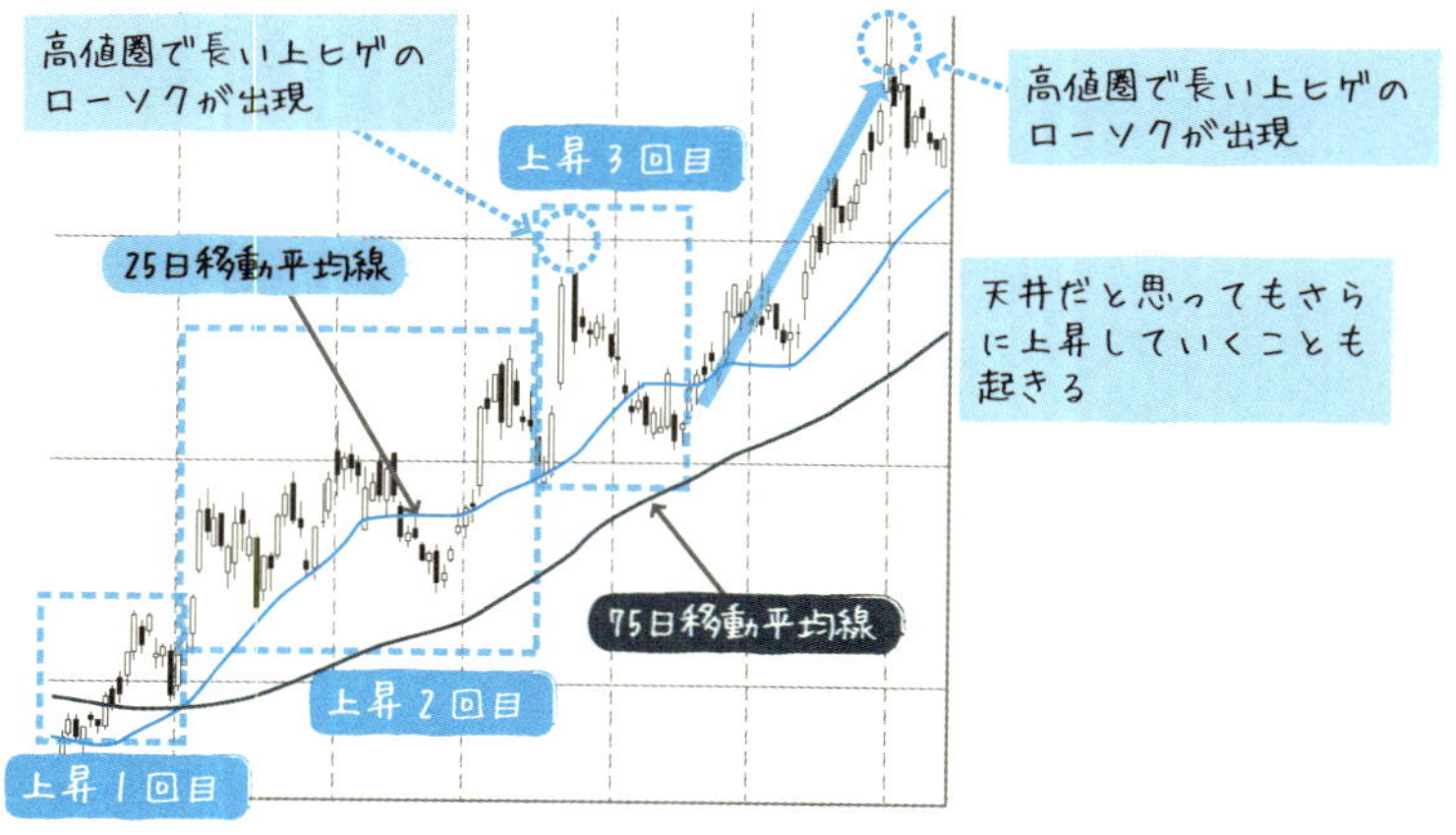

サインが出てもほったらかしにするなどの誤った行動に変わります。高値を更新してからの上昇局面でも再び過熱し、長い上ひげを持つ陽線が現れてから反転して下がります。ここで損切りか利益確定をしておかないと、今度は暴落に近い勢いで下げていきます（下で続きのチャートを確認してください）。

例外的な動きが出る、自分の思惑とは違う方向に動いたからといってルールを変えると投資の一貫性が失われ、あやふやな投資家になってしまいます。結局は上げたという局面でもトレンド転換を活用するとまた買っていけるし、売りのサインで利益を確定していくことができます。

天井の判断はもうバッチリですね？

次の **法則10** からは、底の判断について詳しく考えていきましょう。

検証 さらに上昇してから下がるときも同じ形（2730：エディオン）

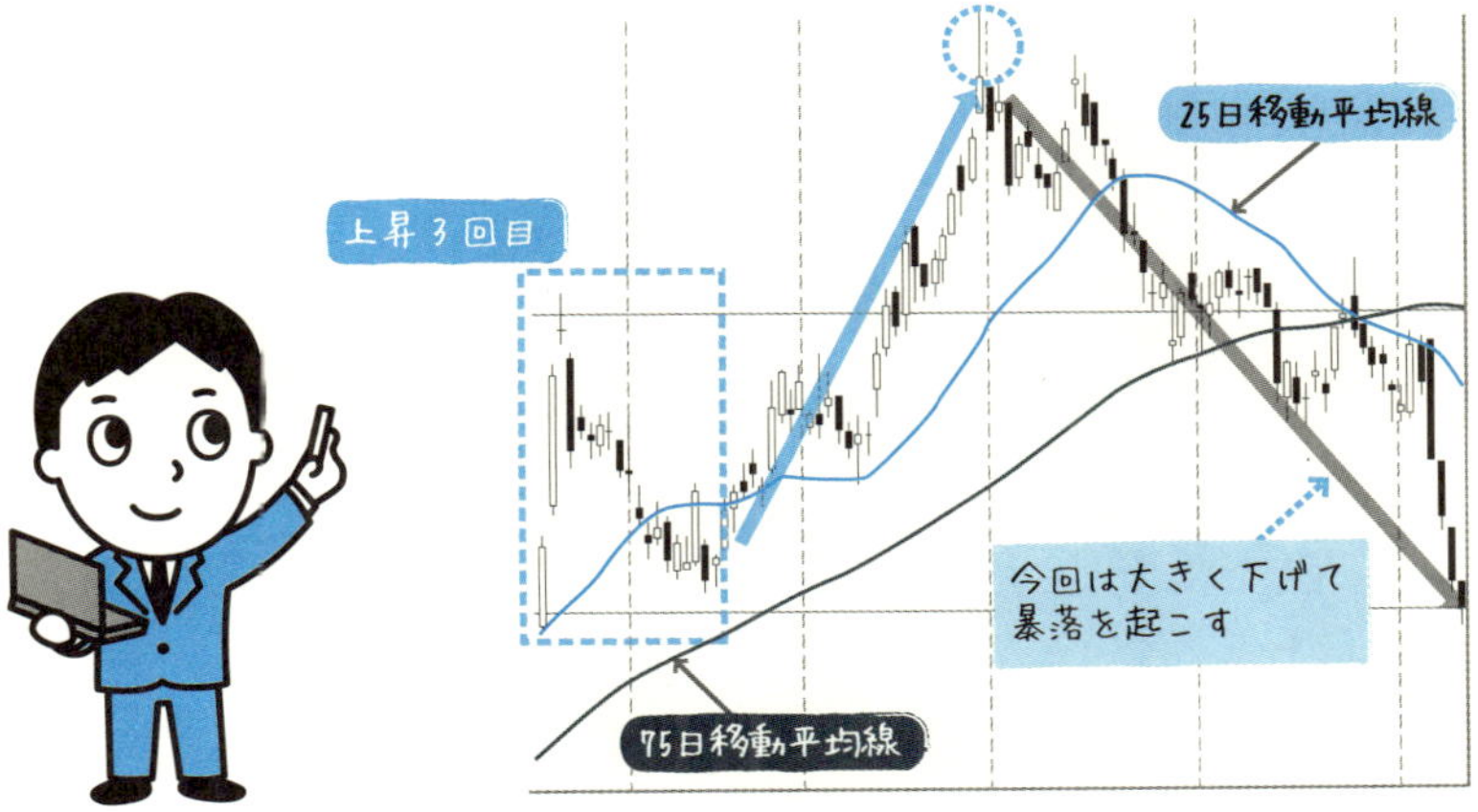

難易度

低 中 **高**

10 株価の位置とローソク足で“底”を知る

1 株価の位置とローソクを組みあわせて底から買うテクニック

ステップは同じ、安値の切り下げも確認

法則09で天井の判断について詳しくお話ししました。今度はその逆で、下げ続けてきた銘柄がいよいよ下げ止まり、これから上昇に転じるかもしれないという局面、底を分析する方法について実例を交えながらお話しします。

底の確認といっても、確認のステップは同じです。まず、現在の株価が売りの3回目を迎えていることを確認します。つまり、

目標

下降の3回目で長いひげを持つローソク足が出ながら底値を形成、トレンドが変わることを理解する

参考書籍 「世界一やさしい 株の教科書 1年生」
2時限目（102頁）
4時限目（157頁、160頁）

「安値の切り下げが3回以上現れているのかを確認する」ということです。

大きい陰線が続いたあとの、長い下ひげは買いのサイン

天井での判断方法をひっくり返したようなパターンが底のサインになります。底と天井での違いは、底では持ちあいが続く（D）（次頁下図参照）のパターンになる頻度が高いということです。投資家の心理を反映して、下げるときは気持ちよく下げますが、上がるときは様子見を決め込んでいる投資家が多いので、持ちあいが続いたあと、上昇していく形が多くなります。

STEP 1 株価の位置の確認

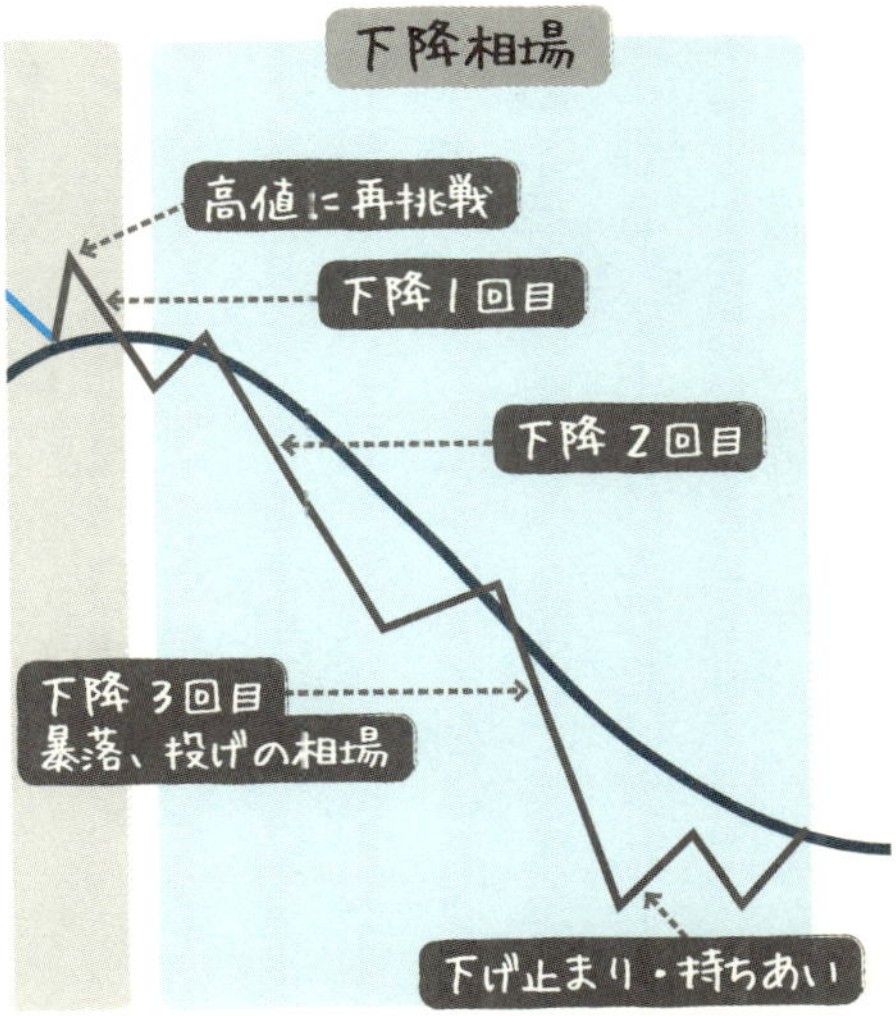

STEP 2 ローソクの形と心理を確認

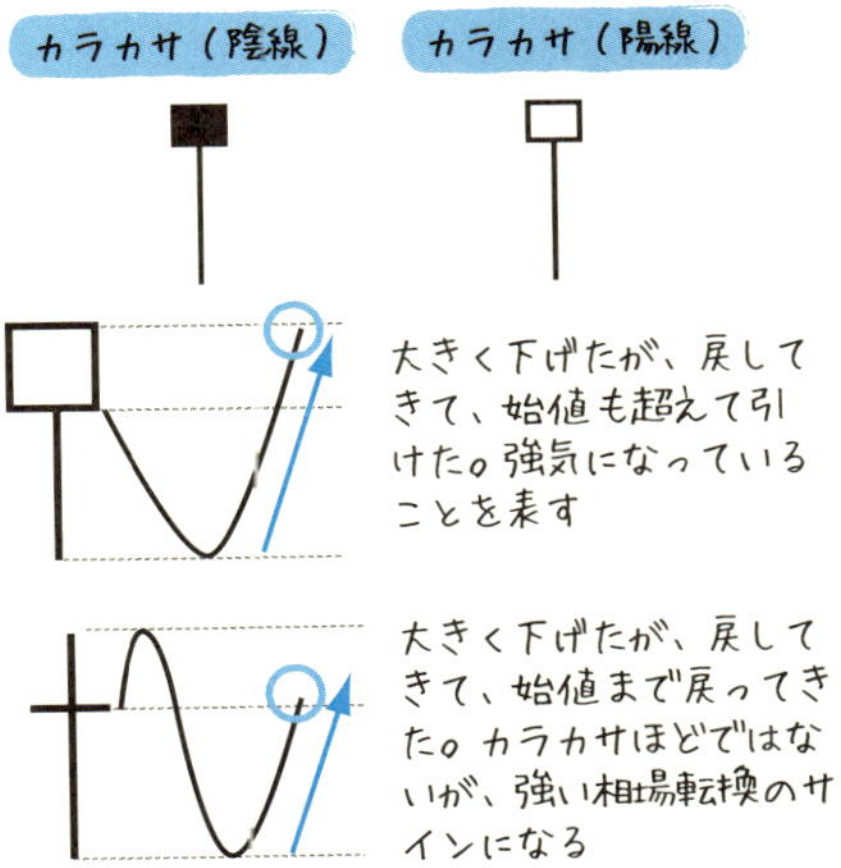

底でも十字架は
トレンド反転と買いのサイン

天井でのトレンド反転同様、下ひげを持つ陽線または陰線のみならず、実体を持たない十字架の形も底のサインとしてよく使われます。十字架とは始値と終値が同じ値段で実体がつくられる横の線と、上下ひげだけを持つローソクのことを指すとお話ししましたが、特に下ひげのほうが長い十字架は「**トンボ**」と呼ばれて、代表的なトレンド反転のサインになります。

しかし、トンボが現れたからといってすぐ買うという意味ではなく、「**トレンドが反転して高値を切り上げていく動きが現れたら買いを検討していい**」ということです。これは大事なことなので、必ず覚えて実践してください。底を確認する意味は、「**〝安いから買う〟のではなく、〝高くなりはじめる〟から買う**」ということです。

● ローソクの形による底の判断

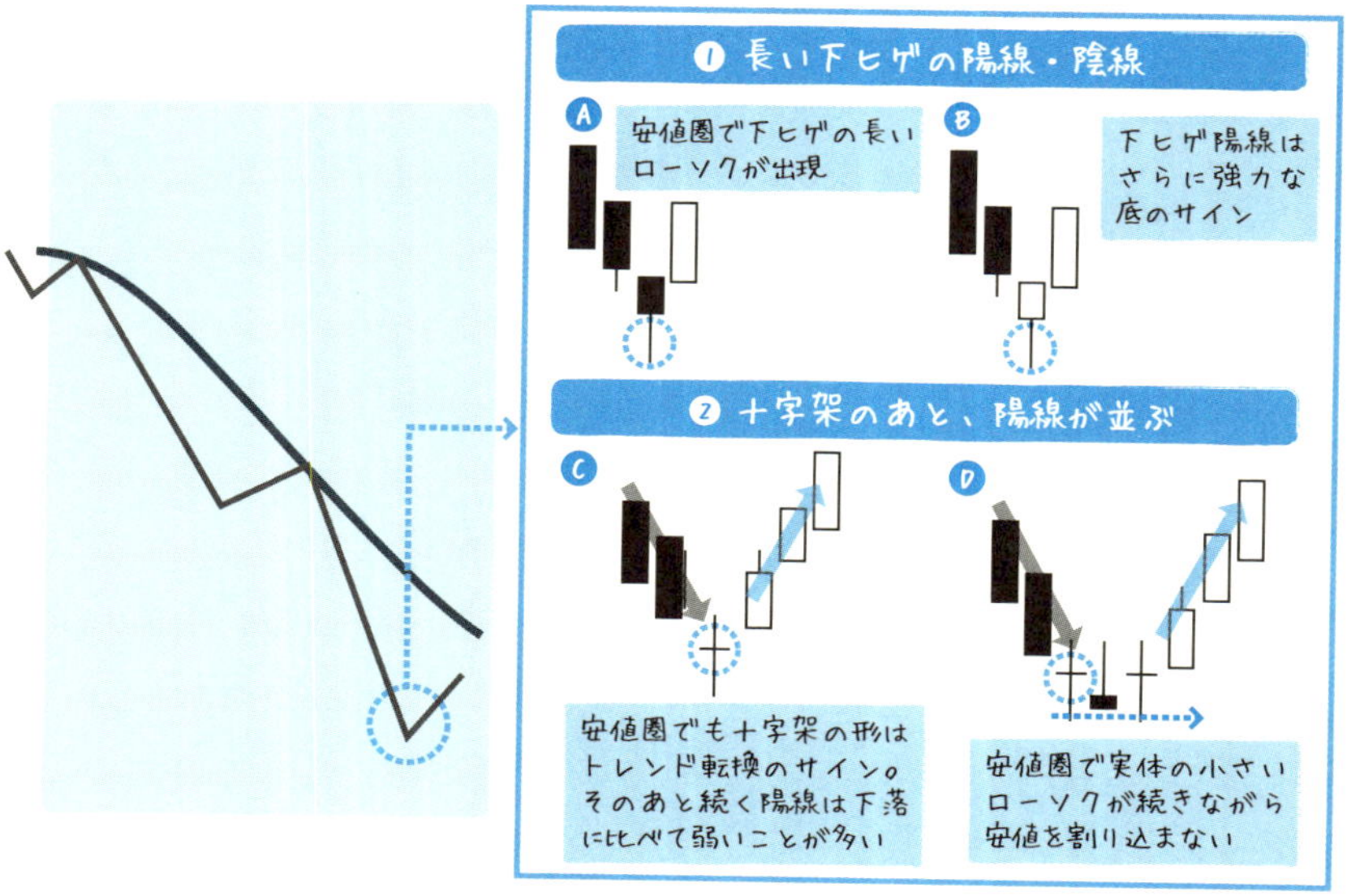

問題10・1

高

ここで示しているチャートは疑う余地のない下落トレンドに乗っています。前日に下ひげの長い陰線が現れたあと、本日は陽線をつくりながら大きく上昇しました。チャートの上で、株価の各サイクルを書いたうえで、これからの投資判断について解答欄に記入してください。

解答欄

❶ 現在の位置は下降の（　）回目

❷ 陽線が現れた本日の状況であなたの投資判断基準とその根拠は？

□ 早速買う

□ また下がるので空売りを仕掛ける

判断根拠：

❸ 今後の動きはどうなるのか、予測してチャートの右側に描いてください。その際、あなたの行動は？

問題 安値で下ひげの長いローソクが出現する（6971：京セラ）

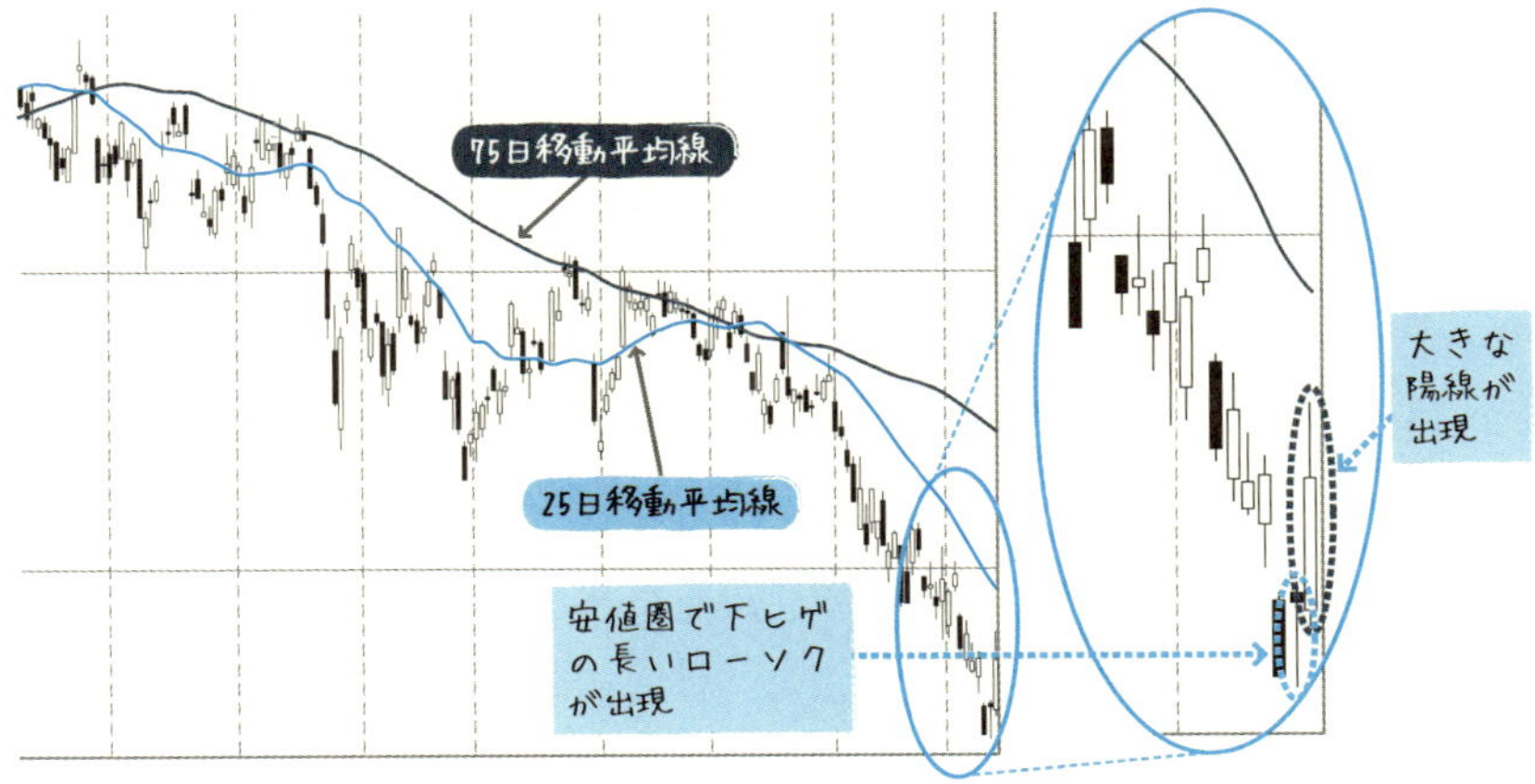
75日移動平均線
25日移動平均線
安値圏で下ヒゲの長いローソクが出現
大きな陽線が出現

10・1の解説
下げ続ける場面では下げ続ける要因しか見えない

チャートを見ると、本日は下げ止まって陽線になったとはいうものの、普通の人にとってはまだまだ下がるように見えてしまいます。しかし、株価のサイクルと心理がわかっている人にとってはこれからほしくなる銘柄の代表的な形です。株価のサイクルを書き込んだ前頁の図で確認できるとおり、現在の局面は「**下降の3回目を迎えて、ここが底かもしれないという可能性を強く表しています**」。下ひげが長いローソクができた日はあとから見ると、下降のトレンドが終わり、上昇反転サインになっていることがわかります。

少し勉強して空売りを覚えている人が失敗するパターンが、ここでさらに空売りをしかけてしまうことです。まさに天井のところで買っていく人と同じ行動です。物理的に慣性の法則が存在するように、心の中にもずっと

答えあわせ 安値の長い下ひげは変化のはじまり（6971：京セラ）

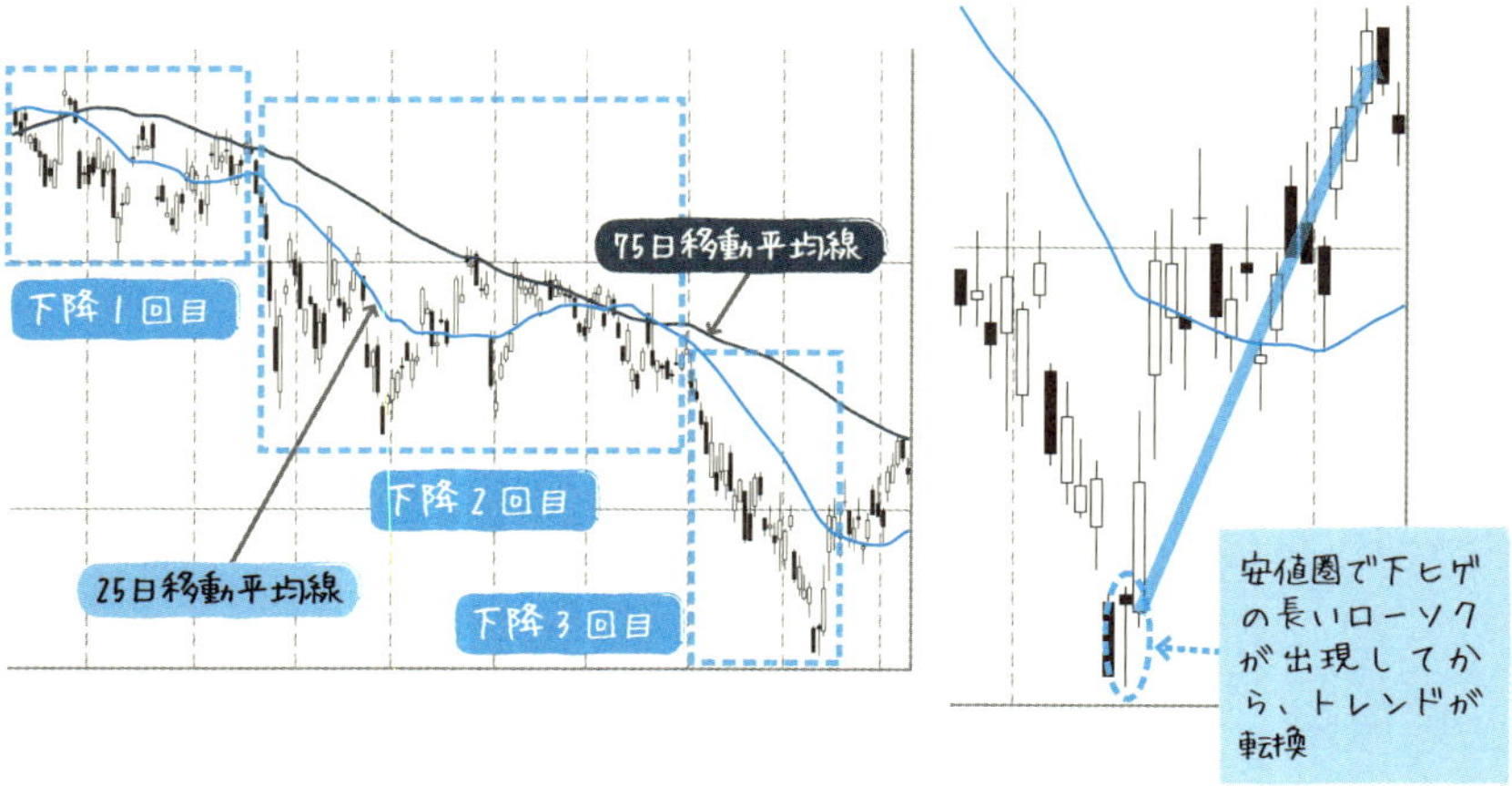

同じ方向にあってほしいという慣性が存在します。ずっと下げてきたので、空売りで利益を得てきた人や、今空売りを覚えたばかりの投資家にとってはずっと下がり続けるように見えてしまうのです。しかし、このあとの動きを見ればわかるように、空売りをしかける状況ではありません。

下げの場面でいきなり買うのも難しい。反転の確認が必要

とはいっても、下ひげの長いローソクが出たから早速買っていくというのもなかなか難しいことです。「**〝反転のサインが出た〟と〝上昇トレンドへの反転が確定した〟とではまったく異なる**」ということを覚えておいてください。何回もお話ししているように、リスクを認識したうえで可能性の高いほうに資金を投じていくのが投資です。反転のサインが出て、長い陽線で上昇トレンドに変わったように見えても、翌日からまた下げていくという可能性はいくらでもあるわけです。

検証 下ひげの長いローソクのあとの動き（6971：京セラ）

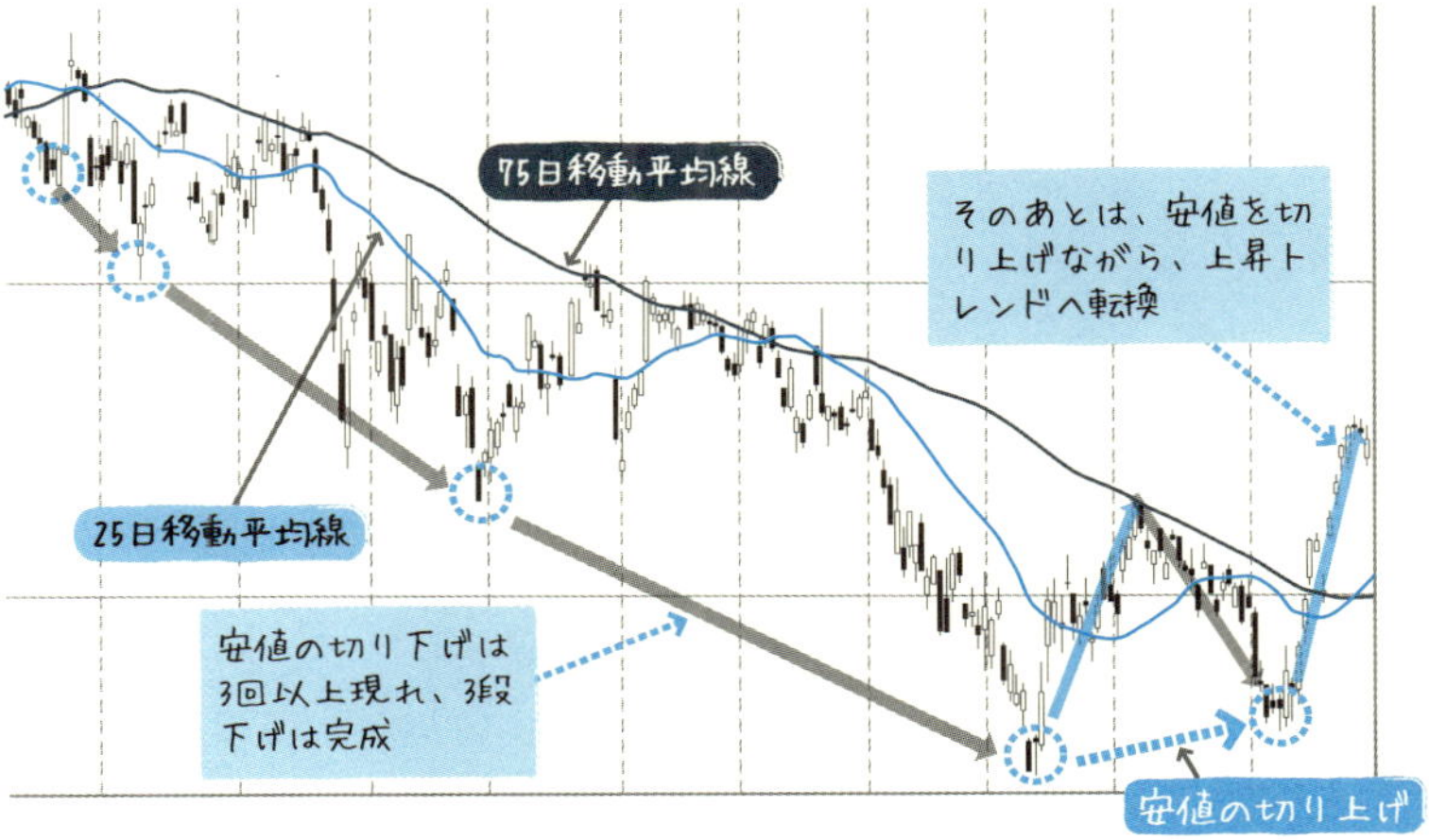
75日移動平均線
そのあとは、安値を切り上げながら、上昇トレンドへ転換
25日移動平均線
安値の切り下げは3回以上現れ、3段下げは完成
安値の切り上げ

では、いつ買ったらいいのでしょうか。

反転のサインが出て、75日移動平均線まで上昇してきたあとの動きを示した前頁のチャートを見てください。75日移動平均線まで1回上昇してからもう1度下げに転じ、底だと思っていた安値付近まで下落します。大事なのはここからトレンド転換して上に行くタイミングです。

その前までは安値の切り下げが続きましたが、トレンドが転換すると同時に、安値の切り上げがはじめて現れます。

安値の切り上げがスタート＋
75日移動平均線を再び超えてくる

この2つが確認されたタイミングが、最適な買いのタイミングです。

もうひとつ見てみましょう。

● 8年前の京セラの歴史は繰り返される（6971：京セラ）

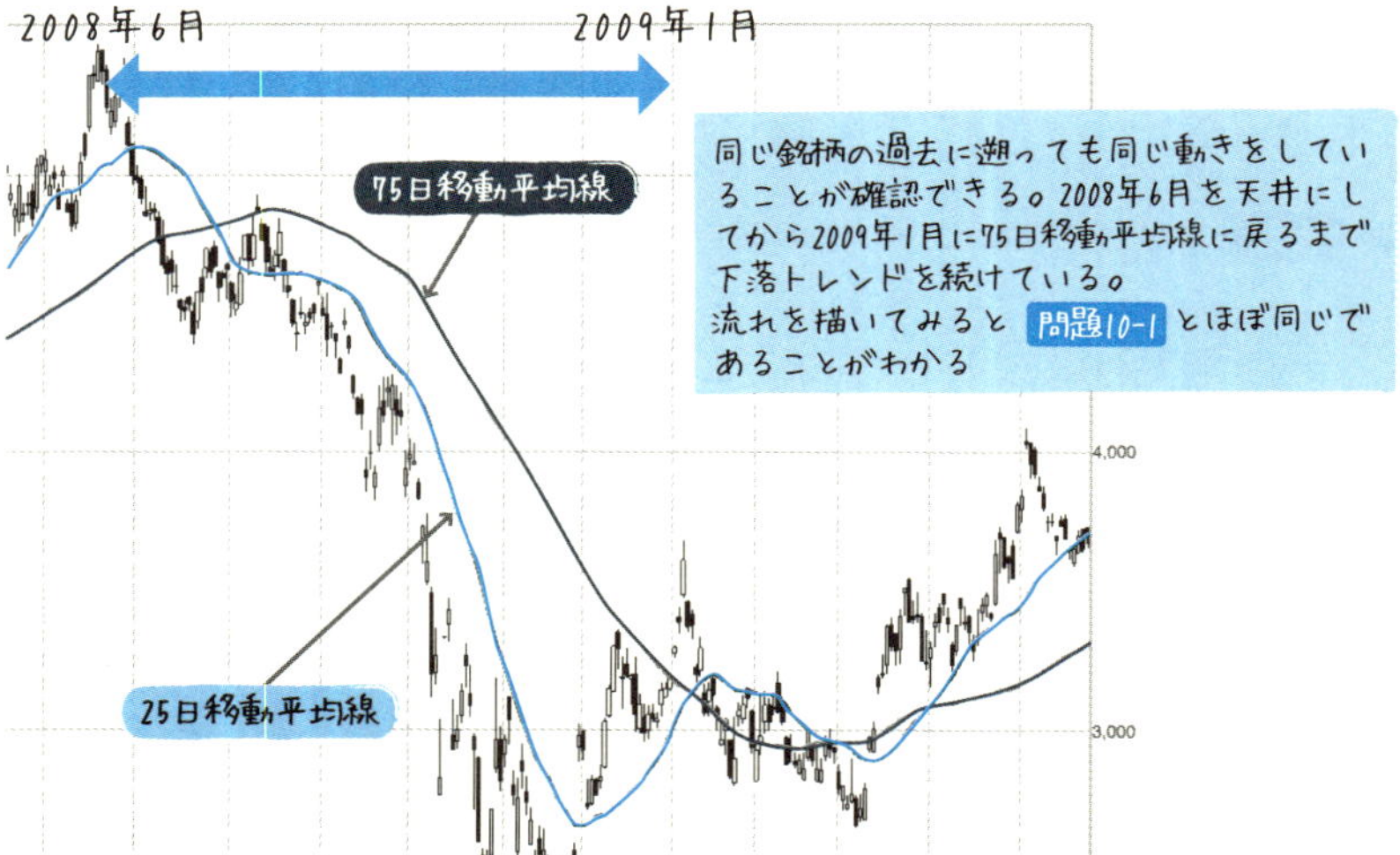

2008年6月
2009年1月
同じ銘柄の過去に遡っても同じ動きをしていることが確認できる。2008年6月を天井にしてから2009年1月に75日移動平均線に戻るまで下落トレンドを続けている。
流れを描いてみると 問題10-1 とほぼ同じであることがわかる
75日移動平均線
25日移動平均線
4,000
3,000
(円)
06/02
07/01
08/01
09/01
10/01
11/04
12/01
01/05
02/02
03/02
04/01
05/01

問題10・2

高

下図のチャートは 問題10・1 同様、長い下落トレンドに乗って下げてきたあと、1度75日移動平均線に戻ってきました。75日移動平均線の上に抜け出して上昇したあとは、しばらく持ちあい、もう1度下落、本日は75日移動平均線下にローソクが形成されました。ここからあなたの投資判断を解答欄から選んでみてください。

解答欄

❶ 明日からこの銘柄に対する投資戦略は？

Ⓐ 75日移動平均線が上向いているので、上昇に間違いない。成行で買う

Ⓑ トレンドがわからなくなったので何もする必要はない

Ⓒ 75日移動平均線の下に位置するので、何があるかわからない。逆指値で高値を超えてきたら買いというように設定する

❷ 買ったあとに下落をはじめたら、どのような判断をすべき？

Ⓐ 買ったあとは、ロスカットラインを明確に決めて、設定をする

Ⓑ 上昇継続なので、戻るまで待つ

問題 切り上げたあと、75日移動平均線を割り込む（6981：村田製作所）

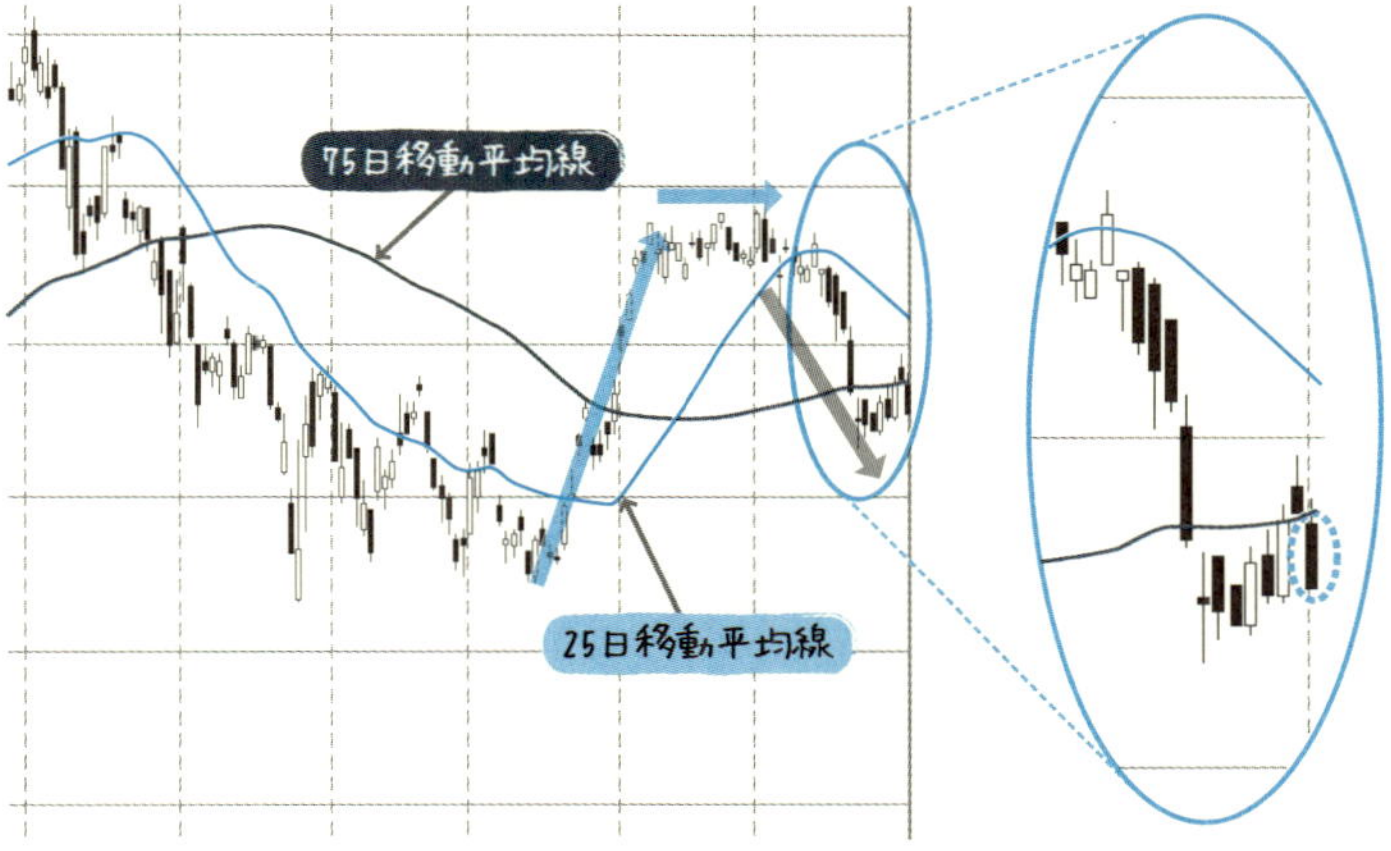

10・2の解説

上昇確定なんて保証はどこにもない

❶でⒸを選んだあなた、おめでとうございます。ここまでしっかり勉強してくださってありがとうございます。Ⓑを選んだあなた、落ち込まないでください。Ⓐを選ぶよりはだいぶましです。

現在の位置は確かに上昇の1回目の動きが終わってから75日移動平均線の下に位置しています。これからもう1度75日移動平均線を下から上に抜けてくると、新たな上昇のトレンドが発生する可能性が高いです。しかし、よく考えてください。「可能性が高い」ということだけで、必ず上昇するという保証はどこにもありません。よって、どんなに勢いが強く上がりそうに見えても、「**上昇が確定する位置で逆指値を使って買っていく**」のが正しい投資判断であり、投資家の行動です。

下図で実際の動きを見ると、翌日からは暴落に近い下落となります。逆指値で買いの設定をした場合は、そも

● 答えあわせ 75日移動平均線を再び割ってから暴落（6981：村田製作所）

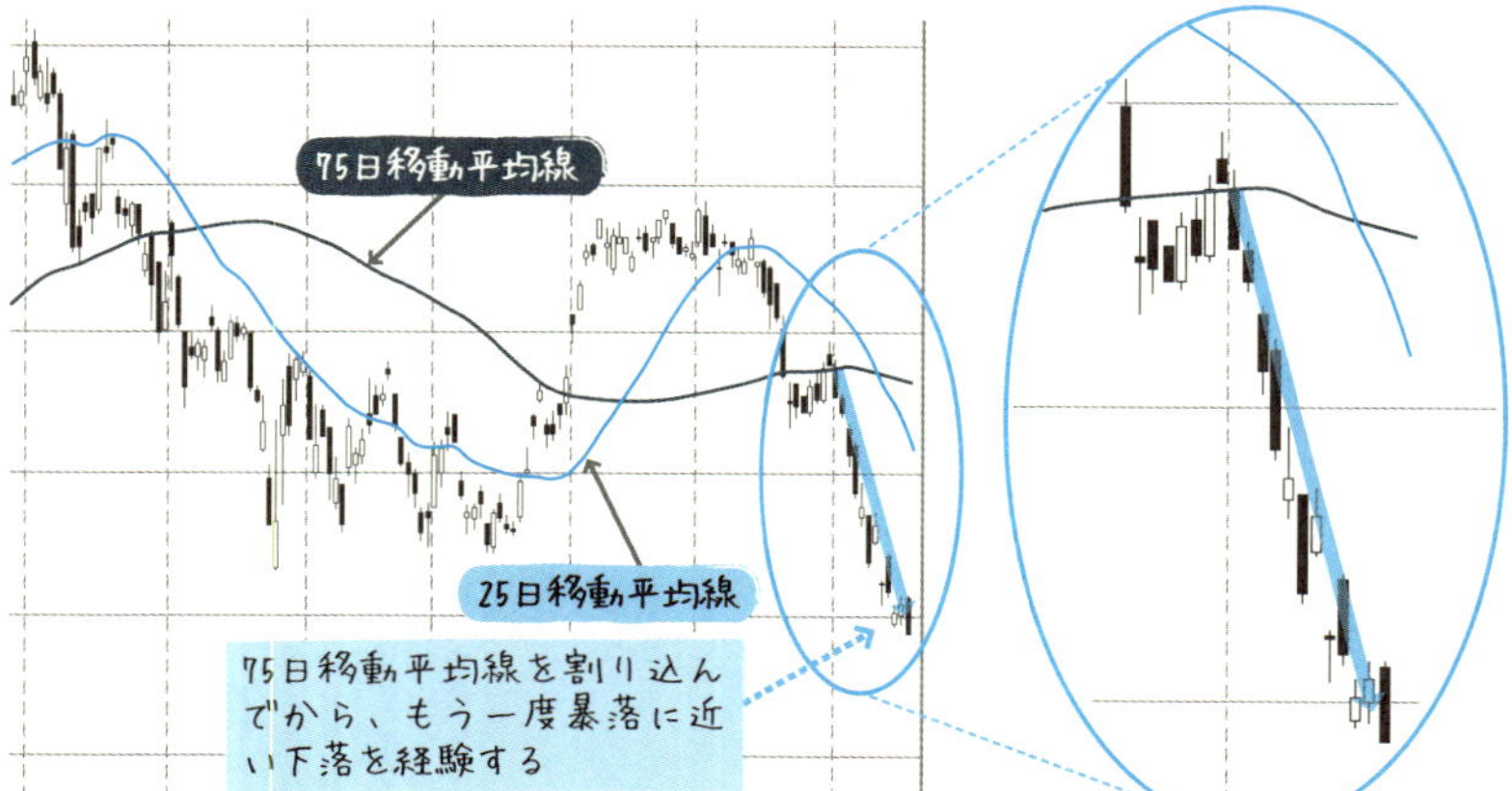
75日移動平均線
25日移動平均線
75日移動平均線を割り込んでから、もう一度暴落に近い下落を経験する

そも買い注文が約定していないので、何の損失もなく資金を温存することができます。

「トレンドがわかりづらいと思ったら、〝何もしない〟というⒷも立派な投資判断になる」わけです。

安値圏でのトレンド転換を確認してから買っていく

もう一度大きく下げたあとの動きを見て、次の戦略について考えてみましょう。しばらく持ちあったあとは一段と安値を切り下げ、底値を形成しています。ここで前述した**「底値圏の十字架」**が出現しています。

底値圏の十字架が現れた翌日から、勢いよく戻して上昇します。ここもまた「成行で買い」と判断しますか？違いますよ、落ち着いてください。再度いいますが、底値のサインが出たからといって、上昇に転じるという保証はどこにもありません。上昇トレンドに転換したというサインを確認してから買っていっても全然遅くありません。

検証 下ひげの長いローソクのあとの動き（6981：村田製作所）

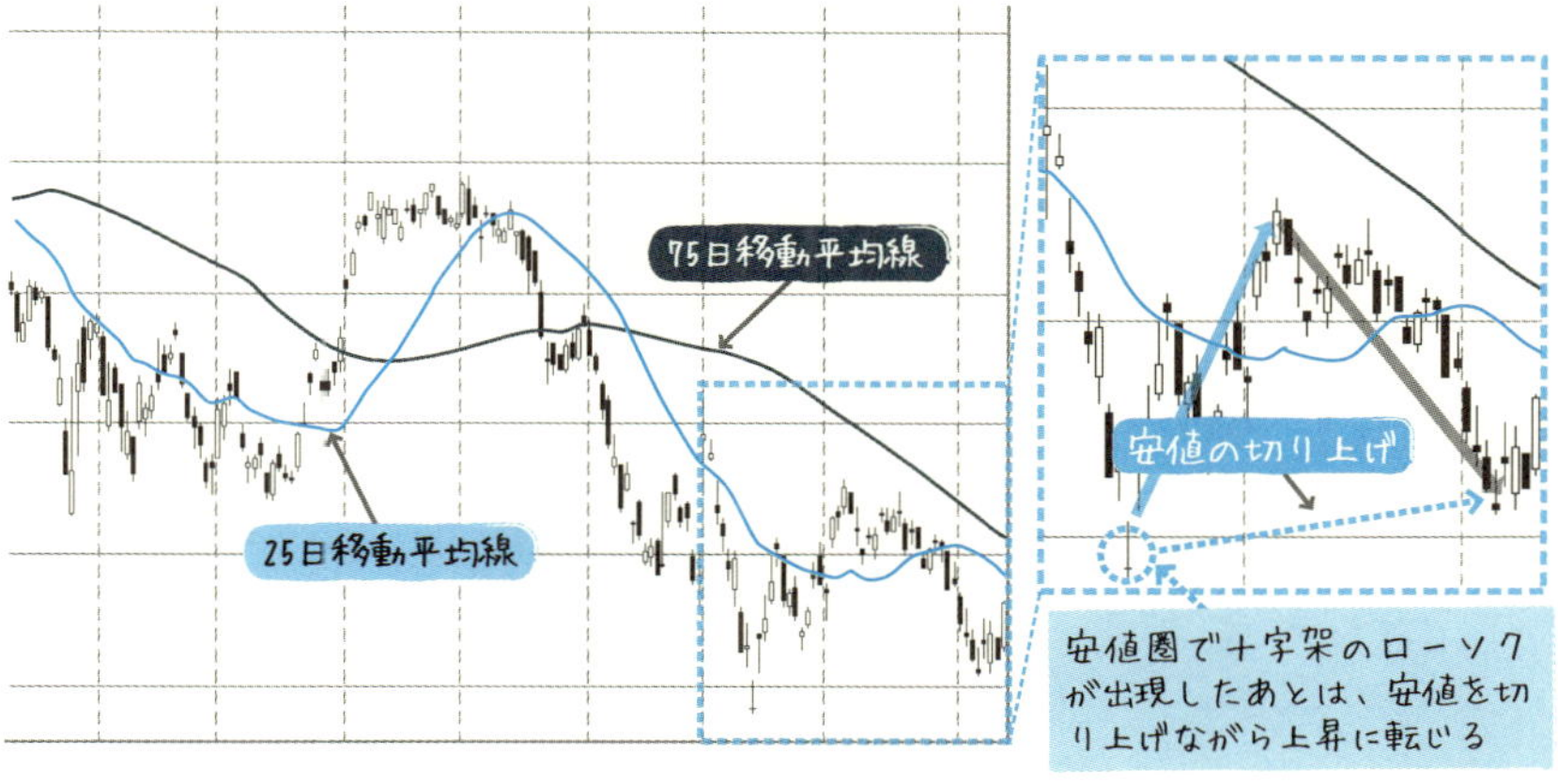
75日移動平均線
25日移動平均線
安値の切り上げ
安値圏で十字架のローソクが出現したあとは、安値を切り上げながら上昇に転じる

下図を見てください。最適な買いのタイミングは、「**十字架で形成された安値を1回切り上げたタイミング**」です。安値の切り上げが確認されることで投資家の心理も改善されます。この切り上げを確認して75日移動平均線に近づいてきたら、75日移動平均線を下から上に抜けるときに買っても遅くないうえに、トレンドはこれからはじまるということがあとから確認できます。

下図のように75日移動平均線を抜けてから高値の切り上げまで確認できると、上昇トレンドが継続していると判断することができます。

天井と底の判断と取引上の注意点、しっかり覚えられましたか？

次の問題からは、買ってから利益を最大化する売りのスキルを身につけていきましょう。

検証 安値の切り上げを確認後は高値の切り上げも確認（6981：村田製作所）

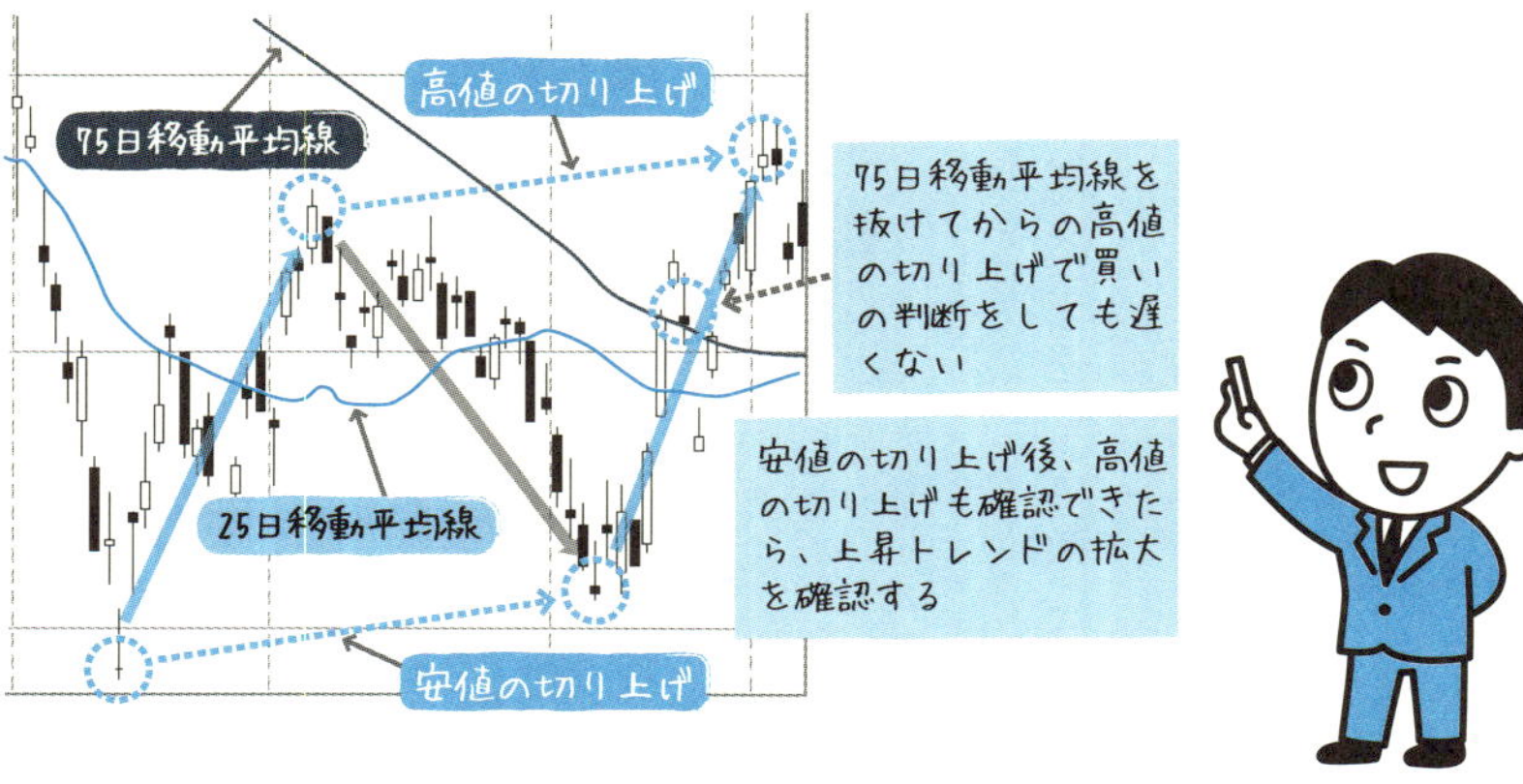

2時限目

売りの達人になる2法則

株で1番難しいのは、買いのタイミングよりも売りのタイミングです！　指標を使って、売りの達人になりましょう！

難易度
低 中 高

11 MACD《マックディ》で売りを極める

1 テクニカル指標は過去のデータで未来の価格やトレンドを予測するもの

過去の価格や時間で未来の価格やトレンドを予測

ここまでは買いを極めてきましたが、ここからは売りを極める法則です。売りを極めるために欠かせないのが「**テクニカル指標**」と呼ばれるものです。テクニカル指標は「**過去の価格や時間を決まった計算式に当てはめ、未来の価格やトレンドを予測するもの**」と定義することができます。

テクニカル指標は軽く数十種類を超えますが、そのすべてを使

目　標

MACD はトレンドの方向性と強さが同時にわかる有用な指標でその使い方をしっかり理解する

参考書籍　「世界一やさしい 株の教科書 1年生」 5時限目 02（192頁）

いこなすことは不可能です。データが多すぎると人間はむしろ判断できなくなるので、自分が得意とするテクニカル指標を2、3個決めて、マスターしましょう。

トレンド系とオシレーター系の性格をあわせ持つMACD

プロ・個人問わず、投資家の間で人気の高い指標のひとつがMACDです。MACDは直近の値にウェイトをかけ、古いデータになるほどウェイトが減少する**「指数平滑移動平均（EMA）」**をデータとして計算する指標です。

EMAは直近の値動きを重く扱うので、トレンドの転換が早く現れ、売買ポイントも移動平均より早く出て精度が高い点で有用です。

また期間が異なる指数平滑移動平均の差を用いて、その広がりと縮小を見ることで、**「株価のトレンドと同時にその強さまでがわかります」**。これが、トレンド系とオシレーター系の性格をあわせ持っているといわれる所以です。

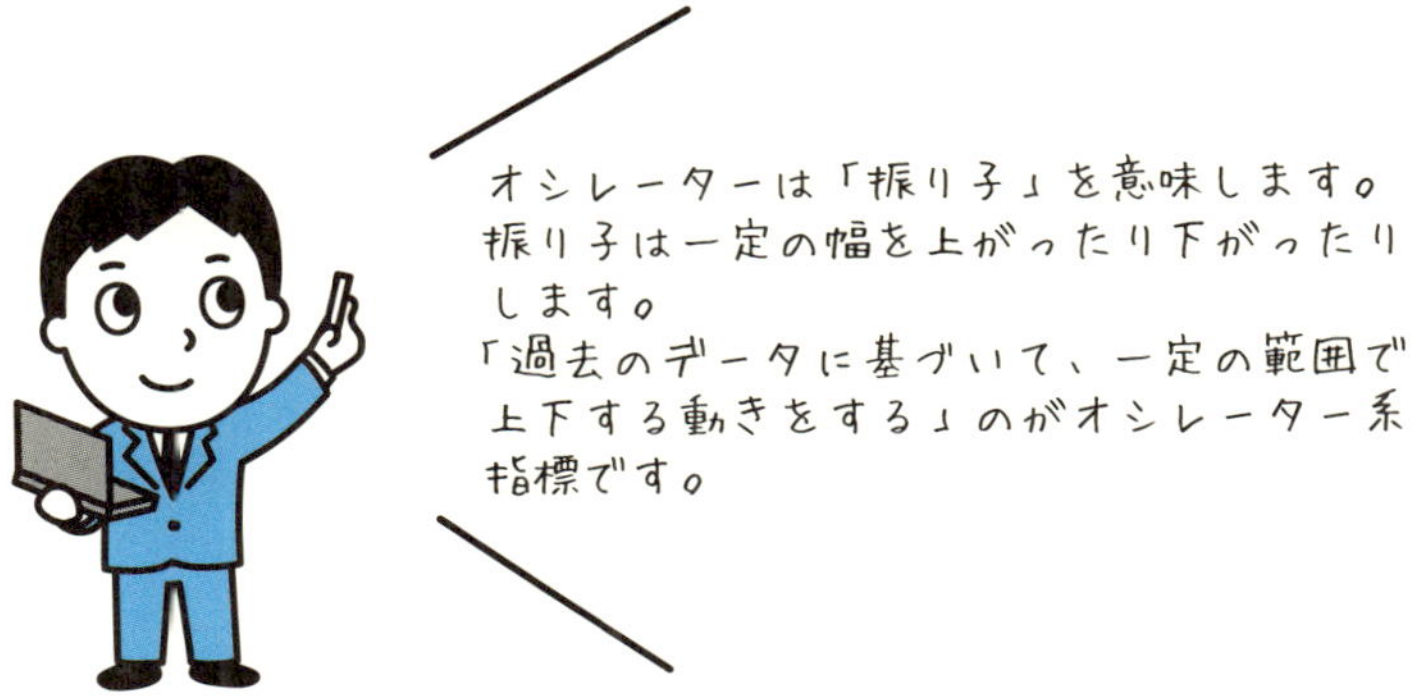
オシレーターは「振り子」を意味します。
振り子は一定の幅を上がったり下がったりします。
「過去のデータに基づいて、一定の範囲で上下する動きをする」のがオシレーター系指標です。

指数平滑移動平均の長期と短期の差と移動平均で構成

MACDは3つの要素から構成されます。「**短期は主に12日、長期は26日の指数平滑移動平均を使ってその差を表すMACD**」MACDをさらに移動平均化したもので「**主に9日移動平均が使われるシグナル**」「**MACDとシグナルの差を表す乖離またはヒストグラム**」の3つが、MACDの構成要素です。

MACDを用いて利益確定をするときのポイントは2つです。まず、MACDとシグナルの距離を表すヒストグラムの伸びがなくなり、凹んだとき（下図の利益確定❶）、そしてMACDがシグナルを上から下に抜けてデッドクロスが現れたとき（下図の利益確定❷）です。

問題に入る前に、「世界一やさしい株の教科書1年生」の191頁、192頁を読むか、193頁にある特典動画を見ておくことをお勧めします。

● MACDによる利益確定のポイント

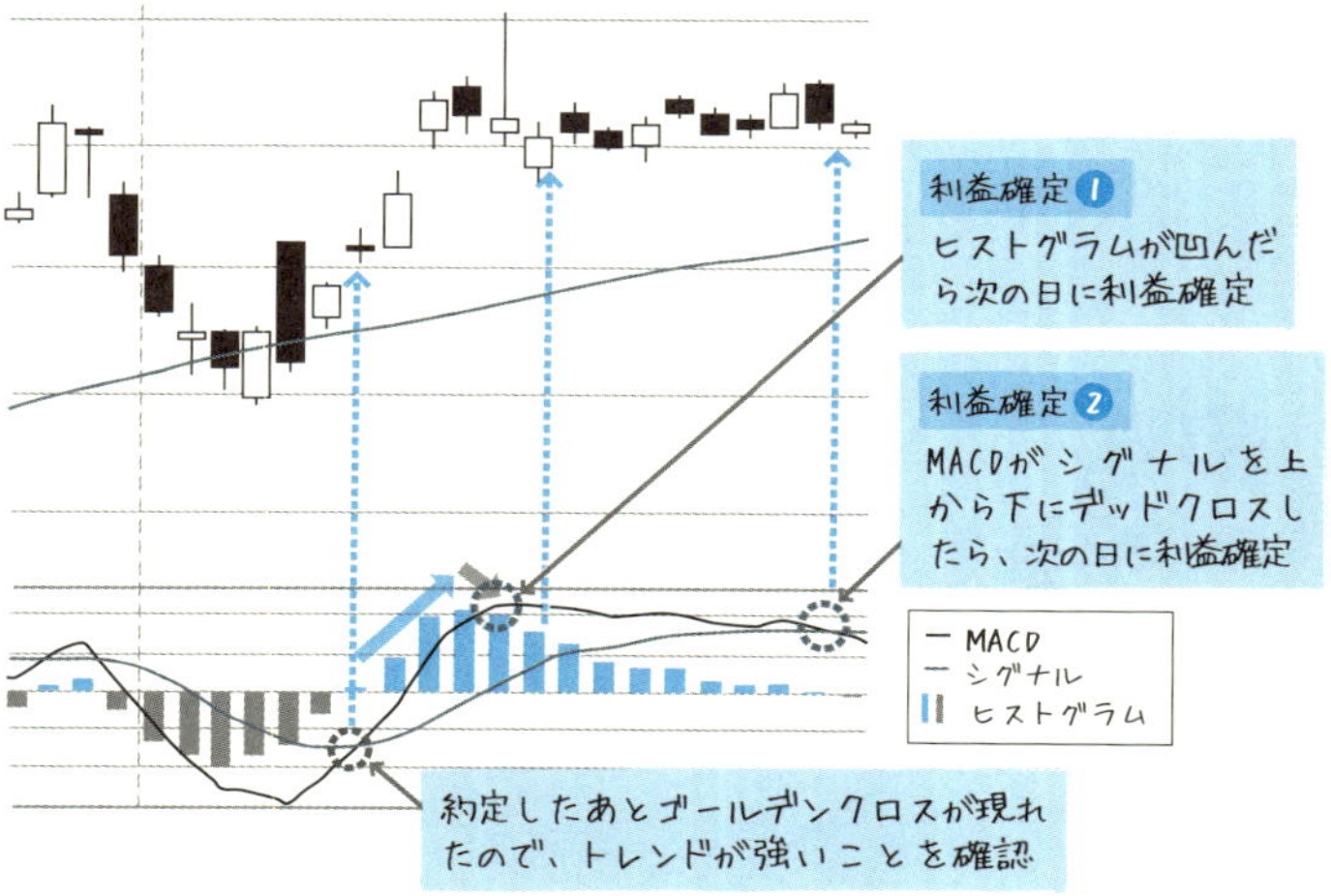

問題11-1 中

下のチャートは上昇の1回目が現れてから、2回目の上昇を準備する銘柄の状況を表しています。まず左のⒶチャートで、トレンド転換線を引き、トレンドが転換しているかを確認してください。その後、与えられた価格情報に基づいて買う価格を決定してください。ⒷとⒸでは、買いが決まったという前提でMACDを使って利益確定をするローソクを決めてみましょう。

解答欄

❶ Ⓐ：現在の位置でトレンド転換は

□ 成立　　□ 不成立

❷ Ⓐ：トレンド転換の逆指値で買い注文を設定するときの値段は

(　　　) 円以上になったら買う

❸ Ⓑ、Ⓒ：買い注文が約定して上昇する場合、利益確定をする日とその理由は？

利益確定：□ ❶　□ ❷　□ ❸　□ ❹

理由：

● **問題 買いの価格設定と利益確定のしかた（6807：日本航空電子工業）**

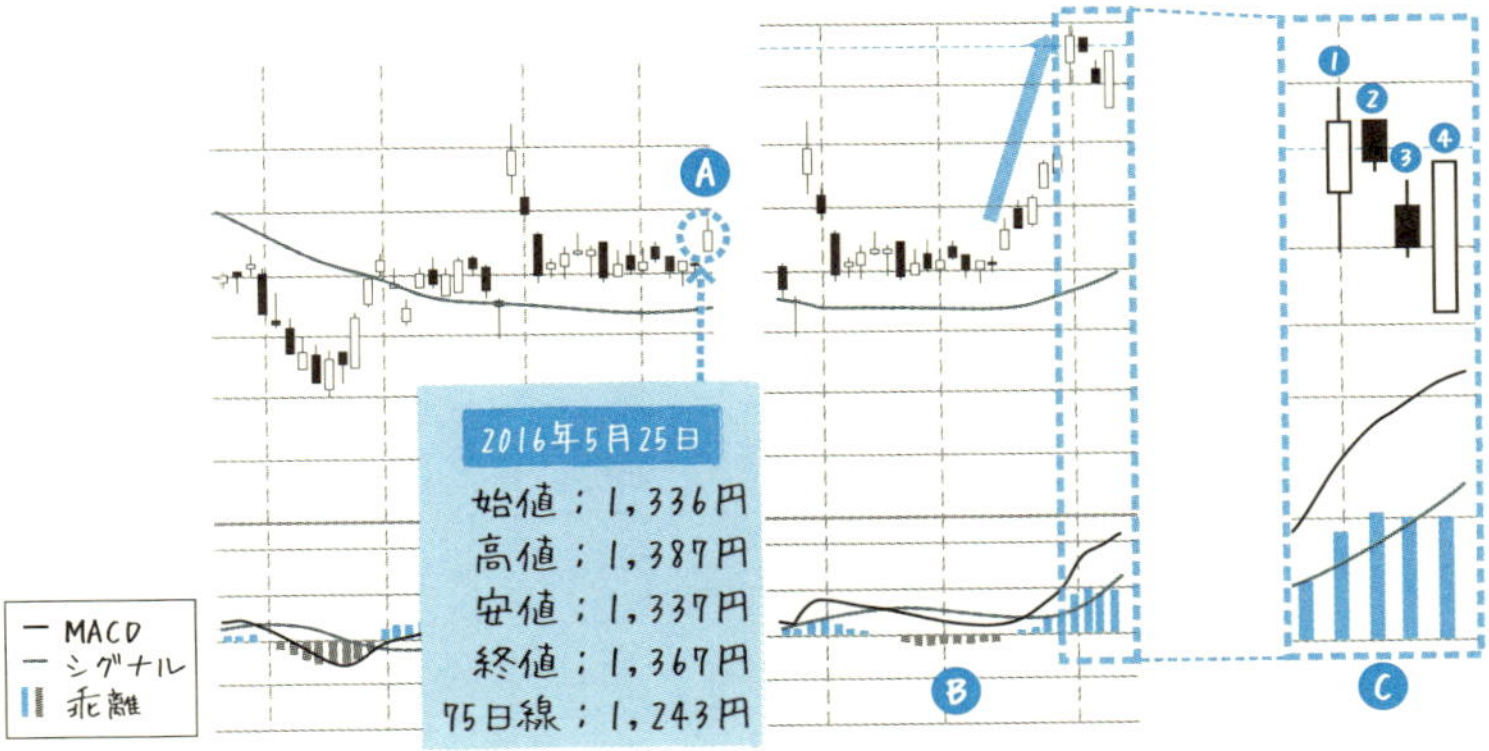

11・1の解説
基本は上昇の勢いが弱くなったことを確認してから

まず、トレンド転換線を引いて転換したかどうか確認しましょうといいましたが、慣れている人なら見ただけですでにトレンドが転換していることがわかると思います。実際の転換線を描いた下図の左を見ると、**「トレンド転換線を超えて明確に上に向かって転換」**したことがわかります。２０１６年５月25日にトレンド転換したことを確認したので、翌日に買う注文を逆指値で設定します。この日の高値が１３８７円なので、その高値を超えてくる「**１３８７＋１＝１３８８円以上になると買う**」という注文を出しておきます。その翌日は陰線で引けていますが、高値を超えてきたので買い注文が約定しました。

答えあわせ　トレンド転換による買いのポイント（6807：日本航空電子工業）

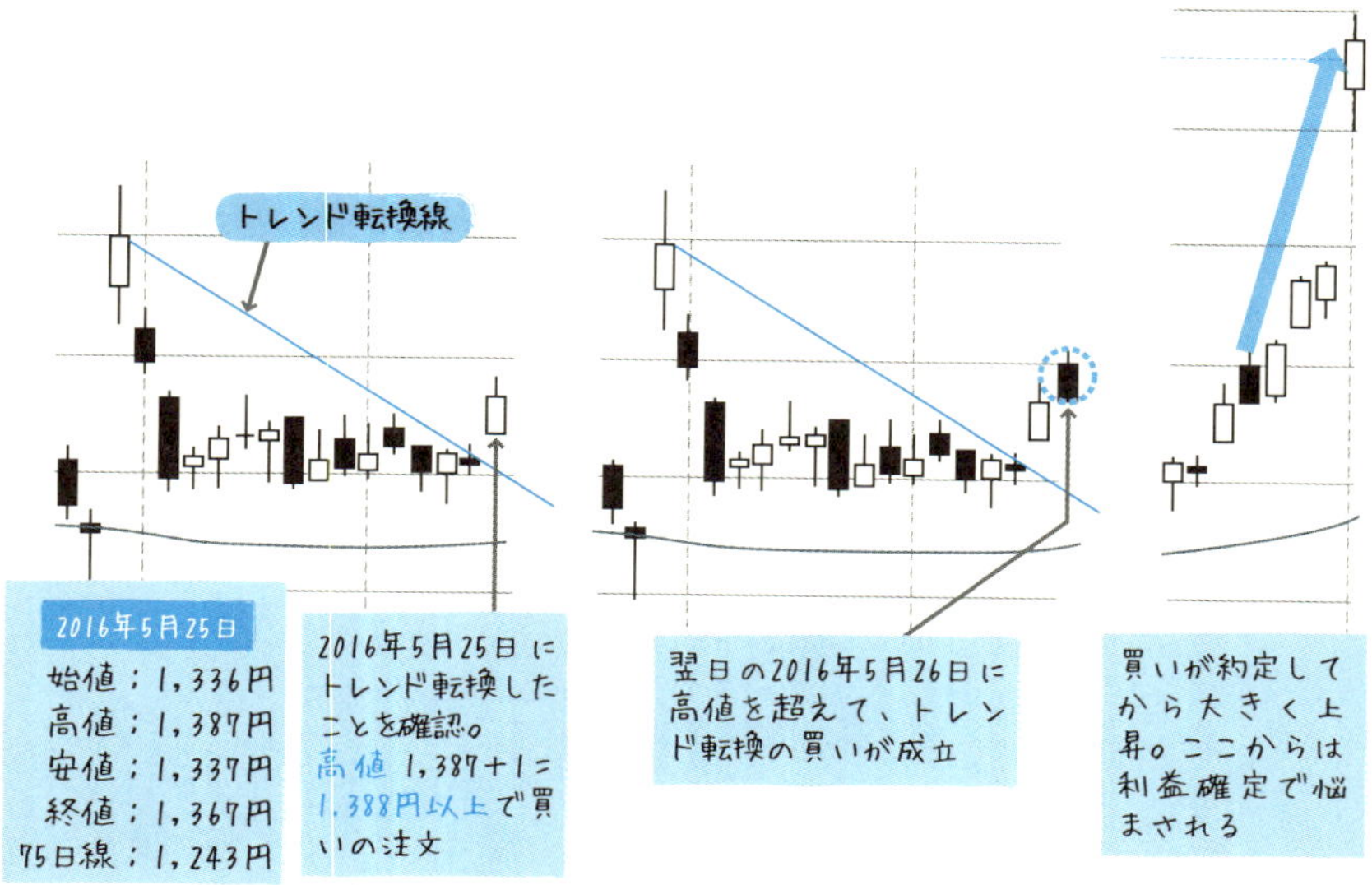

トレンド転換線
2016年5月25日
始値：1,336円
高値：1,387円
安値：1,337円
終値：1,367円
75日線：1,243円
2016年5月25日にトレンド転換したことを確認。高値1,387＋1＝1,388円以上で買いの注文
翌日の2016年5月26日に高値を超えて、トレンド転換の買いが成立
買いが約定してから大きく上昇。ここからは利益確定で悩まされる

買いが約定した翌日は少し上昇するくらいでしたが、4営業日目で大きく窓を空けながら上昇しました。こうなると、投資家はいつ売るかで悩まされることになります。この例のように「**まだ大きなトレンドが出てない状態で利益確定をする際に、上昇の勢いが弱くなったことを素早く示してくれるのが、MACDのヒストグラム**」です。

上昇の勢いが弱くなる＝乖離の伸びがなくなって凹む

MACDの乖離を使って利益確定する方法を順を追って見ていきましょう。約定してから4営業日の大きな上昇までMACDを確認してみると、MACDがシグナルを下から上に抜けるゴールデンクロスが現れてから、その差はだんだん広がっています。広がるというのは、ヒストグラムを見るこ

検証 MACDによる利益確定（6807：日本航空電子工業）

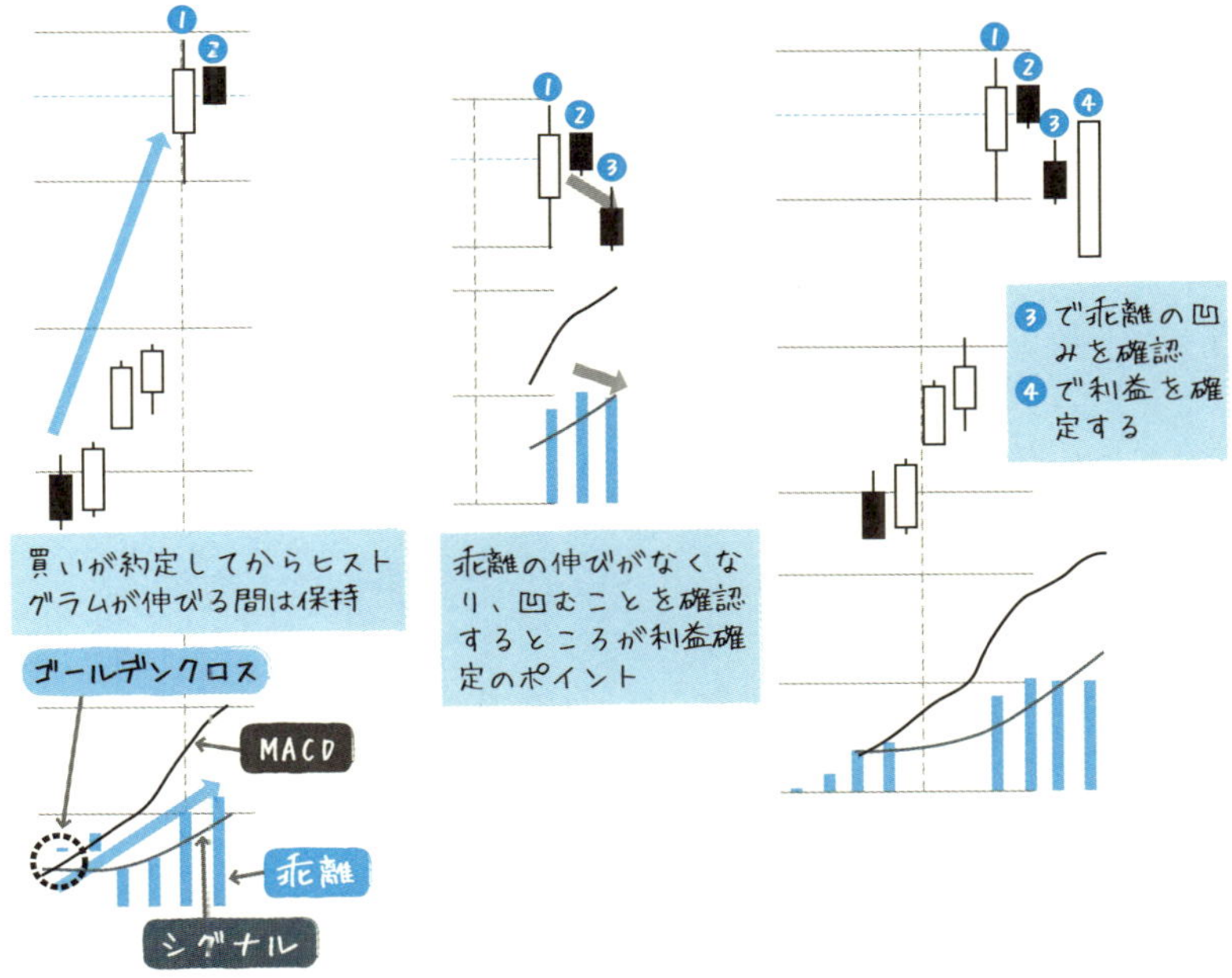

1
2
3
4
買いが約定してからヒストグラムが伸びる間は保持
ゴールデンクロス
MACD
乖離
シグナル
乖離の伸びがなくなり、凹むことを確認するところが利益確定のポイント
3で乖離の凹みを確認
4で利益を確定する

とても確認できます。下図の❷の陰線が現れるまで乖離が前日より伸びる動きが続きます。

注目すべき動きは❸です。ローソク自体も窓を空けて下げる陰線ですが、その動きを反映して乖離の伸びが消滅し、凹みました。これを確認すると、勢いよく上げてきた短期のトレンドが弱まったと判断することができます。この例では❸の日に乖離の伸びがなくなり、凹むことを確認できたので、翌日の始値で利益確定をします。よって「**❹のローソクの始値で利益が確定する**」ようにします。

この方法は前述したとおり、「短期」でまだトレンドが強く発生していないときに非常に有用です。ではより長い期間で、強いトレンドに乗せて利益を大きくしたいときはどのように使えばいいでしょうか。

次の問題で、より長い期間で利益幅を大きくする使い方について、両方のケースを挙げながらお話しします。

問題11-2 高

次のチャートはMACDを使って利益確定をするタイミングが2回ある例を表しています。まずⒶでトレンド転換線を引き、トレンドが転換しているかを確認してください。その後、与えられた価格情報に基づいて買う価格を決定してください。ⒷとⒸでは買いが決まったという前提で、

MACDを使って利益確定をするそれぞれの状況を表しています。Ⓑと Ⓒ、それぞれの局面で利益確定する方法を、ローソクを決めて説明してください。

解答欄

❶ Ⓐ：現在の位置でトレンド転換は

□ 成立　　　　□ 不成立

❷ Ⓐ：トレンド転換の逆指値で買い注文を設定する時の値段は

（　　　）円以上になったら買う

❸ Ⓑ：買い注文が約定して上昇する場合、利益確定をする日とその理由は？

利益確定Ⓑ：□ ❶　□ ❷　□ ❸

理由：

利益確定Ⓒ：□ ❶　□ ❷　□ ❸

理由：

● 問題 買いの価格設定と利益確定の問題（2158：UBIC）

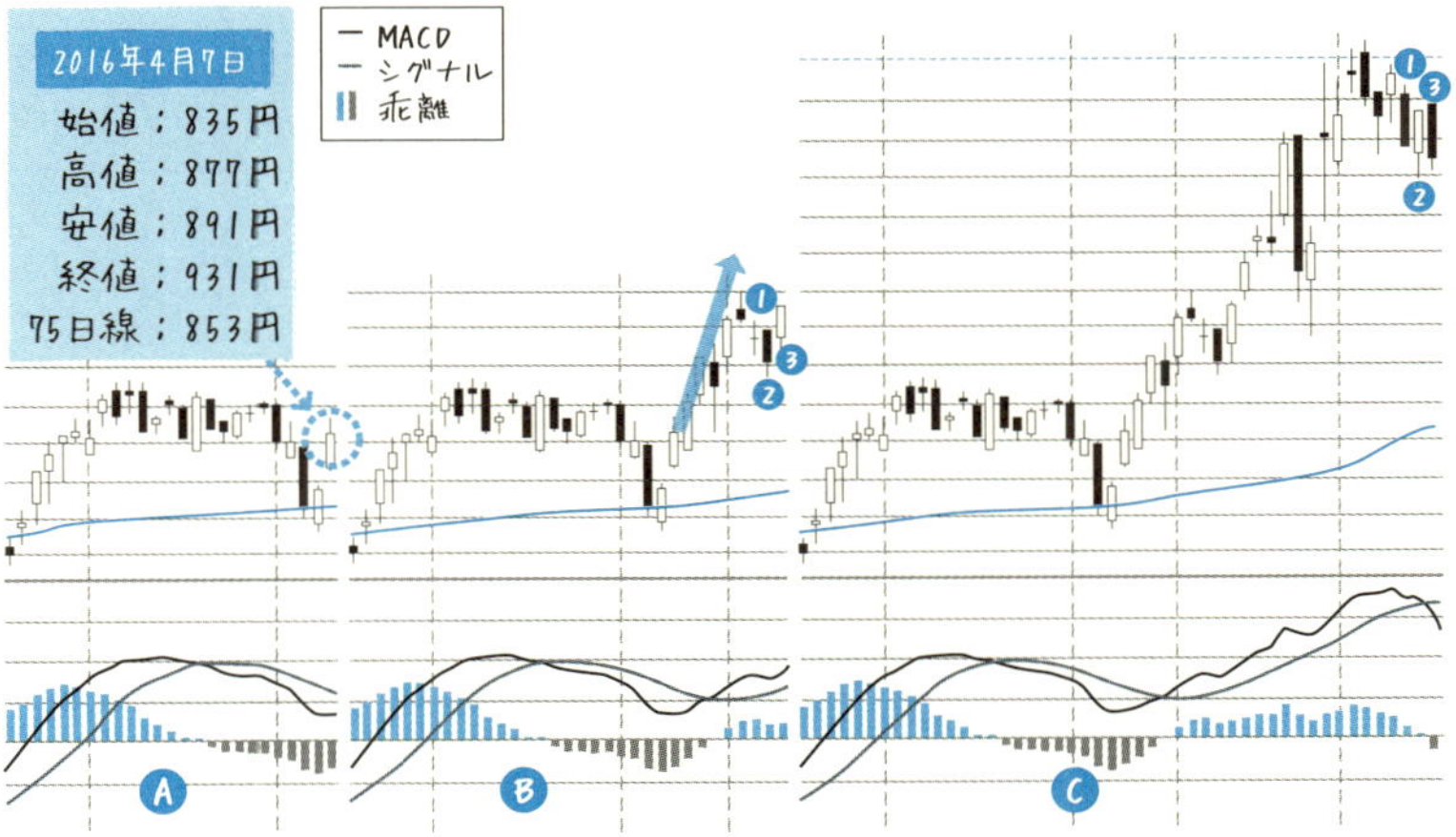

11・2の解説 株価の位置を確認して戦略を決める

今回もトレンド転換の確認から、買いの価格設定など戦略を考えてみましょう。

問題11・1 同様、慣れている人はトレンド転換線を引くまでもなく、この時点で「**転換している**」ことがわかるでしょう。下図の左側で実際のトレンド転換線を確認してください。この日の高値が877円なので、その高値を超えてくる「**877＋1＝878円以上になると買う**」という注文を出すのが戦略になります。その翌日も力強い陽線で前日の高値を超えてきたので、買い注文が約定しました。買い注文が約定してからも勢いよく上昇していきます。

ここで注意すべき点がひとつあります。そ

答えあわせ 1 上昇中のトレンド転換による買いのポイント（2158：UBIC）

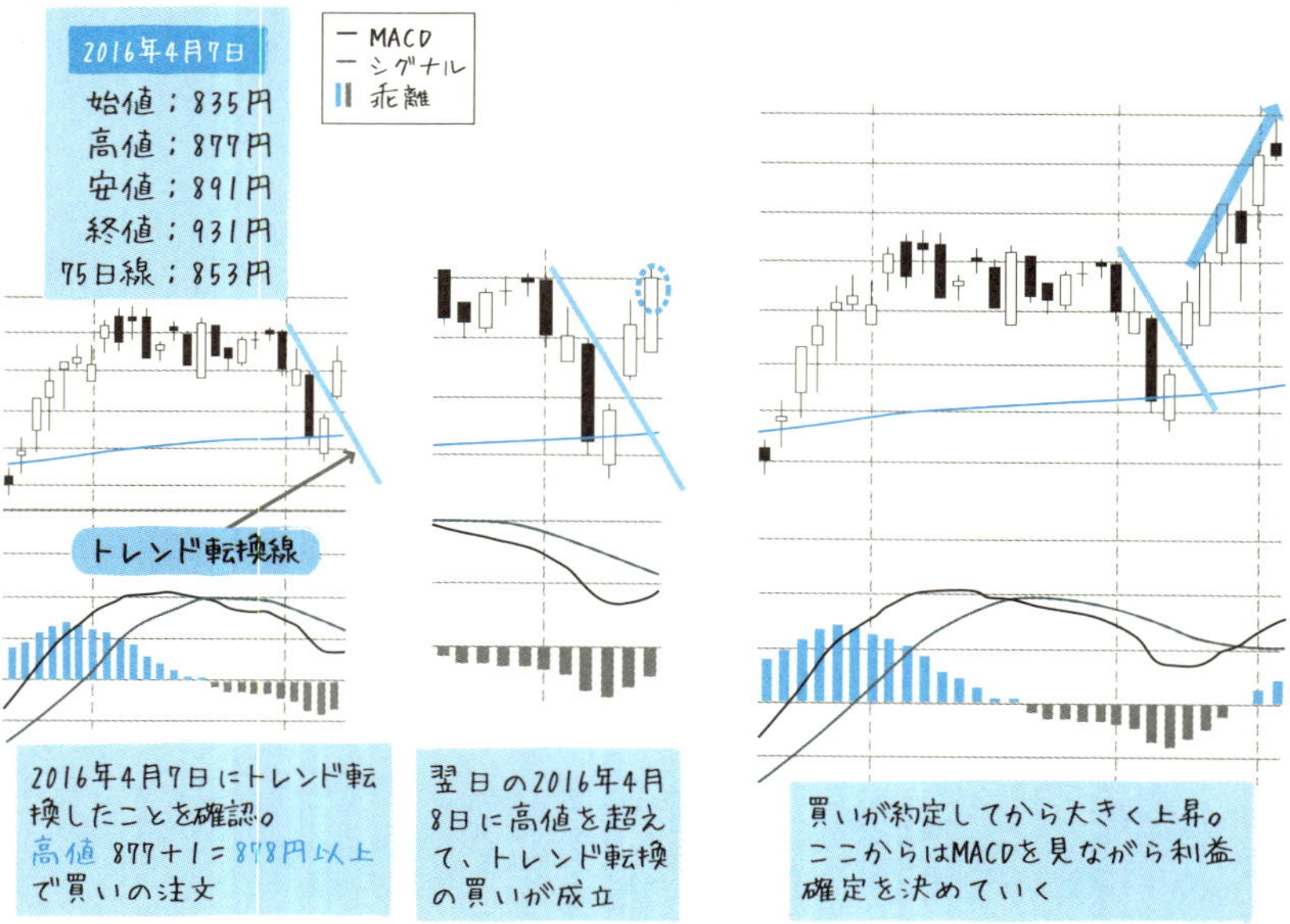

2016年4月7日
始値：835円
高値：877円
安値：891円
終値：931円
75日線：853円
MACD
シグナル
乖離
トレンド転換線
2016年4月7日にトレンド転換したことを確認。高値 877＋1＝878円以上で買いの注文
翌日の2016年4月8日に高値を超えて、トレンド転換の買いが成立
買いが約定してから大きく上昇。ここからはMACDを見ながら利益確定を決めていく

れは、問題11・1に比べてトレンドが強い状態だということです。この銘柄の75日移動平均線は上向いており、その上でトレンド転換したので、このタイミングは上昇トレンド継続中の転換になります。右頁の図の右端では、上昇のローソクとともにMACDのヒストグラムも伸び続けているのがわかります。この状況で利益を確定する方法は**「ヒストグラムの伸びを見ながら利益確定のタイミングを計る今までの方法」**と**「より長く保持しながら利益を伸ばしていく方法」**の2つです。

トレンドが強いときはデッドクロスまで待つことで利益を最大化させる

下図はヒストグラムの伸びがなくなり、凹むことを確認したらすかさず利益確定をする方法です。ヒストグラムが凹むことを❷で確認して❸の始値で利益を確定しています。しかし今はトレンドが強い状態で、一時的に勢いが弱まったのかもしれ

● 答えあわせ 2 MACDによる利益確定1（2158：UBIC）

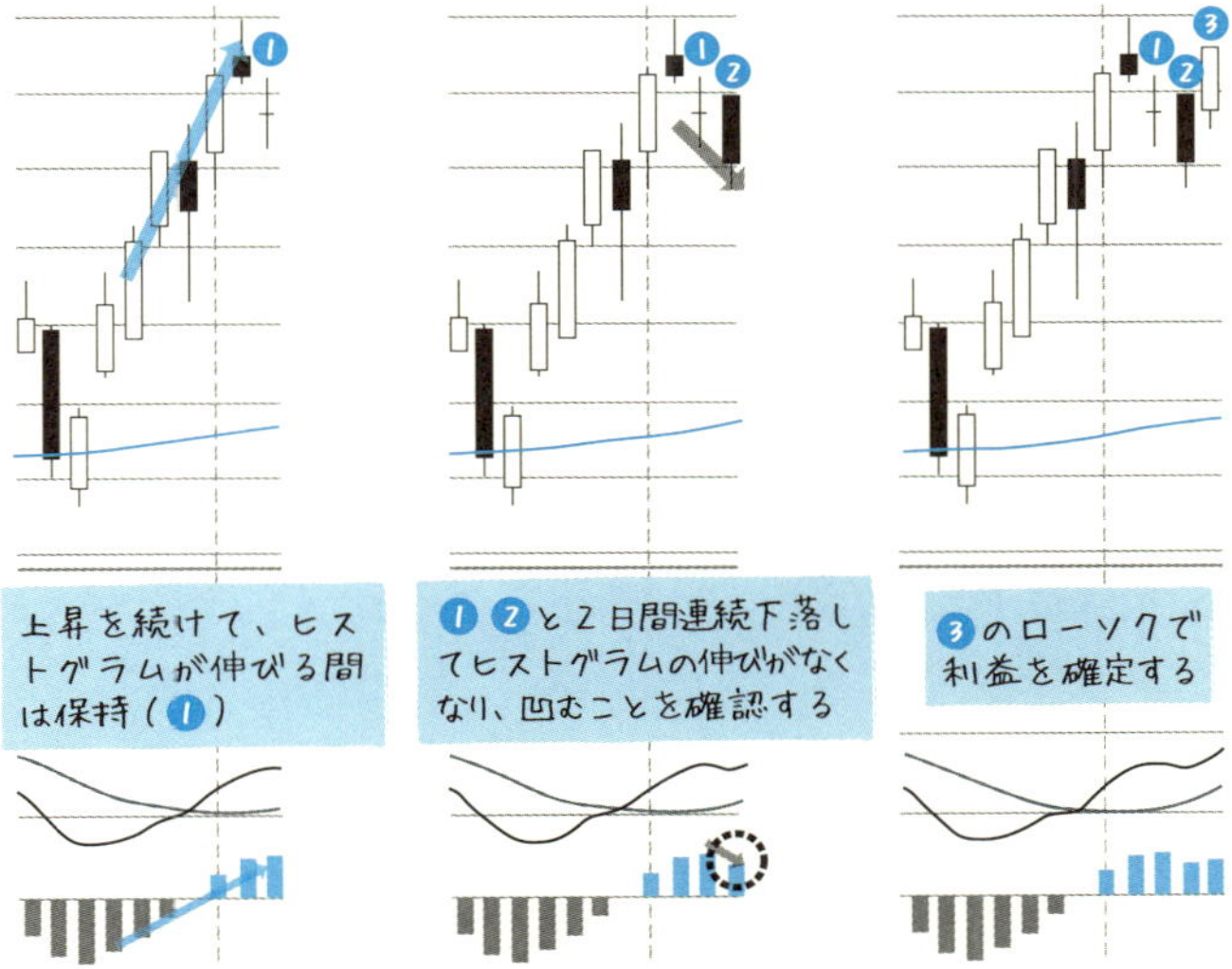

上昇を続けて、ヒストグラムが伸びる間は保持（❶）
❶❷と2日間連続下落してヒストグラムの伸びがなくなり、凹むことを確認する
❸のローソクで利益を確定する

ませんが、このあとから大きく上昇する可能性もあります。特に上昇の2回目と3回目の局面では、そのような動きが頻繁に現れます。そのために使うのが「**MACDとシグナルのデッドクロスを確認して利益確定をする方法**」です。

下図をご覧ください。前頁の図で利益確定したタイミングをすぎてからも、さらに大きく上昇しています。75日移動平均線からはどんどん離れていき、過熱していくのが確認できます。その間にもヒストグラムは伸びたり凹んだりを繰り返しています。ここまできたら小さい動きには動揺せず、MACDとシグナルのデッドクロスが確認されるまでグッとこらえましょう。最終的には下図の「**❷でデッドクロスを確認して、❸で利益確定をしています**」。

下図のタイミングで利益確定をしてしまうと、より大きい上昇の利益は取れないのではないかと心配になりますよね。心配しないでください。前

● 答えあわせ MACDによる利益確定2（2158：UBIC）

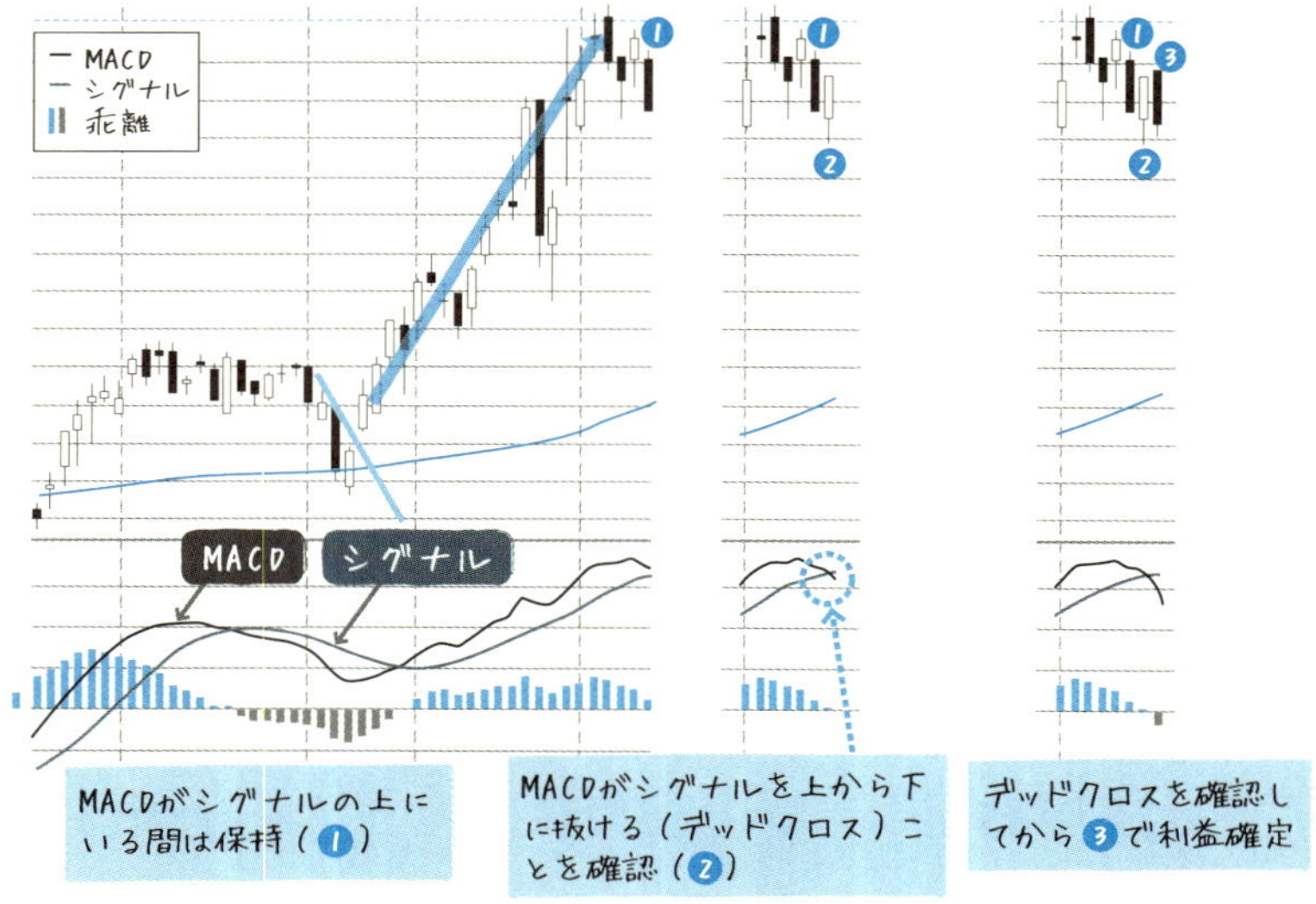

頁下図で利益を確定してしまったあとに、上昇の波が来たとしても、今あなたが持っているスキルだけで再び乗っていくことができます。それはどうしたらいいのでしょうか？　自分にすでにあるスキルとは何なのでしょうか？　ヒントは下の黒板です。

さらに、特典動画でその続きを確認してみてください。

特典動画❸ もう1度上昇トレンドに乗る
(http://www.tbladvisory.com/book003)

補足 じっくりかまえすぎは禁物、サインが出たときはしっかり取る

デッドクロスまでかまえることができた人はこんなことを考えるかもしれません。「ここまで来たのだから、もうちょっと待てばさらに上がるんじゃないの？」「私は男の根性を見せて、もっと待つ！」

セミナーや動画でもよくお話ししていますが、投資において「男」や「勇気」を見せる必要はありません。また「じっくりかま

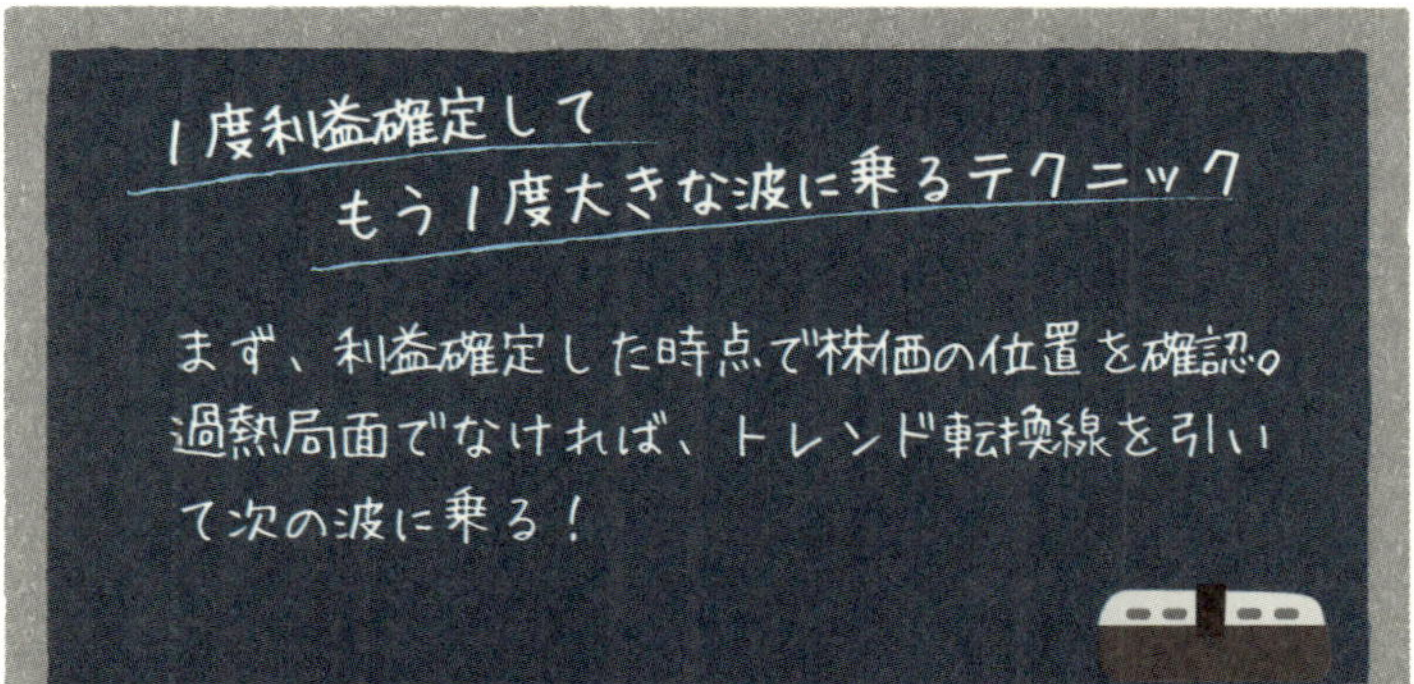
1度利益確定して
もう1度大きな波に乗るテクニック
まず、利益確定した時点で株価の位置を確認。
過熱局面でなければ、トレンド転換線を引いて次の波に乗る！

える」と言いましたが、それもいつまでもかまえていていいという意味ではありません。**「自分が決めたサインが出たら迷わずに決めた行動に移してください」**。途中でルールを変えてしまうのが、トレードをダメにする1番の要因です。

利益確定をした次の動きを下図で見てください。

❸で利益確定をしましたが、もしこの日に売っていなかったら、翌日は大暴落をしてすべての利益額がなくなっていました。1日遅れただけで1カ月にわたって積みあげてきた利益がすべてなくなってしまうということです。すべての銘柄でこのようなことが起こるわけではありませんが、**「過熱局面で天井だと思われるところをすぎてからはよく起こる」**ことです。

● **検証** 利益確定のタイミングが1日遅れた結果（2158：UBIC）

ＭＡＣＤを用いて売りを極める方法を実践を交えて詳しくお話ししてきました。次の法則12では、ＭＡＣＤとともに人気の高いボリンジャーバンドについて詳しくお話しします。売りを極めるという点では同様ですが、使い方には大きな差があるので、しっかりその違いを理解するようにしてください。

詳しく見ていく前に、まとめを兼ねて簡単にお話ししておきます。ＭＡＣＤの使い方や問題をもう一度よく見てください。「時間」という概念を取り入れると何か特徴が見えませんか？

「ＭＡＣＤは〝事後的な判断〟に用いる」というのが特徴です。ヒストグラムが凹んだ、デッドクロスなど、ある事象が現れてからの対応がメインです。

その一方、**「時間的により広い範囲で判断できるようにするのがボリンジャーバンド」**です。次の法則で詳しく見ていくので、問題も解きながら理解を深めましょう。

3時限目の法則13ではさらに楽しいことが待っていますよ！

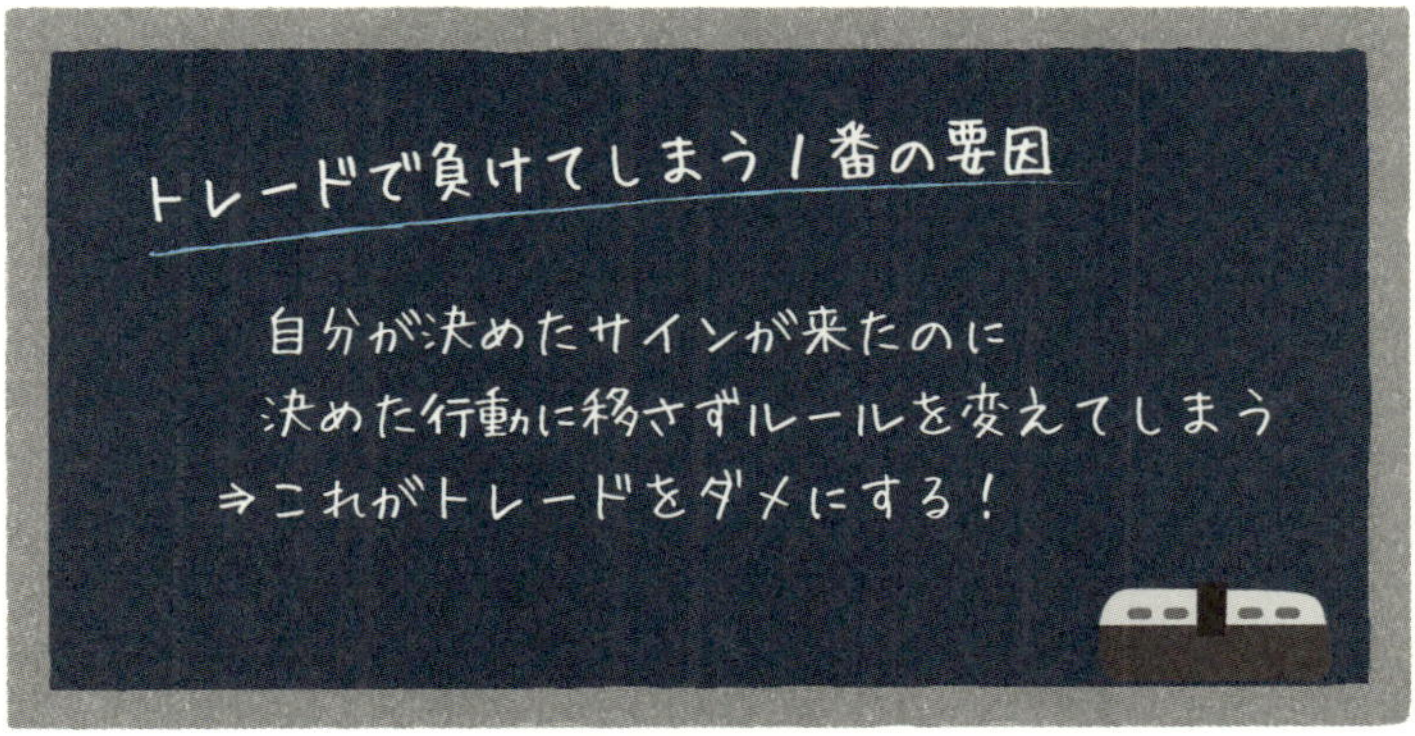
トレードで負けてしまう1番の要因
自分が決めたサインが来たのに
決めた行動に移さずルールを変えてしまう
⇒これがトレードをダメにする！

難易度
低 **中** **高**

12 ボリンジャーバンドで売りを極める

1 MACDとの違いは判断のタイミング

買う段階で利益確定の目標まで見える

ＭＡＣＤはヒストグラムが凹む、デッドクロスが起きたなどのサインを見てから利益確定を行う事後的な指標として使いました。一方ボリンジャーバンドは「**利益目標の目安が事前に設定できるうえに、トレンドの強さまでも確認できるすぐれた指標**」です。つまり事後的ではなく、「**買いを入れるタイミングですでに利益確定の目標が設定できる〝事前的〟な指標**」として、売りの戦略の精度を高めてくれます。

目標

ボリンジャーバンドの定義と意味を理解して、トレンドの発生前と発生後ではボリンジャーバンドの使い方を分ける

参考書籍 「世界一やさしい 株の教科書 1年生」5時限目 03（195～199頁）

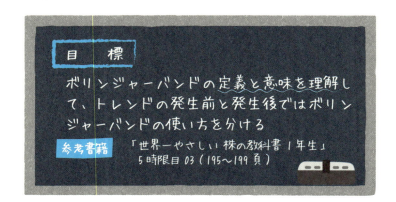

ボリンジャーバンドは移動平均線（25日移動平均線：MA）と株価の関係を用いた指標で、移動平均線とその標準偏差をチャートに描いた複数の線で構成されます。

トレンドが出ていないときは 2σを利益確定の目標に

価格の大半は、この移動平均と4つのバンドで構成される範囲の中に納まるという統計学的な性質を持っています。これを最も効率的に応用できるのは、トレンドがまだ明確に出ていないときです。明確なトレンドが発生する前は、ボリンジャーバンドの幅が狭く横向きになります。株価は移動平均線を挟んだ狭い範囲で推移するので、株価が±2σに到達するとバンドの中に戻る確率が高くなります。

つまり、トレンド発生前に買いで入る場合は、「**そのときの+2σ値を確認して、その値前後になったら利益を確定する**」と決めておけば、高い確率で当てはまります。次頁の図の上段で確認してください。

ボリンジャーバンドの構成要素

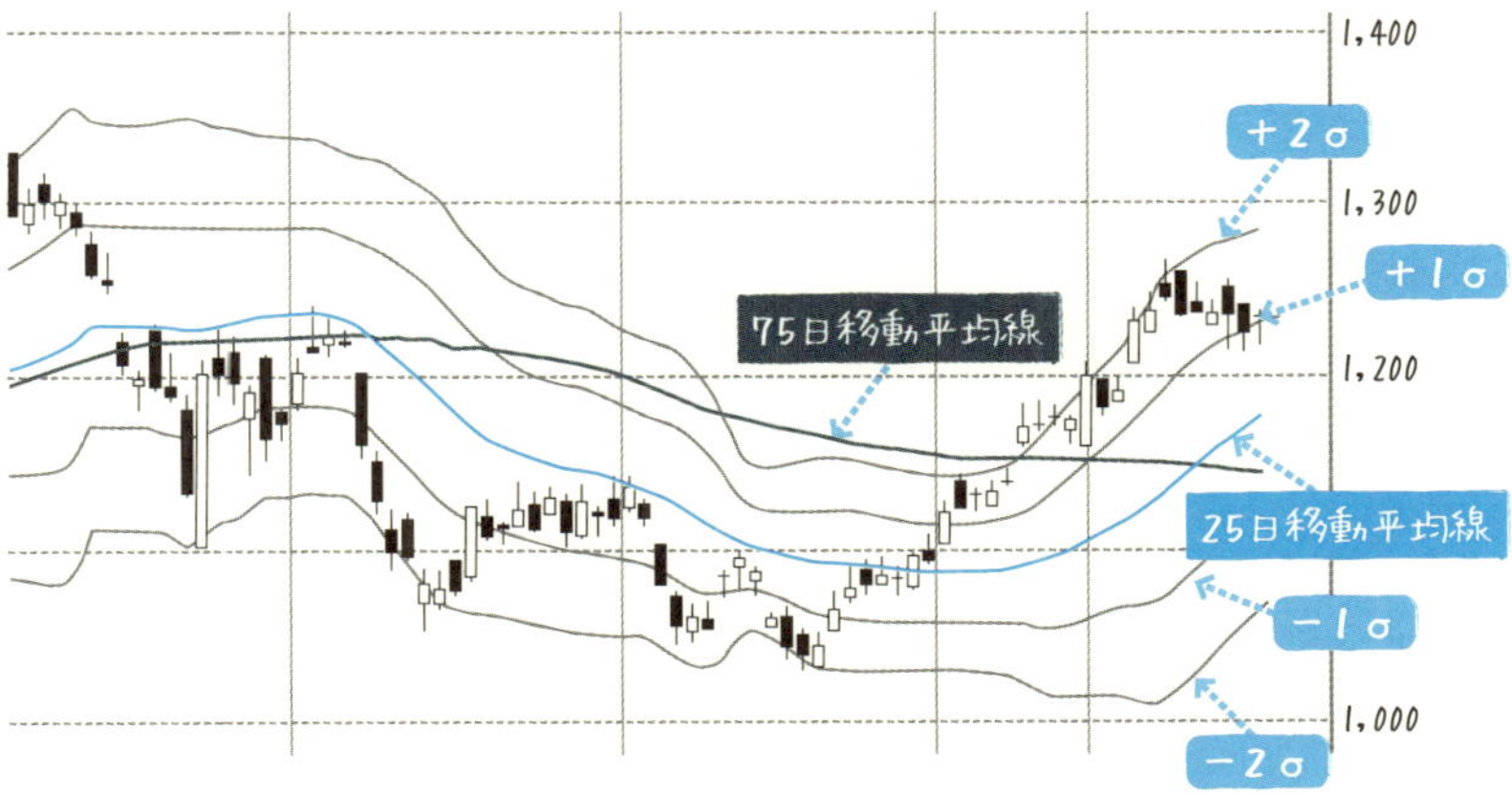

トレンドが発生したときは終値と1σを利益確定の目標に

トレンドが発生すると株価が上昇してバラつきが大きくなるので、ボリンジャーバンドの幅が広がりながら上に向かって上がっていきます。そして株価は＋2σで下がるのではなく、＋2σを押し上げるように上昇していきます。トレンドが継続する間は、下図の下段のように「**株価が＋2σと＋1σの間を推移しながら押し上げて上昇**」します。

このような場合は、押し上げるトレンドが一服するところで利益を確定します。「**強いトレンドが調整に入るサインは、株価が＋1σを終値で割って入ってくる**」ことです。

● 明確なトレンドが発生していないときのボリンジャーバンドによる利益確定のしかた

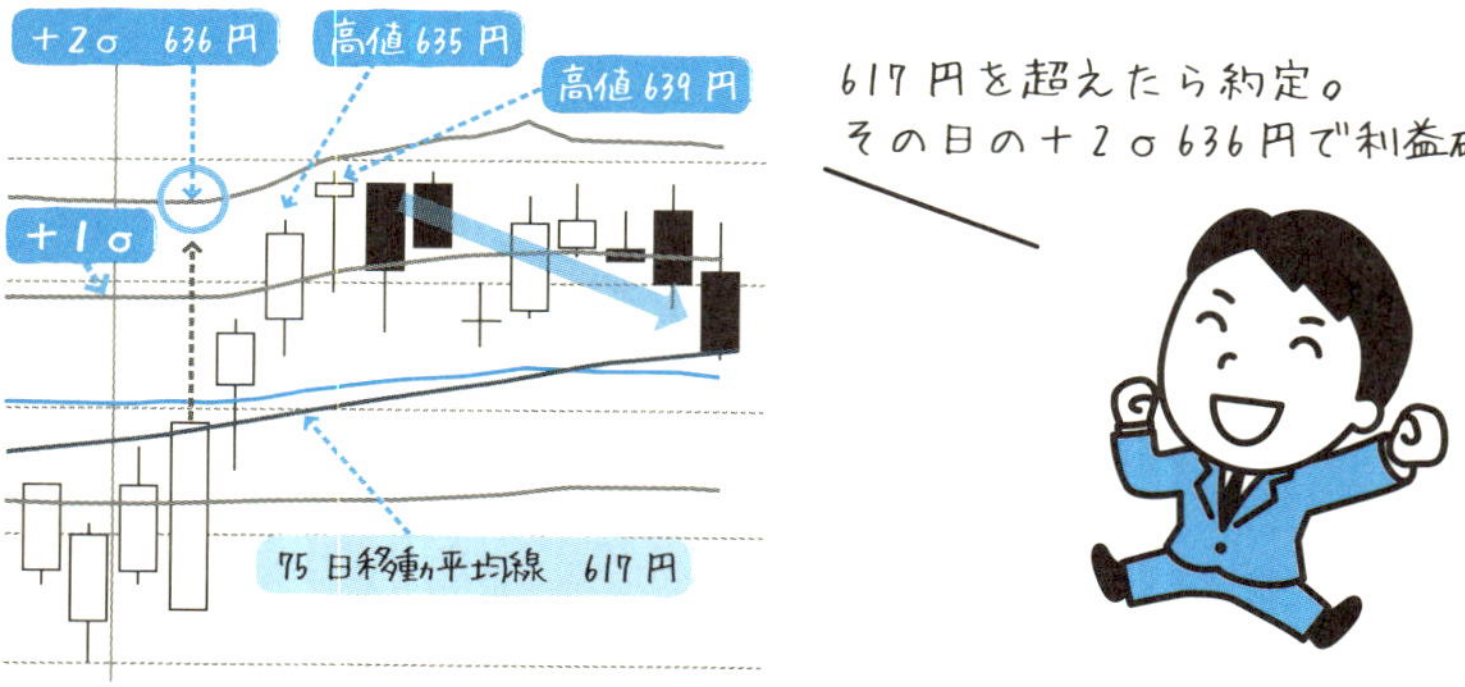

● 強いトレンドが発生しているときのボリンジャーバンドによる利益確定のしかた

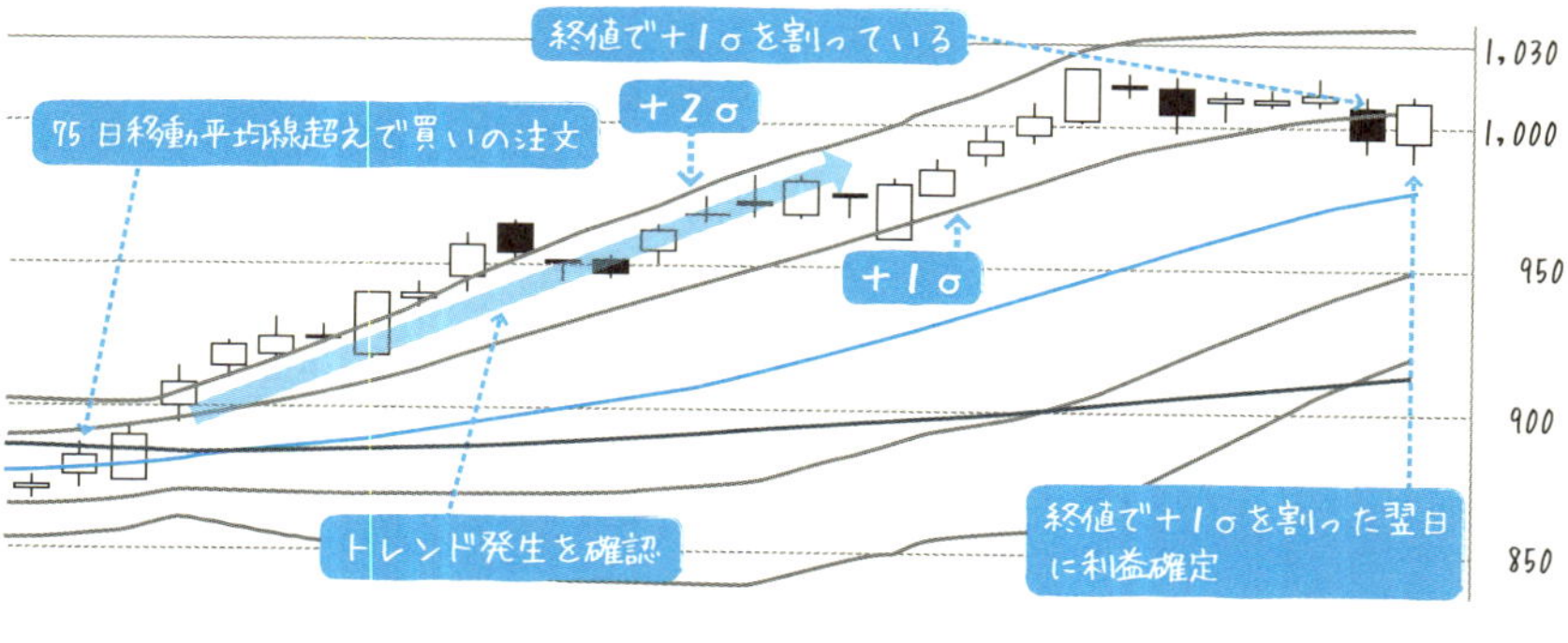

問題12-1

中

次のチャートは、75日移動平均線がまだ下向きの状態で買いのタイミングに来ているローソクとボリンジャーバンドを表示した例です。価格情報が盛り込まれているチャートを見て買いの注文を設定し、ボリンジャーバンドを用いた利益確定の計画を立ててみましょう。また当日の価格情報を参考に、トレード計画をつくって解答欄に記入してください。

解答欄

❶ ボリンジャーバンドの形から現在はトレンドが

□ 発生している

□ 発生していない

❷ 買いのポイントは？

（　　　）円以上になったら買う

❸ 約定すると利益確定の目標は？

（　　　）円で利益確定

理由：

問題 買いの価格設定とトレード計画（9412：スカパー）

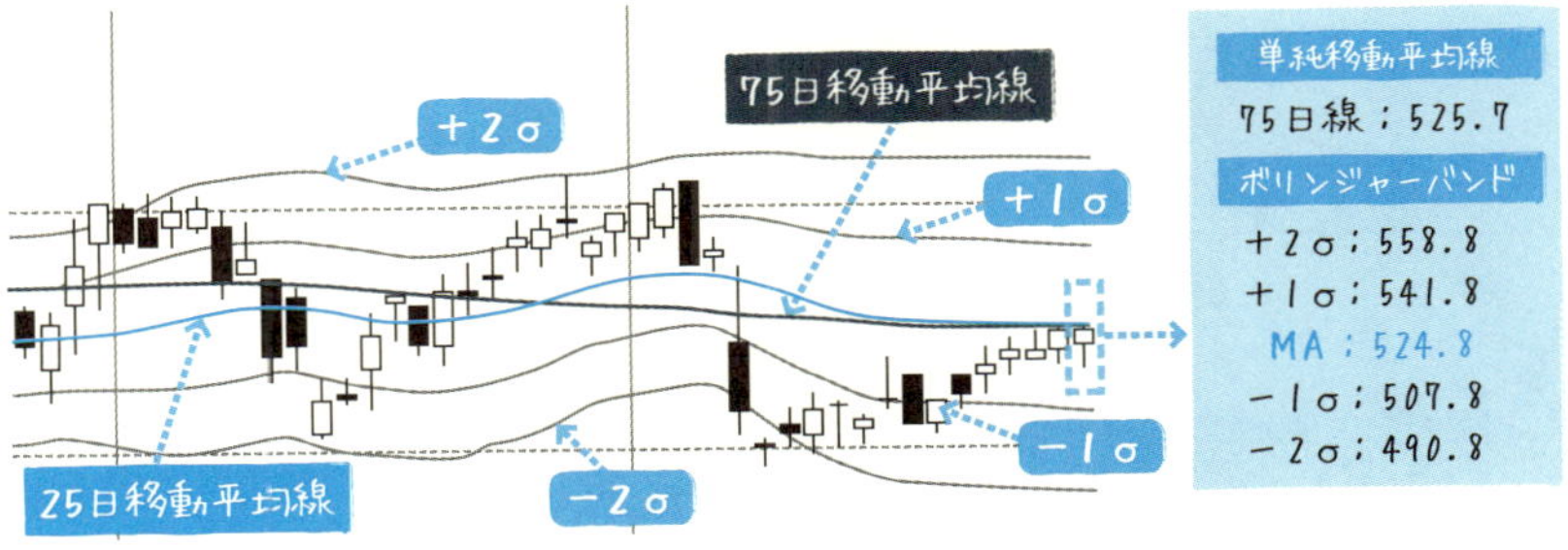

12・1の解説

トレンドの発生判断は株価の位置とテクニカル指標の組みあわせで考える

問題文の中でも示したとおり、このチャートはまだ75日移動平均線が下向いていて、強いトレンドが発生しているとは判断できません。しかし、安値が同じくらいの位置で3回ほど止まっていて、これから上昇トレンドに変わる可能性が高いと考えられます。トレンドが強くないということは、ボリンジャーバンドが上向いておらず横向きで平らな状態であることからもわかります。このような状況では「**75日移動平均線を上に抜けてくるところで買うが、まだトレンドが強くないのでボリンジャーバンドの＋2σに到達すると利益を確定する**」と判断するのが正しい投資計画です。

では投資計画を立ててみましょう。買いのポイントは75日移動平均線の値「**526円を超えてくる527円以上になったら買う**」という設定です。ボリンジャーバンドの形で現在はトレンドが発生していないので、利益目標は「**＋2σの558円またはそのひとつ前、557円で利益確定をする**」のが無難な投資計画です。

答えあわせ 約定とボリンジャーバンドによる利益確定の設定（9412：スカパー）

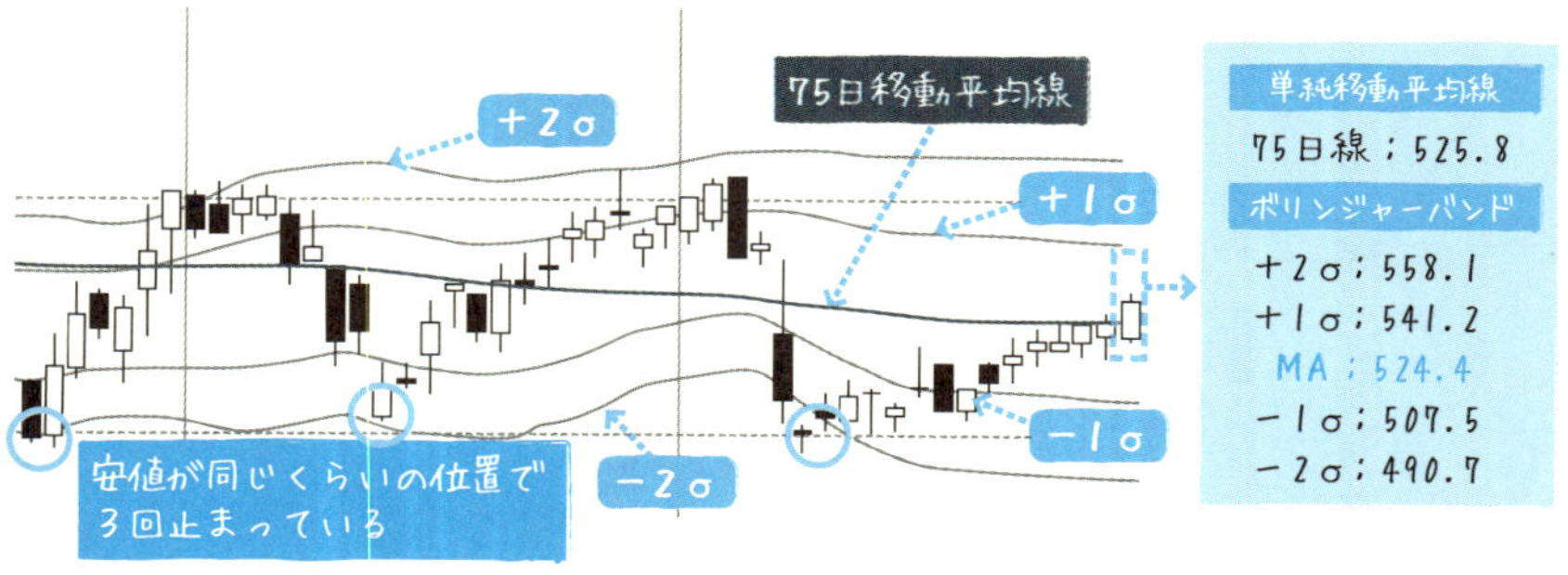

いかなる場合でも利益目標ばかりを考えない、ロスカットの設定を忘れずに！

下図で翌日の動きをご覧ください。強い陽線で75日移動平均線を超えてきたので、買いの注文が約定しました。「**約定したことを確認したら何よりも先にロスカットの設定**」、そしてその後が「**利益目標の確認**」です。

ロスカットは75日線をまたがって約定したこの日の安値「**520円より2円下の518円以下になったら売る**」ように設定します。そして約定した日も＋2σの値は558円なので、「**利益目標の変更は必要ありません**」。トレンドが発生していない状態で約定したあと、実際の動きを検証してみましょう。下図を見ると、約定してからわずか5営業日で＋2σに到達していることがわかります。そして＋2σに到達してからは早速中に戻って、調整に入っています。この動きから「**トレンドが発生していないときは＋2σを目標にするのが非常に有効な戦略**」だとわかります。次の問題でトレンドが発生したときの戦略について考えてみましょう。

検証 **利益確定設定後の動き（9412：スカパー）**

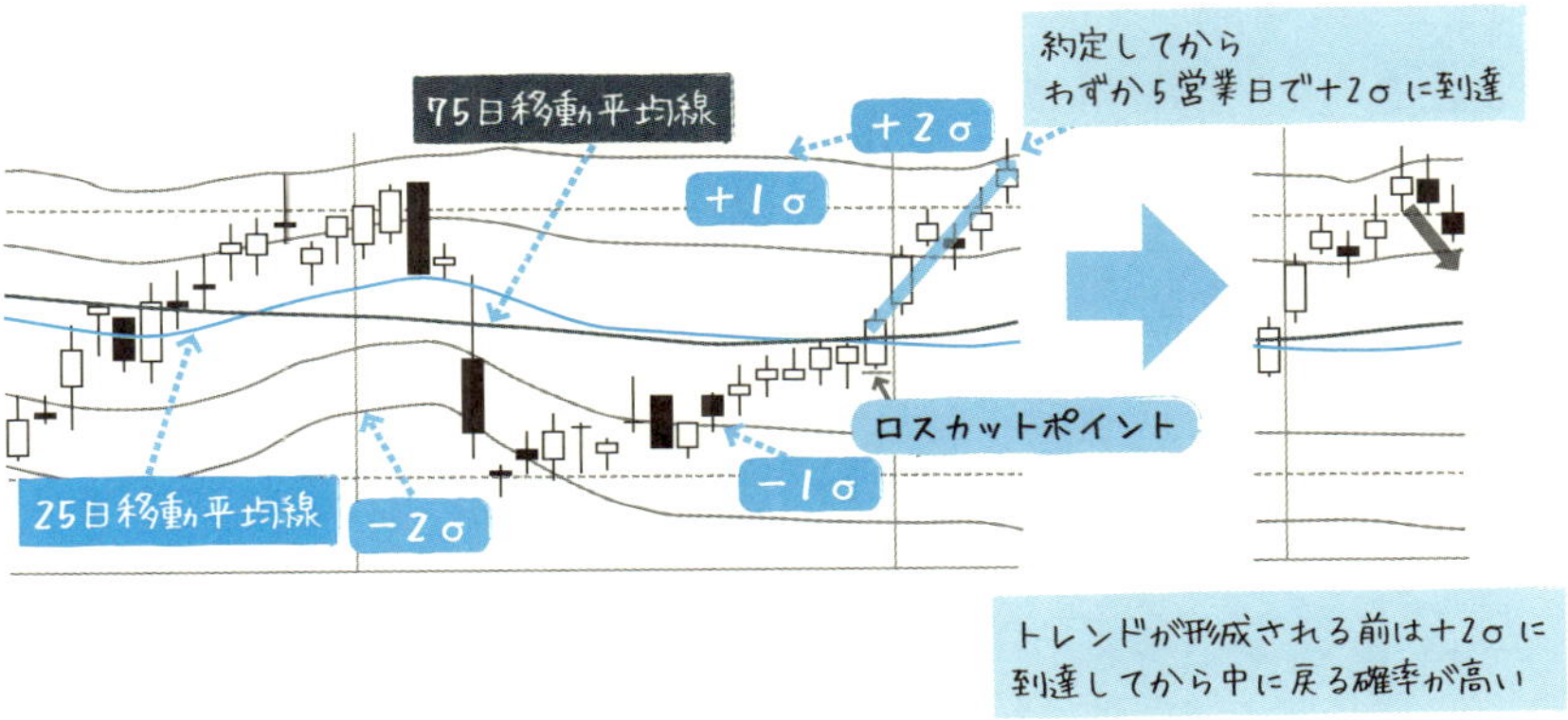

問題12・2

高

ここでは問題12・1の続きについて考えてみましょう。＋2σに到達してから2日間の調整をしたあとは、早速陽線で上昇してきました。上昇したそのローソクのひげはすでに＋2σに到達しており、ここから買っていくことは相当難しそうに見えます。しかし、トレンド発生時のボリンジャーバンドの使い方をすれば、ここからより大きな利益を獲得できます。解答欄に投資計画を記入してみましょう。

解答欄

❶ ボリンジャーバンドの形から現在はトレンドが

□ 発生している　　□ 発生していない

その理由：

❷ 買いのポイントは？

（　　）円以上になったら買う

❸ 下のチャートで約定したあとの利益確定の目標は？

問題 トレンド転換とトレード計画（9412：スカパー）

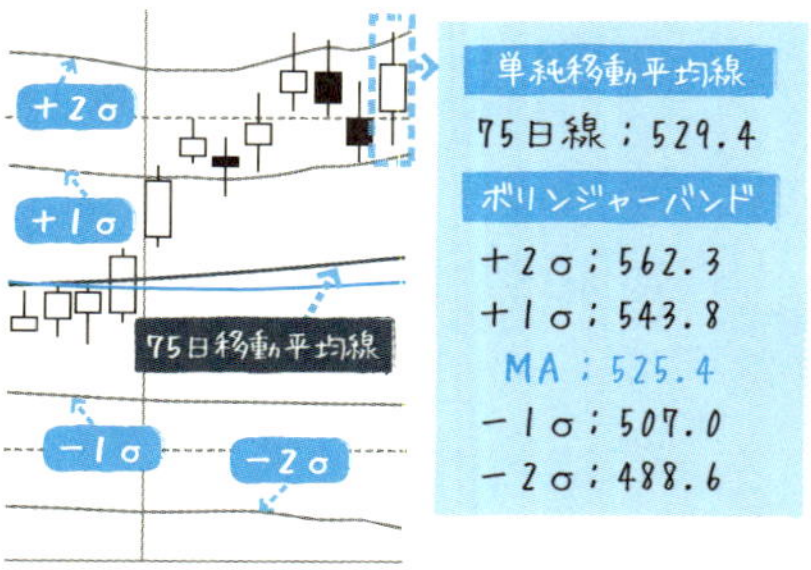

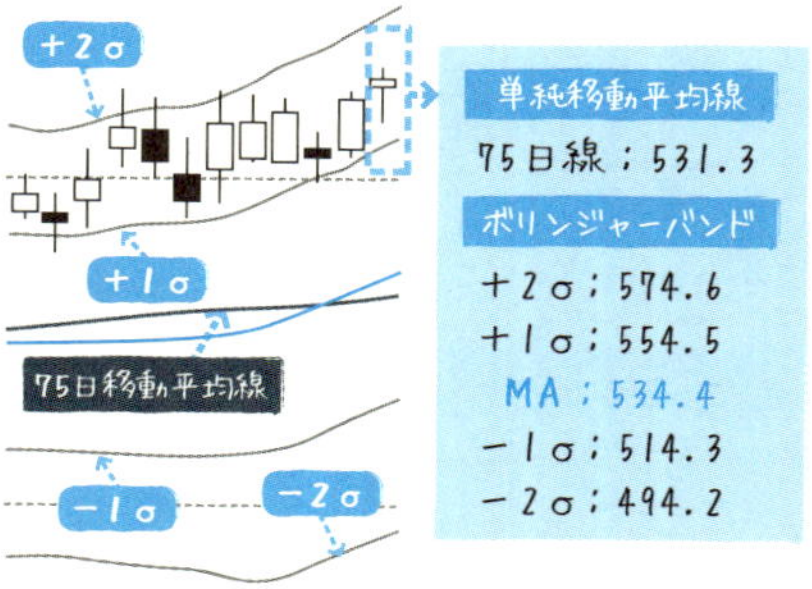

12・2の解説 トレンドが発生しているときは価格よりトレンドの流れを重視する

前項の問題11でも多くのトレンド転換線を引いてきたので、ここからは楽に取り組むことができますね。問題11から今回問題12・2まで共通しているのは、トレンド転換する期間が短いということです。トレンドが強いときは調整の期間が短くても(今回は2日)トレンド転換がよく起こります。また、この時点でボリンジャーバンドが若干上に向いていることがわかります。

上向いている75日移動平均線の上でトレンド転換したことを確認したので、当日の**「高値563+1=564円以上で買いの注文を設定」**します。その結果すぐには約定されず、買いの注文を出してから5営業日

● 答えあわせ トレンド転換による買いと売りのポイント設定(9412:スカパー)

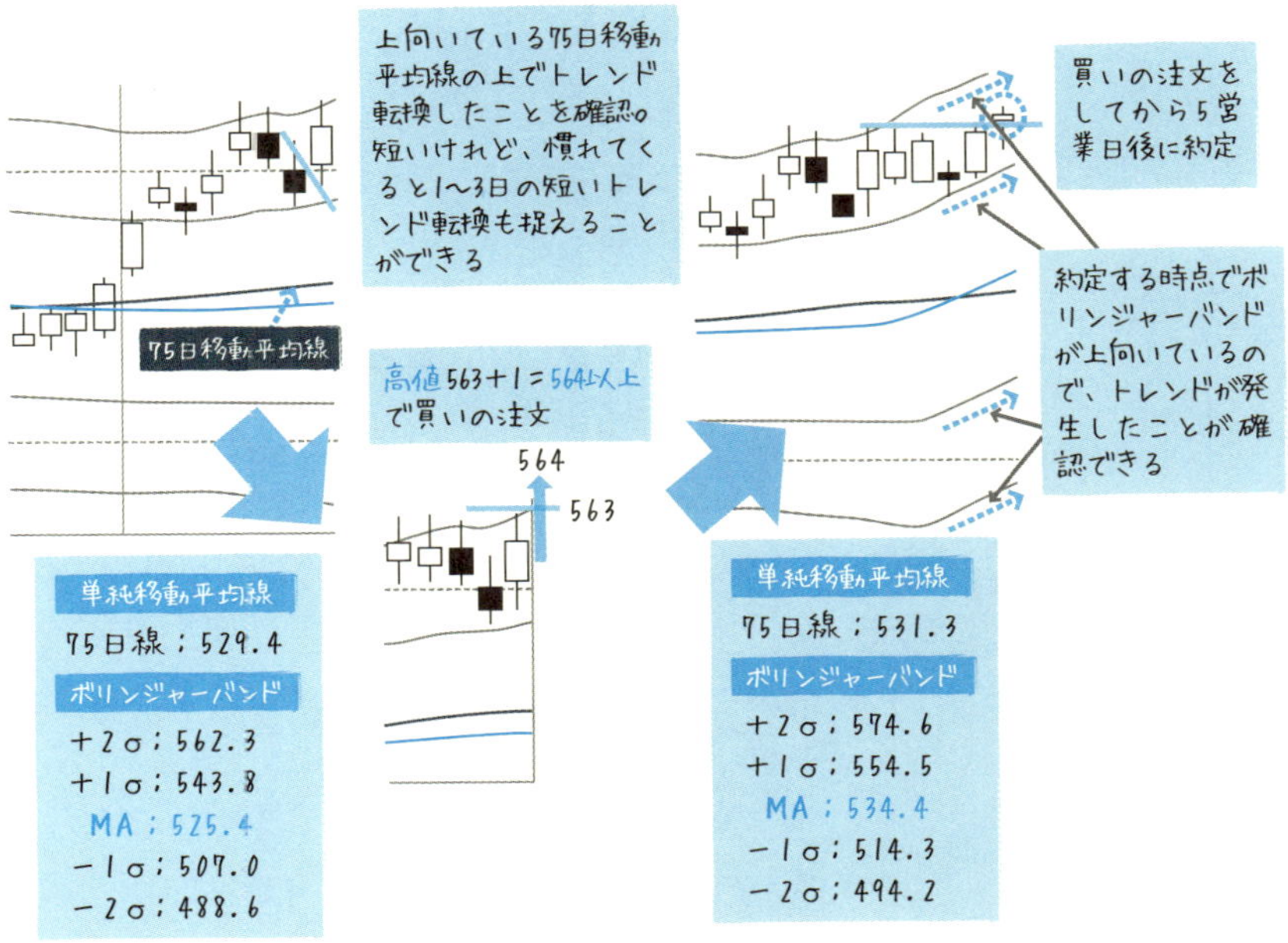

後に約定しています。約定した時点ではボリンジャーバンドがさらに上向いたことで、トレンドが発生したことが確認できます。

この形を覚えていますか？ ボリンジャーバンドは上向き、ローソクが＋２σを押し上げながら上昇していくバンドウォークの形です。この場合は＋２σに到達したら利益を確定するのではなく「**終値で＋１σを割って入ってくると利益を確定**」します。

1回利益を取ったあとはさらにチャンス！ 見捨てないで追いかけていく

約定してから実際の動きを見てみましょう。ボリンジャーバンドは上向いたままローソクが＋１σと＋２σの間を行き来しながら上昇しています。典型的なトレンド発生時の動きです。実際に何回も＋２σにぶつかりながらもトレンドが弱まることなく、上昇を続けています。そしてついに下図の右側の陰線の終値が＋１σの値５９２円にタッチしてきて、利益確定のサイ

答えあわせ ボリンジャーバンドによる利益確定（9412：スカパー）

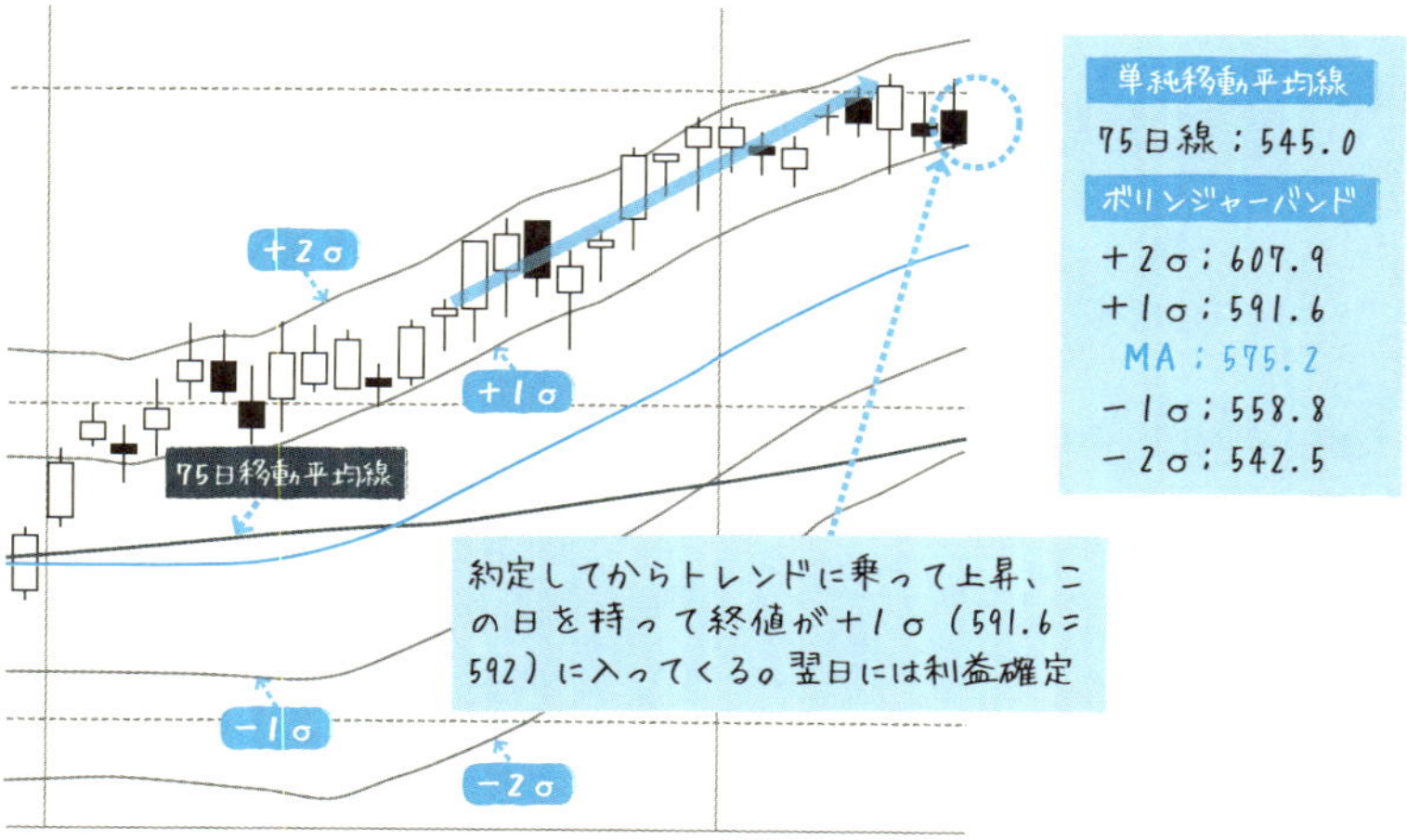

ンを出します。これが確認できれば、翌日は成行で利益を確定しても大丈夫です。

問題12・1と問題12・2を比較してみると、トレンドが発生している問題12・2のほうが明らかに利益が大きくなっています。ここには大きな教訓が隠れています。多くの人は問題12・1で利益を取ってから「あーよかった」と言い、すぐ別の銘柄を探してしまうのです。しかし本当に大きな利益をあげる投資家は、トレンドが発生しているときのほうが利益が大きいということをよく知っているので、トレンドが続くかぎりひとつの銘柄をずっと追いかけていきます。

あなたも１回利益を取ったらその銘柄を捨ててしまうのではなく、より大きな利益を追求してみてください。

早速教訓を活かして、このあとの動きと投資戦略について考えてみたくなりませんか？　もちろん気になりますよね。では、特典動画でこの続きをご覧ください。

特典動画④ 利益確定後のフォロー
(http://www.tbladvisory.com/book003)

ここまで買いと売りを極めてきました。３時限目では、銘柄選びの達人に挑戦していきます。

Column2

3回やってもダメでした

前回のコラム（33頁参照）では株価のサイクルを例にして、法則どおりにいくとはかぎらないというお話をしました。

では今度は、テクニカル指標に向きあう姿勢についてお話しします。

個人投資家向けの本を出版し、世界中をセミナーで回っているので、ほぼ毎日個人投資家からの相談を受けます。本を読んで感じた疑問やセミナーの内容に関する質問など、情熱あふれる話から儲かる銘柄を自分だけに教えてくれ、投資資金を貸してくださいなどなど、別の意味でアツイ話まで千差万別の話題が３カ国語以上の言語で毎日入ってきます。

質問の中で、よく受けるのがテクニカル指標の有用性に関することです。

「先生が紹介したMACDですが、言われたとおりにやったんですけど、全然うまくいきません。これ、本当に使えるんですか？」

このように抗議に近い相談も多いですが、その原因は検証の数が足りないというのが圧倒的です。

「MACDを使って何回くらい取引なさいましたか？」

「3回やってみたけど、全然ダメでした」

私がよく返す質問があります。あなたも答えてみてください。

- ピアノ曲を３回弾いただけで、自信を持って人前で発表できますか？

この質問の意図がわかりますか？

「人の前で発表するまでもなく、自分のものとして自信が持てるレベルに到達するにも膨大な練習と検証が必要」だということです。しかし投資やお金に関することになると、なぜかせっかちになるのが人間の不思議な一面です。今すぐ「迷惑メール」フォルダを開いてみてください。「10分作業で月100万円」「XX歴１年で単月うん千万円」といったいかがわしい類のメッセージで溢れかえっています。

テクニカル指標が使えるかどうかは、その指標を使って十分な検証を行って、はじめていえることです。3回やってみてダメだというのは、「3回運転したけど全然うまくならない。運転は自分に向いてない」と言うのと同じです。自分の友人がそんなことを言ったら、あと何回やってみてと答えますか？　その回数こそ、あなたがひとつのテクニカル指標に対して行う検証の回数だと思ってください。

ちなみに**「私の基準は最低30回」**です（これが絶対ということではありません)。75日移動平均線を用いた取引を覚えるときも30回以上検証しました。

3回やったらダメだったではなく、3回しかやっていないのがダメだということを覚えておいてください。余談ですが、私の人生で３回で大事なことを決めたのはひとつだけです。妻と３回目のデートで結婚を決めたことです。

3時限目 銘柄選びと管理の達人になる3法則

たくさんの指標の中
からMACDとボリン
ジャーバンドを使い
こなして、ニュース
も利用できたらもう
達人です！

難易度
低 中 **高**

13 MACDとボリンジャーバンドを組みあわせた最強技

1 指標の組みあわせは株価の位置とトレンドで使い分ける

指標の特徴を理解して、組みあわせ方を変える

ここまで、MACDとボリンジャーバンドを使って売りを極める練習をしました。セミナーや読者からの質問でよく聞かれることは、「**MACDとボリンジャーバンドをどのように組みあわせればいいか**」ということです。「2つの指標を使い慣れてくると自然にわかりますよ」という答え方をよくしてきましたが（実際にもそうです）、ここでは私が使っている方法をお話しするので、ひと

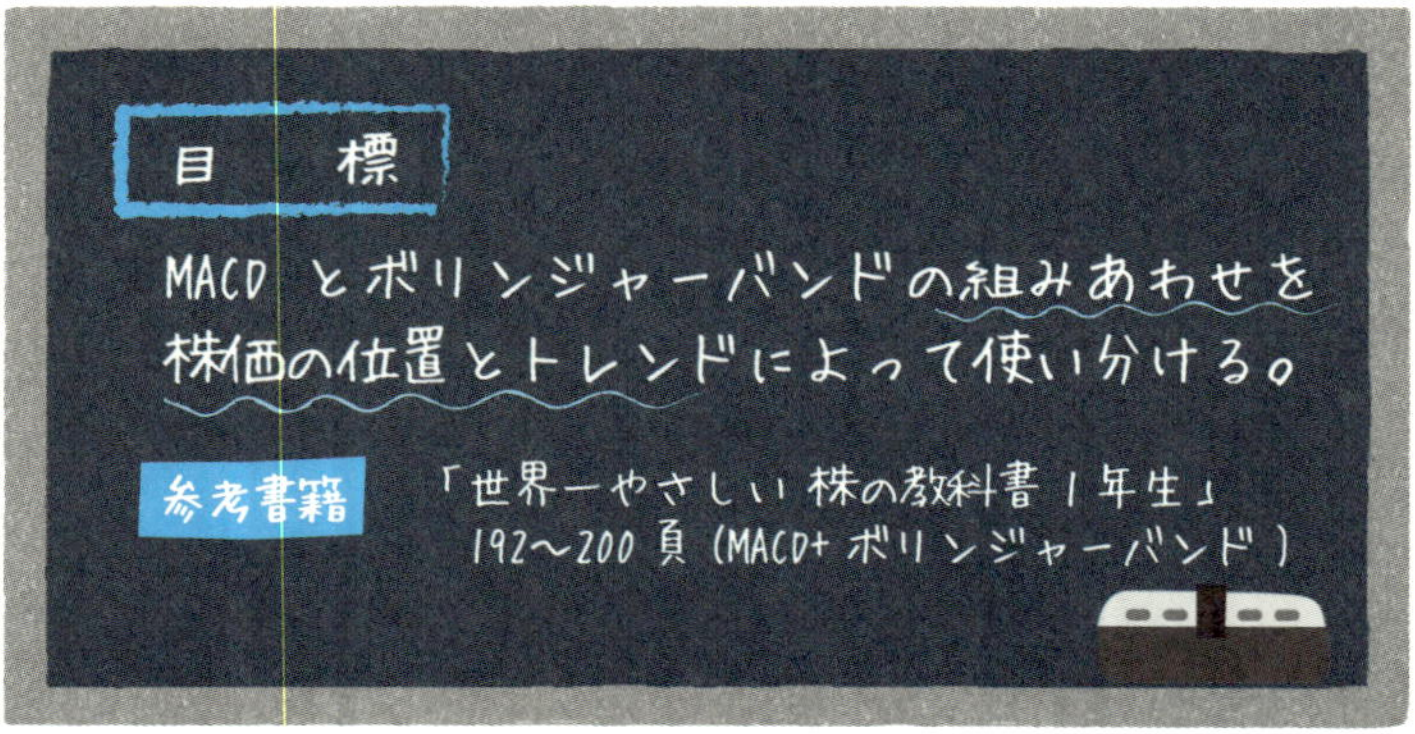

目　標
MACDとボリンジャーバンドの組みあわせを株価の位置とトレンドによって使い分ける。
参考書籍
「世界一やさしい 株の教科書 1年生」
192～200頁（MACD+ボリンジャーバンド）

つの参考にしてください。

ボリンジャーバンドによる利益確定では、トレンドが発生しているか否かで使い方を分けましたが、組みあわせのときも基本は同じ分け方をします。これは2つの指標に内在する特徴に起因するものです。

❶ トレンド発生準備段階はサインが早い MACDをボリンジャーバンドと併用

下図をよく見ると、トレンドの有無によってMACDとボリンジャーバンドの動きが異なるのがわかります。まずトレンドが発生する前は、少し上がるとすぐ利益確定が出るので、小さい波が繰り返されます。この局面ではトレンドが短く、短期勝負になるので、「**短い時間で早くサインを出してくるMACDが有効**」に働きます。2指標間の関係をよく見ると、ボリンジャーバンドが+2σに達するピークになるときと、MACDのヒストグラムが凹む時期が大体一致します。

つまり、「**MACDが凹むかボリンジャーバンドが+2**

● トレンド発生準備段階の利益確定戦略

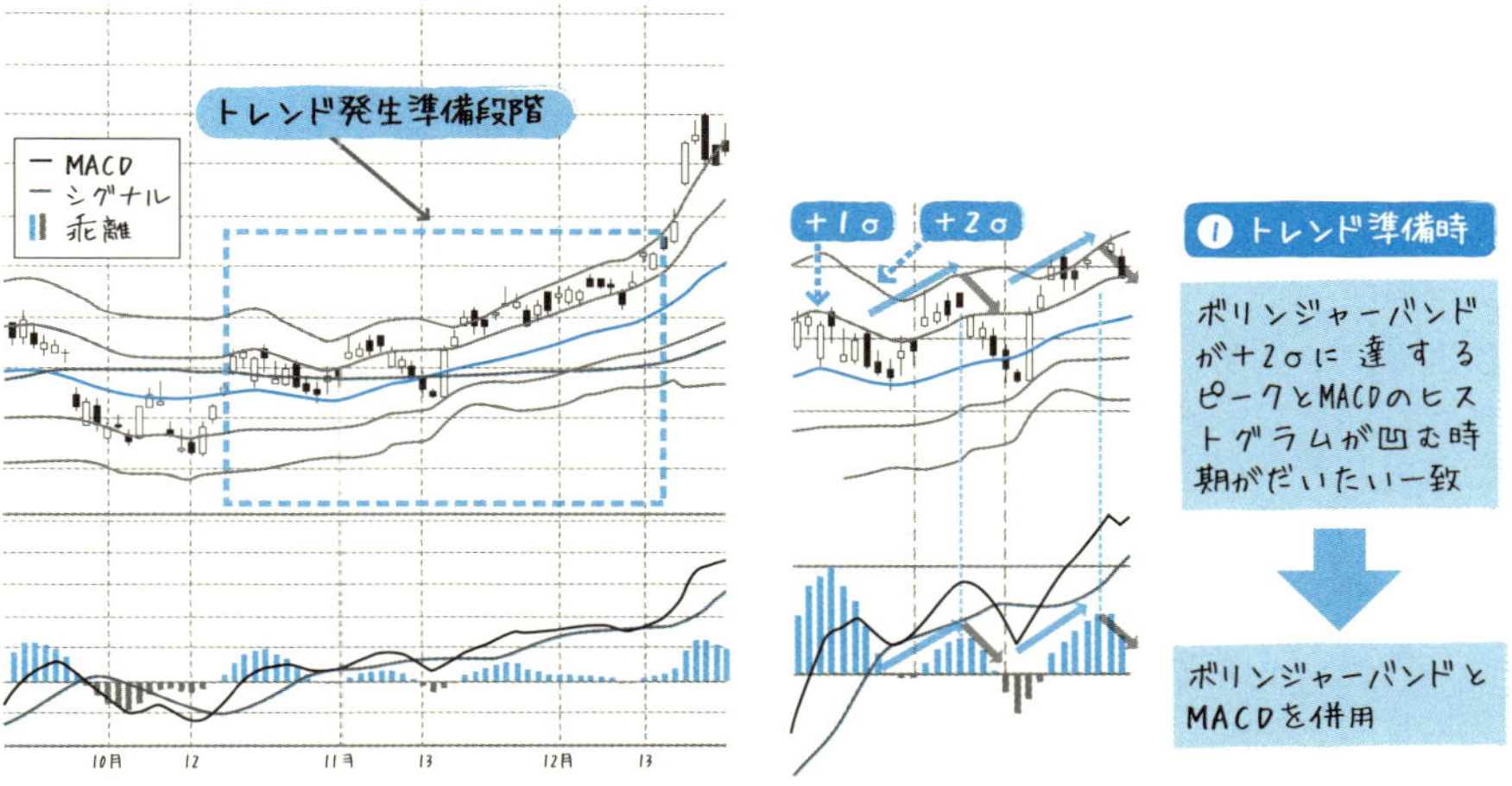
トレンド発生準備段階
MACD
シグナル
乖離
10月
12
11月
13
12月
13
+1σ
+2σ
❶ トレンド準備時
ボリンジャーバンドが+2σに達するピークとMACDのヒストグラムが凹む時期がだいたい一致
ボリンジャーバンドとMACDを併用

σに達する、この2つが現れると売りを実行すればい」わけです。

❷ トレンド発生時は ボリンジャーバンドを中心に

サインを早く出すというMACDの特徴は、トレンドが強く発生した場合にはむしろ邪魔になってしまいます。下図を見てください。トレンドが強く発生して上昇を続けているにもかかわらず、MACDは途中で何回もヒストグラムが凹みます。このサインにしたがうと早い段階で利益確定になり、継続する上昇トレンドの利益を取ることができません。

「トレンドが強いときはMACDの凹みに惑わされず、粘り強くトレンドの継続を示してくれるボリンジャーバンドにあわせてトレードするのが有利」です。

終値が＋1σの中に入ってきたときは、翌日に成行で利益確定する方法を優先します。

● トレンドによる戦略詳細

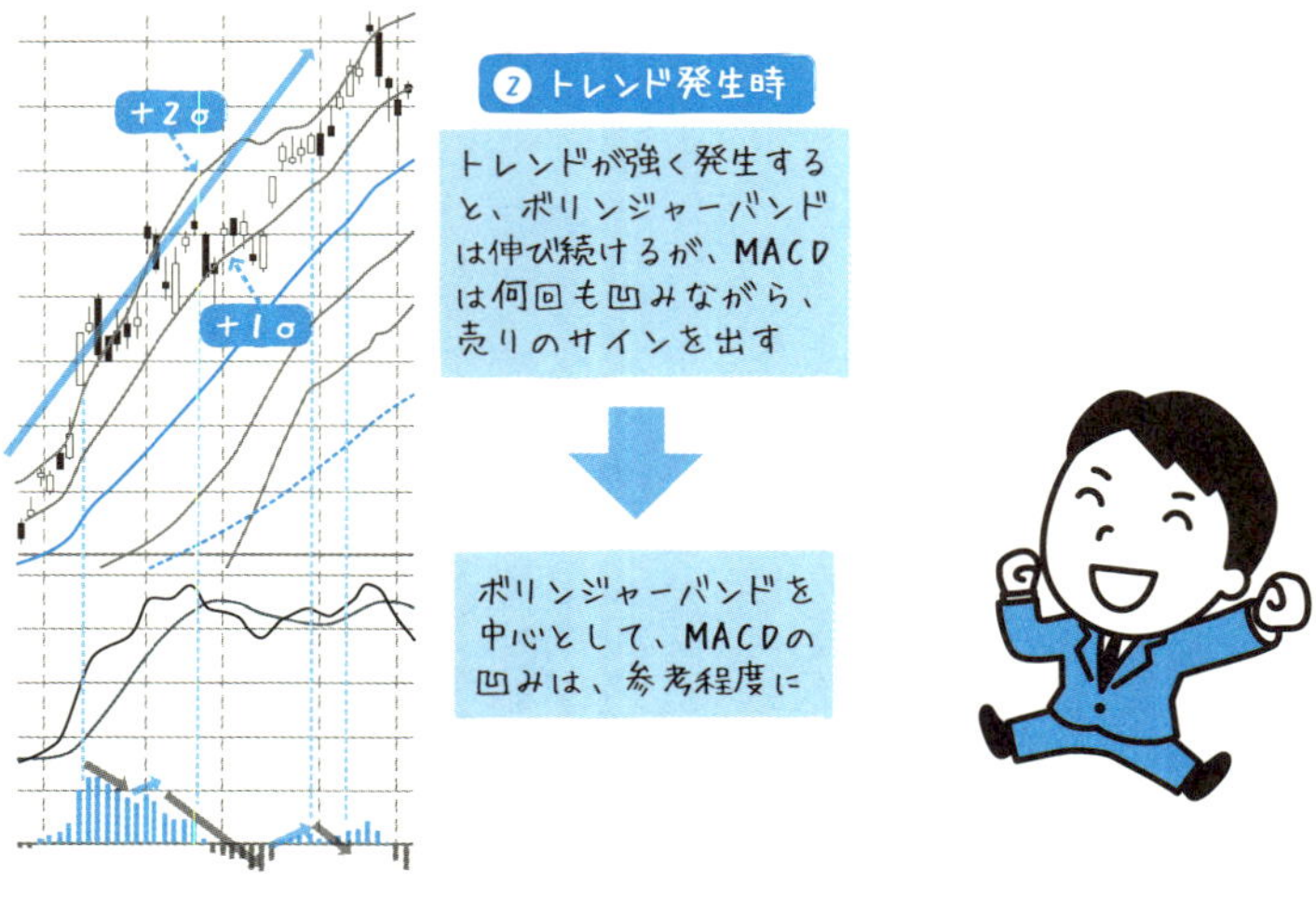

+2σ
+1σ
❷ トレンド発生時
トレンドが強く発生すると、ボリンジャーバンドは伸び続けるが、MACDは何回も凹みながら、売りのサインを出す
ボリンジャーバンドを中心として、MACDの凹みは、参考程度に

問題13-1

高

下図のチャートで、MACDとボリンジャーバンドを同時に表示して投資計画を立ててみましょう。直近の動きから株価の位置とトレンドを判断、解答欄に投資計画を記入してください。ヒントはボリンジャーバンドの向きと、株価の位置の関係です。

解答欄

❶ 右端の現在の位置は買う注文を設定することができますが、その根拠は？

□ トレンド転換線を引くと転換している

□ 75日移動平均線にタッチして、陽線で上昇してきた

❷ 逆指値で買い注文を設定するときの値段は

（　　　　）円以上になったら買う

❸ 買い注文が約定する場合、現時点で設定できる利益確定の目標は

（　　　　）円付近になったら売る

問題 トレンド発生前の投資計画（4901：富士フィルム）

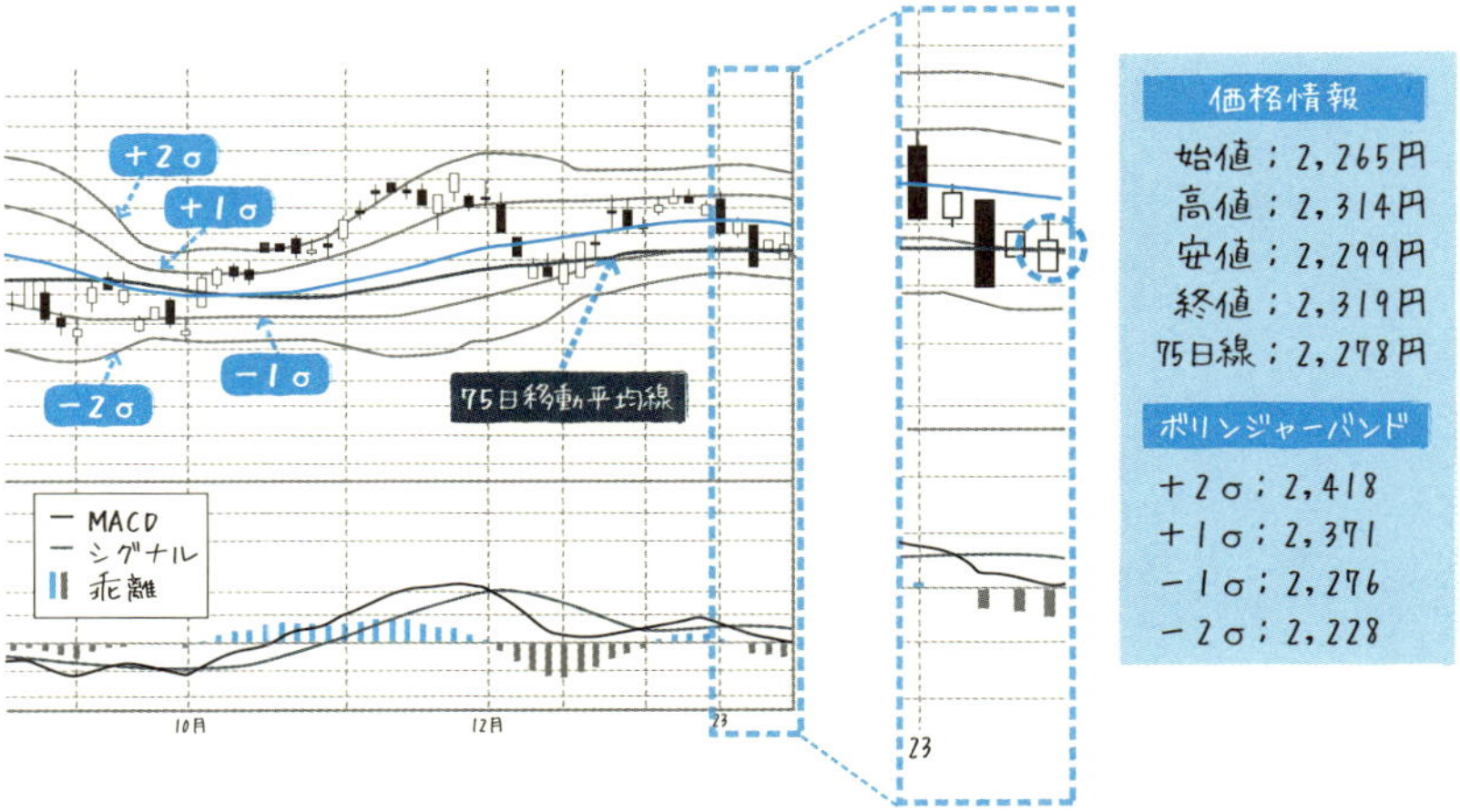

13・1の解説
トレンド発生前はボリンジャーバンドで目標を設定する

まず買っていける根拠について見てみましょう。大きいチャート上で見ると、何回かの上昇と調整があります。明確なトレンドが発生しているわけではありませんが、75日移動平均線が若干上向き、当日にMACDをシグナルが下から上に抜けました。またトレンド転換線を引いてみると、当日にトレンド転換しているのがわかります。よって、買っていける根拠は「**トレンド転換と75日移動平均線抜け、両方にあたります**」。

買いの値段設定は、トレンド転換時の方法で高値「**2314円＋1円＝2315円以上になったら買う**」注文にします。このときはボリンジャーバンドが若干下向きで横に平らな状態です。MACDも0ラインの下でトレンドは明確に発生していないこと

● 答えあわせ　注文と利益確定の目標設定（4901：富士フィルム）

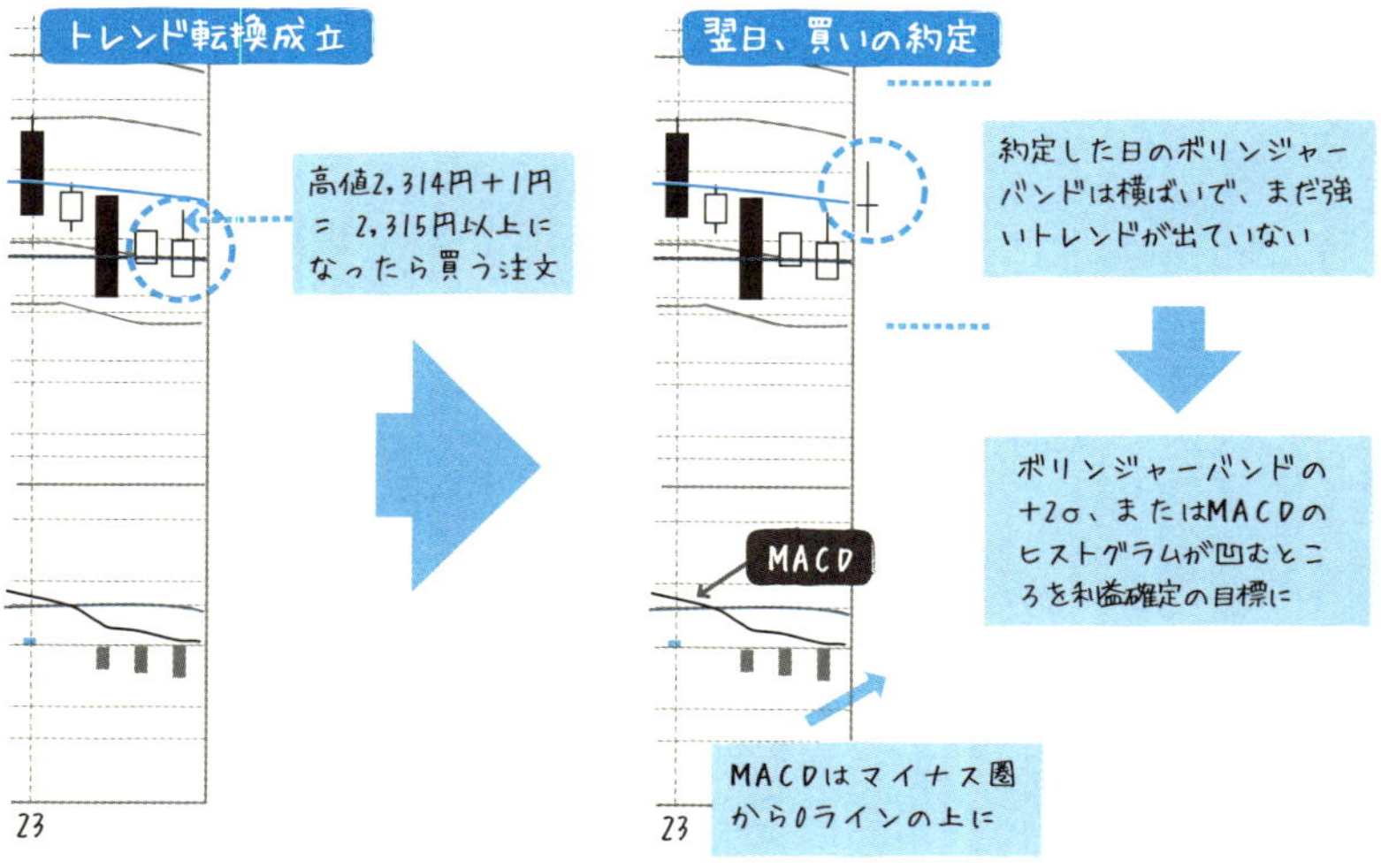

トレンド転換成立
高値2,314円＋1円＝2,315円以上になったら買う注文
23
翌日、買いの約定
約定した日のボリンジャーバンドは横ばいで、まだ強いトレンドが出ていない
ボリンジャーバンドの＋2σ、またはMACDのヒストグラムが凹むところを利益確定の目標に
MACD
MACDはマイナス圏から0ラインの上に
23

がわかります。このときに利益確定の目標の目安になるのは＋２σが位置する２４１８円（前々頁当日の価格情報参照）です。よって③の答えは２４１８円付近です。

翌日は窓を空けながらはじまり、高値を超えてきたので買いが約定しました。この日もボリンジャーバンドの向きは変わらず、ＭＡＣＤは０ラインの上にくるので、「**＋２σまたはＭＡＣＤの乖離が凹むところを利益確定の目標にする**」のが有効です。

実際の動きにあわせて利益確定を分ける

約定したあとの動きを見ながら、実際に利益確定する方法について考えてみましょう。約定してから２日後にはすでにローソク足のヒゲで＋２σにタッチしているし、

● 答えあわせ 組みあわせによる売り判断（4901：富士フィルム）

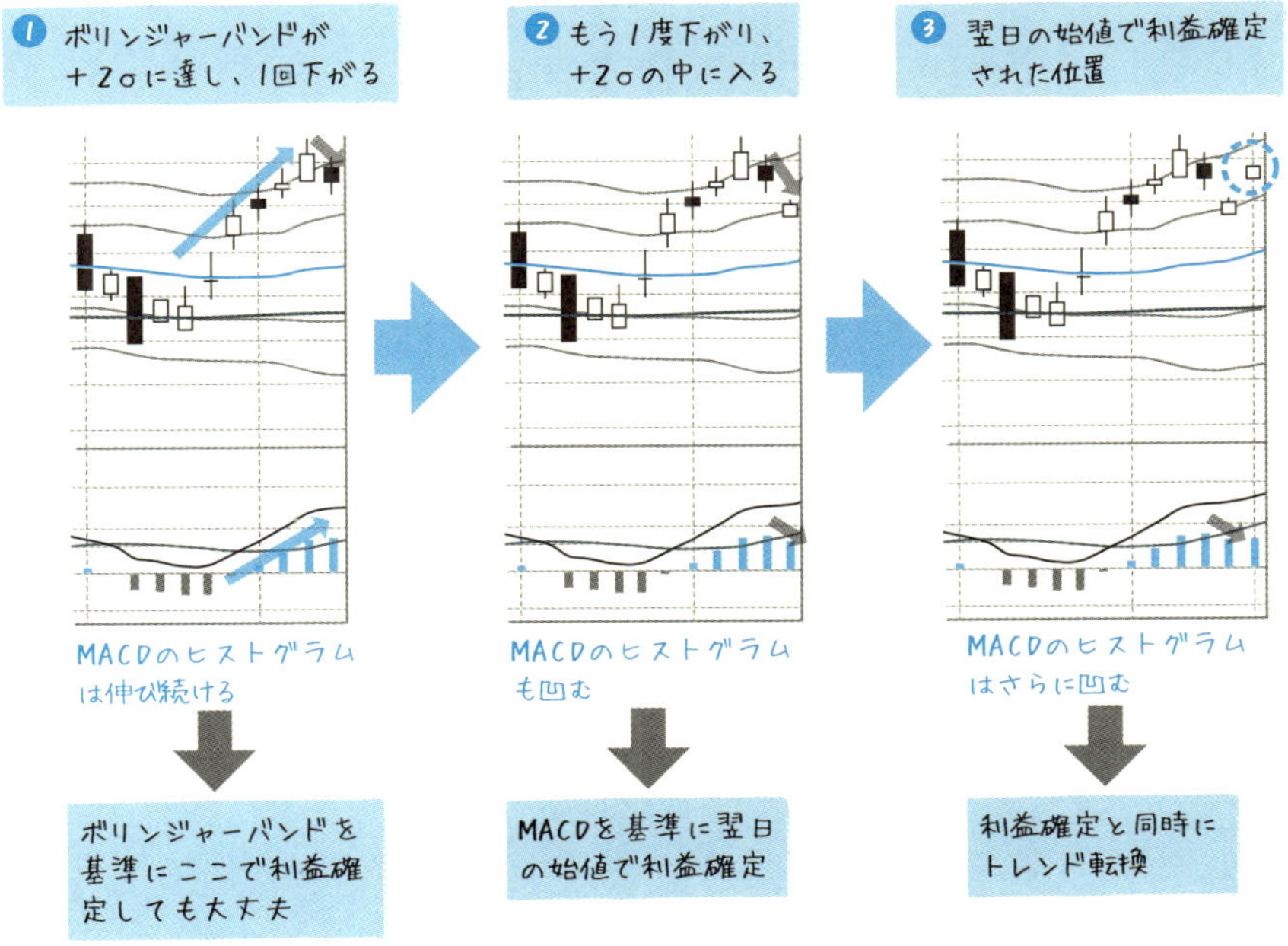

3日目には実体が＋2σにまたがっています（❶）。陽線が大きくなる4日目を経て、陰線が現れるまでMACDのヒストグラムは伸び続けています。このときはボリンジャーバンドを基準に、ここで利益確定しても大丈夫です。ここで利益確定をしない場合でも翌日はもう一度下がり、＋2σの中に入ってきました。と同時に、MACDの乖離も凹みます（❷）。この場合は、翌日の始値で利益確定を行います。

翌日は運よく窓を空けながらはじまったので、❶と同程度の位置で利益確定ができました（❸）。この日は上昇して終わったものの1回調整の動きをしたので、MACDはさらに凹みます。利益確定をしてよかったですね。

❶か❸のどちらかで利益確定をしてもいいのですが、大事なのは「**トレンド発生前は併用して、使い分ける**」ということです。忘れないでください。

これでめでたしめでたし、と終わるでしょうか。実はこの日の動きには、より大きな可能性が潜んでいます。

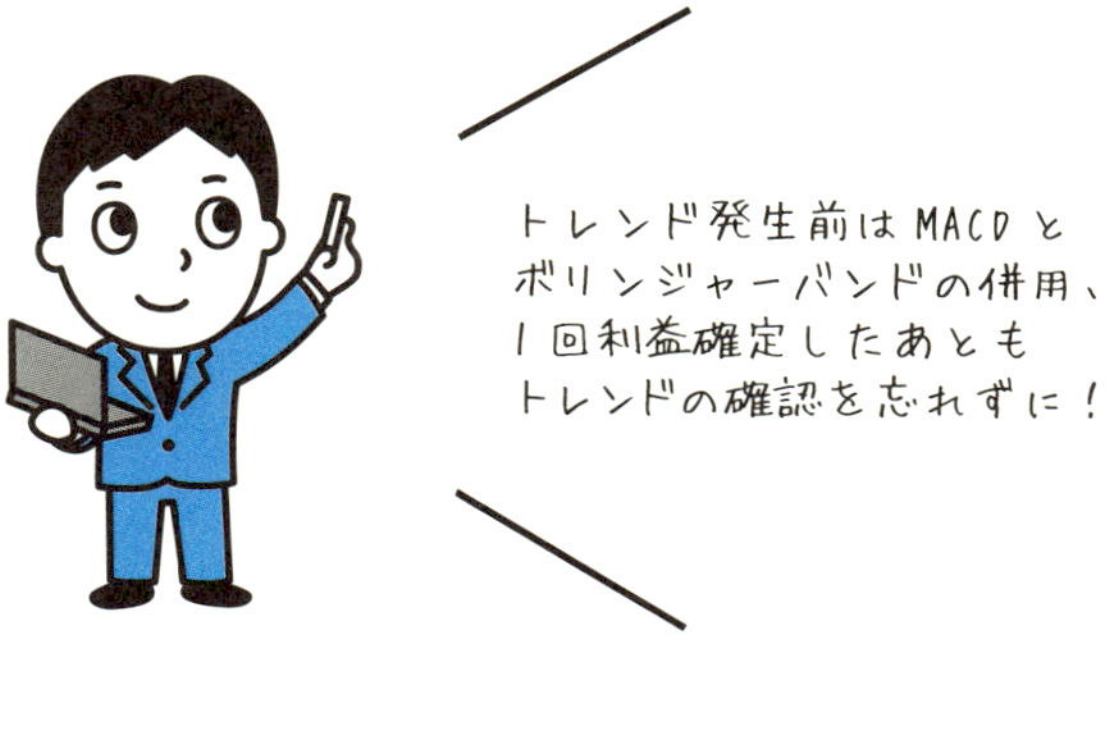
トレンド発生前はMACDと
ボリンジャーバンドの併用、
1回利益確定したあとも
トレンドの確認を忘れずに！

問題13・2

高

利益確定できたその日から、続きの投資計画を立ててみましょう。**問題13・1**でMACDを使って利益確定した日のチャートをよく見てみると、短い調整ですが再びトレンド転換しているのがわかります。次頁の上段で価格情報に基づいて投資計画を作成してください。下段は、トレンド転換の買いが約定してからの状況を表しています。その後、右端のこの時点で利益確定をすべきかを判断して解答欄に記入してください。

解答欄

❶ 上段のチャート：トレンド転換線を引いて、転換したかを確認したうえで、買いの値段を設定してください。

（　　　　）円以上になると買い

❷ 下段のチャート：約定してからトレンドが強くなっています。それを判断する根拠は？

ボリンジャーバンドによる判断：

- - - - - - - - - - - - - - - - - - - -

- - - - - - - - - - - - - - - - - - - -

- - - - - - - - - - - - - - - - - - - -

MACDによる判断：

- - - - - - - - - - - - - - - - - - - -

- - - - - - - - - - - - - - - - - - - -

- - - - - - - - - - - - - - - - - - - -

ここで、「どうして買うのか」まだわからないと困りますよ。
トレンド転換線をしっかり引いてみてね。

問題 上段：トレンド転換による買いのポイント設定（4901：富士フィルム）

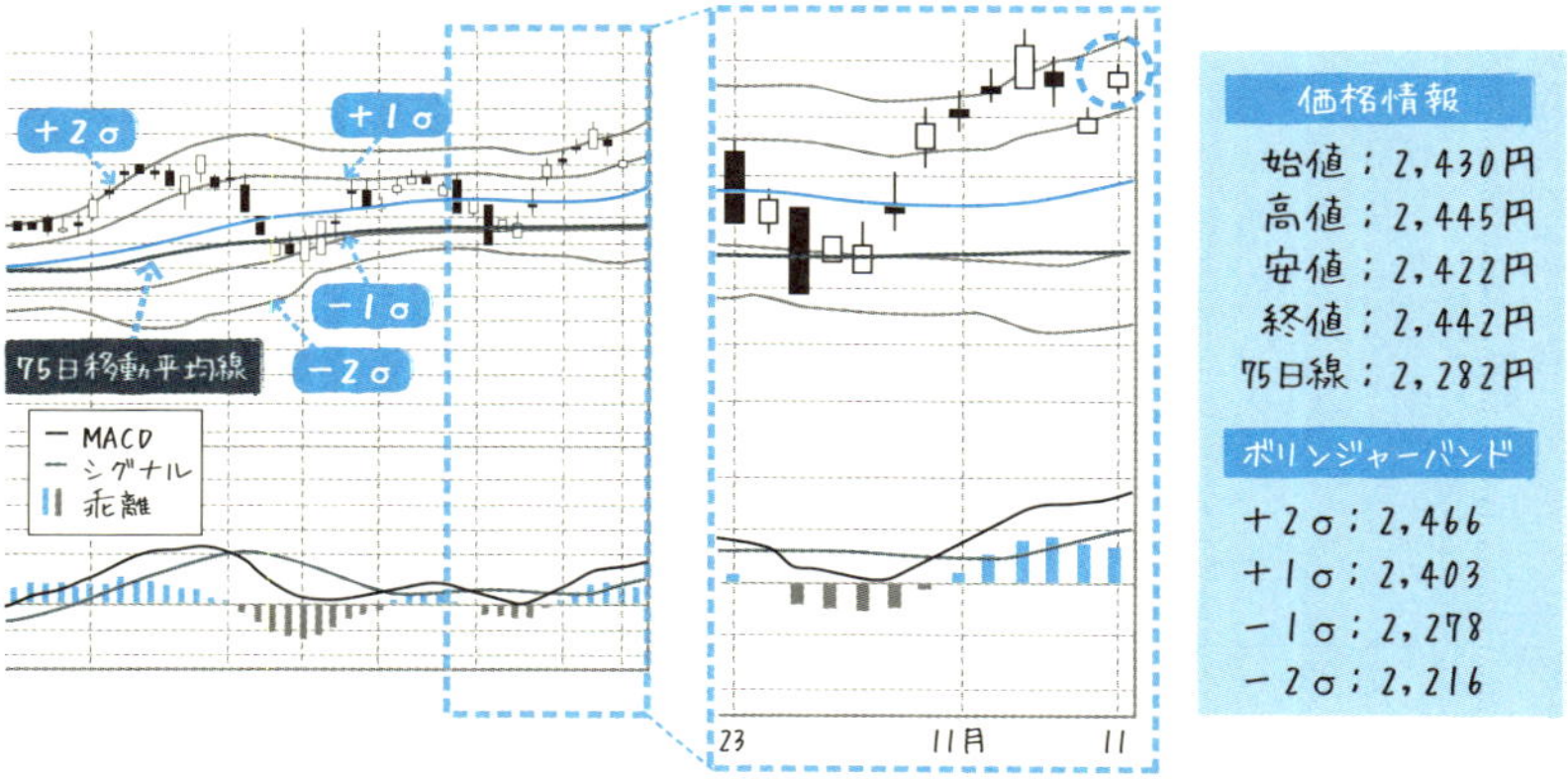

問題 下段：トレンド発生時の売り判断（4901：富士フィルム）

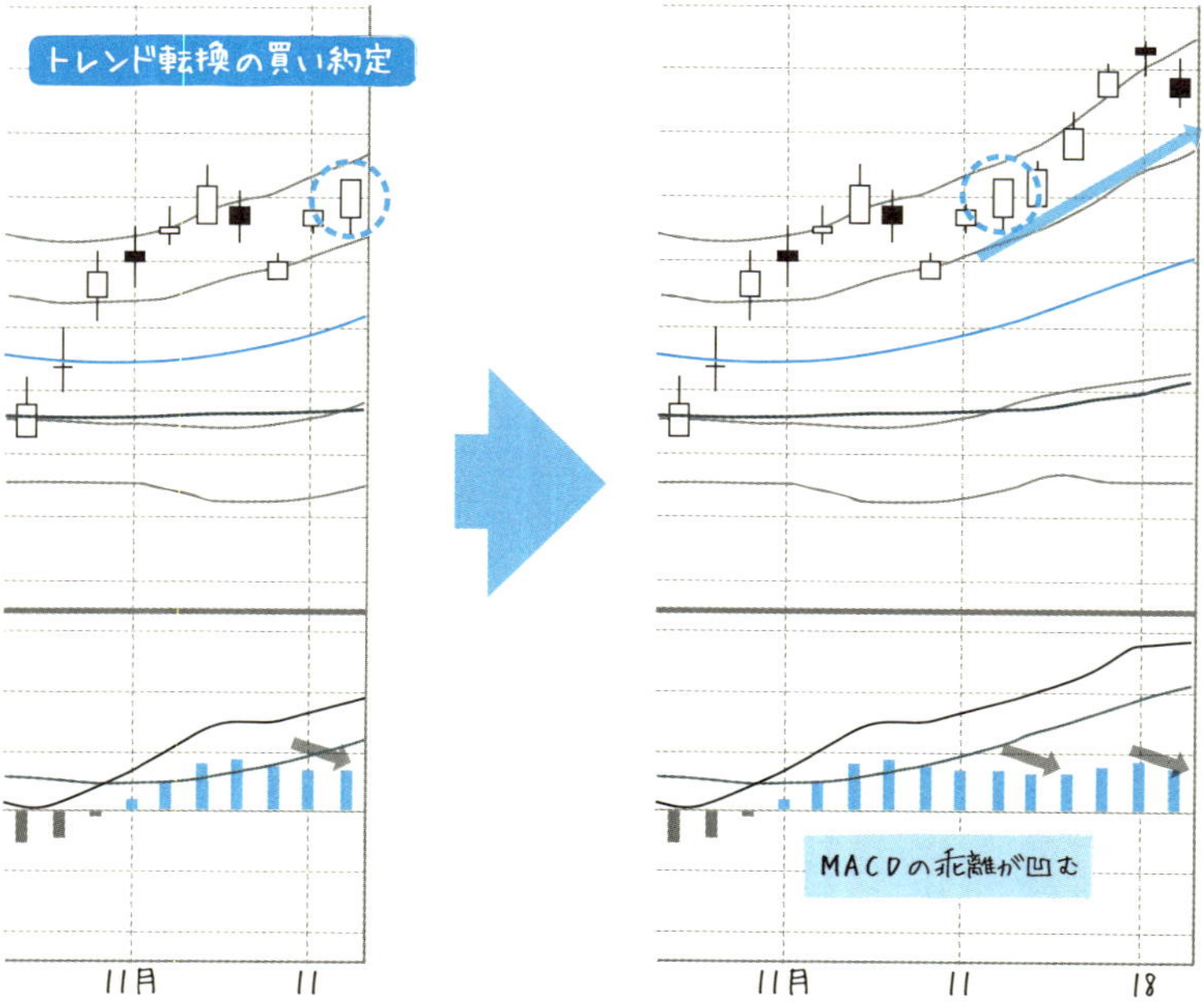

13・2の解説
買うときはMACDが凹んでいてもいい

利益確定の売りをする同日にすでにトレンド転換している、これに気づくのはなかなか難しいものです。利益確定で資金が増える瞬間、達成感とともに緊張が解けてしまうからです。しかし、気づける人にはより大きな利益が待っています。

まず、いつもどおりトレンド転換線を引いてみると、短い期間ですでにトレンド転換していることがわかります。高値を超えてくるところに買いの価格を設定すること（❶）、もう慣れていますね？　ここでひとつ気になるのは、買いを設定するその日のMACDを見ると、ヒストグラムが凹んでいることです。覚えていますか？「**MACDは買いのサインとしては使わない**」のがポイントでした。懸

● **答えあわせ** トレンド継続時の売買判断（4901：富士フィルム）

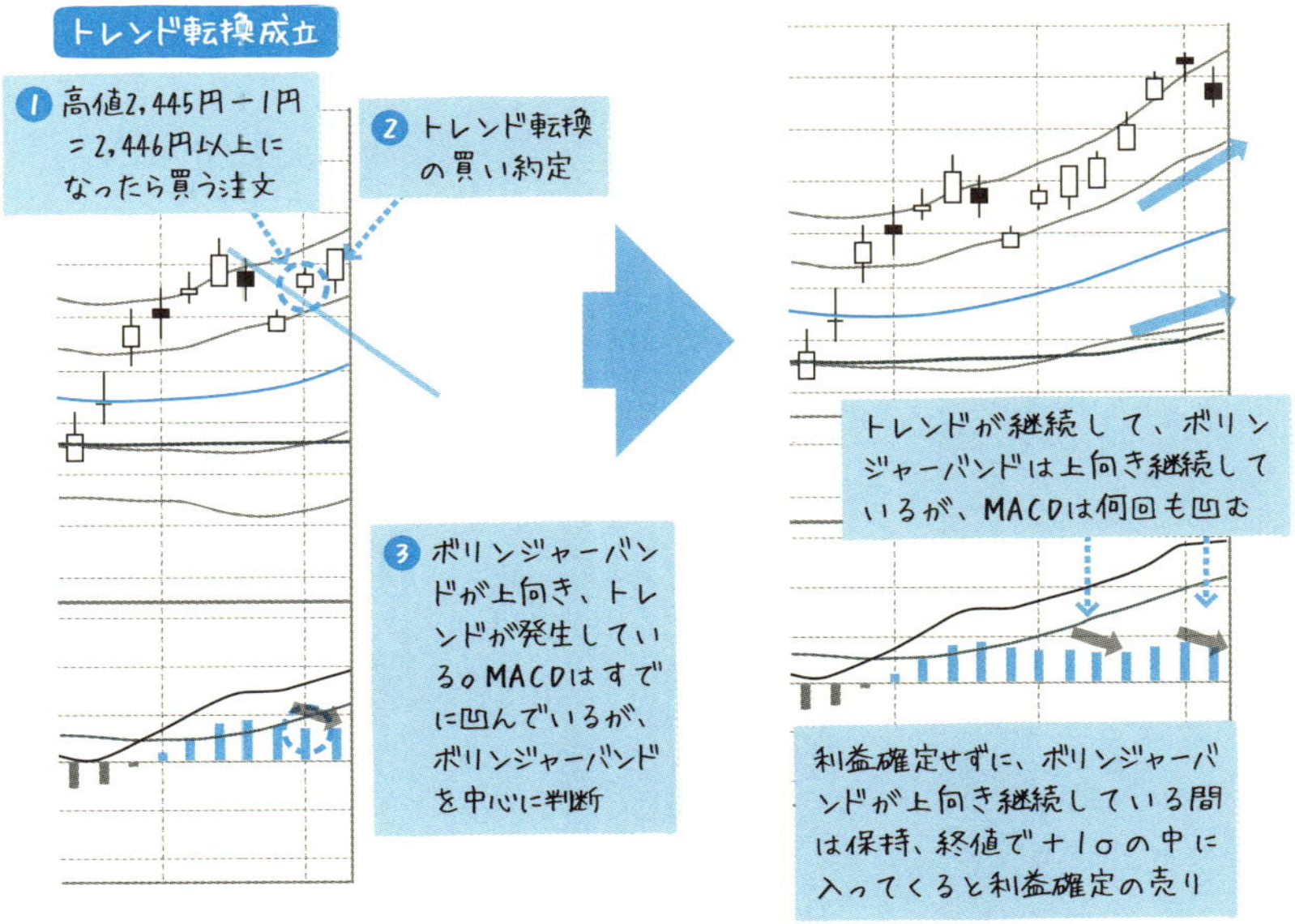
トレンド転換成立
❶高値2,445円－1円＝2,446円以上になったら買う注文
❷トレンド転換の買い約定
❸ボリンジャーバンドが上向き、トレンドが発生している。MACDはすでに凹んでいるが、ボリンジャーバンドを中心に判断
トレンドが継続して、ボリンジャーバンドは上向き継続しているが、MACDは何回も凹む
利益確定せずに、ボリンジャーバンドが上向き継続している間は保持、終値で＋1σの中に入ってくると利益確定の売り

念材料ではなく支援材料を探してみると、ボリンジャーバンドはこの時点ですべてが上向いており、トレンドが発生していることを示しています。翌日高値を超えて約定してから（❷：2446円）、もう一度確認するとMACDはさらに凹んでいますが、ボリンジャーバンドはさらに上向き、トレンドが強くなっていることがわかります。ここからは「**MACDは参考の位置づけにして、ボリンジャーバンドを中心に判断を行います**」（❸）。

早い段階で利益確定してしまうと損した気持ちになる、それが人間

約定してからの流れを見ると、本格的なトレンドが発生してローソク足が＋1σと＋2σの間で推移しながら上昇していきます。一方、MACDは上昇する途中でもヒストグラムが伸びたり、縮んだりしながら売りのサインを何回も出しています。このように「**上昇トレンドが強くなっているにもかかわらず、指標は逆のサインを出すのを〝ダイバージェンス〟といいます**」。トレンドが強くなっているのにMACDにしたがって売ってしまうと、さらに上昇したあとに指をくわえてなぜか損した気持ちになります。それが人間なのです。

このような場合はボリンジャーバンドの利益確定方法を優先して、ローソク足の終値が＋1σを割り込んでくると利益確定をします。実際にその後の流れを見ると、MACDのサインよりははるかに大きな利益が出るまで上昇したあと、＋1σの中に入ってからトレンドが終わっています（左頁図）。

この問題から得られる大きなヒントは次の2つです。

- **1回のトレードが終わって利益確定をしても、油断して次のチャンスを見逃さない**
- **トレンドが発生する際は、短くサインを出してくるMACDよりボリンジャーバンドを中心にするということ**

トレンドが継続するときの売り判断は本当に難しいですが、自分の利益幅を決定する重要なことでもあります。次の問題でさらに詳しく、トレンドが継続する中での投資計画と利益確定のことを考えてみましょう。

答えあわせ その後の動きと利益確定のしかた（4901：富士フィルム）

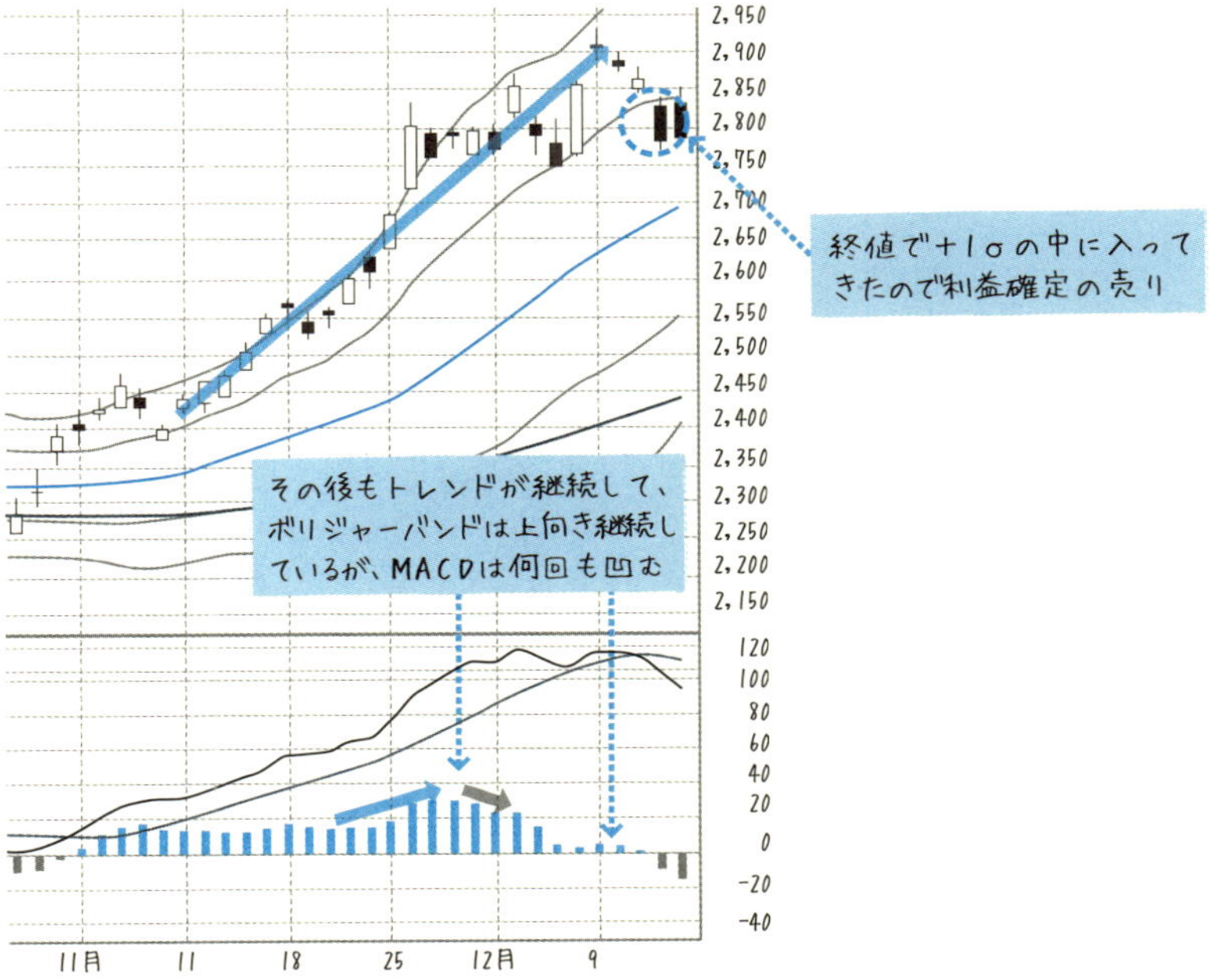

問題13-3

高

次頁のチャートは、すでにトレンドが発生している状態を表しています。Aは1回トレンドが発生して利益確定をしたあと、トレンド転換をしていることを表しています。Bはトレンド転換の買いが約定しさらに強力なトレンドが発生しています。AとBについて解答欄に投資計画を記入してください。

解答欄

A 右端の位置で買う注文を設定します。このときの利益目標はどこに設定しますか？　Bがないという前提で、その根拠も述べてください。

- □ ボリンジャーバンドが横ばいなので、+2 σを目標にする
- □ MACD のヒストグラムが 0 ラインの下にあるので、そもそも買わない
- □ トレンドが強く続いているので、ボリンジャーバンドが +1 σに入ってくるポイントを目標にする

その根拠は？

B さらに強いトレンドのあと、いよいよ当日は MACD が凹みました。利益確定をここで行うべきですか？

- □ トレンドが強いので MACD の凹みは参考程度にする
- □ 利益幅は確保できたので、ここでおとなしく撤退する

Aはトレンド転換するときの図。
Bはその続きを表しています。

トレンド転換での買い、その後のMACD、ボリンジャーバンドを用いた利益確定ができるようになるともうばっちりですね！

問題 トレンドが長く継続している場合の戦略（4812：電通国際情報サービス）

A

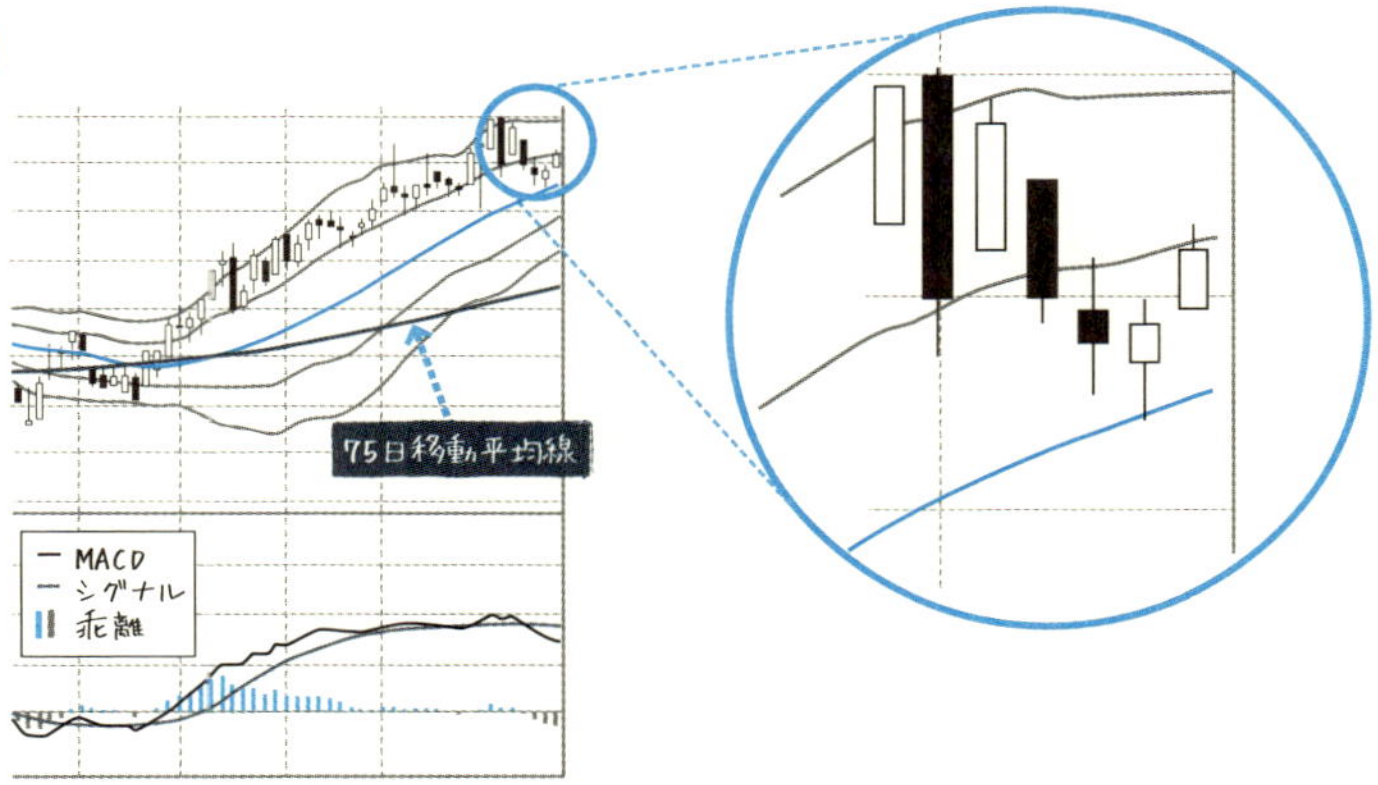

B

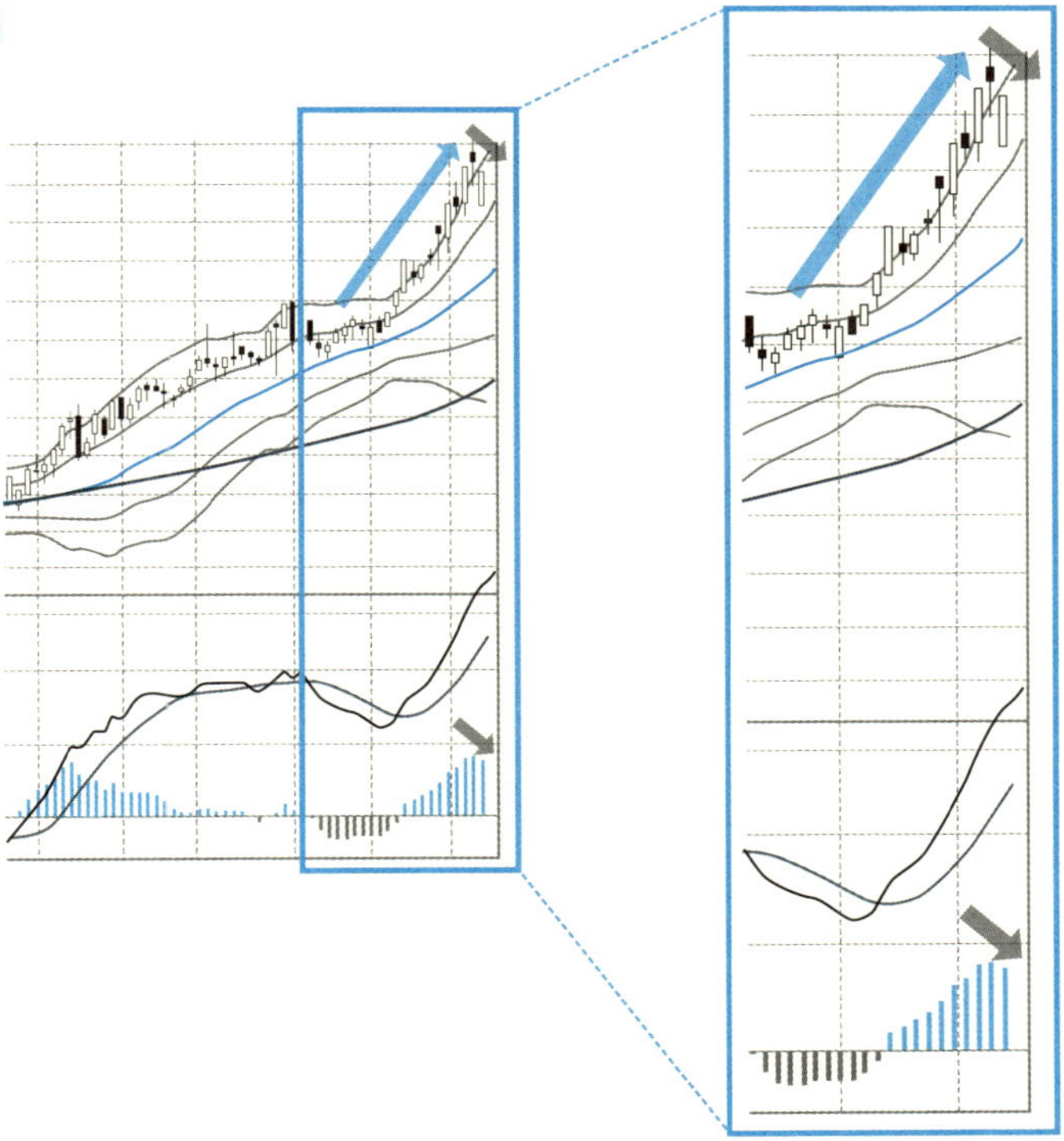

13・3の解説
ボリンジャーバンドが横ばいでも＋2σ超えまで持っていく

Aの買いポイント設定は、もう目をつぶってもわかりますね。トレンド転換線では明確に転換しているので、高値超えで買うのが正しい買いのポイントです（**C**）。問題は、買う時点でトレンドをどのように判断するかです。MACDが0ラインの下なので買えないと思った人は、最初の問題に戻って復習してください。

現状の動きは75日移動平均線が明確に上向き、ボリンジャーバンドも幅が広がった状態で上向きを継続してきました。トレンド転換して買いを実施したこの日は、数日の調整を経ているので横ばいになりました。これはトレンドがなくなったと判断するよりは「**トレンドが継続する中、調整を挟んでいるだけ**」と考えるのがいい判断でしょう。よって、「**利益確定の目標は＋2σではなく、それを超えて、上昇を続けるなら保持**

答えあわせ トレンド転換時の買い投資判断①

C

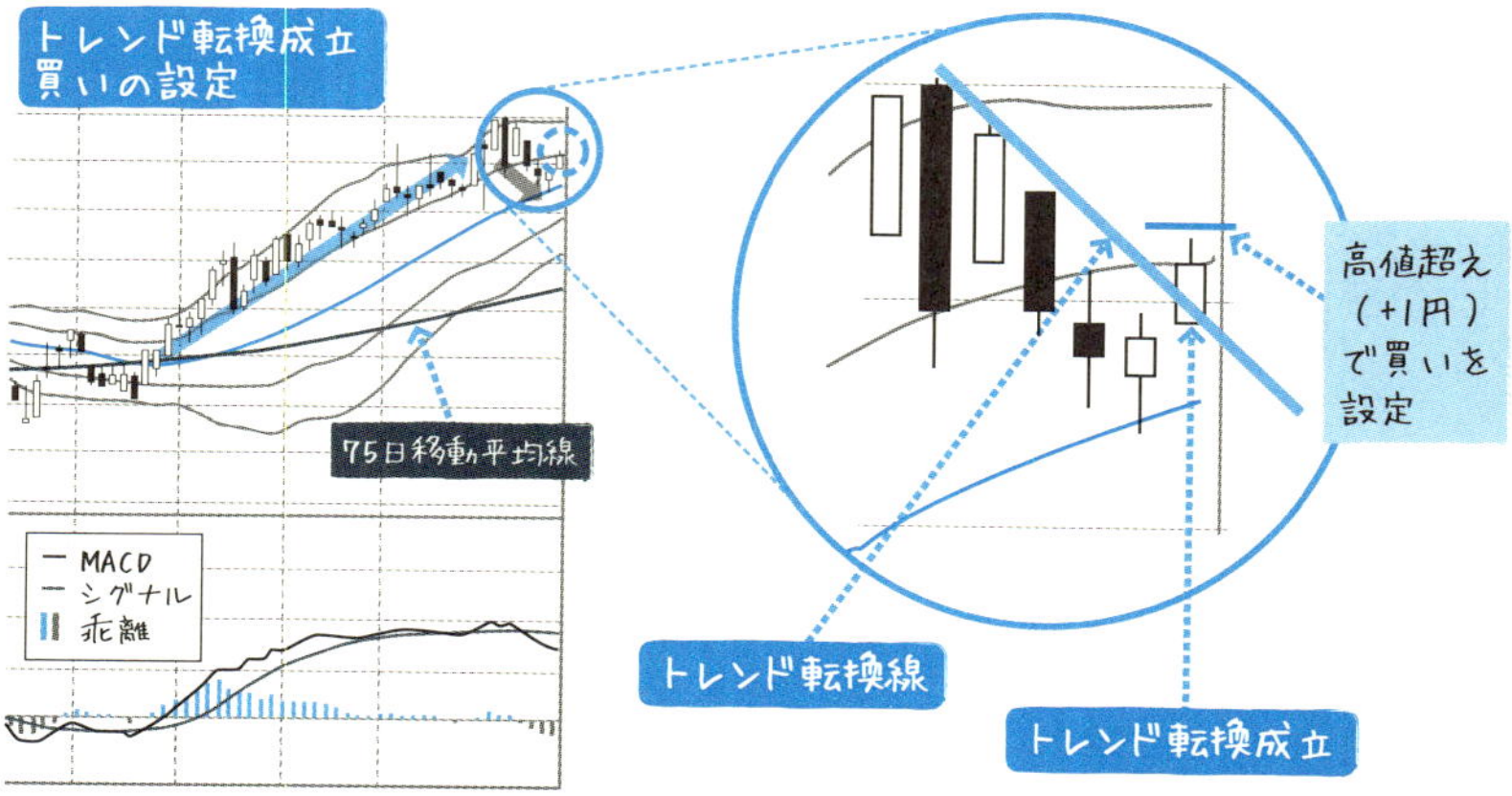

すると決めておく」のが正解です。

実際、翌日は高値を超えて買いが約定していますが（D）、陽線で上昇が2日間続いたので、MACDの乖離は下に向かって伸びる（下落する）のが止まり、ボリンジャーバンドは微妙に上向きはじめたことがわかります。

ダイバージェンスに動揺しないのがポイント

その後はさらに強力なトレンドが発生して、上昇の勢いが増しています。そしてローソク足が＋2σを押しあげる、典型的なトレンド継続のパターンで上昇しています。もうおわかりですね。「Bで起きる**ダイバージェンス（170頁参照）のタイミングは急いで利益確定をするのではなく、保持をするタイミング**」です（177頁上段の❶）。しかし、この日は陽線とはいうものの、窓を空けて結構な幅で下落しているので、利益が減るのが嫌な投資家にとって

答えあわせ　トレンド転換時の買い投資判断②

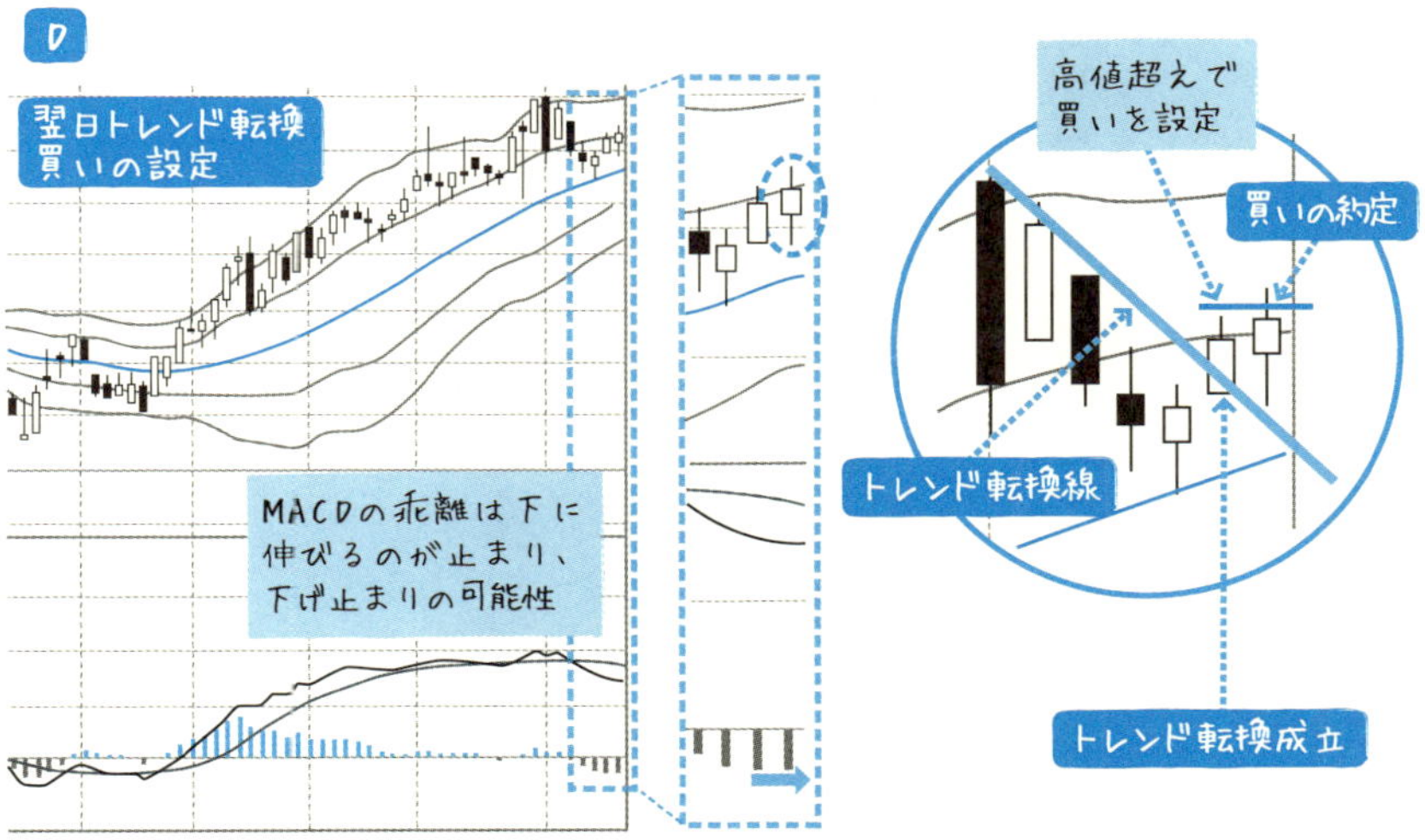

は耐えがたいタイミングです。強い投資家はマインドが大事だということは、このような局面での対応ができるかどうかを意味します。さらにここだけでなく、上昇する間にダイバージェンスはまた起こります（❷）。ここまで耐え抜くと、いよいよトレンドが終わるサインが出るとともに利益確定の時間が訪れます（❸）。この問題で得られる教訓をまとめてみましょう。

- **トレンドが継続しているときのトレンド転換は、目標をより高く設定する**
- **ダイバージェンスのときに動揺するのはあたりまえ、これを克服することで強い投資家になれる**

難しい問題でしたね。ここまで理解できて、これを実践に応用できるとあなたも立派なプロ投資家の仲間入りです。さらに理解を深めていただくために、特典動画でわかりやすく解説しました。何回も見て理解を深めてください。

特典動画❺ MACDとボリンジャーバンドを組みあわせて利益確定をする
(http://www.tbladvisory.com/book003)

買いと売りを極めたあなたに怖いものはもうなし、といいたいところですが、「怖いもの」を用意するよりも、あなたを洗練された投資家に導く法則を準備しています。ファンダメンタル情報でいい銘柄を選別する、次の法則で深く勉強してみましょう。

答えあわせ トレンド転換買い時の投資判断

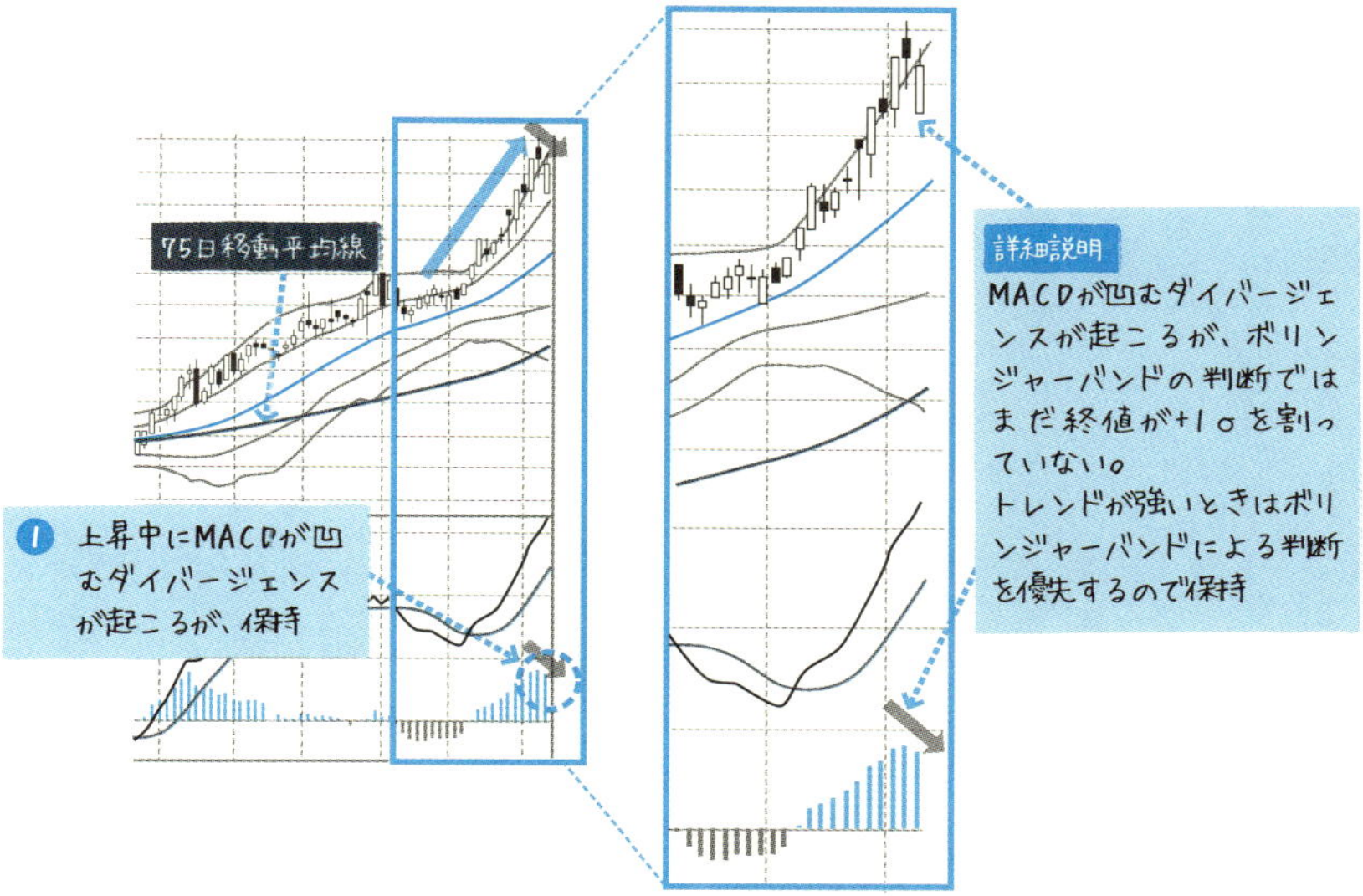

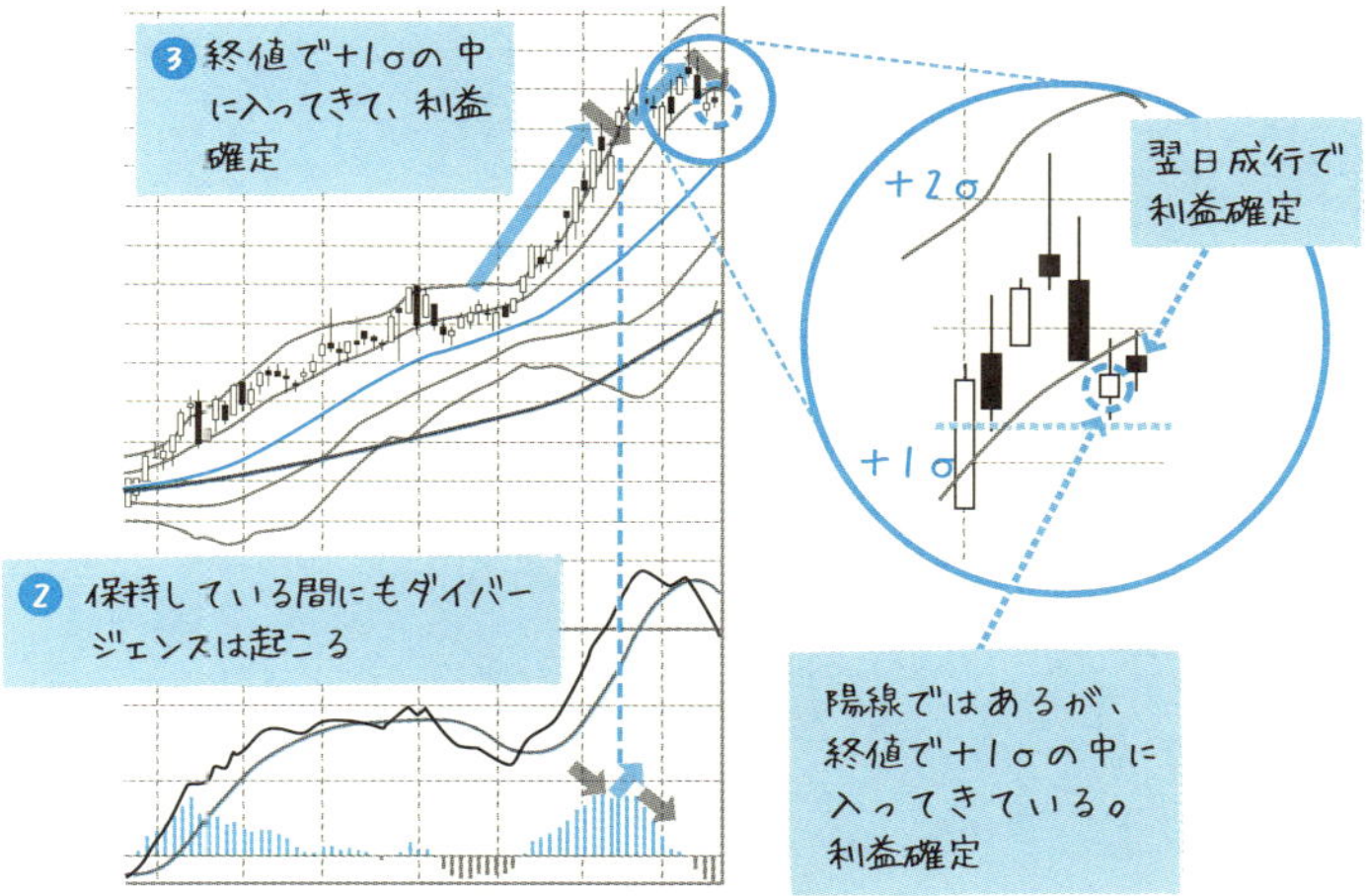

ダイバージェンスとは

トレンドが強くなっているとき、指標が逆のサインを出すこと。
トレンドが続くかぎりダイバージェンスに動揺しないで保持！

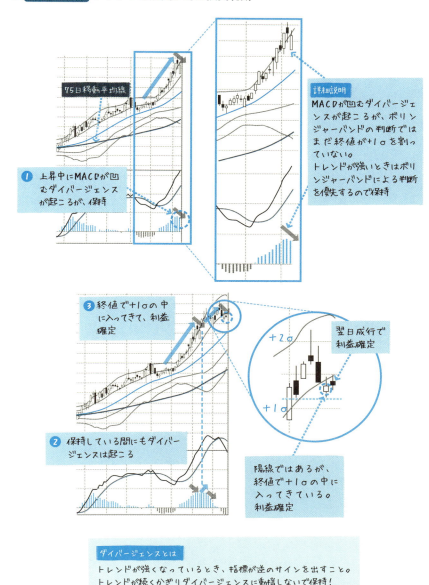

難易度

低 中 高

14 ファンダメンタル分析は4指標で即決

1 迷ったらファンダメンタル

同じ形なら4つの基準で買われる銘柄を選別する

明日からでも、投資できる銘柄を選び出すのはもう問題ないでしょう。タイミングの分析に慣れてくると、今度はいくらでも銘柄が見つかってしまうので困ることになります。かぎられた資金の中で、適切な銘柄に絞り込んで投資をするのに必要なのが、ファンダメンタル分析です。「世界一やさしい 株の教科書1年生」では4つの基準と、それを満たす指標を使って必要最小限の時間で分析を行う方法を紹介しました。

目標

ファンダメンタル分析に使われるPER、PBRなど4つの指標を理解する。

参考書籍　「世界一やさしい 株の教科書 1年生」
6時限目 02（204頁）

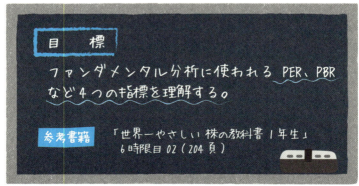

その4つの基準を復習しておきます。

- ❶ **割高になっていないか**
- ❷ **会社が財政的に安定しているか**
- ❸ **しっかり稼いでくれるか**
- ❹ **株主を大事にしているか**

まずは割安性と安定性の分析から

株式投資の醍醐味は、安いときに買い、高いときに売ることにあるといわれています。まず覚えてほしいのは、会社の業績（利益）と資産（純資産）から評価した割安性を図る2つの指標です。

最初の指標は「**株価収益率**」と訳され、EPS（1株あたりの利益）とセットになっている「**PER**」です。こちらは会社の利益に着目して、4つの基準のうち「**割安性を図る指標**」として使われます。

次は会社が持っている純資産に着目して、その安

● ファンダメンタル分析の4指標は1セットで覚える

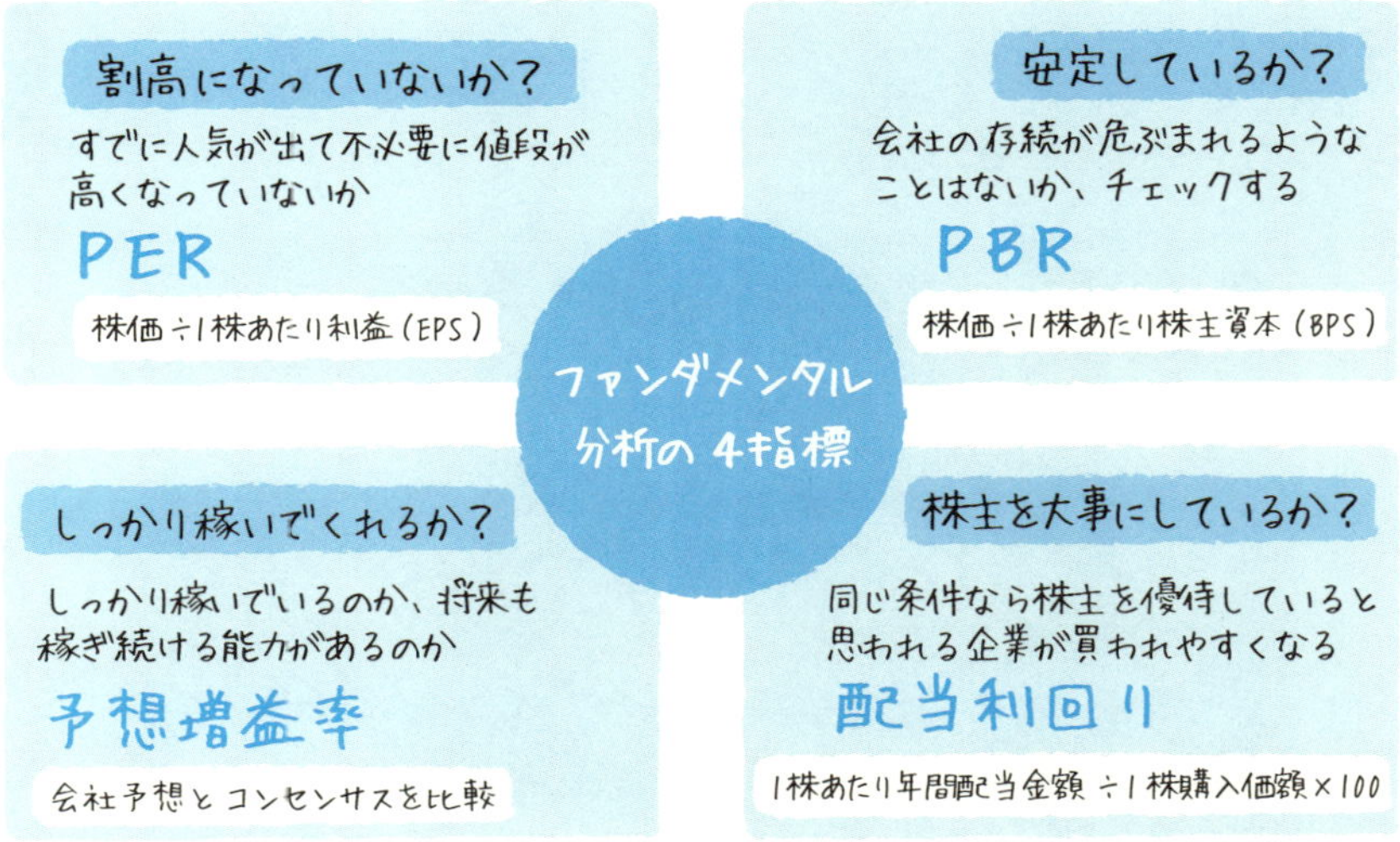
割高になっていないか？
すでに人気が出て不必要に値段が高くなっていないか
PER
株価÷1株あたり利益（EPS）
安定しているか？
会社の存続が危ぶまれるようなことはないか、チェックする
PBR
株価÷1株あたり株主資本（BPS）
ファンダメンタル分析の4指標
しっかり稼いでくれるか？
しっかり稼いでいるのか、将来も稼ぎ続ける能力があるのか
予想増益率
会社予想とコンセンサスを比較
株主を大事にしているか？
同じ条件なら株主を優待していると思われる企業が買われやすくなる
配当利回り
1株あたり年間配当金額÷1株購入価額×100

定性と割安性を図る「**PBR**」です。PBRは「**株価純資産倍率**」と訳され、BPS（1株あたりの株主資本）とセットで覚えるのがコツです。

今後も稼ぎ続けられるのか、株主を大事にしているのかもチェックする

企業はやはり稼ぐ力が大事です。稼ぐ力は決算書類などを見て、利益を生み出しているか、利益率などをチェックすることもできます。しかし利益率だけ見ても、それは今この瞬間の話であって、それが将来も続くかは不明です。これからも伸びることができるかを確認するのに大変有用なのが、「**予想増益率**」です。

最後に必要なのが、低金利基調が固まってしまった日本の現状において、銀行預金よりはるかに大きい利回りを可能にする「**配当利回り**」です。

4指標はバッチリ覚えましたか？　本当に？　では、下の黒板に4指標の求め方が書かれていますが、各指標がどの状態になっているのが選択の基準になるのか説明できますか？　説明できないなら「株の教科書1年生」に戻ってしっかり復習してください。

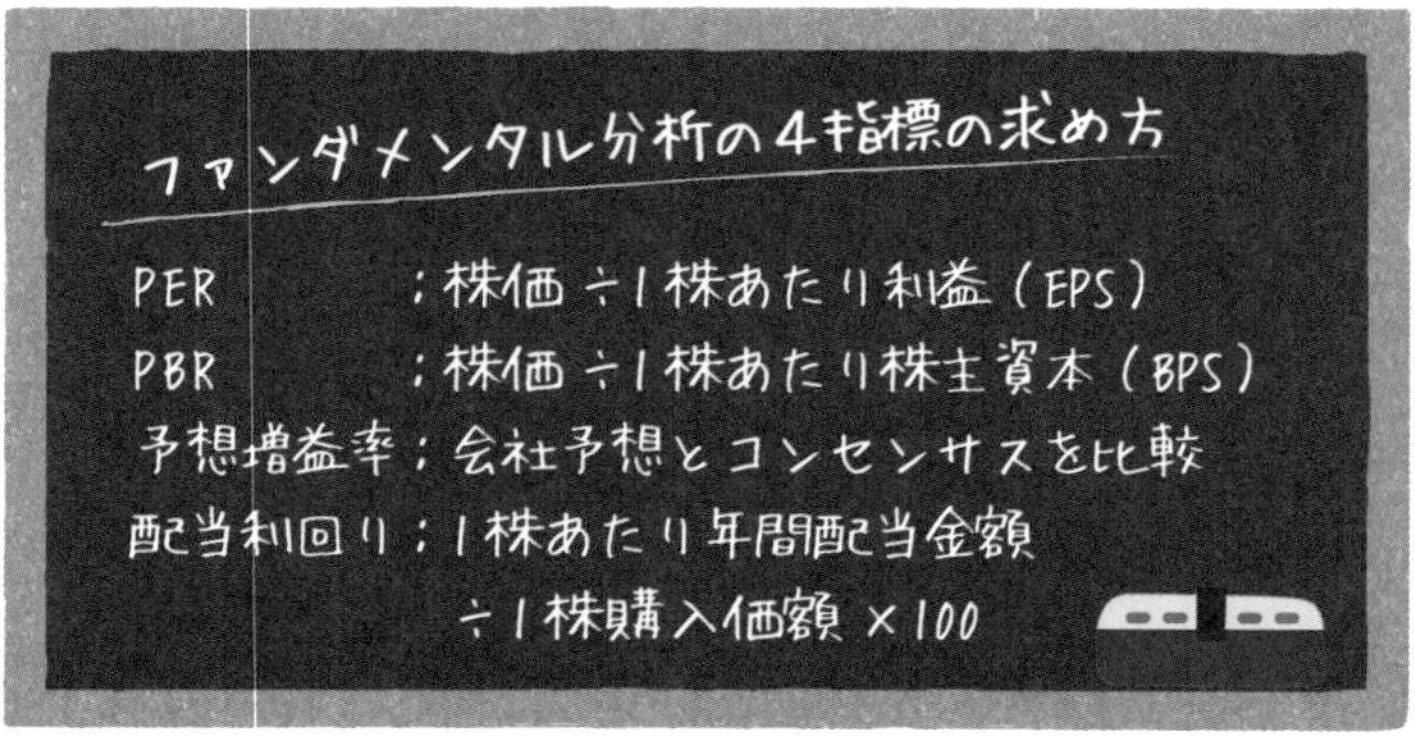
ファンダメンタル分析の4指標の求め方
PER　；株価÷1株あたり利益（EPS）
PBR　；株価÷1株あたり株主資本（BPS）
予想増益率；会社予想とコンセンサスを比較
配当利回り；1株あたり年間配当金額
÷1株購入価額×100

問題14-1

中

ファンダメンタルの指標を自分で計算する練習をしてみましょう。日本を代表する自動車大手3社の情報を用いて、PERとPBRを計算してください。自分で計算しなくてもインターネットの情報サイトにすでに掲載されていますが、1度自分で計算してみると親近感が増します。

高度な数学的な知識は必要ではないので、ぜひ正解を見る前に自分で計算してみましょう。

解答欄

❶ 各会社の株価と参考指標に基づいて、PERとPBRを計算してください。

❷ 分析したファンダメンタル情報に基づき投資に適した銘柄を選定してください。

問題 自動車大手3社のファンダメンタル指標を計算してみよう

項目	7201 輸送用機器 日産自動車(株)	7203 輸送用機器 トヨタ自動車(株)	7267 輸送用機器 ホンダ
株価	1,004	5,393	2,737.5
詳細情報			
前日終値	1,009	5,428	2,776
始値	1,008	5,392	2,763.5
高値	1,016	5,442	2,782
安値	999.1	5,351	2,721
参考指標			
時価総額	4,512,694 百万円	18,001,820 百万円	4,958,785 百万円
発行済株式数	4,494,715,112 株	3,337,997,492 株	1,811,428,430 株
配当利回り(会社予想)	4.78%	3.84%	3.21%
1株配当(会社予想)	48.00	―――	88.00
EPS(会社予想)	125.27	482.11	216.39
BPS(実績)	1,132.61	5,513.08	3,751.59
PER	倍	倍	倍
PBR	倍	倍	倍

14・1の解説
高校時代の数学の公式ではないので理屈がわかっていれば覚えなくてもいい

いざ自分で計算しようとすると、どうすればいいかわからず、前の頁に戻って公式を一生懸命カンニングしましたか？「世界一やさしい株の教科書1年生」でも述べたように、ただでさえ苦手な財務指標をEPS、PERなどの横文字を使って無理矢理覚えようとしてもなかなかうまくいきません。EPSが何を意味するのか、それとPERがどのように絡んでいるのかを理解すると、自ずと計算できるようになります。

まずPERの計算です。PERはEPSとセットで計算され、**「EPSは1株あたりの利益」**として定義されます。EPSで現在の株価を割ってその倍数を表すのがPERです。いわば、**「現在この会社がつくり出した利益に比べて株価は何倍まで買われてい**

答えあわせ 1 ファンダメンタル指標の計算正解

7201 輸送用機器 日産自動車(株)	1,004
詳細情報	
前日終値	1,009
始値	1,008
高値	1,016
安値	999.1
参考指標	
時価総額	4,512,694 百万円
発行済株式数	4,494,715,112 株
配当利回り(会社予想)	4.78%
1株配当(会社予想)	48.00
EPS(会社予想)	125.27
BPS(実績)	1,132.61

PER 8.01 倍

PBR 0.89 倍

7203 輸送用機器 トヨタ自動車(株)	5,393
詳細情報	
前日終値	5,428
始値	5,392
高値	5,442
安値	5,351
参考指標	
時価総額	18,001,820 百万円
発行済株式数	3,337,997,492 株
配当利回り(会社予想)	3.84%
1株配当(会社予想)	―――
EPS(会社予想)	482.11
BPS(実績)	5,513.08

PER 11.19 倍

PBR 0.98 倍

7267 輸送用機器 ホンダ	2,737.5
詳細情報	
前日終値	2,776
始値	2,763.5
高値	2,782
安値	2,721
参考指標	
時価総額	4,958,785 百万円
発行済株式数	1,811,428,430 株
配当利回り(会社予想)	3.21%
1株配当(会社予想)	88.00
EPS(会社予想)	216.39
BPS(実績)	3,751.59

PER 12.65 倍

PBR 0.73 倍

るのかを表す指標」です。PERが高くなるというのは利益に比べて投資家に買われているということから、「**人気がありすぎると株価が割高になっている可能性が高い**」と分析されることが一般的です。日産自動車を例として、PERを計算してみましょう。現在の株価が1004円でEPSは125・27なので、PER＝1004÷125・27＝8・01と計算できます。

すべてが優れた銘柄は存在しない。割り切るところを決める

次はPBRです。PBRとセットになっている「**BPSは1株あたりに配分できる純資産、株主1人に配分される株主に帰属する資産の金額**」を表しています。現在の株価をBPSで割ることで、「**現在の株価でこの銘柄を買うのが得かどうか**」がわかります。PBRが1以下だと株主に帰属する資産のほうが大きいということになり、現在の株価で買うとより大きな資産が請求できるので買い得、つまり割安な状態といえます。トヨタ自動車のBPSは5513・08、現在の株価は5395でPBRは5395÷5513・08＝0・98と計算されます。ほぼ1なので、この銘柄を買うと損も得もな

答えあわせ2 銘柄の選定

7201	日産自動車
PER	8.01倍
配当利回り	4.78%
PBR	0.89倍

7203	トヨタ自動車
PER	11.19倍
配当利回り	3.84%
PBR	0.98倍

7267	ホンダ
PER	12.65倍
配当利回り	3.21%
PBR	0.73倍

PERは相対比較で割安な状態、PBRはホンダのほうが割安だが、配当利回りまで比較すると、5%近くを記録している日産自動車のほうが買われやすくなる

いということを意味します。

以上の計算結果に、配当利回りまで入れて表でまとめたのが前頁の下図です。ＰＥＲは３銘柄の相対比較で日産自動車が割安な状態で、ＰＢＲはホンダのほうが割安な状態です。もうひとつの指標である配当利回りまで比較すると５％近くを記録していることから、総合的に考えて日産自動車のほうが投資家に買われやすい状態と分析されます。このようなすべての指標において絶対的に優れた銘柄は稀なので、割り切る部分を決めることも大事です。

問題14・2

高

今度は日本を代表する製薬会社２銘柄を用いて、ここまで勉強してきたことを網羅して、銘柄を選定してみましょう。

テクニカルとファンダメンタル分析の両方が必要なので、この問題が解けないときは、この時点で前の法則13に戻って復習をしてからまた解いてください。

そして、次の２銘柄に対して与えられた情報に基づいて、あなたが投資すべき銘柄を選定してください。

解答欄

❶ 4568：第一三共の分析
テクニカル分析：
ファンダメンタル分析：PER(　　　)倍
PBR(　　　)倍

❷ 4503：アステラス製薬の分析
テクニカル分析：
ファンダメンタル分析：PER(　　　)倍
PBR(　　　)倍

❸ 投資すべき銘柄は？

問題 1 チャートとファンダメンタルの組みあわせ（4568：第一三共）

4568 医薬品
第一三共(株)
2,356.5

詳細情報	
前日終値	2,405
始値	2,390
高値	2,410.5
安値	2,349.5

参考指標	
時価総額	1,670,785 百万円
発行済株式数	709,011,343 株
配当利回り（会社予想）	2.97%
EPS（会社予想）	94.30
BPS（実績）	1,801.90

通期会社予想 増益率	100,000 −18.29%	通期コンセンサス予想 増益率	105,417 −13.87%

問題 2 チャートとファンダメンタルの組みあわせ（4503：アステラス製薬）

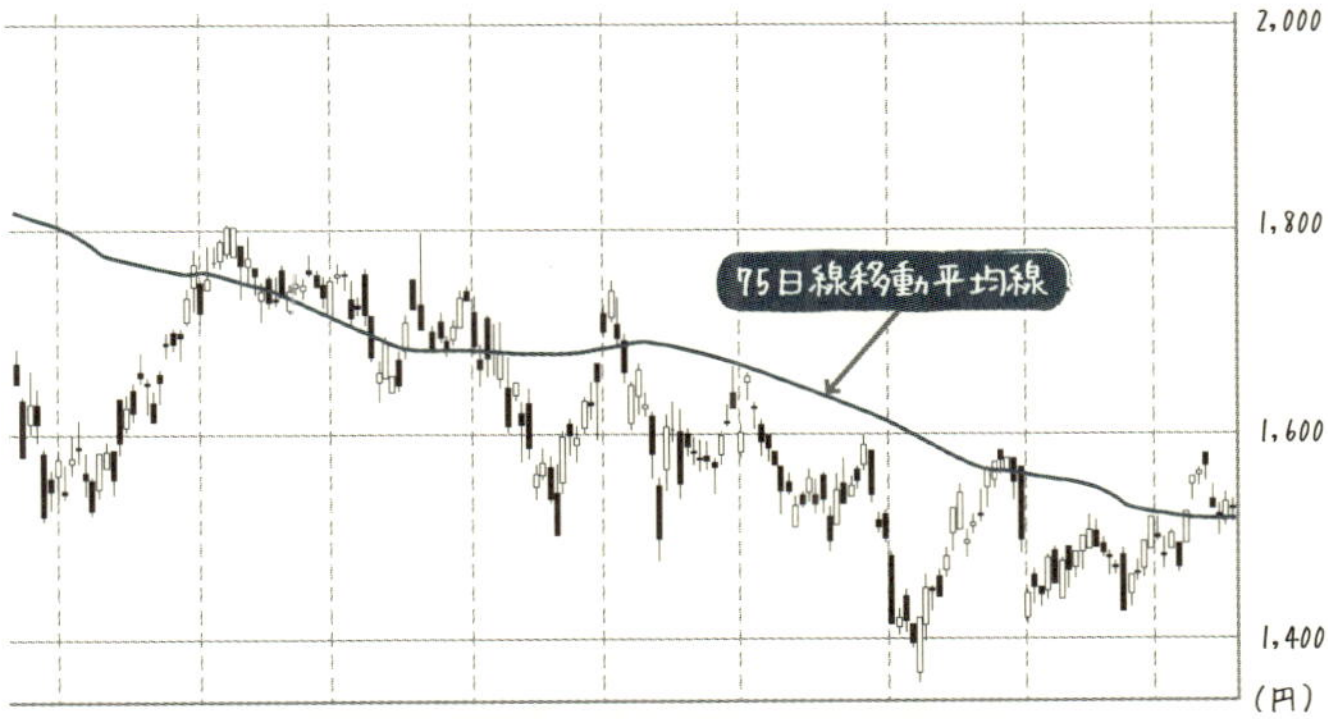

4503 医薬品
アステラス製薬(株)
1,526.5

詳細情報	
前日終値	1,534.5
始値	1,527
高値	1,534
安値	1,512.5

参考指標	
時価総額	3,391,613 百万円
発行済株式数	2,221,823,175 株
配当利回り（会社予想）	2.23%
EPS（会社予想）	91.28
BPS（実績）	592.58

通期会社予想 増益率	268,000 2.38%	通期コンセンサス予想 増益率	277,043 5.83%

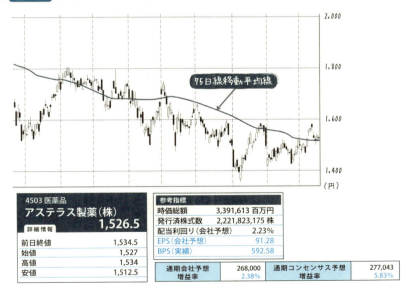

14・2の解説
ファンダメンタル的に優れているのと買われるタイミングというのは別の話

まず買いのタイミングを計るテクニカル分析の観点から、2つの銘柄を分析してみましょう。次頁のテクニカル分析を見てください。国内製薬最大手の第一三共（4568）は長い上昇トレンドが続いたあと、現在は一時的に75日移動平均線を割り込んでいます。ここからもう一度75日移動平均線に戻ってきて、上昇トレンドが続くと見ることもできますが、高値をすでに3回以上切り上げて、割高になっている可能性があると分析するのが自然でしょう。また、直近は高値を切り下げながら75日移動平均線の下に来ていることで、これから下落に変わる可能性もあると分析できます。一方、アステラス製薬（4503）は長い下落トレンドが続き、安値を切り下げてきました。75日移動平均線はまだ下向きなまま、その線を1回抜けてから調整に入って75日移動平均線に戻ってきたところです。上昇トレンドが発生したと断言するよりは、調整が終わると上昇2回目に入っていく可能性があると分析されます。

以上のことを踏まえると、「**タイミング的にはこれからトレンドが発生するかもしれないアステラス製薬のほうを選ぶのが無難**」に思えます。

次は、ファンダメンタル的にもアステラス製薬が割安として思える指標なのかを検証してみます。ファンダメンタル分析をするためには、まず179頁でお話しした指標がすべてそろっているか、確認してください。185頁のファンダメンタル情報を見ると、予想増益率と配当利回りはありますが、PERとPBRがないことに気づきます。

「あれ、どうしよう？」と思いましたか。それなら、**問題14・1**をすでに忘れてしまった可能性がありますね。**問題14・1**に戻って、情報が足りないときはどのように計算したかを確認してから戻ってきてください。

戻ってきましたか？　では、答えてください。足りないPERとPBRはどのように計算できましたか？　PERはEPSとセットになっているので、株価とEPSが表示されていれば計算できます。またPBRはBPSとセットなので、185頁にある情報のみで十分計算できることがわかります。

答えあわせ 1 チャート上の分析と判断（4568：第一三共）

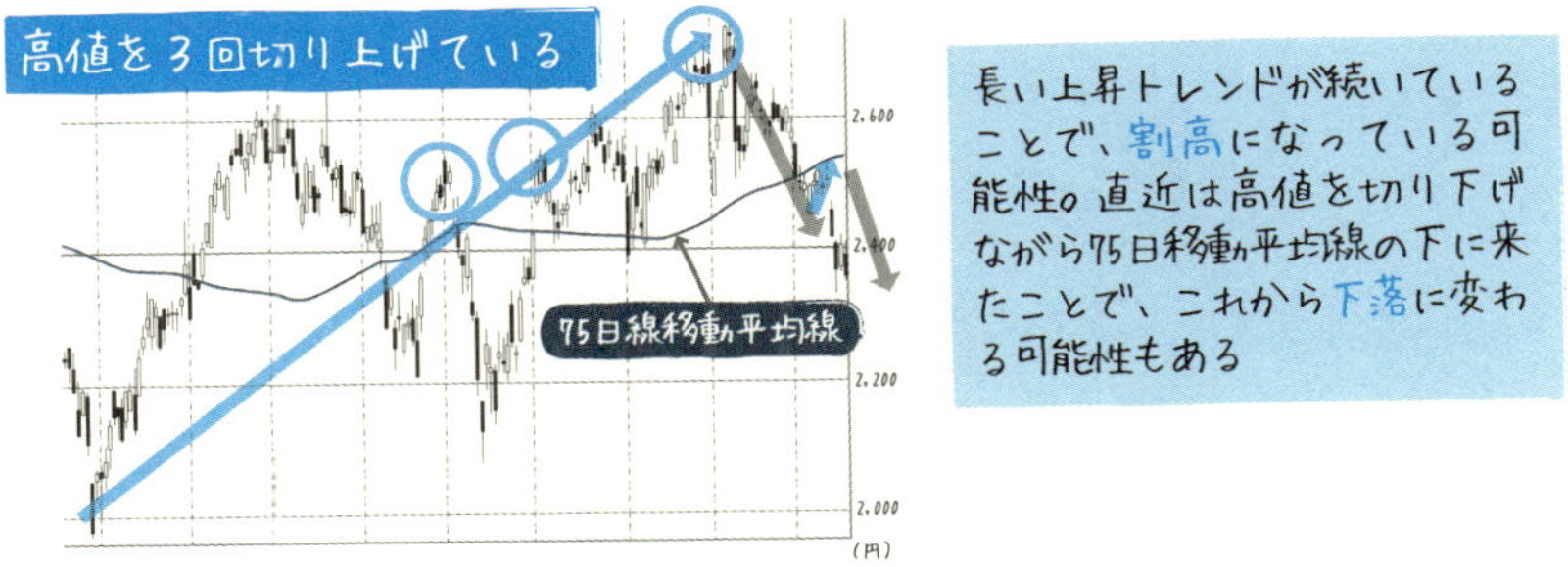
高値を3回切り上げている
75日線移動平均線
2,600
2,400
2,200
2,000
（円）
長い上昇トレンドが続いていることで、割高になっている可能性。直近は高値を切り下げながら75日移動平均線の下に来たことで、これから下落に変わる可能性もある

答えあわせ 2 チャート上の分析と判断（4503：アステラス製薬）

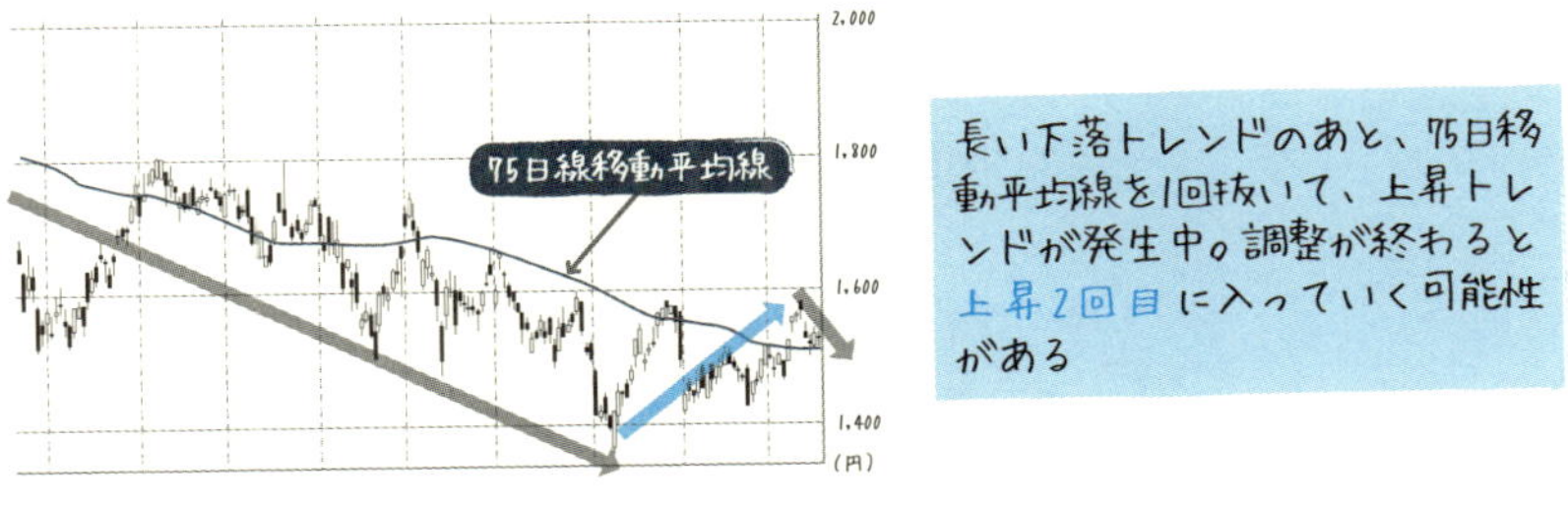
75日線移動平均線
2,000
1,800
1,600
1,400
（円）
長い下落トレンドのあと、75日移動平均線を1回抜いて、上昇トレンドが発生中。調整が終わると上昇2回目に入っていく可能性がある

買いのタイミングにあり、ファンダメンタル的にも割安な状態がベストの銘柄

問題14・1で勉強した実力をもとに、ファンダメンタル指標を計算して、相対比較を行ってみましょう。今回は「**将来もしっかり稼ぎ続けられるのかを表す〝予想増益率〟**」まで入れて分析します。

下図に計算した結果をまとめた表があるので、それを見ながら分析を進めましょう。「**PER**」の場合、東証全体の平均PER（通常15〜17倍で推移）に近い16・72倍のアステラス製薬のほうが割安と分析されます。チャートで確認したとおり、現在の株価はPERで見ても、第一三共のほうが割高なレベルなのです。一方「**PBR**」の結果を見ると、第一三共のほうが割安です。割安を計る2つの指標ではほぼ拮抗していますが、勝負は残りの指標で決まります。「**配当利回り**」は2・97％の第一三共のほうが投資家に好まれそうですが、企業の目標であ

答えあわせ 3 ファンダメンタルによる最終決定

4503	アステラス製薬
PER	16.72倍
配当利回り	2.23%
PBR	2.58倍
予想増益率	2.38%

PERの相対比較はアステラス製薬が割安

PBRの相対比較は第一三共が割安

予想増益率はアステラス製薬のほうが高い

4568	第一三共
PER	24.99倍
配当利回り	2.97%
PBR	1.31倍
予想増益率	-18.29%

PBRと配当利回りは第一三共のほうが優れているが、テクニカル的に買われやすい位置にあり、業績から評価した割安性が高いアステラス製薬を選択

る利益の獲得という観点では、「**予想増益率**」の高いアステラス製薬に軍配があがります。まとめると、ＰＢＲと配当利回りは第一三共のほうが優れていますが、テクニカル的に買われやすい位置にあり、「**業績から評価した割安性が高いアステラス製薬を選択するのが妥当な投資行動**」と考えられます。

問題14・2が難しく感じられるのは、ある意味当然のことです。逆にいえば、この問題が解けるならプロに近いレベルにきていると考えていいです。難しい問題なので、この分析過程は特典動画で私が言葉で説明しています。ぜひ何回も見て、自分のものにしてください。

特典動画⑥ 銘柄の選定
(http://www.tbladvisory.com/book003)

次の法則では、指標だけではない、ファンダメンタルのもうひとつの要素である「ニュース」の使い方について詳しくお話しします。

難易度 低 **中** **高**

15 ニュースの正しい使い方

1 ニュースが出たときは、飛び込む前に使い方を考える

ニュースの種類を分けるのが第一歩

銘柄の仕入れは初心者だけでなく、プロの投資家にとっても永遠の課題といえます。「**いい銘柄を適切なタイミングで仕入れることができれば、投資はすでに90%以上勝っている**」といっても過言ではありません。

銘柄の仕入先として有力なソースが「**ニュース**」です。その銘柄に関して大きな話題になりそうなニュースが出ると、当然、株

目標

ニュースに反応して買う行動をやめて、自分で利用するようになる

参考書籍 「世界一やさしい 株の教科書 1年生」
7時限目02（235頁）

価は動きます。

しかし、ニュースが出たからといって即座に飛び込むのではなく、いい材料と悪い材料に分けて考える必要があります。つまり**「飛び込む前にワンクッションを置く」**ということです。

いい材料で買うのは誰でもできること「何もしない」のもプロの技

銘柄を正しく仕入れて利益をあげるためには、ニュースを逆に利用する必要があります。業績が予想以上によかったというニュースで「じゃ、買おう」と反応するのは当然で、誰にでもできることです。むしろ、今はニュースが出て買われているけれど、株価の位置としては過熱・高値を迎えているので何もしない、と決められるのが本物のプロです。

いいニュースが出た場合、その銘柄がファンダメンタル的にも優れていて、株価の位置も高値圏にない場合は問題ありません。つまり、**「これから上昇しようとする銘柄に対していい材料が出ると、投資家の注目度が増え上昇が加速するので、投資する価値は十分ある」**といえます。

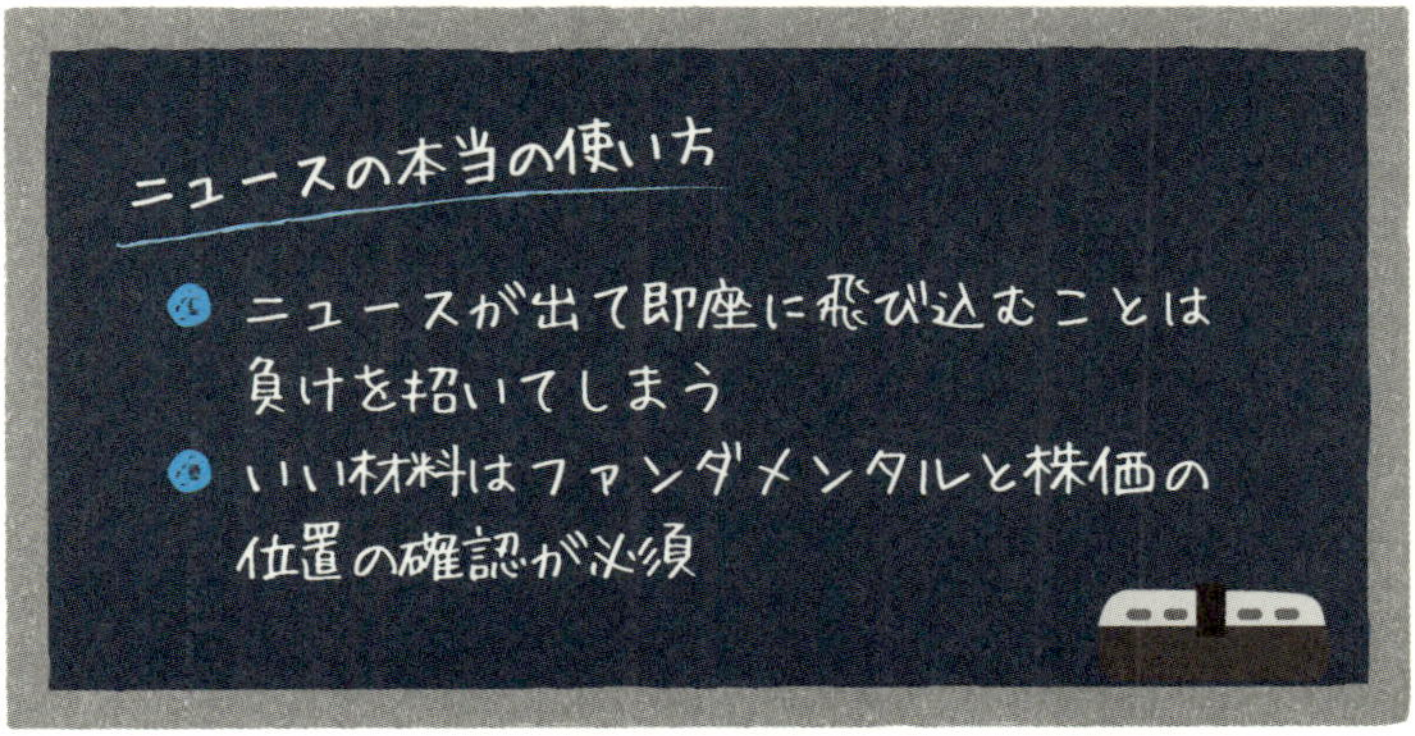
ニュースの本当の使い方
ニュースが出て即座に飛び込むことは負けを招いてしまう
いい材料はファンダメンタルと株価の位置の確認が必須

悪いニュースの使い方で大きな利益が期待できる

いいニュース以上に活用価値が高いのが、悪いニュースです。ただし、悪いニュースはその銘柄に対しての影響度を先に考える必要があります。そのニュースが一時的なものなのか、または存続に関わる問題なのかによって投資判断を変えます。「**ファンダメンタル的に強く**」、ニュースが「**一時的な話題**」にすぎない場合は、いい銘柄を安く仕入れるバーゲンセールのチャンスになります。この前提が最も大事なので、必ず覚えてください。

「悪いニュースが出たからバーゲンのチャンス！」と思うのは論外です。
まずはニュースの影響度を分析しよう！

悪いニュースを活用する際の大前提を忘れない

1. ファンダメンタル的に強いことが分析ずみである
2. ニュースは企業の存続性に影響を与えない一時的な話題である（会計不正など上場廃止の可能性があったり、投資家を欺瞞するようなニュースには絶対反応しない）

問題15・1

中

「世界一やさしい 株の教科書1年生」147頁の**Episode1**では、パンダ関連のニュースで踊らされた精養軒（9734）、東天紅（8181）の例を紹介しました。

問題15・1では高値づかみをした投資家が教訓を得て、投資行動を改めたのか検証してみましょう。次のチャートとニュースを参考にして現時点での投資判断を解答欄に記入してください。

解答欄

❶ 2013年5月28日、2012年に続き「パンダに妊娠の兆候」のニュースで株価が大きく上昇しました。あなたの投資判断は？

□ A 絶好の買い場が到来したので喜んで大きく買っていく

□ B 何もしない

❷ 上記の投資判断を下した理由を、自分の言葉で説明してください。

❸ 買いと判断した場合、買うポイントとロスカットポイントを明示してください。

問題 投資家は投資行動を改めたのか？（8181：東天紅）

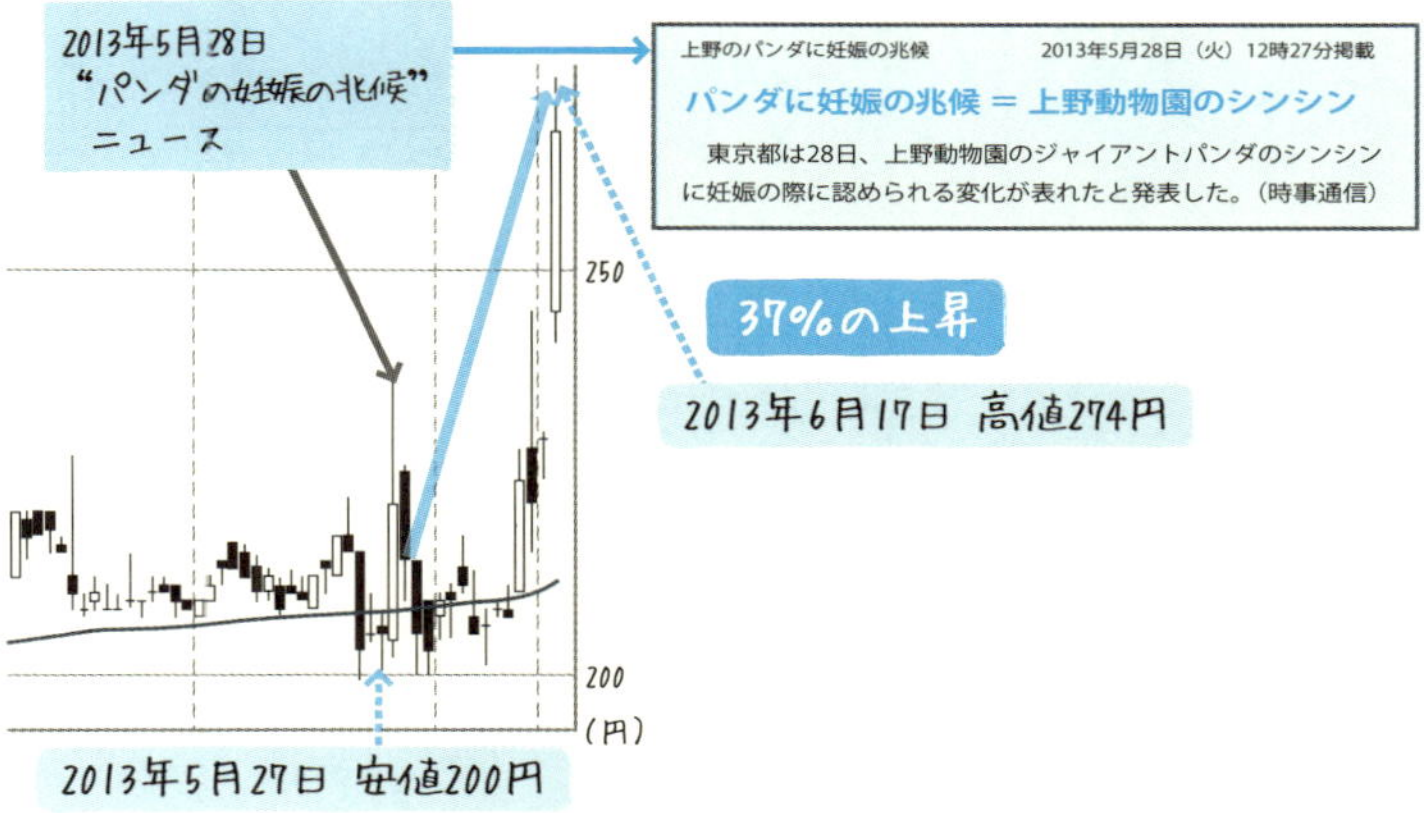

15・1の解説 歴史は繰り返されても同じ過ちは繰り返さない

「世界一やさしい 株の教科書1年生」のEpisode1では、人間思考のすごさに圧倒されたことをお伝えしました。そして、そのニュースに無理やり乗って損を抱えてしまったことについてもお話ししました。その1年後、また「妊娠の兆候」というニュースが出ましたが、投資家たちはまったく同じ行動をしています。暴騰を続けた結果、暴騰前の安値から、上昇後の高値まではなんと37％も上昇しています。

ここで喜んで買うと答えたあなた、下図を見ながら自分で考えてみてください。37％の上昇後、利益確定の売りが出る瞬間に「偽妊娠の可能性」というニュースが出ました。もうカウンターパンチですね。「パンダ関連銘柄」というジャンルまで形成した2つの銘柄はストップ安に近い下落を続けて、最終的にはニュースが出る前よりも下がってしまいます。売買ポイントを考える以前に、「**何もしない**」のが正解です。

答えあわせ 歴史は繰り返される（8181：東天紅）

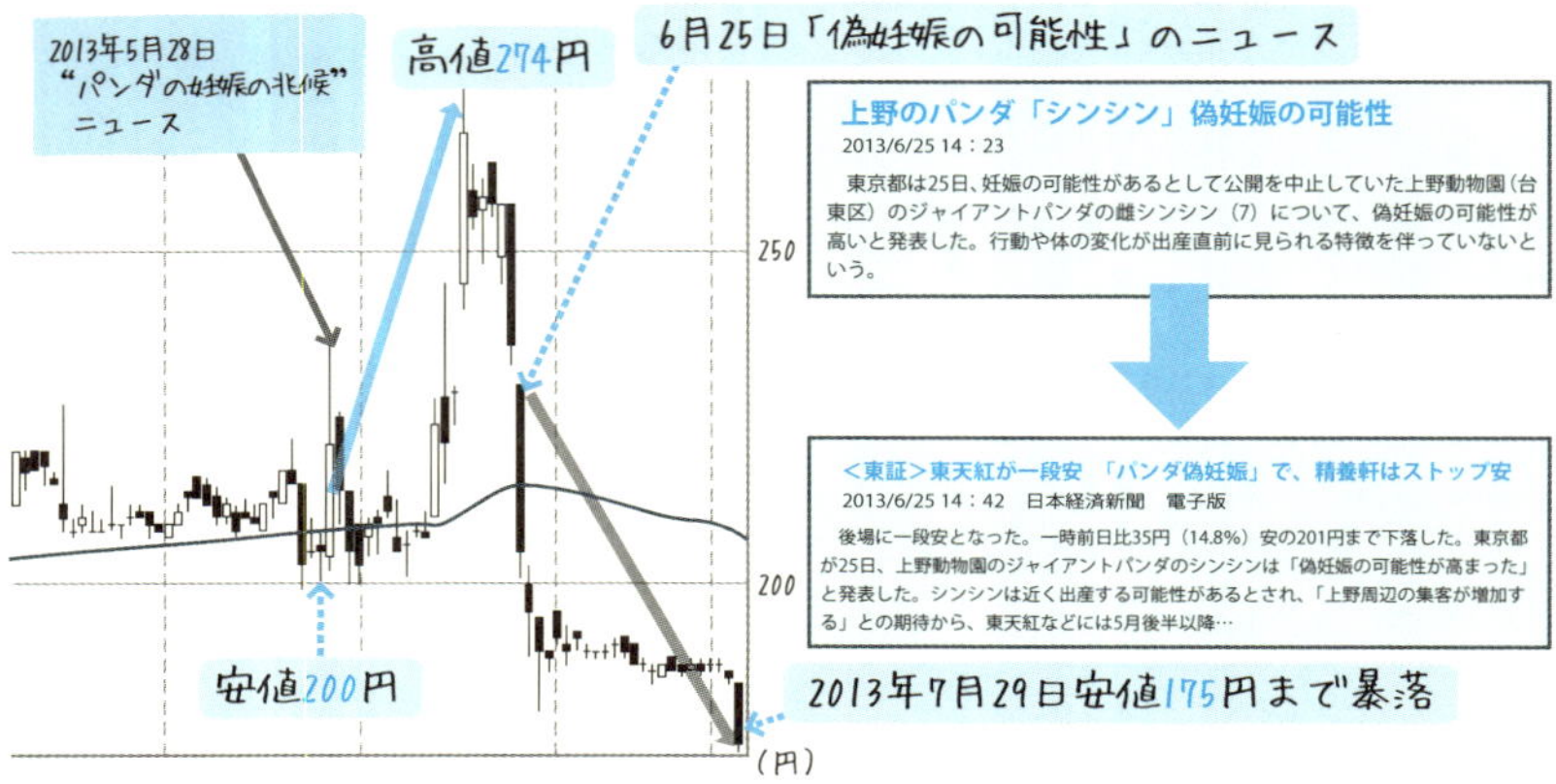

学びのない行動は損失を拡大するのみ

- **ファンダメンタル的に優れていて、一過性ではない成長余地があるか**
- **株価の位置はまだ過熱しておらず、これからも上がっていく余地があるか**

この2つに対してノーという答えしか出ないなら、投資はやめておくべきです。上手な投資家はここから買うのではなく、むしろ高値で買ってくるのを見て出ていく人です。

では、人間の学習能力を信じて2016年に入ってからの動きを見てみましょう。2月12日に「パンダの赤ちゃん誕生への期待高まる」というニュースが伝わると、当日にまたニュースに飛び込む投資家が殺到、窓を空けて値幅制限まで上昇しました。翌日からは大暴落を開始、6月時点まで下がり続けます。今度はあなたが叱ってあげる番です。

「いつになったら学習するの？」

検証 投資家はいつまで経っても学習できないのか？（8181：東天紅）

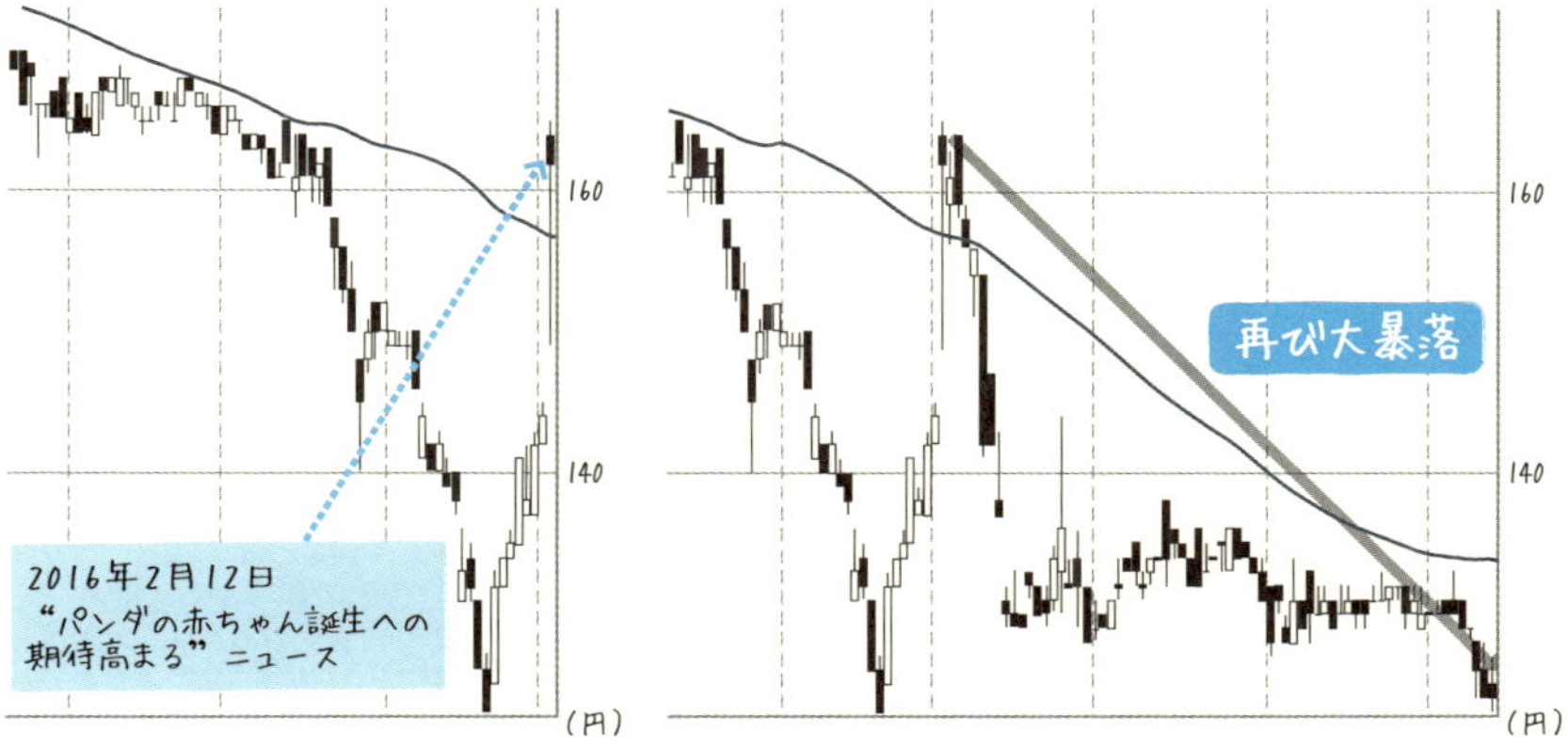

問題15・2

高

今度は悪いニュースの使い方について学習してみましょう。２０１４年10月、エアバッグの異常破裂問題でタカタ（７３１２）が大暴落を起こしました。タカタは車の安全装置に関しては世界シェアトップ３を占める堅実な会社でした。この情報とニュースを使ってあなたの投資判断を解答欄に記入してください。

解答欄

❶ この暴落に対するあなたの投資判断は？

□ A 絶好のバーゲンセールのチャンス、喜んで大きく買っていく

□ B 何もしない

❷ 上記の投資判断を下した理由を、自分の言葉で説明してください。

❸ 買いと判断した場合、買うポイントとロスカットポイントを明示してください。

問題 悪いニュースはバーゲンのチャンスか？（7312：タカタ）

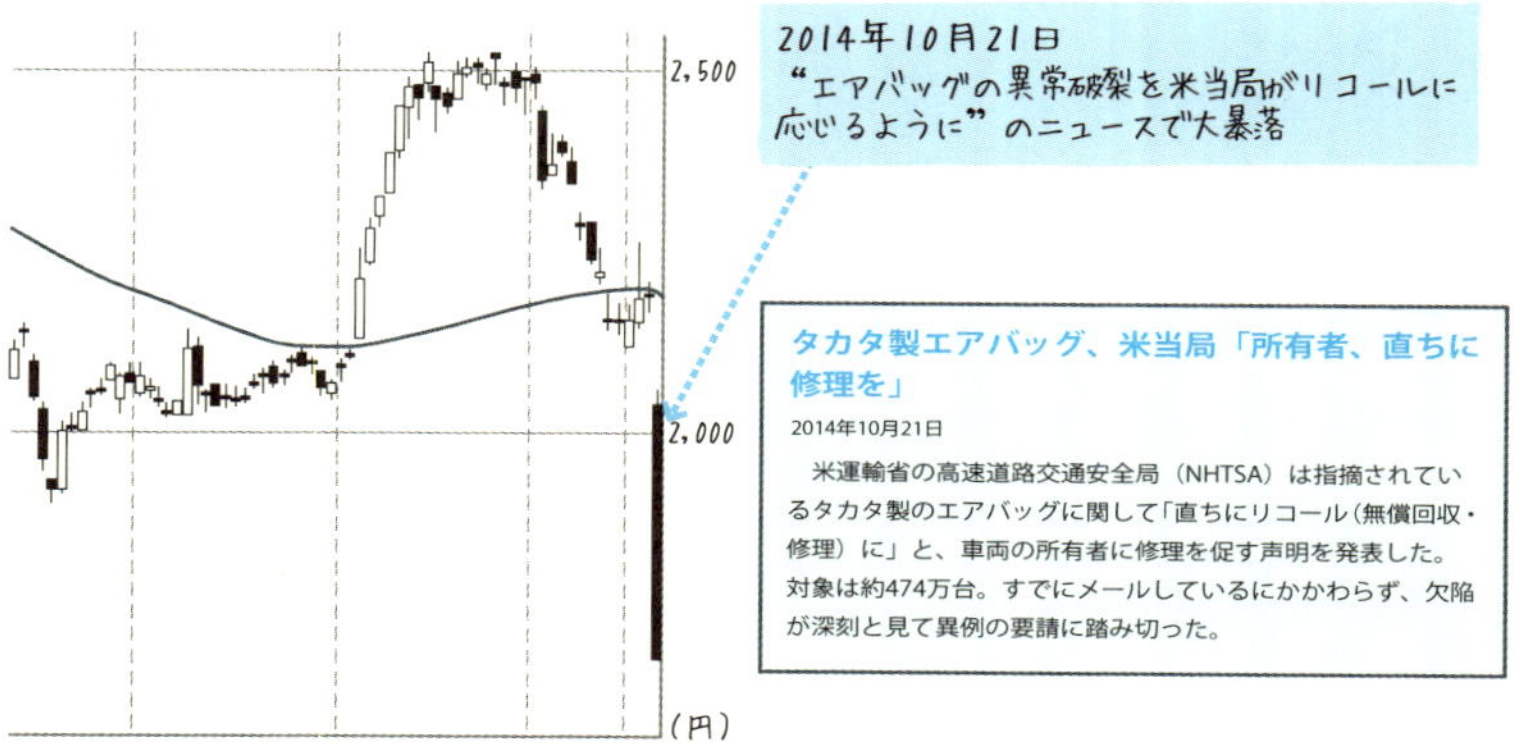
2014年10月21日
“エアバッグの異常破裂を米当局がリコールに応じるように”のニュースで大暴落
2,500
2,000
(円)

タカタ製エアバッグ、米当局「所有者、直ちに修理を」

2014年10月21日

米運輸省の高速道路交通安全局（NHTSA）は指摘されているタカタ製のエアバッグに関して「直ちにリコール（無償回収・修理）に」と、車両の所有者に修理を促す声明を発表した。対象は約474万台。すでにメールしているにかかわらず、欠陥が深刻と見て異例の要請に踏み切った。

15・2の解説 存続に関わる問題には飛び込まない

問題文の説明は、あなたの判断を邪魔したかもしれません。おそらく「世界のトップ3に入るくらいの堅実な企業なので一時的な材料にすぎず、すぐ戻すと思う。いい銘柄を安く買うチャンスなので、買ってみよう」と判断した人もいると思います。しかし、この問題は「業績が市場予想に届かなかった」のような一時的なニュースではありません。

第1に人の命に関わる問題であり、すでに死者が複数出ています。この時点ではまだ会社が全面的に悪いと特定されてはいませんが、人の命が関わるというのは何より重大な問題です。

第2の問題として、**「死者が出てリコールを迫ってきているのが米国」**ということです。訴訟大国と呼ばれる米国では、日本人の想像を遥かに超える金額の損害倍賞になるケースが多く、この時点で影響範

答えあわせ 国際的な問題（特にアメリカ）が絡んだときは警戒すべき

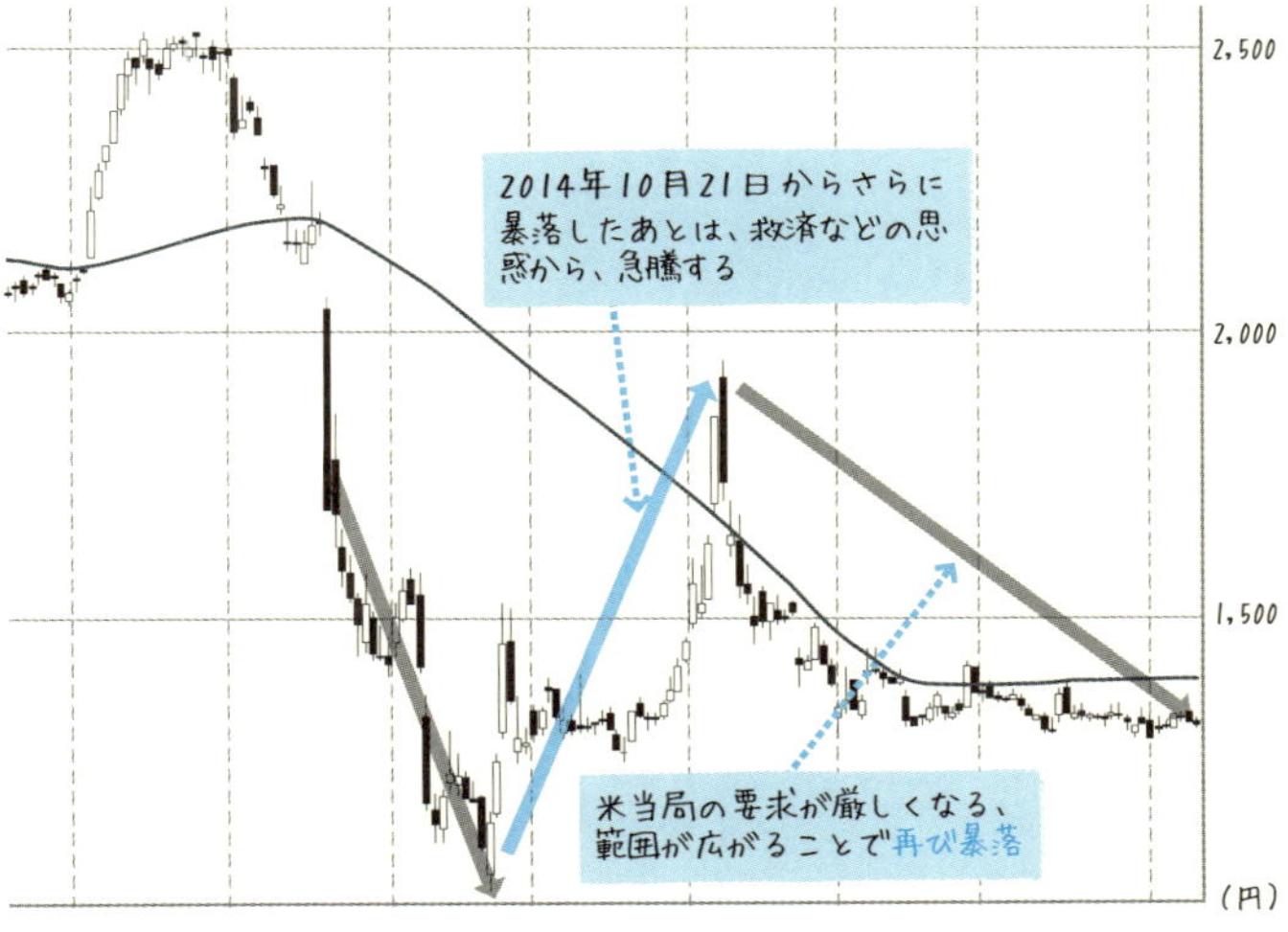
2,500
2,000
1,500
(円)
2014年10月21日からさらに暴落したあとは、救済などの思惑から、急騰する
米当局の要求が厳しくなる、範囲が広がることで再び暴落

囲が特定できないというのが大きな懸念材料になります。

第3として、シェアが高いぶんリコール対象になる車両がどれくらいあるのか特定できないので、非常に大きな賠償問題になる可能性が高いということです。

以上のポイントを踏まえると、こういったニュースは会社の存続に関わることで、バーゲンのチャンスにはならないということがわかります。

影響範囲が特定されるまではかかわらないのが正しい使い方

実際の動きを見ると、２０１４年10月21日から反転して上がるどころか、さらに暴落したあとは、救済などの思惑から急騰しています（前頁図参照）。しかし急騰もつかの間、米当局の要求が厳しくなることや対象車種が増えるなど、影響範囲が広がることで再び暴落を起こしています。

検証 その後の動き：株価は５分の１に（7312：タカタ）

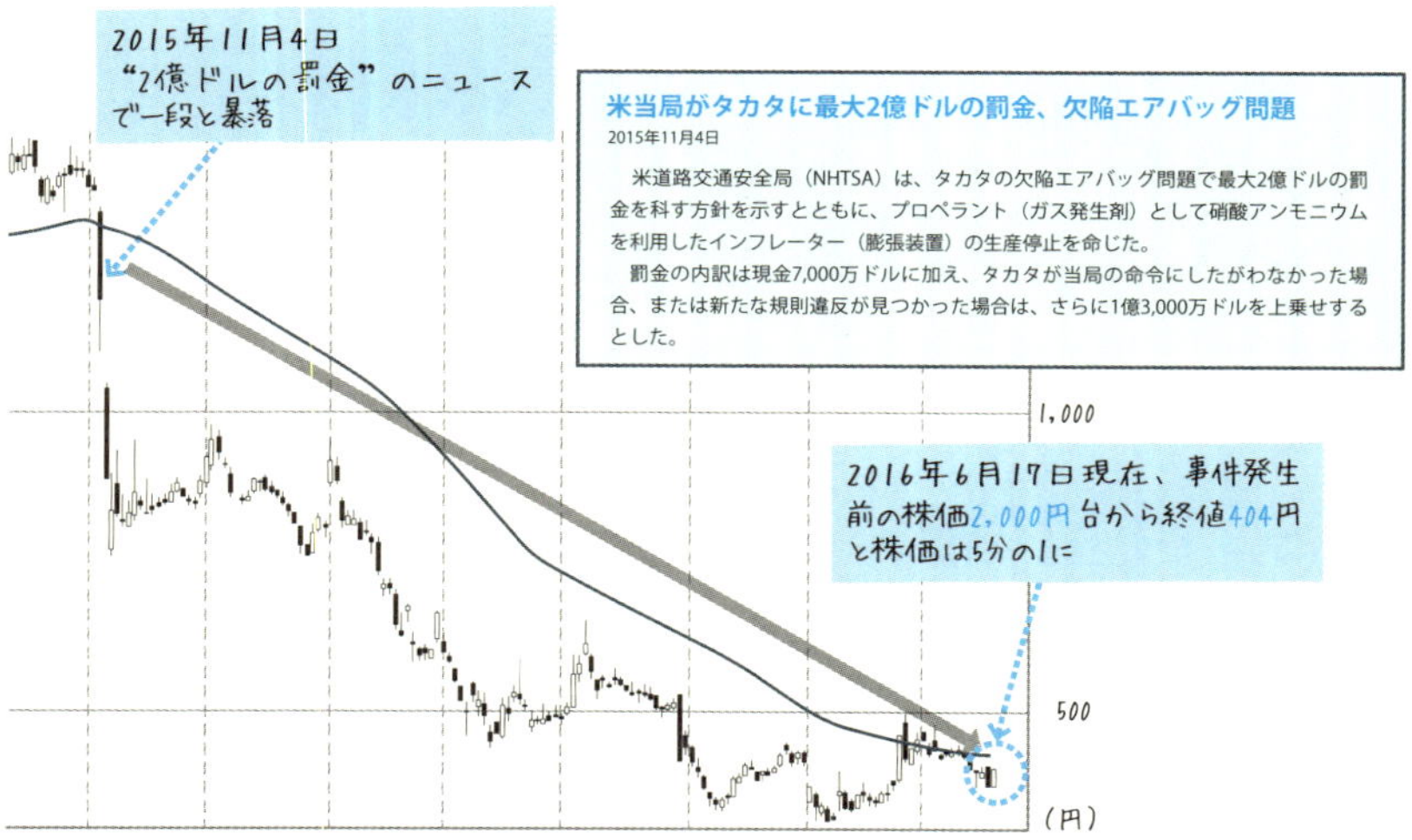

米当局がタカタに最大2億ドルの罰金、欠陥エアバッグ問題
2015年11月4日
米道路交通安全局（NHTSA）は、タカタの欠陥エアバッグ問題で最大2億ドルの罰金を科す方針を示すとともに、プロペラント（ガス発生剤）として硝酸アンモニウムを利用したインフレーター（膨張装置）の生産停止を命じた。
罰金の内訳は現金7,000万ドルに加え、タカタが当局の命令にしたがわなかった場合、または新たな規則違反が見つかった場合は、さらに1億3,000万ドルを上乗せするとした。

ここまで大暴落したので、ここからは上がるしかないのでは？　と考える人もいるかもしれません。しかし、回復に向かうと思われた矢先、2015年11月4日に「2億ドルの罰金」のニュースが伝わると一段と暴落し、その後は下落のトレンドを続けます。2014年の事件発生から2年に渡りじわじわと影響範囲を広げてきた結果、2016年6月時点では事件発生前の株価2000円台から終値404円と、株価はなんと5分の1になってしまいました。

もう一度196頁に戻り、悪いニュースが出たときの判断を確認してください。「**存続に関わる問題であり、その影響範囲が特定できない間はかかわらない**」のが賢明な投資判断です。

では次の問題で、もうひとつ悪いニュースの投資判断について考えてみましょう。

5年後にはもとに戻っているかも？
全米7位だったエンロンも粉飾会計で倒産しました。
全財産を投じている投資家をダマすような企業はまず ダメですよ！

問題15・3

高

大きな震災は、大体の銘柄にとってマイナスの材料になります。次のチャートは、順調に上昇トレンドを続けてきたソニーに起きたことを表しています。2016年4月の熊本震災の影響で画像センサーを中心とする「熊本工場の生産を当面停止」のニュースが流れ、ソニーは暴落しています。このニュースを見て、あなたの投資判断を解答欄に記入してください。

解答欄

❶ この暴落に対するあなたの投資判断は？

□ A 上昇トレンドの銘柄を安く買えるチャンス、喜んで買っていく

□ B 何もしない

❷ 上記の投資判断を下した理由を、自分の言葉で説明してください。

---

❸ 今後予想される株価の動きを説明してください。

問題 悪いニュースはバーゲンのチャンスか？（6758：ソニー）

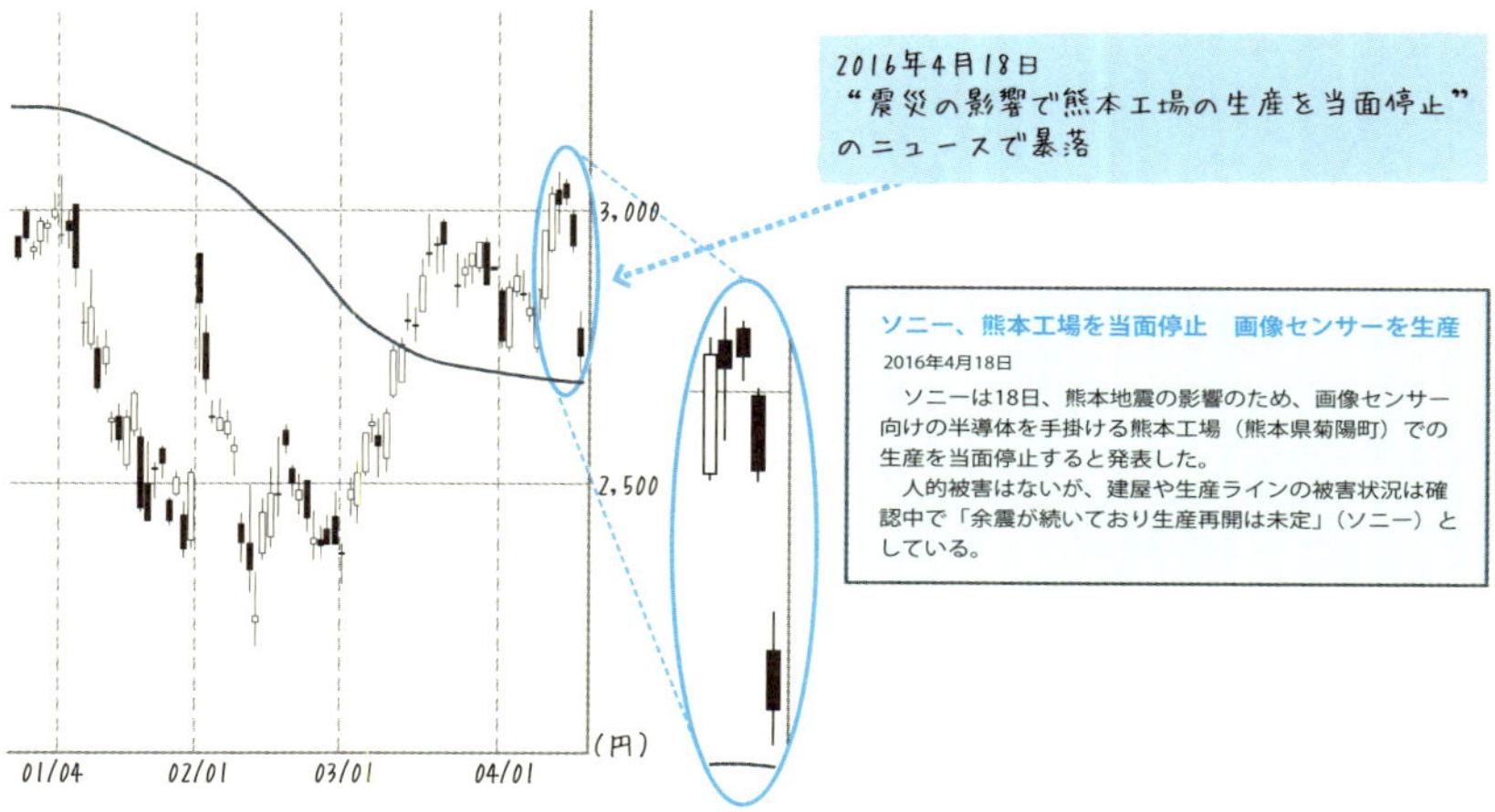

ソニー、熊本工場を当面停止　画像センサーを生産

2016年4月18日

ソニーは18日、熊本地震の影響のため、画像センサー向けの半導体を手掛ける熊本工場（熊本県菊陽町）での生産を当面停止すると発表した。

人的被害はないが、建屋や生産ラインの被害状況は確認中で「余震が続いており生産再開は未定」（ソニー）としている。

15・3の解説
業績回復、上昇トレンドの銘柄は悪いニュースでバーゲンのチャンスがやってくる

業績悪化で、ソニーは下落トレンドを継続して株価を下げてきました。その動きは2016年の2月まで続きましたが、業績回復の流れとともに2月に底をつけて、3月に入ると上昇トレンドになっていました。順調に上昇を続けて、黒字決算発表でさらに勢いに乗ったときに起きた、生産停止のニュースです。この出来事はソニーの存続に関わる、または業績に壊滅的な影響を与えることでしょうか?

確かに、ソニーの主力事業のひとつである画像センサーが当面生産停止されるのは小さくない影響ですが、今のファンダメンタルにおいて壊滅的なダメージを与えるとは考えにくいでしょう。この暴落は一時的な材料で終わる可能性が高く、再び上昇トレンドを継続していく可能性が高いです。

答えあわせ 上昇中の一時的な材料はバーゲンのチャンス（6758：ソニー）

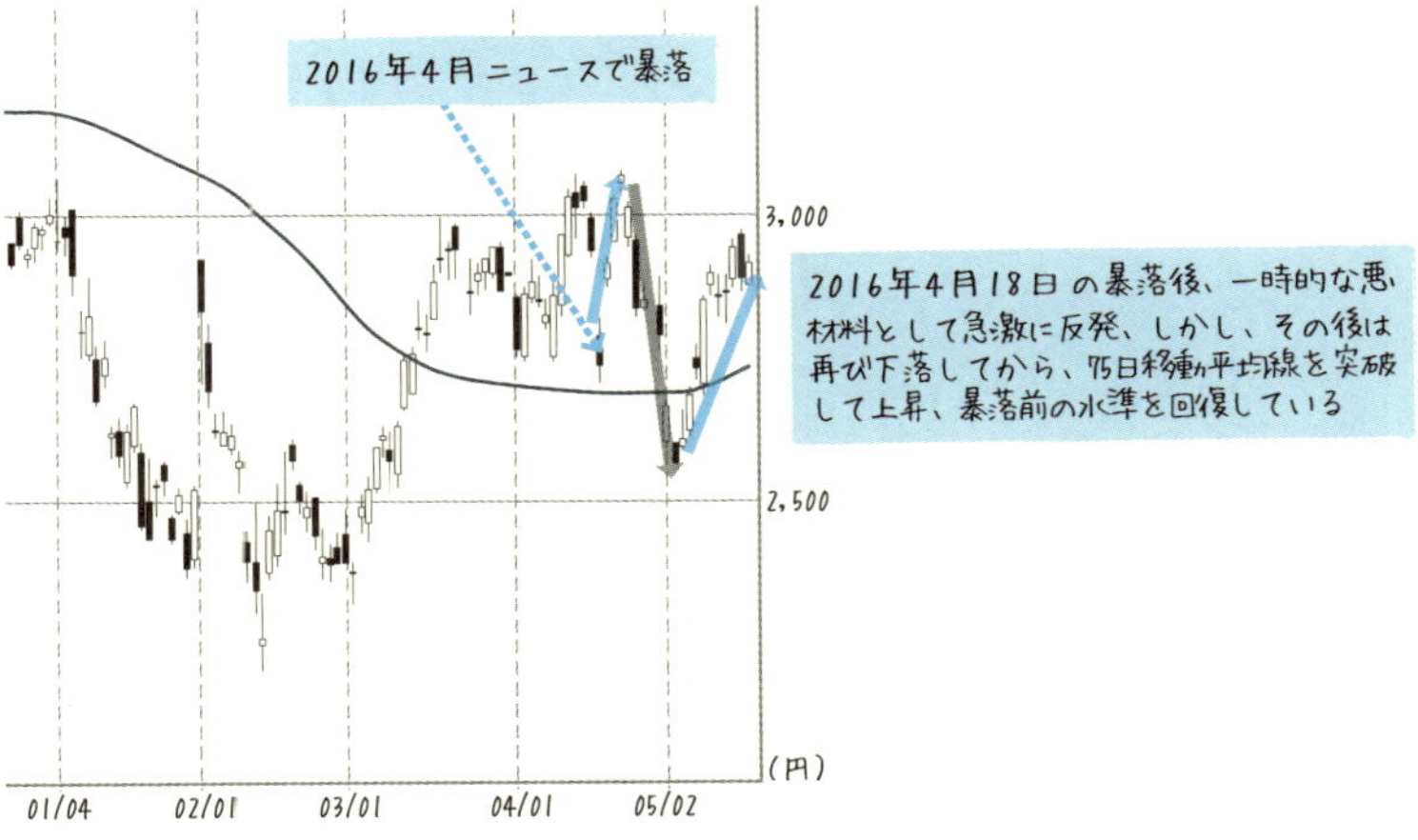

実際の動きを見ると、２０１６年４月18日の暴落後、一時的な悪材料として認識され急激に反発しています。しかし、その後は再び下落して75日移動平均線を割り込んでいます。これで再び暴落するかというと、75日移動平均線を突破して上昇、暴落前の水準を回復しました。

それでも不安なら暖かく見守ってあげる

暴落前の水準まで回復はしたものの、前回の高値が形成された３０００円の目前まできて、ここからどうなるかはまだわかりません。

２０１６年５月の現時点で重要なのは、大きい視点に戻って株価の位置と流れを確認することです。よく見ると75日移動平均線を再び突破して、すでに75日移動平均線は上向いています。また、２月の大底になる安値から確認すると、大きなレベルでは安値を切り上げています。ここまで一緒に勉強してきたあなたたなら、ここから大きく下げると思うよりは、上昇トレンドを継続する可能性が高いと判断できると信じています。

答えあわせ トレンドを戻すと、もとの動きへ（6758：ソニー）

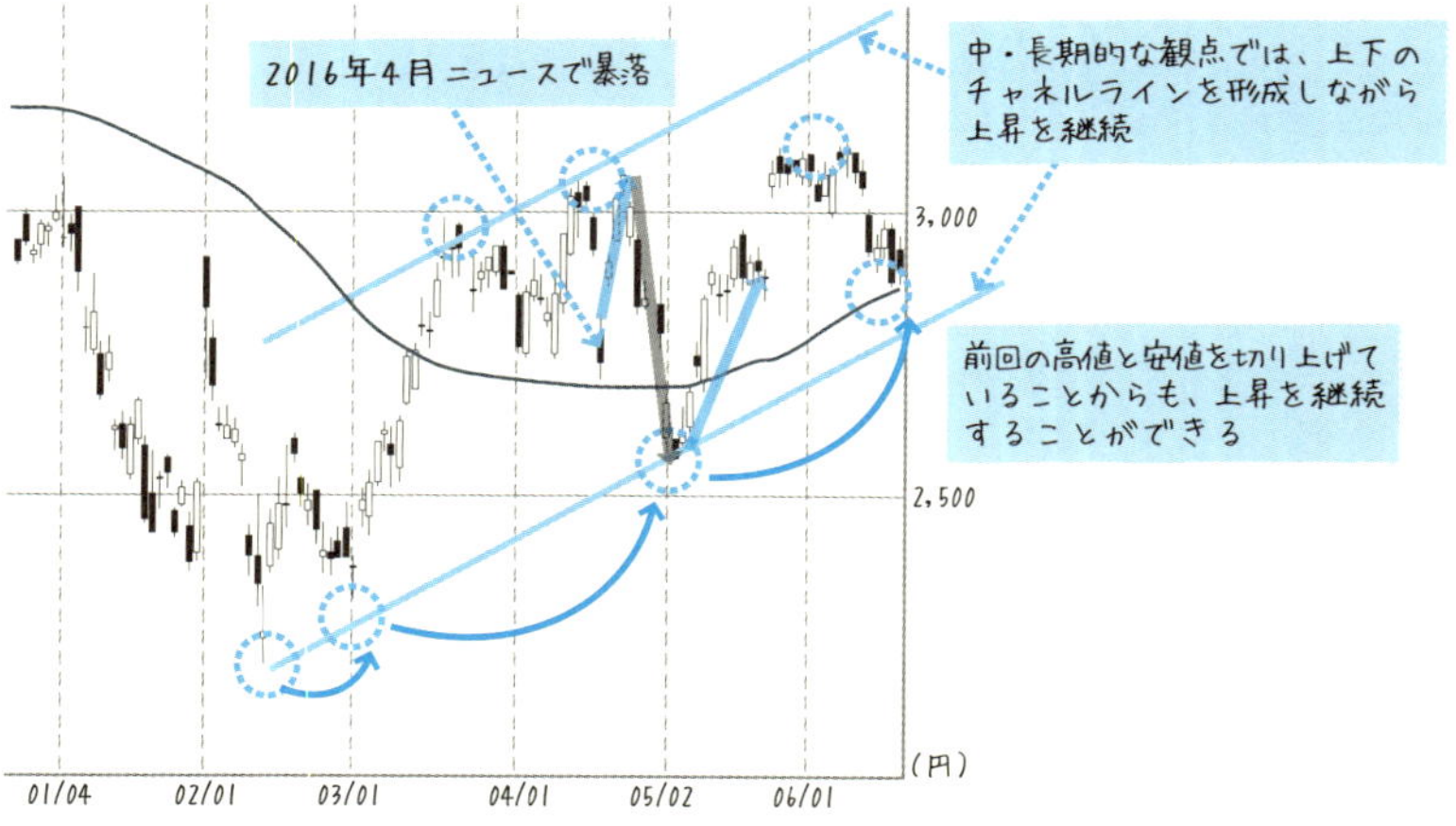

実際にその後の動きを見ると、前回の高値を切り上げながら上昇、今度は窓を空けながら下がって調整に入っています。そして、いい角度に上向いた75日移動平均線に戻ってきています。3、4カ月の中・長期的な観点で見ると上昇のチャネルラインを形成しているので、ここから再び反発する可能性が高いと判断できます。

悪いニュースをどのように使うか、しっかりイメージがつきましたか？　大事なのは、**「今日・明日だけ投資するのではない」**ということです。より落ち着いて大きな観点から考えると、ここまでの法則だけでもあなたは十分強い投資家になっているはずです。

最後の法則でここまで勉強してきたことを総動員して、あなたの腕を見せてください。銘柄の選定からトレード計画、トレード後のモニタリングまで、一連の流れをこなす総合問題に挑戦してみましょう。

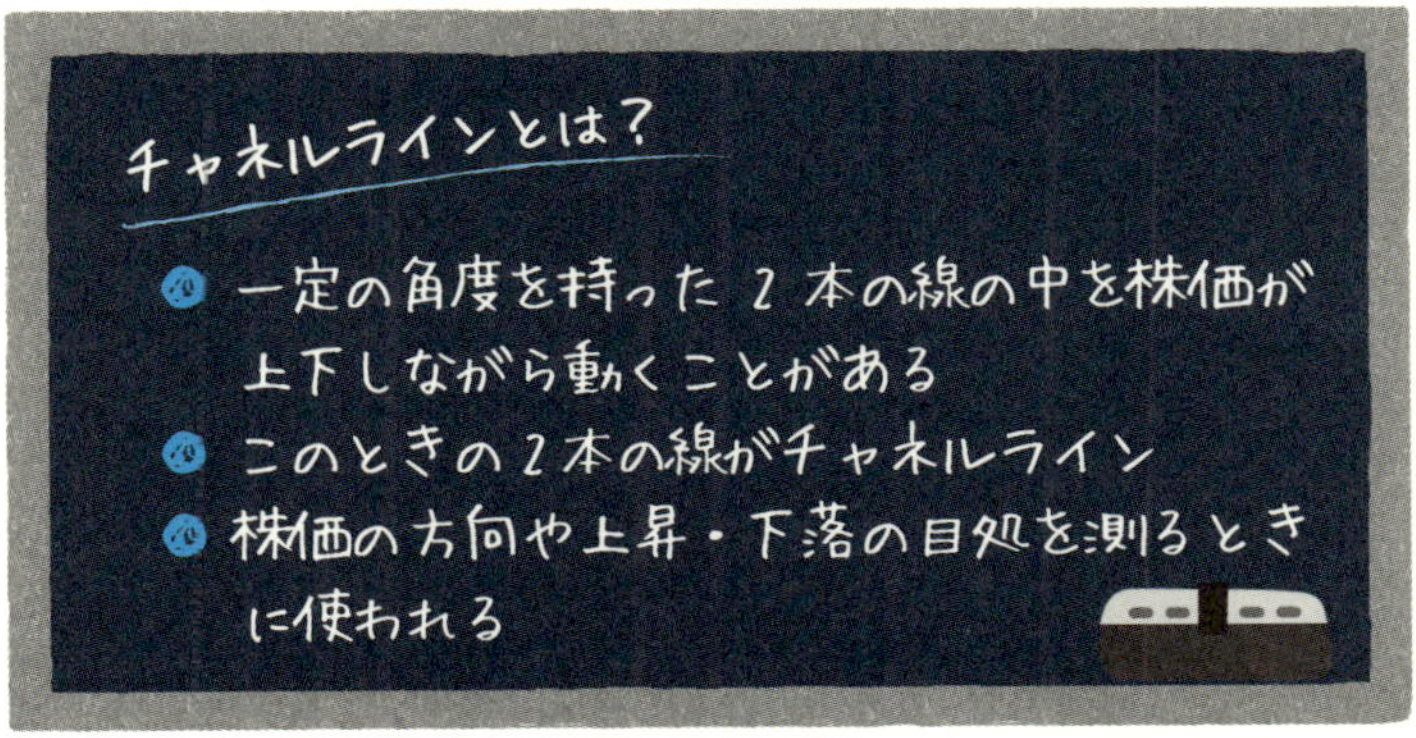
チャネルラインとは？
一定の角度を持った2本の線の中を株価が上下しながら動くことがある
このときの2本の線がチャネルライン
株価の方向や上昇・下落の目処を測るときに使われる

Column3

エコノミー？　アタシ的にはニュース！

隣の女性がずっとこちらを眺めている。

離陸前、席に座る際に目で挨拶したくらいで別に言葉を交わしたわけではない。シンガポール発東京行きの飛行機の中、女性の目の色が変わった（と感じた）のは、ピンク色のデビュー作「世界一やさしい株の教科書１年生」とパソコンを取り出して校正作業に入ったときだった。

彼女は明らかにピンク色の本を凝視している。下心があるわけではないけれど、女性に注目されている男（私ではなく本だけど）の心はなんとなく落ち着かず、踊る。

「あのぉ……。その本、本当にいいですよね。実は私も持っています」

万単位で売れてはいるけれど、自分の本を読んでくれた人と飛行機の隣の席で遭遇、しかもほめてもらえるということが、ものすごくうれしいことだとはじめて知った。

「そうでしたか。ははは、ありがとうございます」

今度は最大限さわやかにはにかみ、いい人そうにお礼を言った。女性の目が細くなって首をかしげる。

「ありがとうって、なんで（あなたが）お礼を？　え、えっ、待ってよ、もしかして、あなたがジョン先生？」

ロックスターでもない私に会ったことで慌てながらも喜んでいる、これも悪くはないと、心の中で思った。

「先生、こんなところで会えるとは！　先生の本、本当に助かっています！」

びっくりマーク連続で声のトーンが高まる。周りの目が気になるくらい響き渡るところで、彼女が不思議そうに聞いてきた。

「うれしいいいい!!　っていうか、先生、なんでエコノミー席に？　アタシ的には超ニュース！　友だちに言わなきゃ」

「ええ？　別にいいんじゃないですか、ははは」

「先生のような人は経済的に自由なので、ビジネスクラスに乗るものだと思ってました。」

「経済的自由とは、言葉どおり“自由”に選べるという意味ですよ。１時間の飛行でもファーストクラスを選びたいなら選ぶ、６時間乗るにしても作業するだけならエコノミーで十分と思えばそれに乗る。これが自由というものです」

「なるほど、乗ることを“選ぶ”ということですね」

「そうです。私は６～７時間くらいの飛行ならほとんどエコノミークラスに乗ります」

「じゃ、何時間だったらビジネスクラスを選びますか？」

「さあ、明確な基準を決めているわけではないですけど、15時間くらいですかね」

「ええっ長すぎっ。これもニュース！」

ニュースを連発した彼女の友だちは私のことを知っていたかな？　どんな投資にも使えないニュースだと思うのですが。

4時限目

本当の達人になるために売買プロセスをルーチン化する

自分の決めた手順を守ること！
あとは効率よく銘柄を探せる手立てをつくることです！

難易度
低　中　高

16 最強の投資は〝プロセス〟にあり

1 投資は意思決定と行動のプロセス

決まったプロセスを淡々とこなせるのがプロの投資家

ここまでお話しをしてきて気づいてほしいことは、「**プロというのは天才的な素質を持ち、それを派手に披露しまくる人を指すのではない**」ということです。本物のプロというのは、朝目覚めた瞬間から眠るまでの行動のプロセスが決まっていて、それを淡々とこなしていける人のことです。投資もまったく同じです。

株価のチャートを見る瞬間に上がる株をキャッチして、あっと

目　標

銘柄を選定してトレード計画を立てるまで、一連の動きを理解することでここまでの法則を実践に使えるようにする。

参考書籍　「世界一やさしい 株の教科書 1年生」全パート＋付録

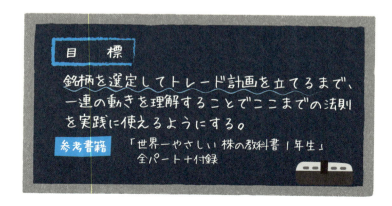

いう間に買って稼ぐということではなく、下図のようなプロセスを延々と、ぶれることなくこなしていくのがプロの投資家というものです。

テクニカル分析は形だけでなく、タイミングも重視する

投資のプロセス中、市場の環境認識と実行部分を除き、投資判断と計画を行う部分を「**メインプロセス**」とします。このプロセスにおいて行うべきことの詳細を考えてみると、まず「**テクニカル分析では、チャートの形だけにこだわらない**」ことです。チャートの形さえわかればいいという解説もたまに見かけますが、形がよくても今日買っていいのか、明日または来週に買うのがいいのかなど、タイミングによって投資の結果と効率は変わってきます。ひとつ注意してほしいことは、メインプロセス以外のプロセスは大事ではない、という意味ではありません。何ひとつ省いていいプロセスはないということを必ず覚えておいてください。

● **投資のプロセス**

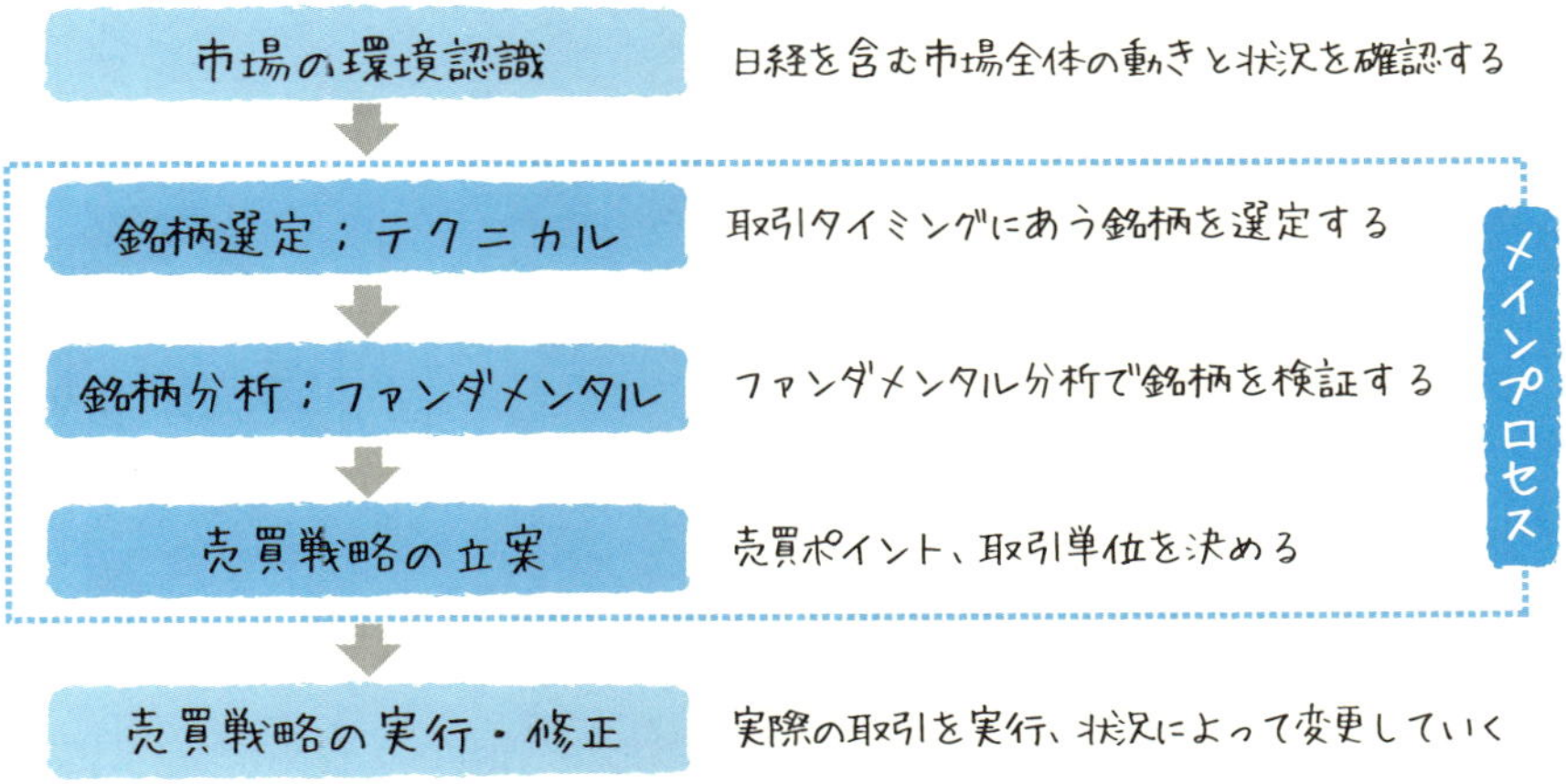
市場の環境認識
日経を含む市場全体の動きと状況を確認する
銘柄選定：テクニカル
取引タイミングにあう銘柄を選定する
銘柄分析：ファンダメンタル
ファンダメンタル分析で銘柄を検証する
売買戦略の立案
売買ポイント、取引単位を決める
メインプロセス
売買戦略の実行・修正
実際の取引を実行、状況によって変更していく

最終プロセスは1円単位で価格が決められること

ファンダメンタル分析では安易に割安性だけをチェックするのではなく、「**現状においてしっかり利益を出しているのか、また将来もしっかり利益を出し続けられるのか**」を確認することが大事です。

そしてここで止まり、「はい、いい銘柄が見つかりましたね」で終わるのではなく、買うポイントを1円単位で決めることが求められます。

最後に実は買いのポイントより重要なのは「売り」、つまり「**買う段階から見えるロスカット（損失限定）のポイント**」です。

● メインプロセスの詳細

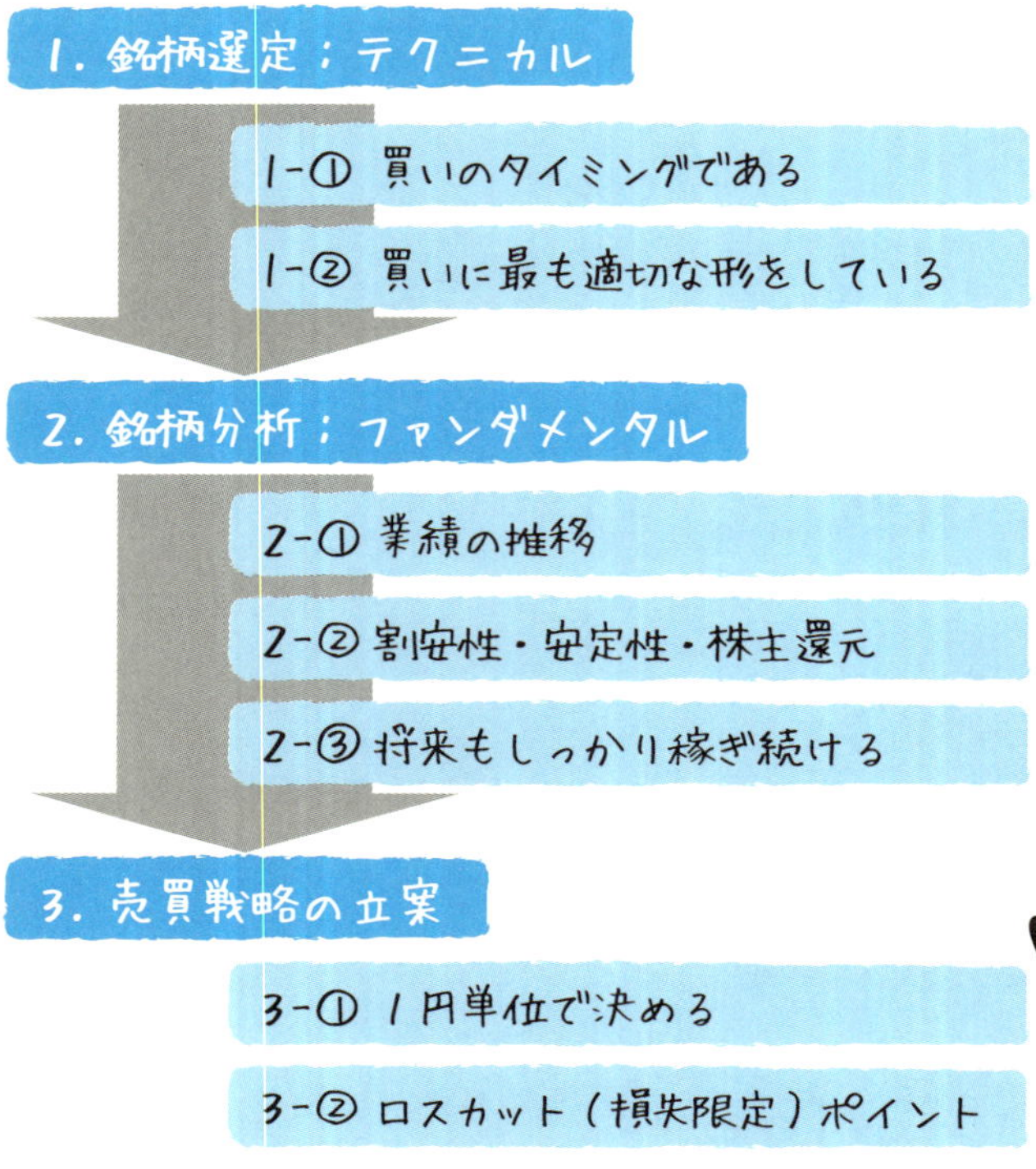

問題16・1

高

いよいよここまで学んだ内容を総動員して、投資決定を行う瞬間です。ここには同業種3社のとある日の情報が提示されています。ここから1社に絞り込み、投資計画までを行うのが課題です。与えられた情報に基づき、テクニカル分析とファンダメンタル分析を行ってください。分析が終わったら、その銘柄をいくらで買っていくらでロスカット設定するかまで決定してください。

解答欄

❶ 3銘柄のテクニカル分析をしてください。
現在の位置は（□ 上昇　□ 下降）の
（　）回目

❷ 3銘柄のファンダメンタル分析をしてください。

A まず業績の推移について
- 売上高
- 営業利益
- 経常利益
- 営業増益率の推移

B 投資指標について
- PER
- PBR
- 配当利回り

C 今後の業績：予想増益率について

❸ テクニカル分析とファンダメンタル分析の結果をまとめて、投資すべき1社を決定してください。

❹ 投資すべき1社の取引計画を立ててください。
- 逆指値注文：(　　)円以上になると買う
- ロスカット基準：

分析課題 銘柄１のチャート（9531：東京瓦斯）

分析課題 銘柄１の企業情報（9531：東京瓦斯）

9531 電気・ガス業
東京ガス(株)
528.6 前日比 ↓-11.9（-2.20%）

参考指標	
時価総額	1,266,937 百万円
発行済株式数	2,396,778,295 株
配当利回り（会社予想）	2.08%
1 株配当（会社予想）	11.00
PER（会社予想）	（連）10.40 倍
PBR（実績）	（連）1.16 倍
EPS（会社予想）	（連）50.82
BPS（実績）	（連）454.50
最低購入代金	528,600
単元株数	1,000 株
年初来高値	805
年初来安値	489

特色	都市ガス最大手。原料の天然ガス化先陣、海外ガス田開発も。地域冷暖房注力、新エネ開発も
連結事業	【連結事業】都市ガス 69(10)、器具及びガス工事 8(1)、他エネルギー 17(7)、不動産 0(17)、他 5(9) (2015.3)
本社所在地	〒105-8527　東京都港区海岸 1-5-20
最寄り駅	～竹芝 検索
電話番号	03-5722-0111
業種分類	電気・ガス業
英文社名	TOKYO GAS CO., LTD
代表者名	広瀬　道明
設立年月日	1885 年 10 月 1 日
市場名	東証 1 部、名証 1 部
上場年月日	1949 年 5 月
決算	3 月末日
単元株数	1,000 株

分析課題 銘柄 1 の業績・業種比較資料（9531：東京瓦斯）

9531 東京瓦斯　電気・ガス

最新経常利益実績	125,378 第 3 四半期決算	次の決算	第 3 四半期決算を 1 月 29 日に発表済み
通期会社予想 増益率	181,000 7.63%	通期コンセンサス予想 増益率	187,730 11.63%
目標株価コンセンサス	610 円（12.86%）	レーティングコンセンサス	3.18

	前期	2 期前	3 期前
決算期	2016 年 3 月期	2015 年 3 月期	2014 年 3 月期
会計方式	日本方式	日本方式	日本方式
決算発表日	2016 年 4 月 28 日	2015 年 4 月 28 日	2014 年 4 月 28 日
決算月数	12 カ月	12 カ月	12 カ月
売上高	1,884,656 百万円	2,292,548 百万円	2,112,117 百万円
営業利益	192,008 百万円	171,753 百万円	166,044 百万円
経常利益	188,809 百万円	168,169 百万円	159,613 百万円
当期利益	111,936 百万円	95,828 百万円	108,451 百万円
EPS（一株あたり利益）	46.68 円	39.15 円	43.10 円
調整一株あたり利益	—	—	—
BPS（一株あたり純資産）	460.35 円	438.28 円	402.91 円
総資産	2,251,518 百万円	2,257,662 百万円	2,176,816 百万円
自己資本	1,100,272 百万円	1,069,515 百万円	1,011,787 百万円
資本金	141,844 百万円	141,844 百万円	141,844 百万円
有利子負債	711,901 百万円	727,897 百万円	711,455 百万円
自己資本比率	48.9%	47.4%	46.5%
ROA（総資産利益率）	4.96%	4.32%	5.20%
ROE（自己資本利益率）	10.32%	9.21%	11.18%
総資産経常利益率	8.37%	7.58%	7.66%

予想増益率 業種比較

各銘柄の増益率を業種の増益率、市場全体の増益率と比較することができます。

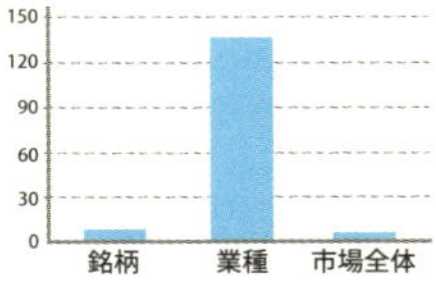

予想基準	201603期
実績基準	201503期
銘柄	7.63%
業種平均	135.95%
全体平均	5.96%

予想 PER 業種比較

各銘柄の業種予想数値を基準に算出した予想 PER を、同業種の平均値、市場全体の平均値と比較することができます。

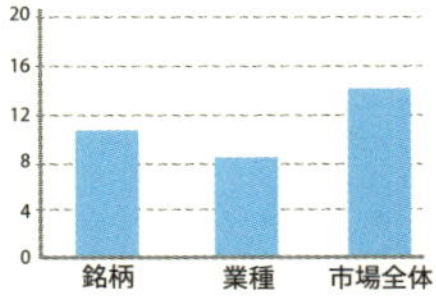

予想基準	201603期
実績基準	2016/02/23終値
銘柄	10.62倍
業種平均	8.28倍
全体平均	14.12倍

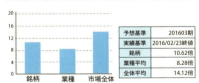

分析課題 銘柄２のチャート（9532：大阪瓦斯）

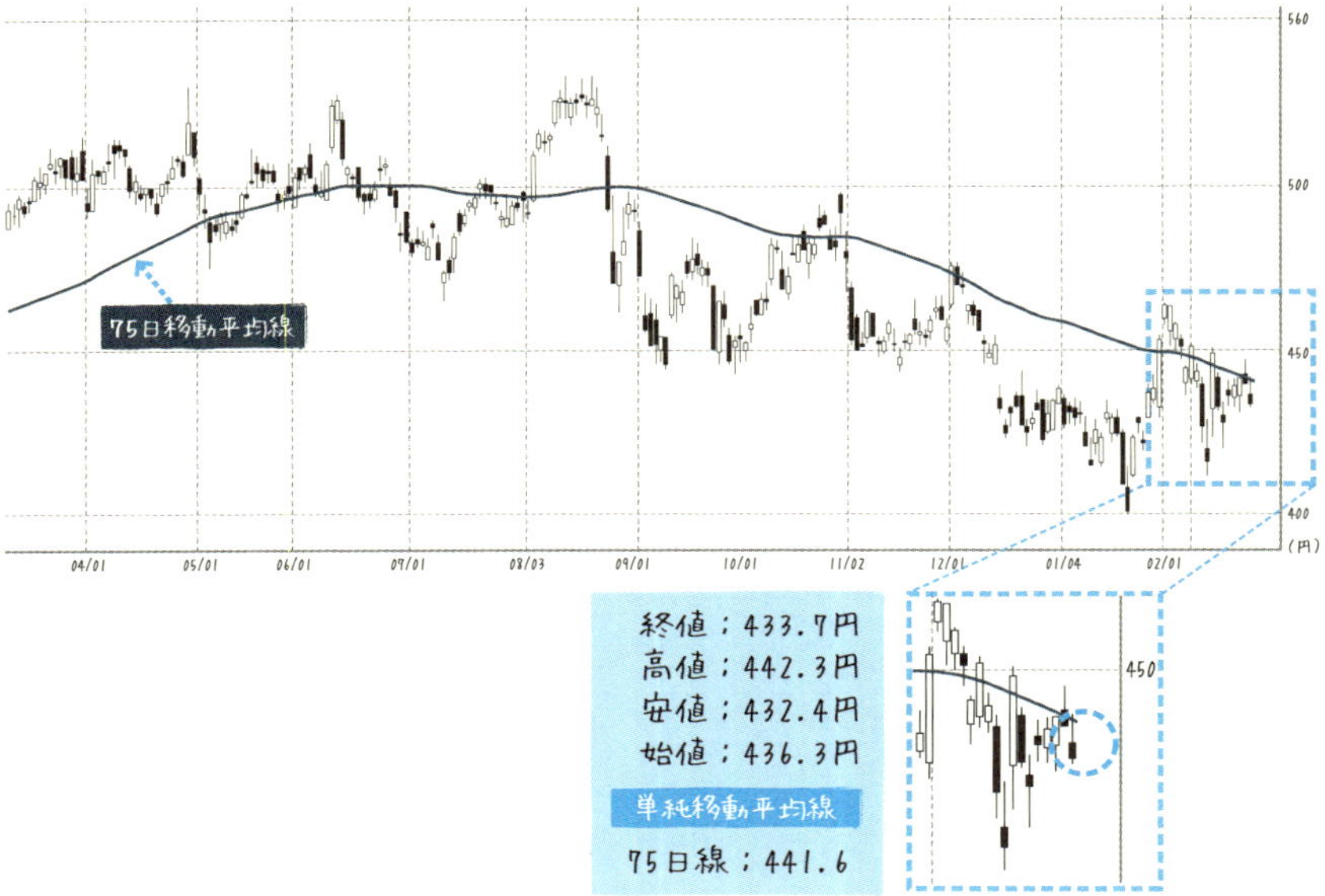

分析課題 銘柄２の企業情報（9532：大阪瓦斯）

9532 電気・ガス業

大阪ガス(株)

433.7 前日比 ↓-6.1 (-1.39%)

参考指標	
時価総額	903,571 百万円
発行済株式数	2,083,400,000 株
配当利回り（会社予想）	2.31%
1株配当（会社予想）	10.00
PER（会社予想）	（連）9.75 倍
PBR（実績）	（連）0.98 倍
EPS（会社予想）	（連）44.46
BPS（実績）	（連）443.96
最低購入代金	433,700
単元株数	1,000 株
年初来高値	534
年初来安値	400

特色	京阪神地盤。都市ガス2位。営業力強い。コージェネ推進。燃料電池用触媒など技術力に定評
連結事業	【連結事業】ガス 73(4)、LPG・電力・他エネルギー 16(17)、海外エネルギー 1(−46)、ライフ＆ビジネスソリューション 11(8)(2015.3)
本社所在地	〒541-0046　大阪市中央区平野町 4-1-2
最寄り駅	〜 淀屋橋 検索
電話番号	06-6202-3928
業種分類	電気・ガス業
英文社名	OSAKA GAS CO., LTD
代表者名	本荘　武宏
設立年月日	1897 年 4 月 15 日
市場名	東証 1 部、名証 1 部
上場年月日	1949 年 5 月
決算	3 月末日
単元株数	1,000 株

分析課題 銘柄2の業績・業種比較資料（9532：大阪瓦斯）

9532 大阪瓦斯 電気・ガス

最新経常利益実績	103,607 第3四半期決算	次の決算	第3四半期決算を 1月28日に発表済み
通期会社予想 増益率	135,000 24.80%	通期コンセンサス予想 増益率	139,119 28.61%
目標株価コンセンサス	440円（0.05%）	レーティングコンセンサス	2.27

	前期	2期前	3期前
決算期	2016年3月期	2015年3月期	2014年3月期
会計方式	日本方式	日本方式	日本方式
決算発表日	2016年4月27日	2015年4月27日	2014年4月25日
決算月数	12カ月	12カ月	12カ月
売上高	1,322,012百万円	1,528,164百万円	1,512,581百万円
営業利益	146,674百万円	105,065百万円	99,381百万円
経常利益	134,986百万円	108,173百万円	106,044百万円
当期利益	84,324百万円	76,709百万円	41,725百万円
EPS（一株あたり利益）	40.53円	36.86円	20.04円
調整一株あたり利益	―	―	―
BPS（一株あたり純資産）	435.85円	426.98円	383.90円
総資産	1,829,756百万円	1,862,201百万円	1,668,317百万円
自己資本	906,624百万円	888,496百万円	798,964百万円
資本金	132,166百万円	132,166百万円	132,166百万円
有利子負債	565,440百万円	632,527百万円	572,090百万円
自己資本比率	49.5%	47.7%	47.9%
ROA（総資産利益率）	4.57%	4.35%	2.58%
ROE（自己資本利益率）	9.39%	9.09%	5.40%
総資産経常利益率	7.31%	6.13%	6.56%

予想増益率 業種比較

各銘柄の増益率を業種の増益率、市場全体の増益率と比較することができます。

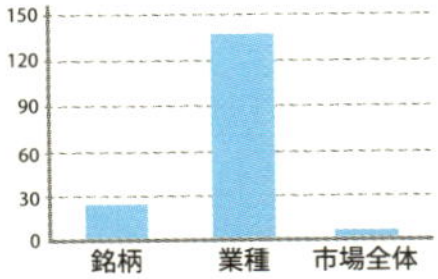

予想基準	201603期
実績基準	201503期
銘柄	24.80%
業種平均	135.95%
全体平均	5.96%

予想PER業種比較

各銘柄の業種予想数値を基準に算出した予想PERを、同業種の平均値、市場全体の平均値と比較することができます。

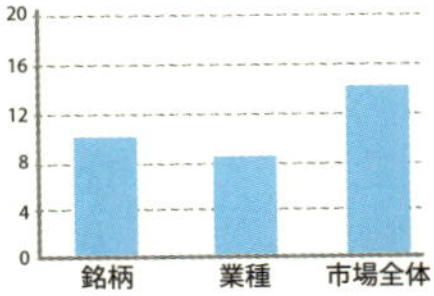

予想基準	201603期
実績基準	2016/02/23終値
銘柄	9.91倍
業種平均	8.28倍
全体平均	14.12倍

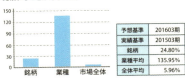

分析課題 銘柄３のチャート（9536：西部瓦斯）

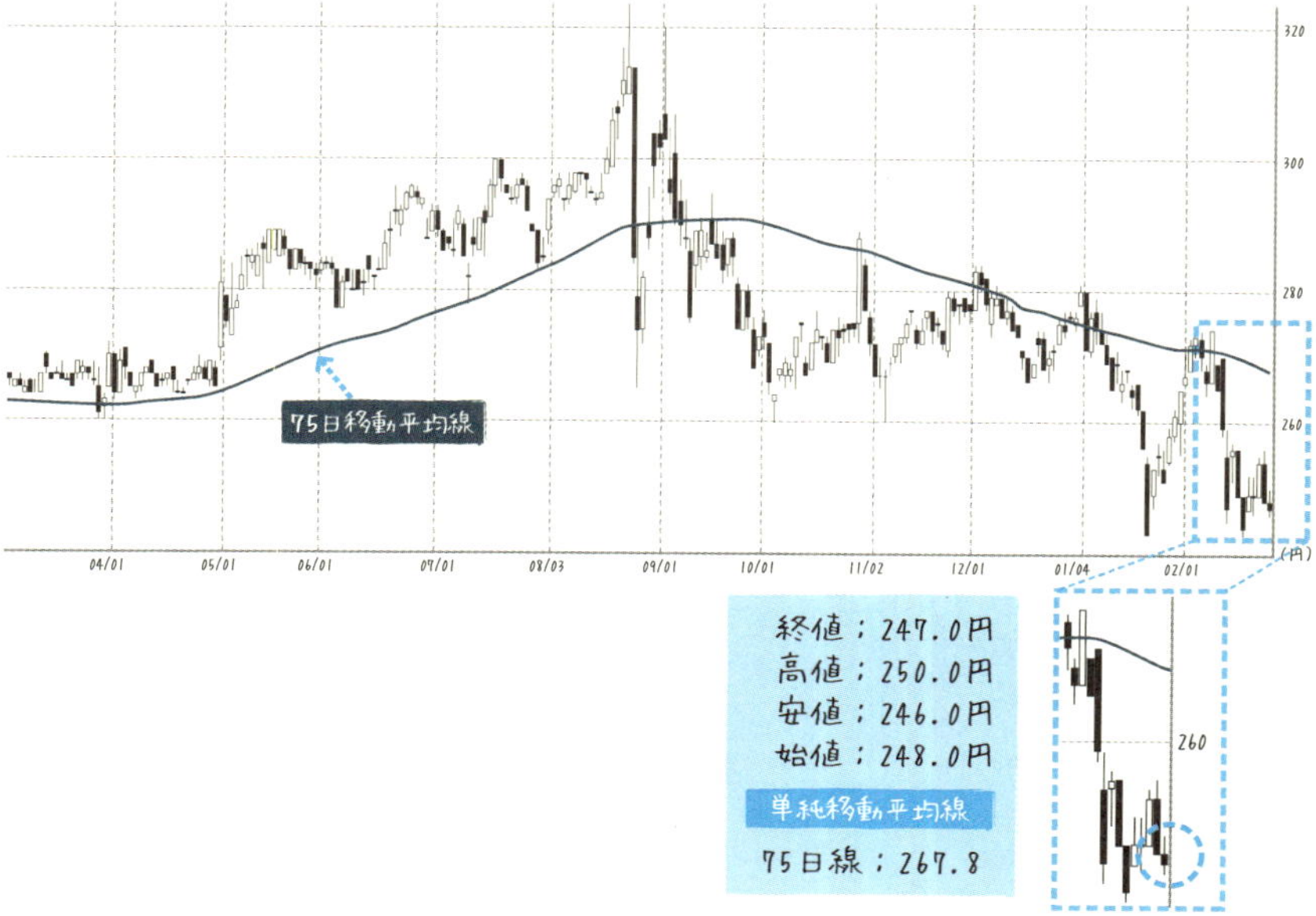

分析課題 銘柄３の企業情報（9536：西部瓦斯）

9536 電気・ガス業

西部ガス(株)

247 前日比 ↓-1（-0.40%）

参考指標	
時価総額	91,853 百万円
発行済株式数	371,875,676 株
配当利回り（会社予想）	2.43%
1 株配当（会社予想）	6.00
PER（会社予想）	（連）61.14 倍
PBR（実績）	（連）1.43 倍
EPS（会社予想）	（連）4.04
BPS（実績）	（連）172.99
最低購入代金	247,000
単元株数	1,000 株
年初来高値	322
年初来安値	243

特色	都市ガス大手、販売量で全国 5 位。福岡市、北九州市が主要地盤。ひびき LNG 基地 14 年秋竣工
連結事業	【連結事業】ガス 73(4)、LPG9(2)、不動産 2(26)、他 16(4)(2015.3)
本社所在地	〒812-8707 福岡市博多区千代 1-17-1
最寄り駅	～千代県庁口 検索
電話番号	092-633-2239
業種分類	電気・ガス業
英文社名	SAIBU GAS CO., LTD
代表者名	酒見 俊夫
設立年月日	1930 年 12 月 1 日
市場名	東証 1 部、福岡
上場年月日	1949 年 6 月
決算	3 月末日
単元株数	1,000 株

分析課題 銘柄３の業績・業種比較資料（9536：西部瓦斯）

9536 西部瓦斯　電気・ガス

最新経常利益実績	5,232 第３四半期決算	次の決算	第３四半期決算を 1月28日に発表済み
通期会社予想 増益率	13,000 67.55%	通期コンセンサス予想 増益率	－ －%
目標株価コンセンサス	－円	レーティングコンセンサス	－

	前期	2期前	3期前
決算期	2016年3月期	2015年3月期	2014年3月期
会計方式	日本方式	日本方式	日本方式
決算発表日	2016年4月27日	2015年4月28日	2014年4月28日
決算月数	12カ月	12カ月	12カ月
売上高	190,378百万円	208,673百万円	200,173百万円
営業利益	12,605百万円	8,859百万円	5,833百万円
経常利益	12,165百万円	7,759百万円	5,586百万円
当期利益	2,242百万円	3,780百万円	3,083百万円
EPS（一株あたり利益）	6.04円	10.19円	8.31円
調整一株あたり利益	－	－	－
BPS（一株あたり純資産）	177.85円	190.96円	168.20円
総資産	341,231百万円	360,754百万円	334,209百万円
自己資本	66,006百万円	70,877百万円	62,434百万円
資本金	20,629百万円	20,629百万円	20,629百万円
有利子負債	230,668百万円	245,205百万円	220,209百万円
自己資本比率	19.3%	19.6%	18.7%
ROA（総資産利益率）	0.64%	1.09%	0.97%
ROE（自己資本利益率）	3.28%	5.67%	4.90%
総資産経常利益率	3.47%	2.23%	1.75%

予想増益率 業種比較

各銘柄の増益率を業種の増益率、市場全体の増益率と比較することができます。

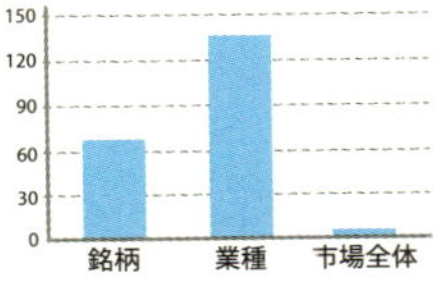

予想基準	201603期
実績基準	201503期
銘柄	67.55%
業種平均	135.95%
全体平均	5.96%

予想PER業種比較

各銘柄の業種予想数値を基準に算出した予想PERを、同業種の平均値、市場全体の平均値と比較することができます。

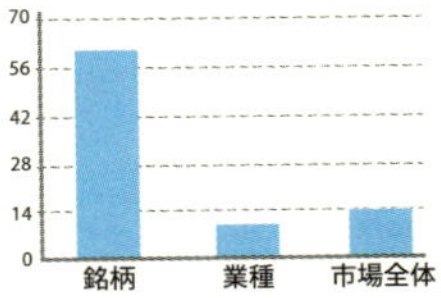

予想基準	201603期
実績基準	2016/02/23終値
銘柄	61.48倍
業種平均	8.28倍
全体平均	14.12倍

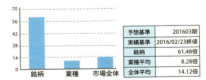

16-1の解説 テクニカルは共通点と懸念材料を先に考える

チャートに基づいて買いのタイミングに来ている銘柄を見つけ出すテクニカル分析は、もう大丈夫ですね。まったく異なる業種の銘柄を複数並べて分析すると、適切な銘柄は割と簡単に選び出すことができます。

問題は、この場合のように同じ業種の中でいいタイミングに来ている銘柄をいくつか見つけた場合に起こります。同業種はチャートが同じ形になっていることが多いです。この際のテクニカル分析は次の順番で考えてください。

❶動きの共通点を分析 なぜ今のタイミングが買いなのか、対象の銘柄を分析する

❷懸念が残る銘柄を分析 同じ形とはいえ、すべてがまったく同じではない。懸念が残る銘柄を見つけて、排除していく

❸テクニカル上の決定 ❶と❷の結果を踏まえて、テクニカル分析の観点から投資に有利な銘柄を選定する。この段階では複数を選んでもかまわない。ファンダメンタル分析の段階でさらに絞り込む

順番に沿って分析してみましょう。まず動きの共通点です。

対象の3銘柄はともに長い下落トレンドが続いたあと、直近になって75日移動平均線に近づいてきました。75日移動平均線はまだ下向きですが、安値を切り上げながら、ローソク足が1回75日移動平均線の上に抜けました。これで「**下降のトレンドが上昇に変わるかもしれないトレンド反転の前兆を見せている**」のが共通点として考えられます。

次に、懸念の残る銘柄です。1番下の西部瓦斯（９５３６）のチャートをよく見てください。直近75日移動平均線をタッチする動きを見せましたが、その後はもう一度75日移動平均線から離れていきました。また、ほかの2銘柄に

答えあわせ 1 3銘柄のテクニカル分析

9531：東京瓦斯

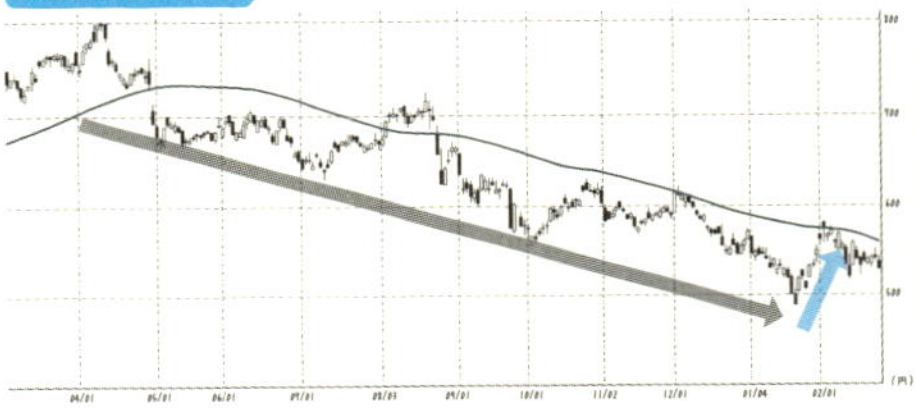

9532：大阪瓦斯

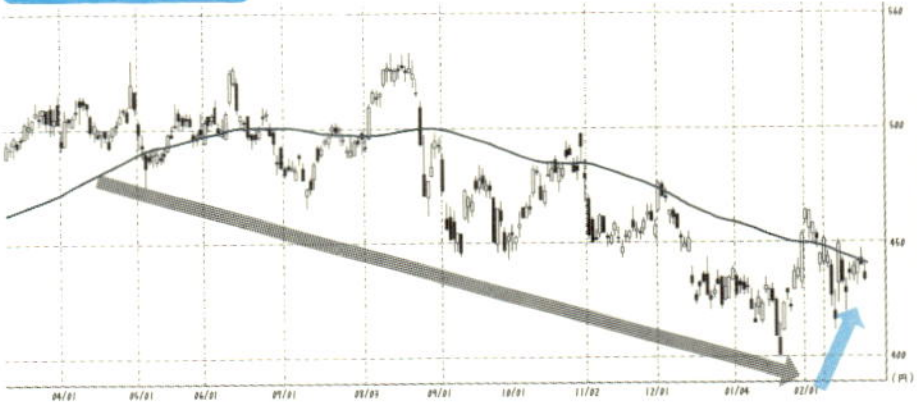

9536：西部瓦斯

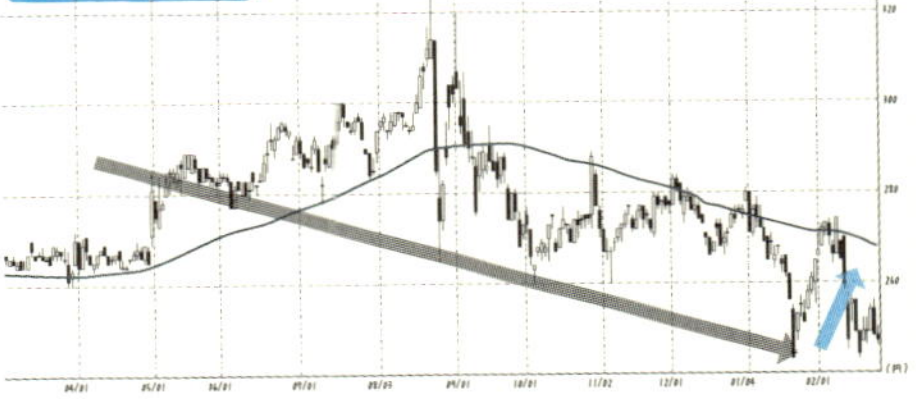

動きの共通点

3銘柄ともに長い下落トレンドが続いたあと、直近になって75日移動平均線に近づいているか、1回上に抜けるトレンド反転の前兆を見せている

懸念が残る銘柄

西部瓦斯も直近75日移動平均線をタッチする動きを見せたが、ほかの2銘柄に比べて安値の切り上げがそこまで明確に出ていない

テクニカル上の決定

安値の切り上げが堅調に見られ、直近75日移動平均線を抜けてから次の動きを準備しているという点で東京瓦斯と大阪瓦斯を選ぶのが正しいと判断できる

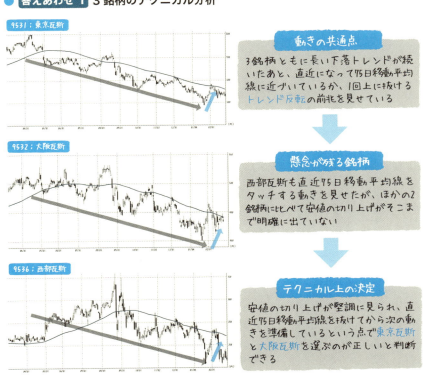

比べて安値の切り上げがそこまで明確に出ていません。テクニカル的にはまだトレンド転換が弱いと判断するのがよさそうです。

ここまでの結果を踏まえて、テクニカル上の決定を行います。3銘柄中、「西部瓦斯」に懸念が残っています。安値の切り上げが堅調に見られ、直近75日移動平均線を1回抜けてから次の動きを準備しているという点で**「東京瓦斯と大阪瓦斯を選ぶのが正しい」**と判断できます。テクニカル分析上は2つの銘柄が対象として残っています。

業績の推移は3つの項目をチェック

会社の業績資料を見ると、たくさ

答えあわせ2 ファンダメンタル分析 ❶ 業績の推移を比較する

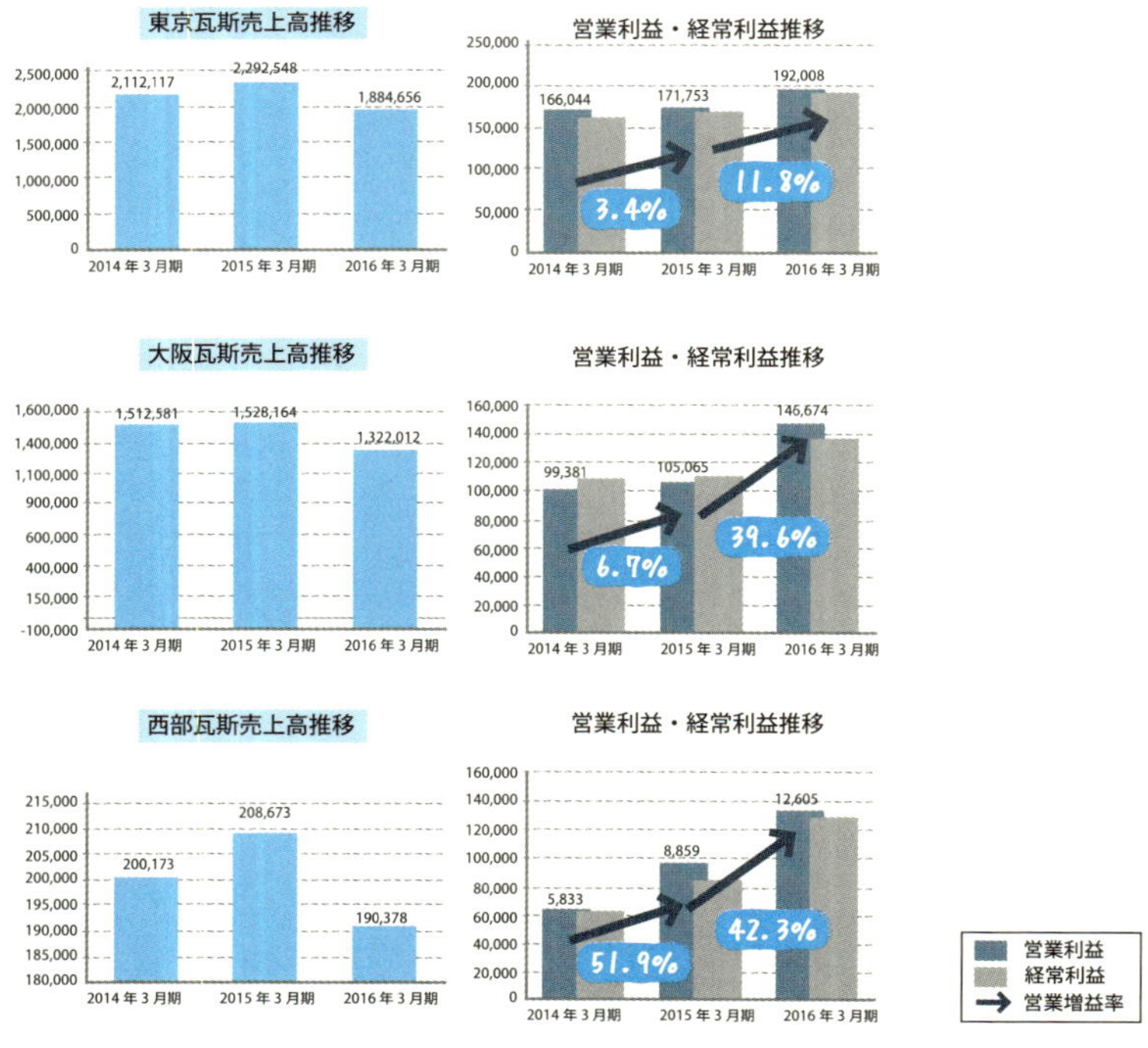

ん並んでいる数字に圧倒されてしまい、分析する気すら失う人もいます。しかし、すべての数字を読み込む必要はなく、問題文で提示された3項目の流れをチェックすることだけでもスタートとしては十分です。

では、実際に分析してみましょう（右頁図参照）。まず売上高の推移を見ると、3社とも今年は前年度比減少しています。特に**「西部瓦斯（9536）の落ち込みが激しく、毎年大きく変動し安定した動きになっていない」**ことも、グラフを通じて読み取ることができます。

次は企業の稼ぐ力を表す利益と、その増加率を見てみましょう。売上高が減少する中、3社とも利益は伸ばしています。営業利益の増益率を見ると11・8％の東京瓦斯に比べて、残りの2社が大きく伸ばしています。その中でも、**「安定した業績推移を見せながら増益を達成している大阪瓦斯」**に注目が集まります。

投資指標も3つの指標で分析

業績の推移が分析できたところで、投資家に好まれそうな銘柄を選び出します。3銘柄の指標を並べて分析したのが次頁の下図です。まず、人気度で割安を判断するPERで分析すると、大阪瓦斯が9・75倍でほかの2銘柄との相対比較では割安として認識されやすい状況にあります。

次は安定性から割安を判断するPBRです。PBRでも大阪瓦斯が0・98倍と解散価値（1倍）に近い値であり、ほかの2社との相対比較で割安として認識されやすいことがわかります。

最後に、株主を大事にしているかを表す配当利回りをチェックします。配当利回りでは西部瓦斯が2・43％で最も高いですが、3銘柄とも2％台で、大きな差はありません。

以上の結果をまとめて投資指標に基づき判断すると、配当利回りでは西部瓦斯が優れていますが、「**割安性と安定性を表す2指標において優れていながら、配当利回りでも西部瓦斯に匹敵する大阪瓦斯を選ぶのが妥当**」だと思われます。ここまで来ると大体絞り込まれたような気がしますが、最後に未来もしっかり稼ぐ力があるのか、確認をしてみましょう。

予想増益率は数字と信頼性の両方で判断

予想増益率には、「**会社が予想したもの**」と「**複数のアナリスト（企業分析の専門家）が予想した結果を平均したコンセンサス**」の、2つの数字があります。覚えていますか？ この2つの数字がどのような状態になっているのが理想的でしたか？

もちろん高い数字が並んでいるのがいいですが、2つの数字の間に大きな開きがないことも重要です。

答えあわせ 3 ファンダメンタル分析 ❷ PER、PBR、配当利回りを比較する

9531 東京瓦斯	
配当利回り（会社予想）	2.08％
1株配当（会社予想）	11.00
PER（会社予想）	（連）10.40 倍
PBR（実績）	（連）1.16 倍

9532 大阪瓦斯	
配当利回り（会社予想）	2.31％
1株配当（会社予想）	10.00
PER（会社予想）	（連）9.75 倍
PBR（実績）	（連）0.98 倍

9536 西部瓦斯	
配当利回り（会社予想）	2.43％
1株配当（会社予想）	6.00
PER（会社予想）	（連）61.14 倍
PBR（実績）	（連）1.43 倍

PER
PERは大阪瓦斯が9.75倍、相対比較で割安として認識されやすい

PBR
PBRでも大阪瓦斯が0.98倍、解散価値に近い値で相対比較で割安として認識されやすい

配当利回り
配当利回りは西部瓦斯が2.43％で最も高いが、3銘柄とも大きな差はない

指標に基づく判断
まとめて判断すると、配当利回りでは西部瓦斯が優れているが、割安性と安定性を表す2指標において優れている大阪瓦斯を選ぶのが妥当だと思われる

多くの企業は業績発表のときに、予想に未達すること（いわゆる下方修正）が発生しないように、なるべく保守的な数字を使います。多くの予想で、アナリストのコンセンサスのほうが大きくなっているのはその理由からです。

増益率を並べて比較すると、会社予想の増益率では西部瓦斯が最も高いですが、コンセンサス予想はありません。たまたま評価するアナリストがいなかったのか、アナリストによる評価の対象になっていなかったのかわかりませんが、会社が発表する数字だけでは信頼性に欠けるといえます。この3銘柄の中では「**会社予想とコンセンサス予想間の乖離が少なく、相対的に増益率の高い大阪瓦斯を選ぶのが正しい判断**」です。

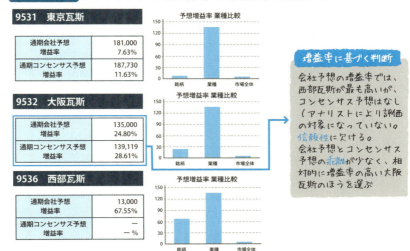

答えあわせ 4 ファンダメンタル分析 ③ 予想増益率を比較する

9531 東京瓦斯

通期会社予想 増益率	181,000 7.63%
通期コンセンサス予想 増益率	187,730 11.63%

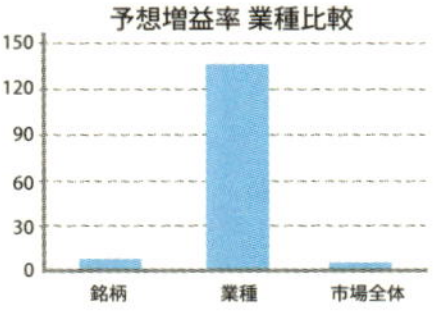

9532 大阪瓦斯

通期会社予想 増益率	135,000 24.80%
通期コンセンサス予想 増益率	139,119 28.61%

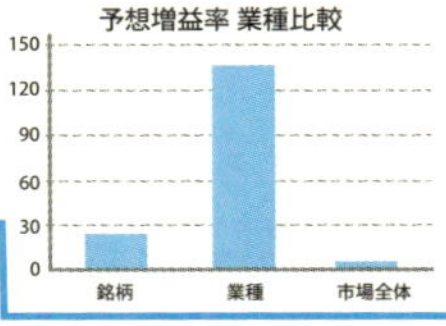

9536 西部瓦斯

通期会社予想 増益率	13,000 67.55%
通期コンセンサス予想 増益率	― ―%

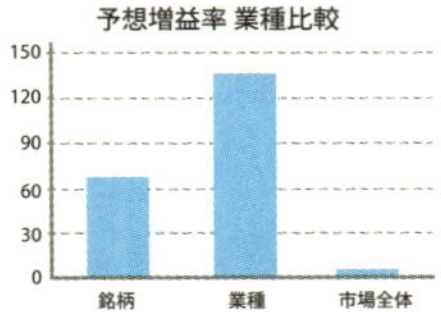

増益率に基づく判断

会社予想の増益率では、西部瓦斯が最も高いが、コンセンサス予想はなし（アナリストにより評価の対象になっていない。信頼性に欠ける。
会社予想とコンセンサス予想の乖離が少なく、相対的に増益率の高い大阪瓦斯のほうを選ぶ

ファンダメンタルとテクニカル分析を組みあわせて投資先を決定

ファンダメンタル分析とテクニカル分析の両方を組みあわせると、答えは自ずと明確になってきた気がします。**「両方を満たす銘柄を見つけた自分に誇りを持つことができるし、確認をしながら投資する銘柄を決められます」**。これが両方を組みあわせるメリットでもあります。

ここまでの結果をまとめて、最終的に投資する銘柄を明確にしましょう。

❶ テクニカル分析上の決定

まず、買いのタイミングに来ている銘柄を選定するテクニカル分析。対象の3銘柄ともこれからトレンドが発生する可能性がありますが、**「安値の切り上げが堅調に見られ、直近75日移動平均線を1回抜けてから次の動きを準備してい**

● **答えあわせ** 投資決定：ファンダメンタル＋テクニカル（9532：大阪瓦斯）

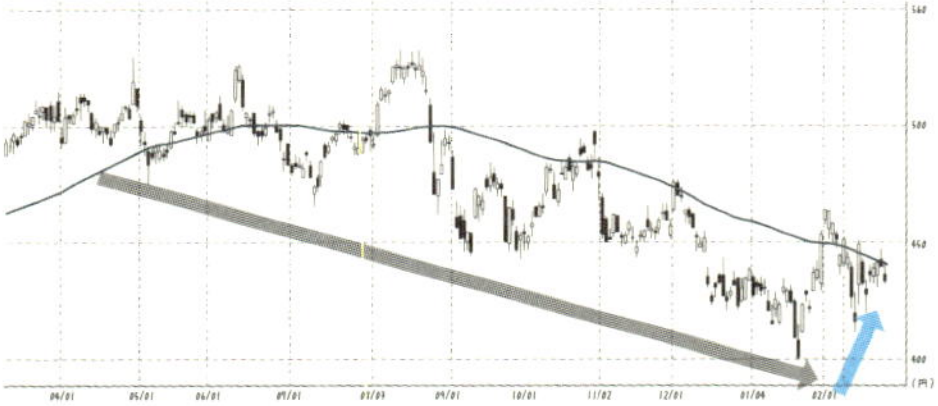

	前期	2期前	3期前
決算期	2016年3月期	2015年3月期	2014年3月期
売上高	1,322,012百万円	1,528,164百万円	1,512,581百万円
営業利益	146,674百万円	105,065百万円	99,381百万円

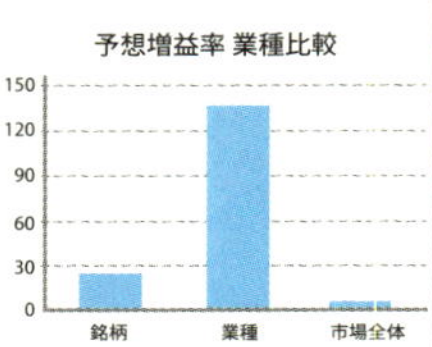

通期会社予想 増益率	135,000 24.80%
通期コンセンサス予想 増益率	139,119 28.61%

配当利回り（会社予想）		2.31%
1株配当（会社予想）		10.00
PER（会社予想）	（連）	9.75倍
PBR（実績）	（連）	0.98倍

テクニカル上の決定

安値の切り上げが堅調に見られ、直近75日移動平均線を1回抜けてから次の動きを準備しているという点で東京瓦斯と大阪瓦斯が選ばれている

ファンダメンタル上の決定

業績では営業利益が順調に伸びているうえに、予想増益率でも相対的に高い大阪瓦斯のほうに軍配があがる。また割安と安定性の指標でも大阪瓦斯が優れている

総合的な投資判断

テクニカル的に買いのタイミングに近く、ファンダメンタル分析でも相対的に割安と判断されやすい大阪瓦斯に投資することに最終的に決定

る」という点で、東京瓦斯と大阪瓦斯を選んでいます。

❷ファンダメンタル分析の決定

業績では3銘柄とも利益が伸びていますが、「**営業利益が順調に伸びているうえに、予想増益率でも相対的に高い**」大阪瓦斯に軍配があがります。また割安と安定性の指標でも大阪瓦斯が優れていることから、ファンダメンタル分析では「**大阪瓦斯の1銘柄に絞る**」のが正しい投資判断です。ここですべての指標に優れる銘柄はなかなか存在しないので、優先順位を決めて判断する必要があることも覚えておいてください。

❸総合的な投資判断

❶、❷の分析を通じて、「**テクニカル的に買いのタイミングに近く、ファンダメンタル分析でも相対的に割安と判断されやすい大阪瓦斯に投資する**」ことに最終的に決定します。

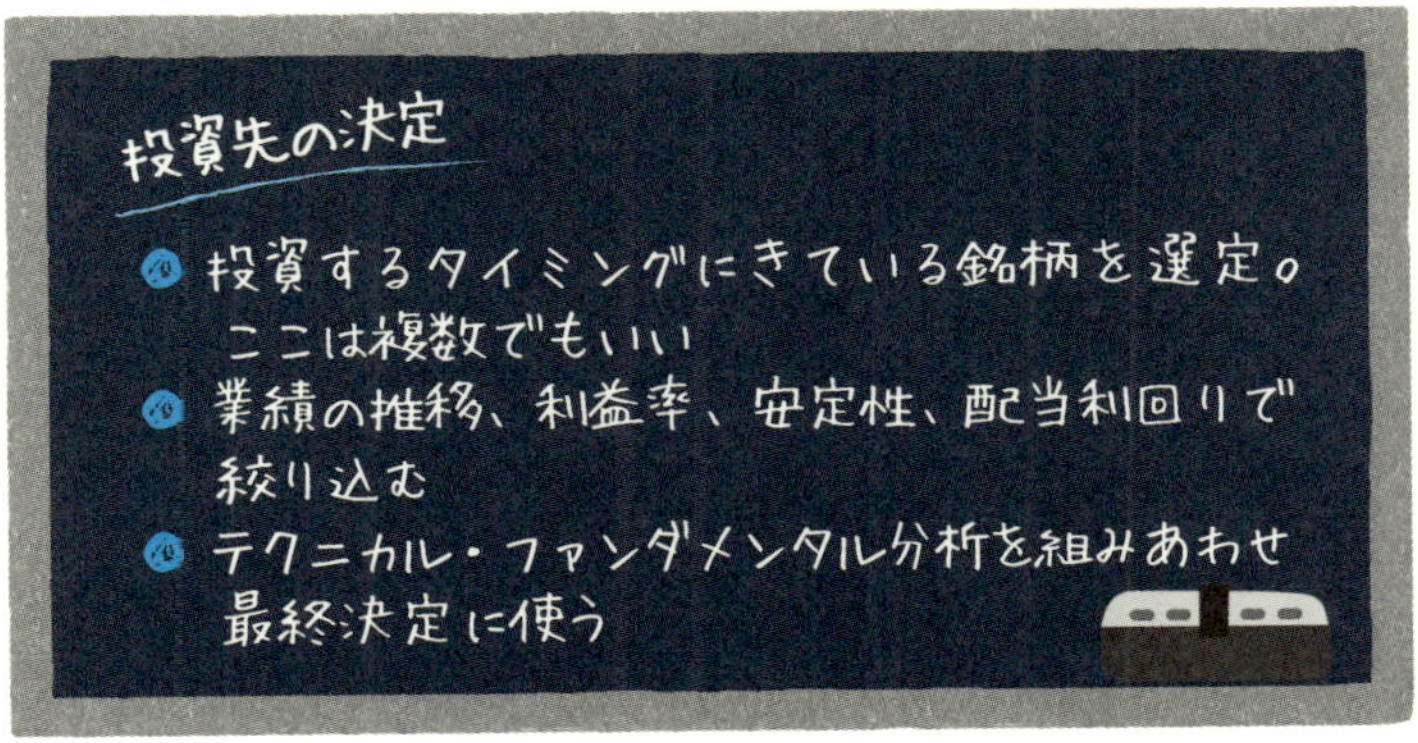
投資先の決定
投資するタイミングにきている銘柄を選定。ここは複数でもいい
業績の推移、利益率、安定性、配当利回りで絞り込む
テクニカル・ファンダメンタル分析を組みあわせ最終決定に使う

最終プロセスは投資技術を用いた具体的な投資計画

　長い道のりでしたが、これで終わりです。え？　本当に？　終わりです、という言葉を信じてはいけませんよ。ここまでだったら「こんな銘柄がいいので、買うようにがんばってください」にすぎないのではないでしょうか？　もう一歩、具体的な投資の計画をします。

　提示されたチャート上に、本日の価格情報が提示されているのはそのためです。「**投資計画とは、１円単位で買いとロスカットの価格を決めること**」を忘れないでください。

　では本日の状態でいくらで買えばいいのかを、投資技術を使って計算してみましょう。この日は75日移動平均線がまだ下向いている「上昇の1回目」買いのパターンです。チャート上では75日移動平均線を当日の高値４４２円で超えているように見えますが、75日移動平均線の値も４４２円に位置しています（小数点は切り上げ）。よって、買いの注文は75日移動平均線の値「**４４２円＋１円＝４４３円**

答えあわせ 大阪瓦斯の投資計画（9532：大阪瓦斯）

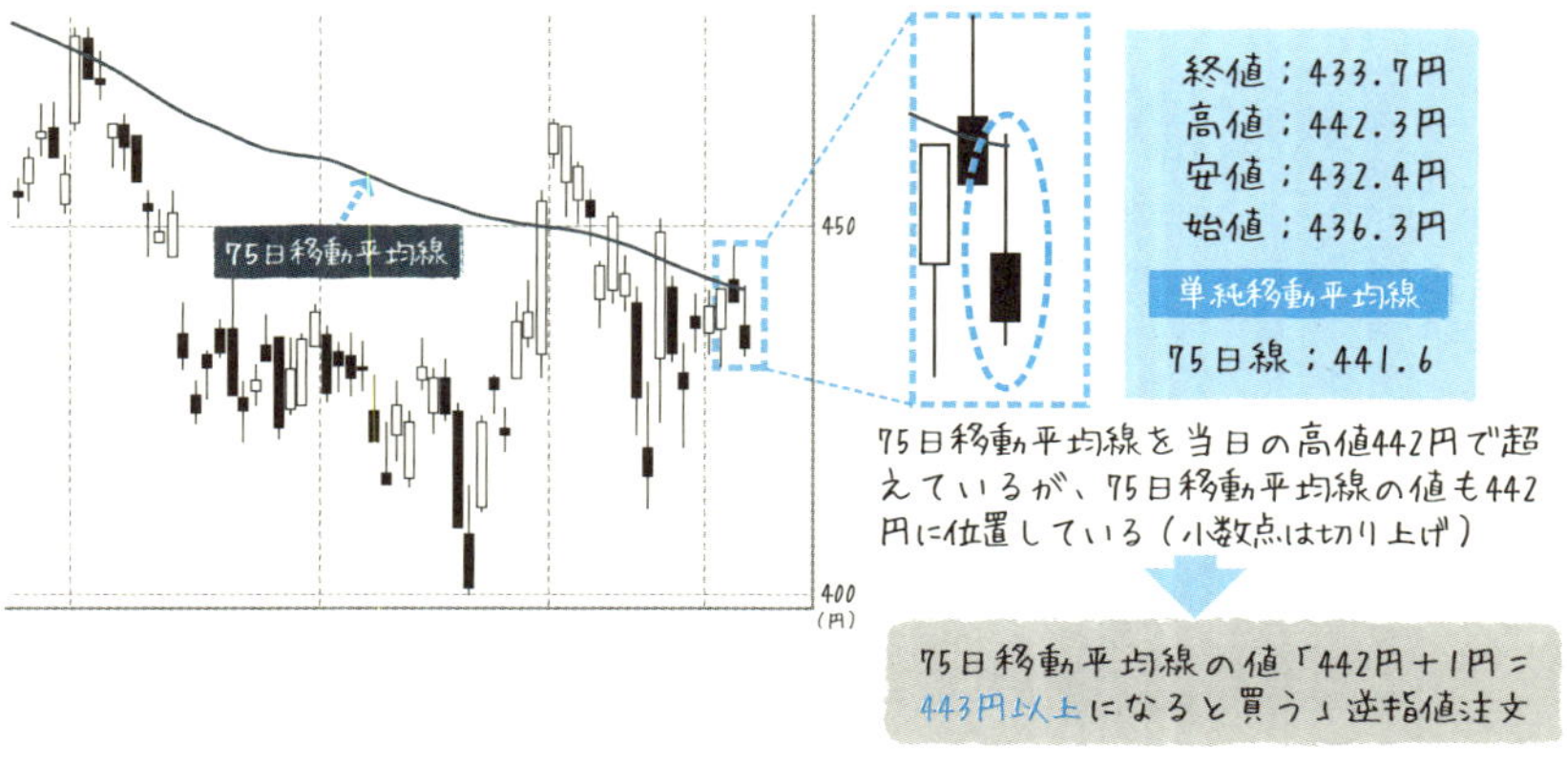

75日移動平均線
450
400
(円)
終値：433.7円
高値：442.3円
安値：432.4円
始値：436.3円
単純移動平均線
75日線：441.6
75日移動平均線を当日の高値442円で超えているが、75日移動平均線の値も442円に位置している（小数点は切り上げ）
75日移動平均線の値「442円＋1円＝443円以上になると買う」逆指値注文

以上になると買う」ように逆指値注文を出すことになります。

これで終わりではないことはすでにご存知ですね。はい、そうです。買ったその日の夜に設定するロスカットの価格設定です。75日移動平均線を上に抜けるときに買うので、売りの設定はその反対、75日移動平均線を上から下に抜ける価格になります。明日の価格はわからないので、「**買ったその日の75日移動平均線を上から下に抜ける価格**」という言葉が解答になります。

ここまでお疲れさまでした。最後のこの問題は特に考えることも多いうえに、ひとつの銘柄ではなく同じタイミングに来ている同業種の銘柄を比較して投資計画まで立てるということが加わり、非常に難問でした。

逆に考えると、これだけのことができるようになれば、あなたの投資家としてのステージは全然変わったものになっていきます。しかも、これが難しいと感じるのはあなただけではありません。同じ問題をグループワークで行い、参加者が一生懸命取り組む姿を特典動画として見てみてください。これを見ることで、投資に悩むのは自分だけではないこと、投資には仲間がいることを実感してください。

特典動画⑦ 銘柄の選定と取引計画：グループワーク
(http://www.tbladvisory.com/book003)

難易度
低　中　**高**

17 チャンス銘柄はガマンが必要なことも

1 銘柄の仕入れはランキングから、複数のサイトで効率を高める

ランキングは宝の山、条件をしっかり覚えるのがポイント

ニュースと違って、定期的に毎日でも新たな仕入れができるソースは、毎日発表される株式のランキングです。株式のランキングは、当日の動きの中から「**値上がり率**」「**値下がり率**」「**売買高増加率**」などいろいろな切り口で順位を決めて発表されます。しかし、ランキングにあがっているすべての銘柄ではなく、条件

目　標

ランキングから仕入れる際は、出来高が大事であることを必ず理解する、仕入れは明日からでなくてもいい。

参考書籍　「世界一やさしい 株の教科書 1年生」7時限目 02（242-244 頁）

によってフィルタリングする必要があります。そのために前著では3つの基準を挙げました。

> ❶ **最初のうちは東証1部から選ぶ**
> ❷ **出来高が10万株以上でしっかりある銘柄**
> ❸ **10円など極端な値段ではない**

また明日からすぐ取引できる銘柄はヤフーファイナンス（**http://finance.yahoo.co.jp**）の「**テクニカル関連ランキング**」で検索できることもお話ししました。

出来高が表示されないので、フィルタリングが難しい場合がある

明日からでも取引できる銘柄がすぐ見つかるということで、テクニカル関連ランキングの紹介に関しては大変好評でした。しかし、問題はその表示項目に関して起こりました。「**ランキングのフィルタリングでは出来高を必ず確認してください**」とお願いしましたが、肝心なテクニカル関連ランキングでは出来高が表示されません。出来高は別のところでチェックすればいいのですが、人間はあくまでも1カ所で効率的にすませたいのが本能です。これでは面倒臭いので、出来高も一緒に一括に表示させる方法はありませんかという質問を多くいただきました。そこで出来高も一緒に表示できるだけでなく、さまざまな切り口でランキングを表示してくれる便利なサイトがあるので、ここで紹介します。

● 銘柄選定の基準と明日から取引できる銘柄の見つけ方

❶ ランキングからチェックすべき銘柄を選び出す方法

市場を選ぶ｜全市場　東証全体　東証1部　東証2部　東証マザーズ　JASDAQ全体
JASDAQスタンダード　JASDAQグロース　名証全体　名証1部　名証2部

❶最初のうちは「東証１部」のランキングを選択する

値上がり率　東証1部　デイリー　最終更新日時：2014年9

コード	市場	名称	取引値		前日比		出来高
8897	東証1部	(株)タカラレーベン	15:00	366	+3.98%	+14	1,149,200
3204	東証1部	(株)トーア紡コーポレーション	15:00	79	+3.95%	+3	1,672,000
9699	東証1部	西尾レントオール(株)	15:00	4,390	+3.91%	+165	323,500
2587	東証1部	サントリー食品インターナショナル(株)	15:00	3,925	+3.56%	+135	1,715,800
4231	東証1部	タイガースポリマー(株)	15:00	676	+3.52%	+23	26,200

❷出来高がしっかりある銘柄を選択する。26,200株では、取引対象として少なすぎる

❸極端な値段ではない銘柄を選択する

❷ テクニカル関連ランキングの「低かい離率（75日・マイナス）」から検索して明日からトレード

テクニカル関連ランキング
- 高かい離率(25日・プラス)
- 高かい離率(25日・マイナス)
- 高かい離率(75日・プラス)
- 高かい離率(75日・マイナス)
- 低かい離率(25日・プラス)
- 低かい離率(25日・マイナス)
- 低かい離率(75日・プラス)
- 低かい離率(75日・マイナス)
- ゴールデンクロス
- デッドクロス

低かい離率(75日・マイナス)　東証1部　デイリー

コード	市場	名称	取引値		75日移動平均	かい離率
9972	東証1部	アルテック(株)	09/12	235	235.43	-0.18
7517	東証1部	黒田電気(株)	09/12	1,578	1,580.93	-0.19
7608	東証1部	(株)エスケイジャパン	09/12	255	255.48	-0.19
3391	東証1部	(株)ツルハホールディングス	09/12	5,650	5,661.20	-0.20
4215	東証1部	タキロン(株)	09/12	553	554.15	-0.21

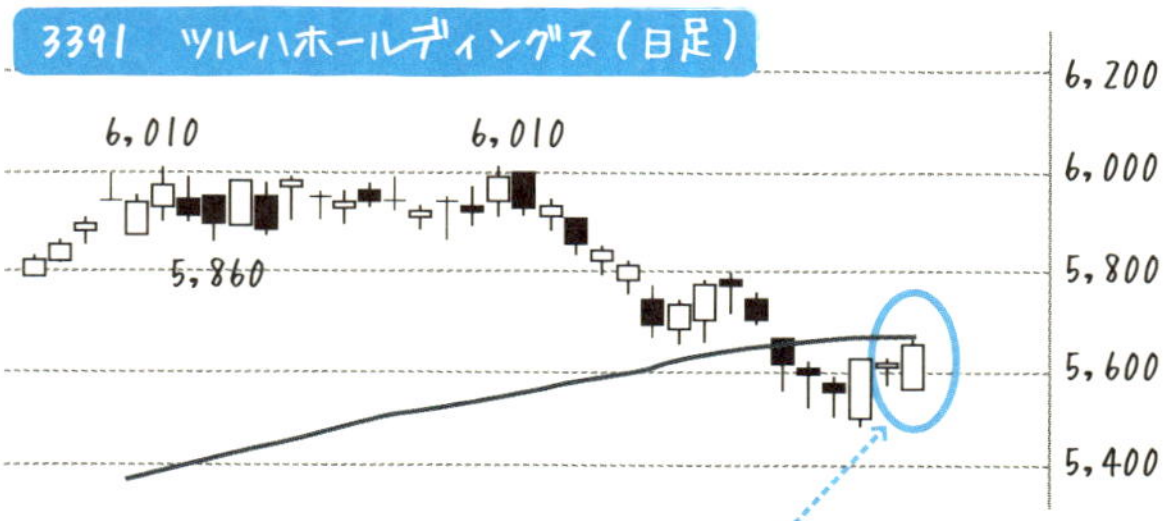

１回調整が終わり75日移動平均線を割ってから近づいてきた。明日からでも取引可能

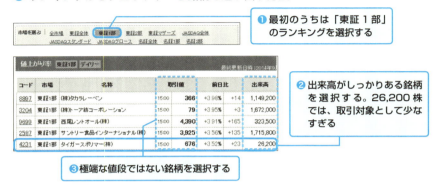

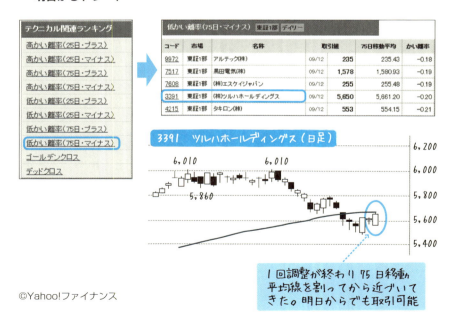

さまざまな切り口のランキングと出来高を組みあわせる

グッドイシュー（http://www.miller.co.jp/）という投資情報の提供サイトがあります。個人投資家向け株ソフト提供事業と投資教育事業を事業内容とするサイトで、ソフトだけでなく、ウェブで提供するチャートや情報も優れていて、筆者もよく利用するサイトです。ここではテクニカル指標からファンダメンタルの指標まで、各種切り口でランキングを検索できるうえに、出来高が千株単位で表示されるので、しっかりチェックすることができて大変便利です。

❶ http://www.miller.co.jp/で「株式ランキング」を表示する（図1）

最大46項目とさまざまな切り口で検索できるのがわかります。「表示項目をカスタマイズ」をクリックすると別のウインドウが表示され、表示するランキングの種類を設定できるようになります。

図1 さまざまな観点に基づくランキング情報の表示
グッドイシュー（http://www.miller.co.jp/）

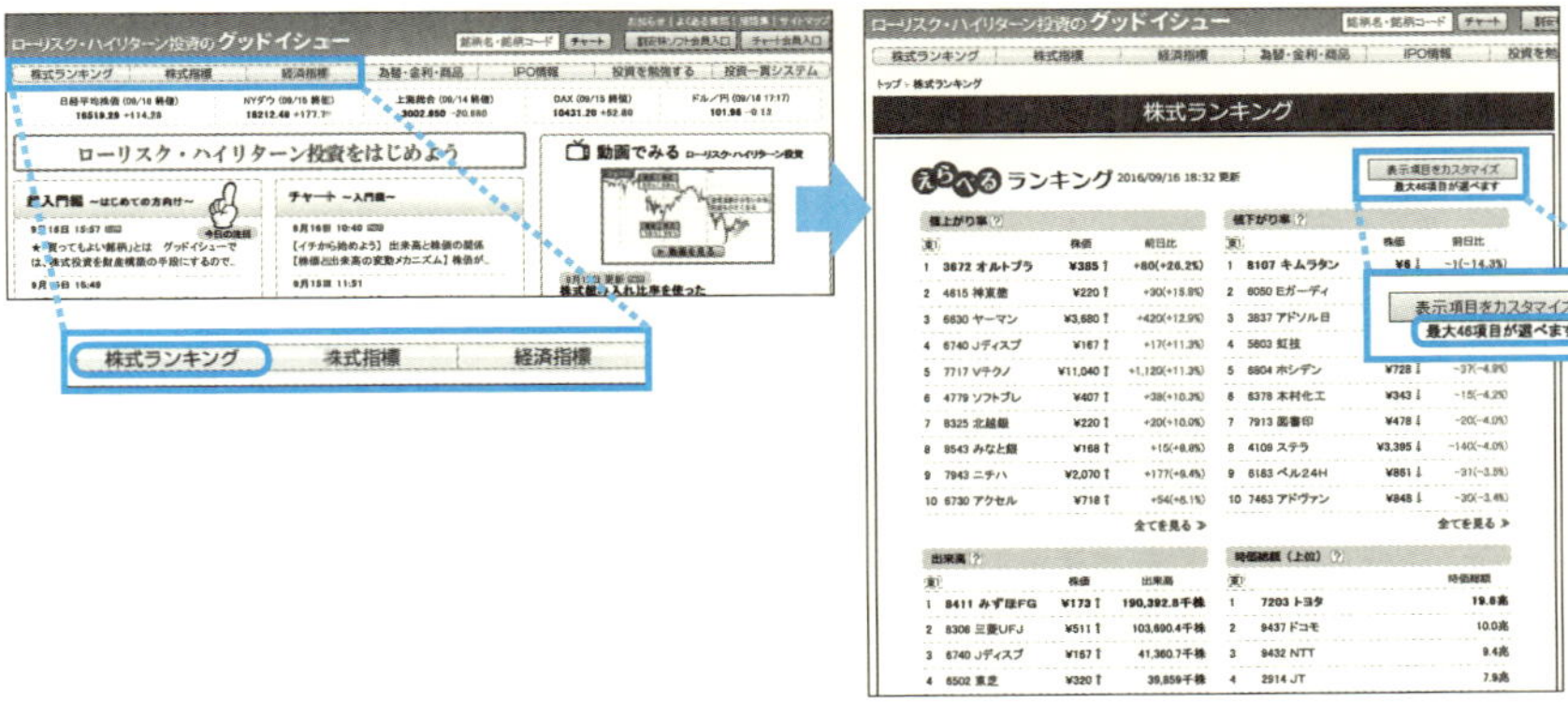

❷「株式ランキング」の「表示項目をカスタマイズ」を選択する（図2）

初期値は46項目すべてが選択されているので、自分が表示させたいランキングの種類だけを残してチェックを外します。また右側で表示対象となる市場も選択できるので、ほしい市場を選択します。

❸表示されている項目の50位までをすべて表示させる（図3）

今回の例では75日移動平均線関連のランキングと東証1部だけを表示するように設定しています。「設定」ボタンをクリックして、再びランキングを表示すると、表示するように選択したランキングのみが表示されていることがわかります。各ランキングで詳しく表示したい項目を選び「全てを見る」をクリックします。この例では「75日移動平均線低かい離率」ランキングをクリックしています。

図2 ランキングの種類と市場の選択

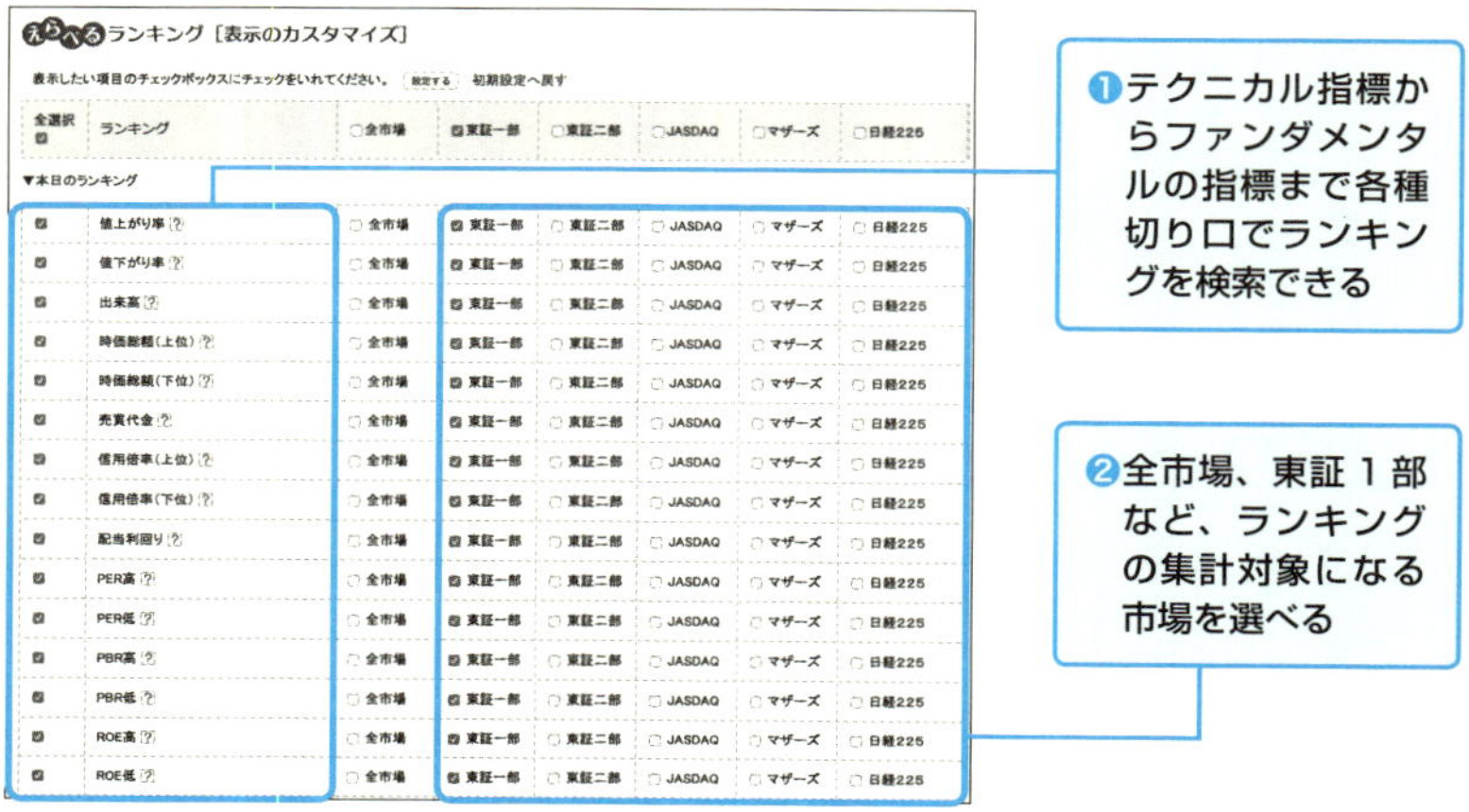

図3 テクニカル指標によるランキングと市場の選択

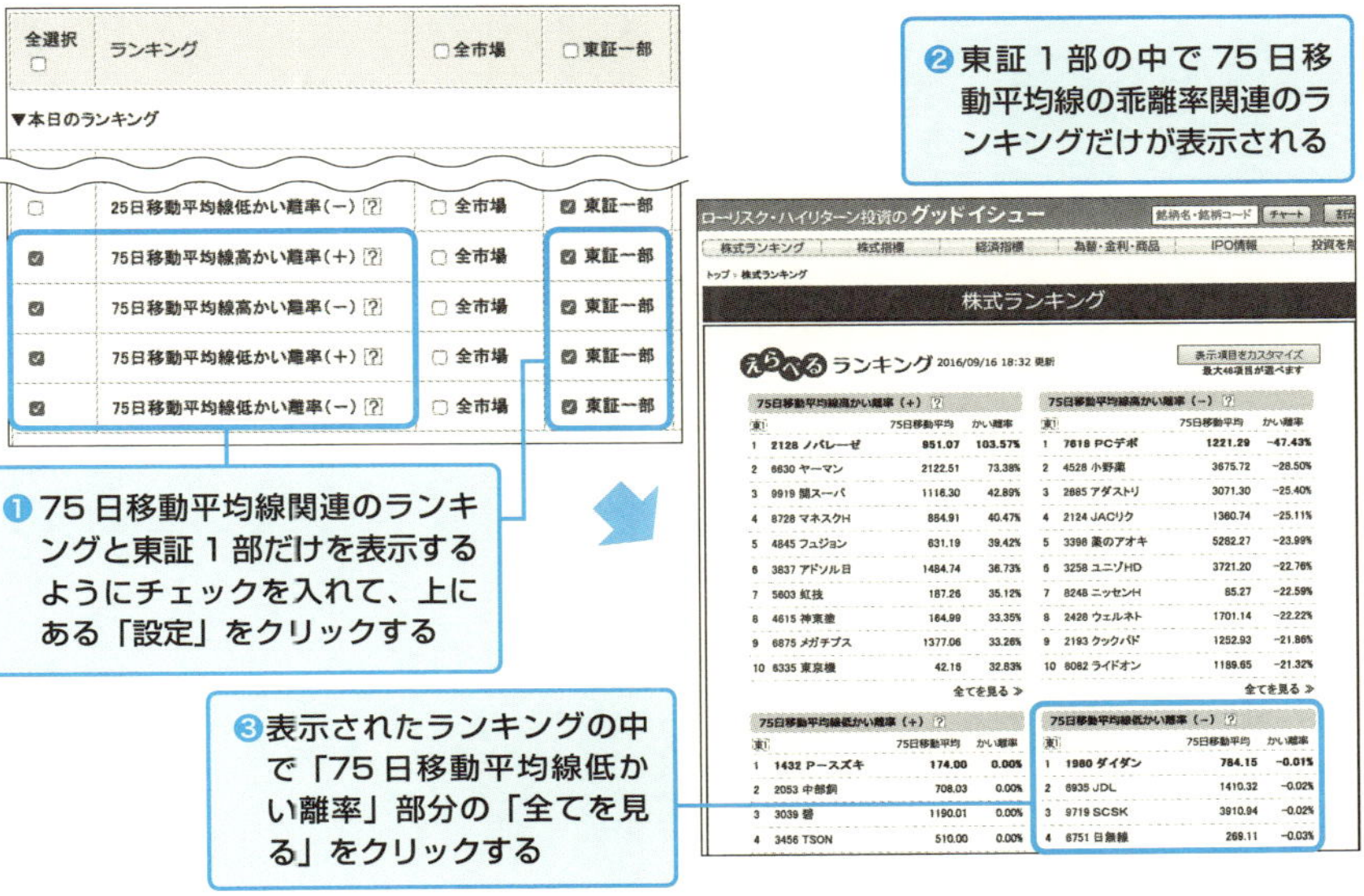

図4 75日移動平均線低かい離率の検索結果

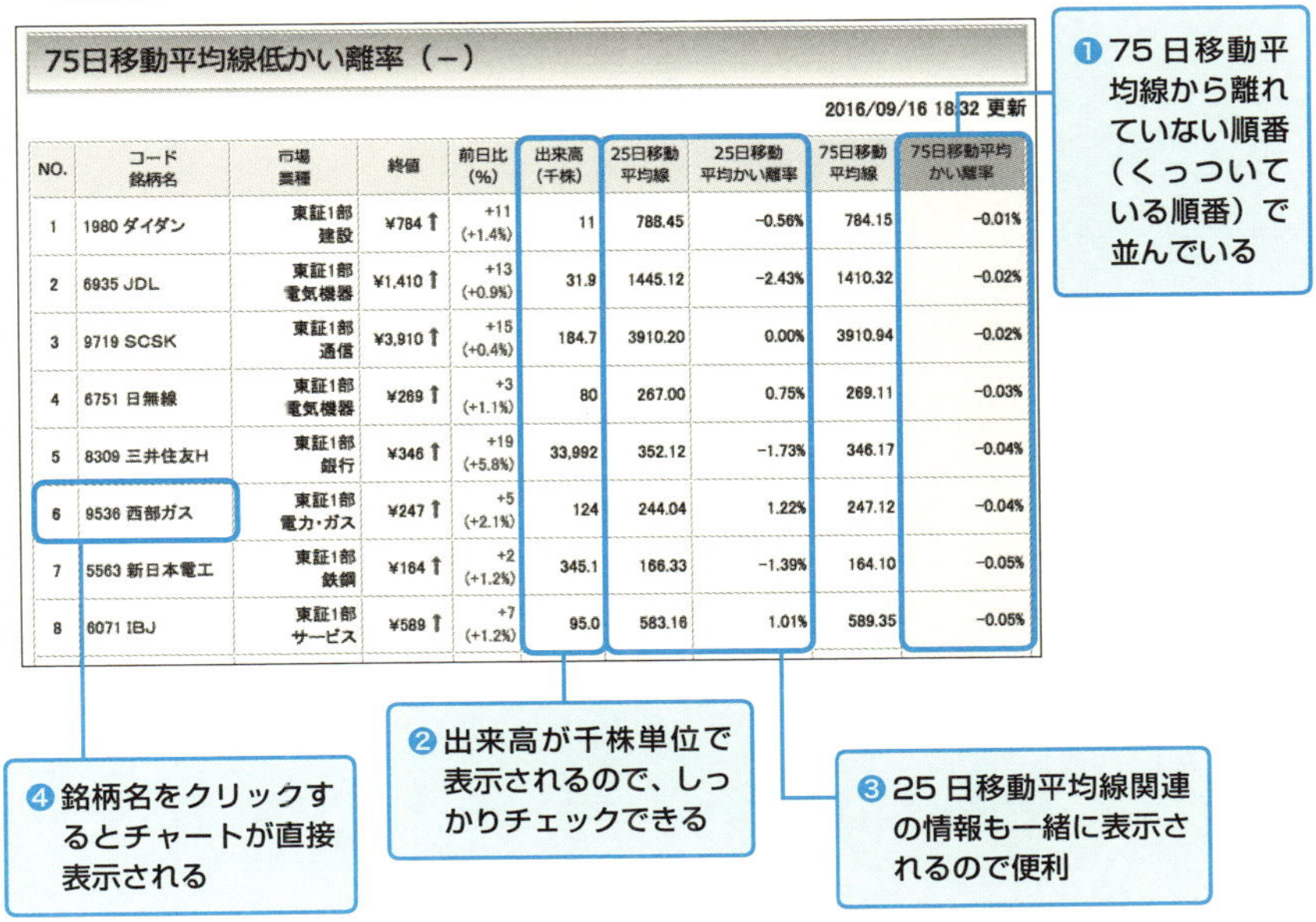

75日移動平均線低かい離率（−）

2016/09/16 18:32 更新

NO.	コード 銘柄名	市場 業種	終値	前日比 (%)	出来高 (千株)	25日移動 平均線	25日移動 平均かい離率	75日移動 平均線	75日移動平均 かい離率
1	1980 ダイダン	東証1部 建設	¥784 ↑	+11 (+1.4%)	11	788.45	−0.56%	784.15	−0.01%
2	6935 JDL	東証1部 電気機器	¥1,410 ↑	+13 (+0.9%)	31.9	1445.12	−2.43%	1410.32	−0.02%
3	9719 SCSK	東証1部 通信	¥3,910 ↑	+15 (+0.4%)	184.7	3910.20	0.00%	3910.94	−0.02%
4	6751 日無線	東証1部 電気機器	¥269 ↑	+3 (+1.1%)	80	267.00	0.75%	269.11	−0.03%
5	8309 三井住友H	東証1部 銀行	¥346 ↑	+19 (+5.8%)	33,992	352.12	−1.73%	346.17	−0.04%
6	9536 西部ガス	東証1部 電力・ガス	¥247 ↑	+5 (+2.1%)	124	244.04	1.22%	247.12	−0.04%
7	5563 新日本電工	東証1部 鉄鋼	¥164 ↑	+2 (+1.2%)	345.1	166.33	−1.39%	164.10	−0.05%
8	6071 IBJ	東証1部 サービス	¥589 ↑	+7 (+1.2%)	95.0	583.16	1.01%	589.35	−0.05%

④ 表示された検索結果の中、出来高と価格によりフィルタリングする（図4）

結果が表示され、75日移動平均線から離れていない順番（くっついている順番）で並んでいるのが確認できます。表示項目の左から6列目を見ると「出来高」が千株単位で表示されるので、この中でフィルタリングしてチェックできることがわかります。75日移動平均線関連情報のみならず、25日移動平均線関連の情報も一緒に表示されるので便利です。2列目のコード・銘柄名はクリックできる状態になっていて、すぐにチャートの確認もできます。

問題17・1　高

次頁の表とチャートは「株式ランキング」の「75日移動平均線低かい離率」ランキングを検索して、その中のひとつをクリックした結果を表しています。言葉どおり、75日移動平均線に、ほぼくっついた状態で終値がその下にあることがわかります。

この表とチャートから株価の位置とトレンドを判断、解答欄に投資計画を記入してください。

また、投資計画を立てないとすればその理由を記述してください。

解答欄

❶ 株価の位置から判断する場合、現在は株価のサイクルのどこに該当しますか？

上昇（下降）の（　　　）回目

❷ 逆指値で買い注文を設定するときの値段は？

（　　　）円以上になったら買う

❸ そもそもトレードの対象にしないなら、その理由は何ですか？

明日から取引できる銘柄の選定

NO.	コード 銘柄名	市場 業種	終値	前日比 (%)	出来高 (千株)	25日移動 平均線	25日移動 平均かい離率	75日移動 平均線	75日移動平均 かい離率
11	6744 能美防	東証1部 電気機器	¥1,436 ↑	+26 (+1.8%)	25.8	1472.57	−2.48%	1437.30	−0.08%
12	7260 富士機工	東証1部 輸送用機器	¥336 ↑	+9 (+2.8%)	19.9	326.17	3.02%	336.33	−0.09%
13	8012 長瀬産	東証1部 卸売業	¥1,164 ↓	−6 (−0.5%)	305.9	1156.93	0.62%	1165.10	−0.09%
14	3434 アルファC	東証1部 金属製品	¥941 ↓	−8 (−0.8%)	7.3	936.00	0.54%	941.95	−0.10%
15	3834 朝日ネット	東証1部 通信	¥437 ↓	−2 (−0.5%)	39.8	428.08	2.09%	437.45	−0.10%
16	9066 日新	東証1部 倉庫運輸関連	¥300 ↑	+11 (+3.8%)	80	288.80	3.88%	300.31	−0.10%
17	9475 昭文社	東証1部 通信	¥554 ↑	+4 (+0.7%)	13.9	546.68	1.34%	554.60	−0.10%
18	1720 東急建	東証1部 建設	¥985 →	0 (0.0%)	235.4	1009.53	−2.42%	986.14	−0.11%
19	4506 大日本住友	東証1部 医薬品	¥1,789 ↑	+7 (+0.4%)	1,069.0	1758.81	1.72%	1791.19	−0.12%
20	6205 OKK	東証1部 機械	¥99 →	0 (0.0%)	44	98.69	0.33%	99.13	−0.12%

17・1の解説 せっかくのトレード計画、しかし無駄になる場合がある

ここまでチャートの見方を練習して慣れている人にとって、この銘柄はまさしく「今ほしい！」という位置にあります。まずここまでの流れを検証すると、3月から8月中旬の底値まで5カ月以上に渡って下げてきており、安値も3回以上切り下げてきました。また、直近になって安値の切り下げがはじまると同時に、75日移動平均線に近づいていきました。なおさらいいのは、数日前に75日移動平均線を1回タッチしてから下げて、再び戻ってきたところです。これは喉から手が出るほどほしかった上昇の1回目の買いパターンです。

早速がんばって鼻息も荒く5000株の買い注文を設定します。買いの逆指値注文は？

75日移動平均線が555円に位置し、終値が554円なので、555円＋1円＝556円以上になったら

答えあわせ 検索した銘柄のトレード計画（9475：昭文社）

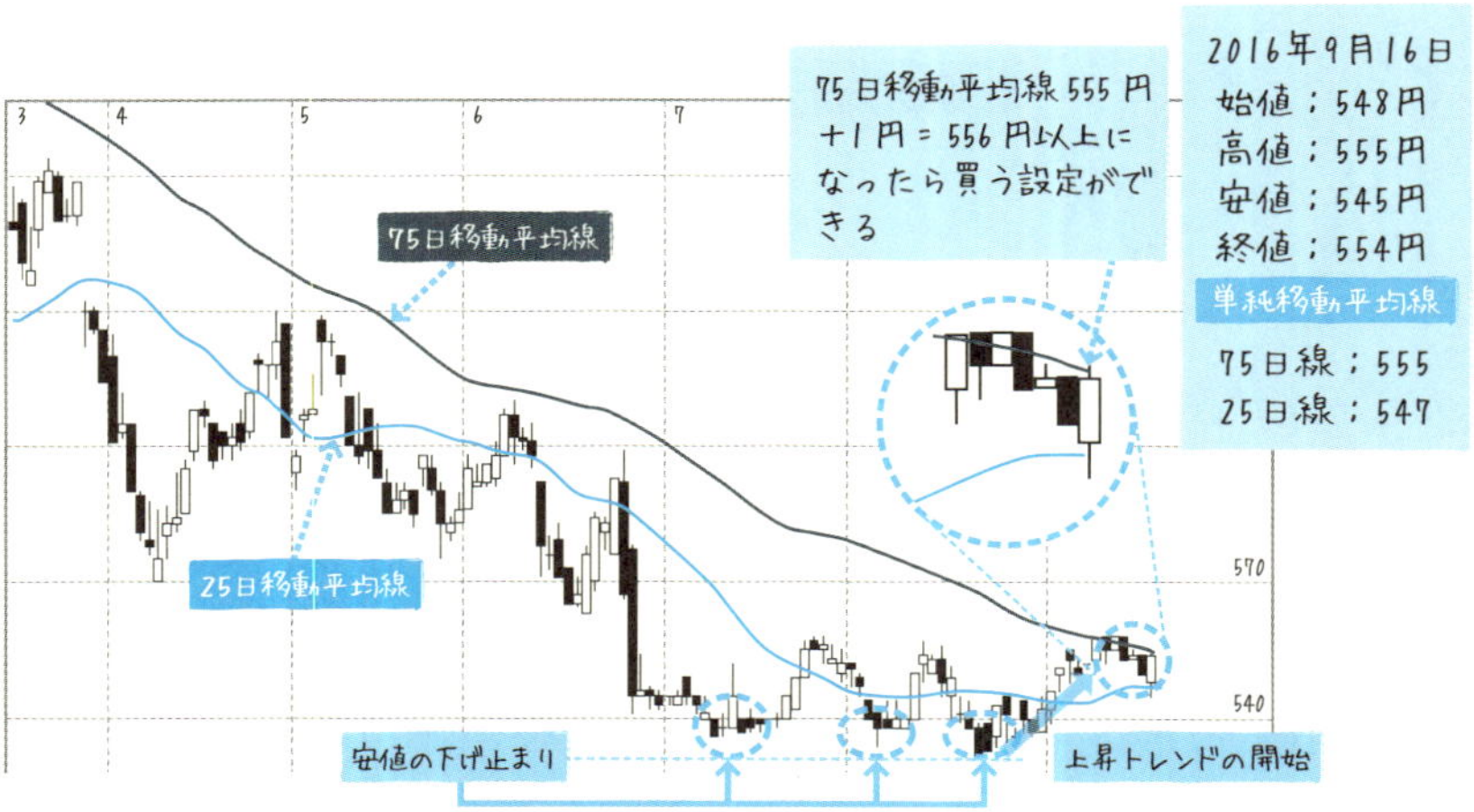

買う設定をします（右頁図）。簡単ですね、ここまで真面目に勉強してきた人には。すると翌日、556円になった瞬間に目を疑うような暴騰を見せます。

「おおっ、もしかしたら私は天才かも！」と密かに喜びながら、その翌日、結構な利益になってきたことだし、今度は5000株の利益確定注文を出します。するとしばらく全然約定されない……。約定しても大暴落を起こします。「あれれ？」

この原因、わかりますか？（言いたくはありませんが、私が直接経験したことです）

トレード計画の初ステップは出来高のチェック

何が起きたのか、もうおわかりでしょうか？ 株価の位置とサイクル判断、買う価格の決定以前に、「株式ランキング」のランキング結果の表に戻ってみてください（下図）。6列目を見ると、この銘柄の取引量は1株550円台の株価にして1日1万3900株にすぎません。一方、東急建（1720）は、1株980円台の株価にもかかわらず23万5400株が

答えあわせ チャートを表示して分析する前にチェックすべき項目

NO.	コード 銘柄名	市場 業種	終値	前日比 (%)	出来高 (千株)	25日移動 平均線	25日移動 平均かい離率	75日移動 平均線	75日移動平均 かい離率
16	9066 日新	東証1部 倉庫運輸関連	¥300 ↑	+11 (+3.8%)	80	288.80	3.88%	300.31	−0.10%
17	9475 昭文社	東証1部 通信	¥554 ↑	+4 (+0.7%)	13.9	546.68	1.34%	554.60	−0.10%
18	1720 東急建	東証1部 建設	¥985 →	0 (0.0%)	235.4	1009.53	−2.42%	986.14	−0.11%

真っ先にチェックすべき項目は「出来高」

判断：550円台の株価で1日の出来高が13,900株では少なすぎる。チャートを見て無駄な時間を使う前に、まず検討対象から外すべき

取引されていて、昭文社（9475）はいかに出来高が少ないのかがわかります。

1万4000株の取引量に対して、あなたが一気に5000株を買う注文を出すので、1日の取引量のほぼ3分の1を1人で出すことになります。もし75日移動平均線を超えるところで「成行」で買うような設定をした場合は、現時点で出されている注文のほとんどを自分で買うことになるので、当然株価は暴騰します。そして売るときも、買いたい人がそもそも少ないので売れないし、売れたとしても低い価格の注文をすべて拾うことで株価は暴落します。

えらそうに言っていますが、これは私が初心者のときに身を持って体験したことです。結果はこの例よりもひどく2日間売却ができず、3日目でやっと暴落した値段で処分することができました。

「トレード計画を一生懸命立ててもそもそも見向きもされない銘柄なら、時間と努力の無駄使いになるだけ」です。**「分析の前に出来高のチェック」**、必ず覚えてください。

問題17-2

高

次頁の表とチャートは「75日移動平均線低かい離率」ランキングを検索して、その中のひとつをクリッ

解答欄

❶ 株価の位置から判断する場合、現在は株価のサイクルのどこに該当しますか？

上昇（下降）の（　　　　）回目

❷ 逆指値で買い注文を設定するときの値段は？

（　　　）円以上になったら買う

❸ そもそもトレードの対象にできる理由は何ですか？

クした結果を表しています。問題17・1同様、75日移動平均線にほぼくっついた状態で終値がその下にあることがわかります。

この表とチャートから株価の位置とトレンドを判断、解答欄に投資計画を記入してください。また、投資計画を立てられる場合は、その根拠は何かを記述してください。

● 明日から取引できる銘柄の選定

75日移動平均線低かい離率（－）

NO.	コード 銘柄名	市場 業種	終値	前日比 (%)	出来高 (千株)	25日移動 平均線	25日移動 平均かい離率	75日移動 平均線	75日移動平均 かい離率
5	8309 三井住友H	東証1部 銀行	¥346 ↑	+19 (+5.8%)	33,992	352.12	−1.73%	346.17	−0.04%
6	9536 西部ガス	東証1部 電力・ガス	¥247 ↑	+5 (+2.1%)	124	244.04	1.22%	247.12	−0.04%
7	5563 新日本電工	東証1部 鉄鋼	¥164 ↑	+2 (+1.2%)	345.1	166.33	−1.39%	164.10	−0.05%

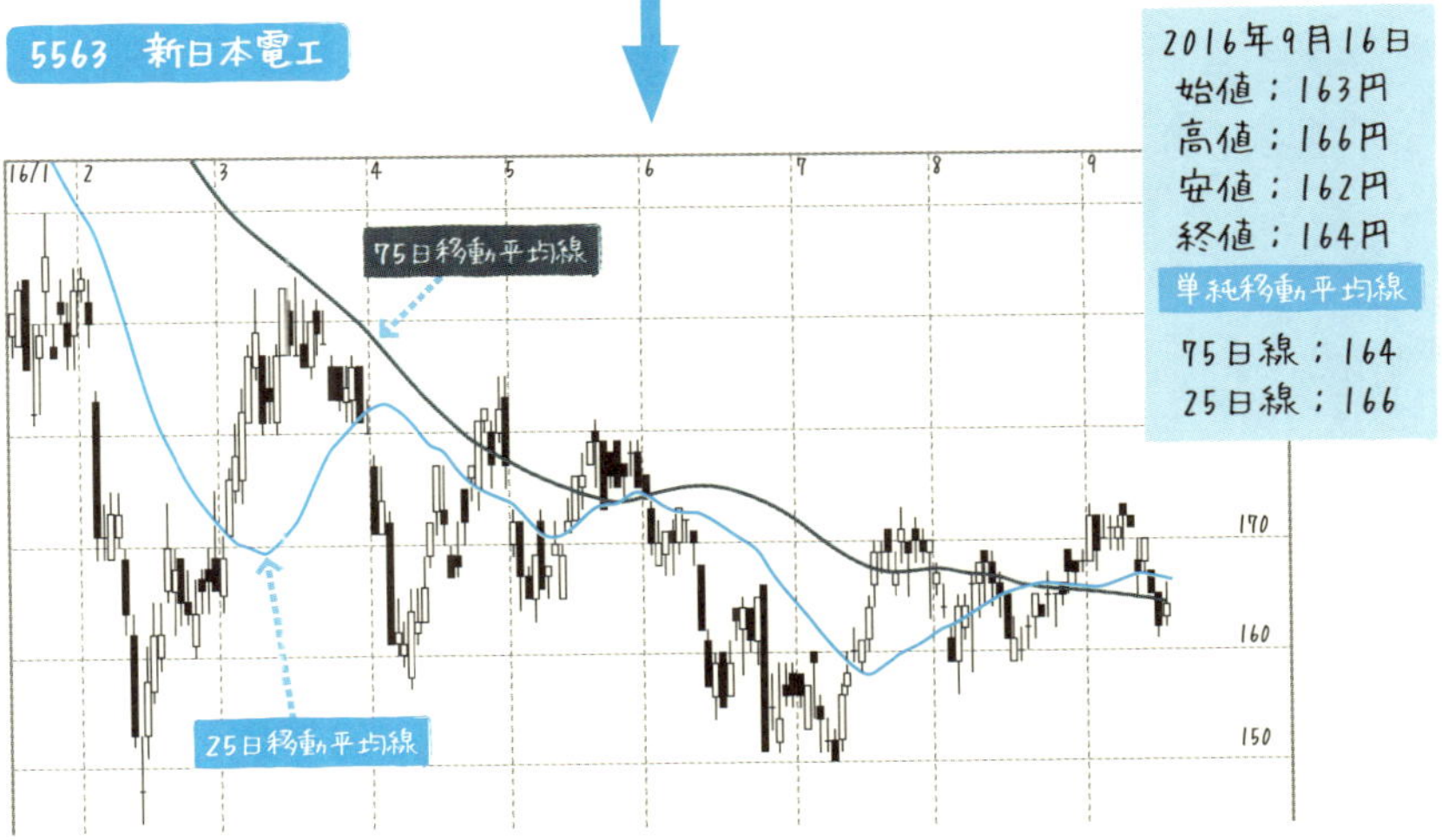

17・2の解説

計画の順番を守ることで効率的に銘柄を仕入れる

問題17・1の教訓を活かして今度はちゃんと順番を守って検討しましたか？「こんなのひっかけ問題じゃないか！」と怒る前に、どういう意図でこのような問題を出したのかを考えてください。1度チェックが抜けていることを経験してみないと、その重要性に気づくのはなかなか難しいのです。「頭ではわかっているけれど……」と「身を持って経験して体得する」とはまったく別の問題です。

では、順番に沿ってトレード計画まで立ててみましょう。

Ⓐ 出来高が少ないものは分析から外して、十分な銘柄をチェックする

50位まで並んでいるランキングの銘柄をすべてチェックするのは、多大な時間と努力が必要です。しかも、その努力の半分以上は「無駄」で終わってしまいます。「**目で見て、出来高が10万株以下の銘柄はまず外しましょう**」。問題に出された銘柄の出来高をチェックすると34万株以上あるので、取引するのに十分な出来高です。

Ⓑ 長期のトレンドを分析して、トレードの対象になることを確認する

検討対象になった銘柄のみを対象に分析を行います。これもいきなり「いくらで買う」かを考

答えあわせ 選定からトレード計画までのプロセス

Ⓐ 出来高が少ないものは分析から外して、十分な銘柄をチェックする

75日移動平均線低かい離率（－）

NO.	コード 銘柄名	市場 業種	終値	前日比 (%)	出来高 (千株)	25日移動 平均線	25日移動 平均かい離率	75日移動 平均線	75日移動平均 かい離率
5	8309 三井住友H	東証1部 銀行	¥346 ↑	+19 (+5.8%)	33,992	352.12	-1.73%	346.17	-0.04%
6	9536 西部ガス	東証1部 電力・ガス	¥247 ↑	+5 (+2.1%)	124	244.04	1.22%	247.12	-0.04%
7	5563 新日本電工	東証1部 鉄鋼	¥164 ↑	+2 (+1.2%)	345.1	166.33	-1.39%	164.10	-0.05%

「出来高」をチェックすると34万株以上あるので、取引するのに十分

Ⓑ 長期のトレンドを分析して、トレードの対象になることを確認する

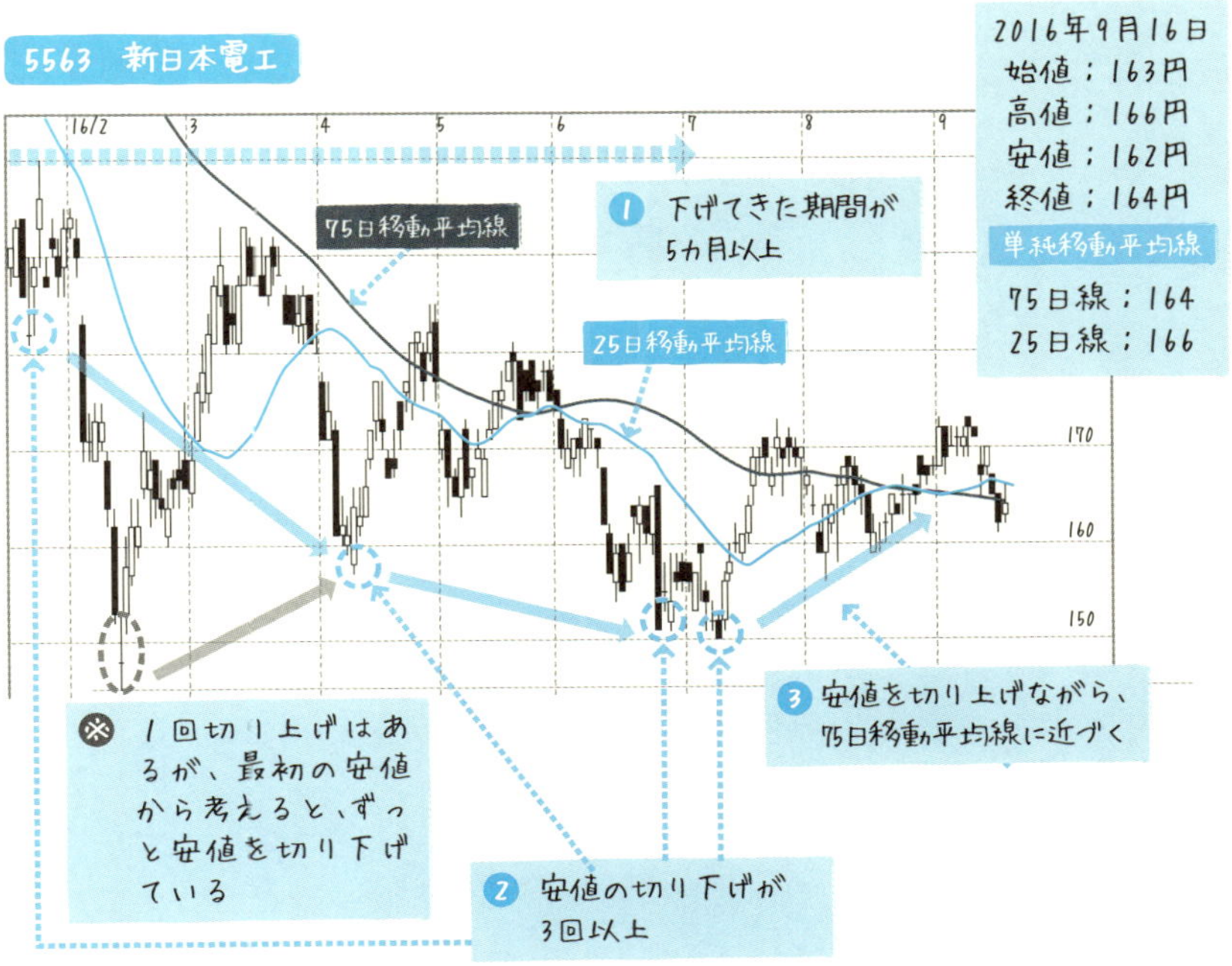

えるのではなく、この1年間の流れと現在の株価の位置を把握します。この銘柄の場合、2月から7月中旬の底値まで5カ月以上に渡って下げてきており、安値も3回以上切り下げてきました。また、直近になって安値の切り上げがはじまると同時に、75日移動平均線が下向いた状態で2回ほど小さい波で超えたことを示しています。

直近で見ると、数日前に75日移動平均線を1回超えて、波が大きくなったあと、再び戻ってきて75日移動平均線に接近しているところです。

取引量から見ても、株価の位置的にもほぼ完璧な状態といえます。

トレード計画は最後、これが無駄のないプロのトレード順番

Ⓒ 当日の価格情報に基づき、トレード計画を立てる

ここまでくると、あとはセオリーどおりにトレード計画を立てるのみです。75日移動平均線を3回ほど超えたことがあるうえに、安値は3回ほど切り上げているので、トレンドが発生する可能性は十分にある状況です。同日の終値と75日移動平均線の値を確認すると、終値：164円、75日移動平均線：164円になっています。「164円＋1円＝165円以上になると買う」と、逆指値注文を設定するのが正しい注文の出し方です。これでトレード計画まで立てられたので、無事完了です。

ちょっと待ってください。本当に完了ですか？　何か忘れていませんか？　1番大事なことが抜けていることに気づきませんか？

そうです。買いの計画ができたなら、早速売りの計画、つまりロスカットの設定です。「買いと売りが同時に見える」トレードでなければ、そのトレードはやってはいけません。

この場合は、明日75日移動平均線を超えるポイントで買うので、明日つくられる「75日移動平均線の価格−1円以下」になるところで売るように設定するのが正しいロスカット売りのしかたです。

これで効率的に銘柄を仕入れ、トレードの計画を立てるところまで一貫して行うことができるようになりました。このプロセスをよりわかりやすくするための特典動画があるので、ぜひご覧ください。

特典動画⑧ 銘柄の仕入れから取引計画まで
(http://www.tbladvisory.com/book003)

● **答えあわせ** 選定された銘柄のトレード計画

Ⓒ 当日の価格情報に基づき、トレード計画を立てる

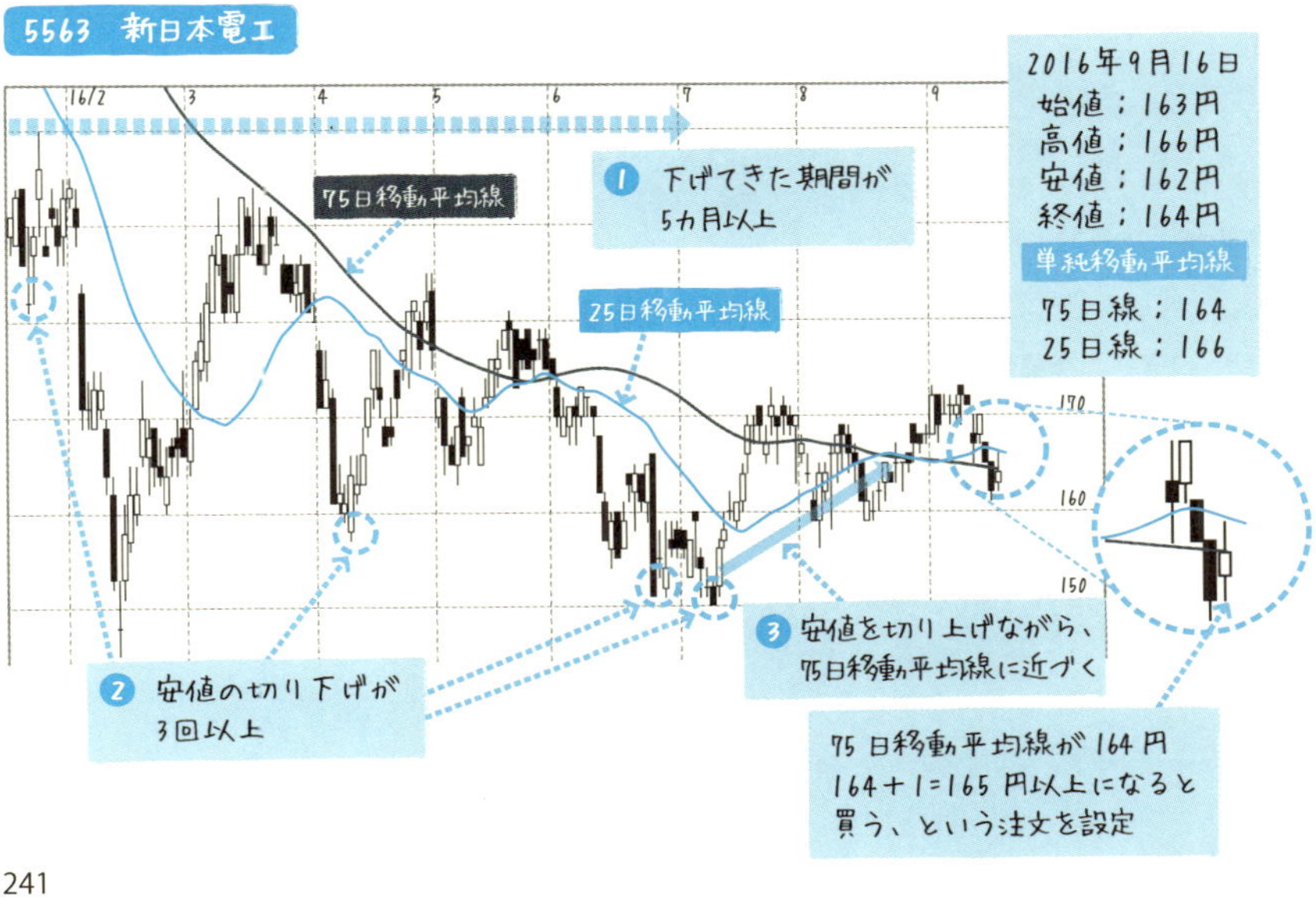

2 そのほかの、有用な銘柄の仕入れ先ランキング

ここで紹介したテクニカル関連ランキング以外にも、私がたまに使う有用なランキングサイト情報を紹介しておきます。紹介するサイトの特徴はテクニカル関連だけでなく、ファンダメンタル関連のランキングもいろいろな切り口で探せるということです。また、空売りの観点で使えるランキングもあるので、買いと売り、両方に取り組みたい人にもお勧めです。

❶ 割高になっている銘柄を選びたいとき

株マップ.com

相場の状況が過熱気味で、天井を迎えつつあるときによく使うサイトです。

本書では割安、75日移動平均線に近いものを中心に銘柄を仕入れましたが、あえて位置的にもファン

● 株マップ .com（http://jp.kabumap.com/）

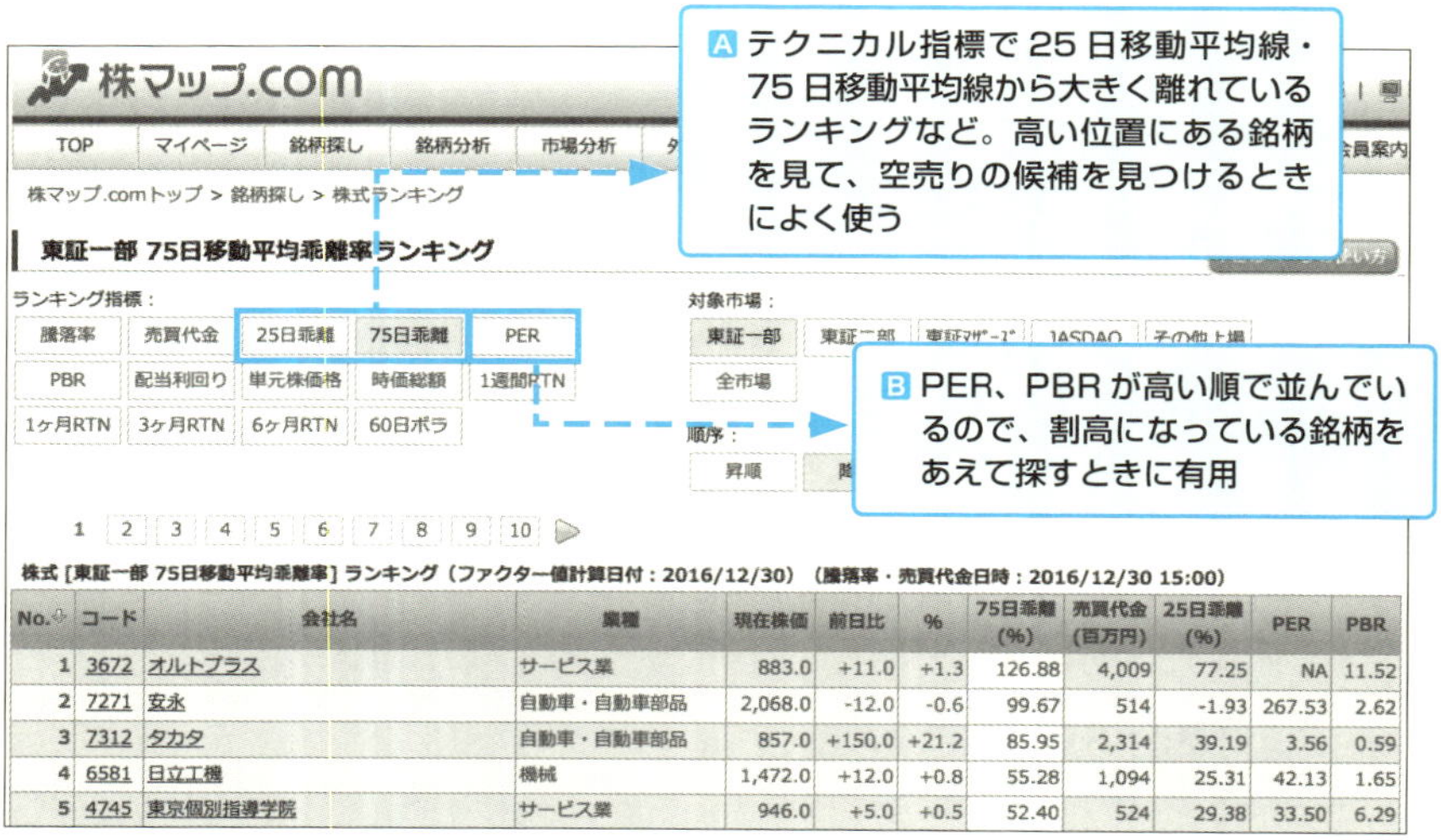

株式［東証一部 75日移動平均乖離率］ランキング（ファクター値計算日付：2016/12/30）（騰落率・売買代金日時：2016/12/30 15:00）

No.	コード	会社名	業種	現在株価	前日比	%	75日乖離(%)	売買代金(百万円)	25日乖離(%)	PER	PBR
1	3672	オルトプラス	サービス業	883.0	+11.0	+1.3	126.88	4,009	77.25	NA	11.52
2	7271	安永	自動車・自動車部品	2,068.0	-12.0	-0.6	99.67	514	-1.93	267.53	2.62
3	7312	タカタ	自動車・自動車部品	857.0	+150.0	+21.2	85.95	2,314	39.19	3.56	0.59
4	6581	日立工機	機械	1,472.0	+12.0	+0.8	55.28	1,094	25.31	42.13	1.65
5	4745	東京個別指導学院	サービス業	946.0	+5.0	+0.5	52.40	524	29.38	33.50	6.29

ダメンタル的にも「割高」になっている銘柄を探すときは、「**株マップ.com**」がお勧めです。

❷ こんなのはないかな? と思ったら 株探《かぶたん》

名前のとおり、株を探すために有用なサイトです。「もしかしたらこんなランキングはないかな?」と思うと高い確率であったので非常に印象的なサイトでした。

ファンダメンタルも3カ月単位で注目、最高益更新などユニークな切り口で並んでいるので、想像力豊かな投資家にぴったりです。

● 株探《かぶたん》(http://kabutan.jp/)

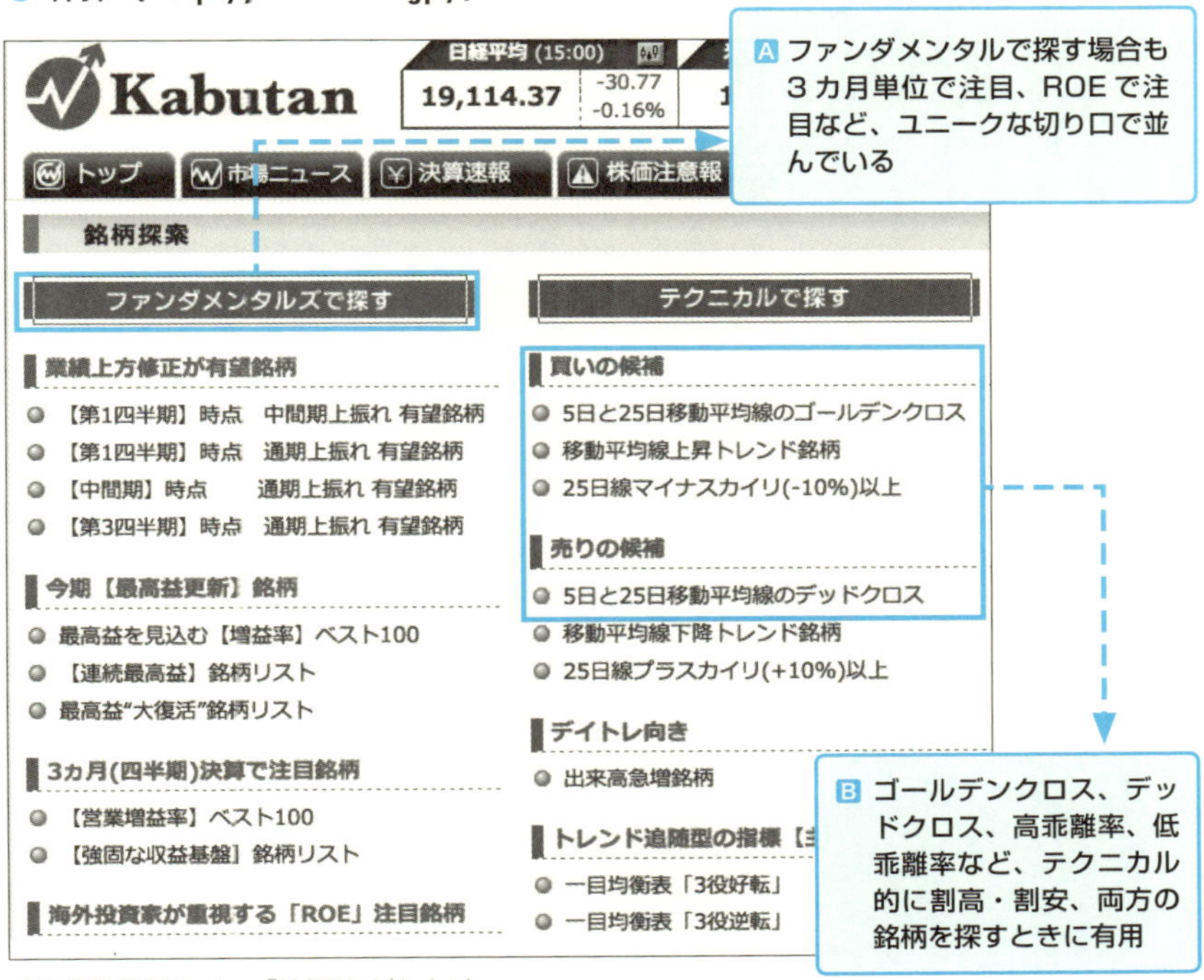

©有望株発掘サイト「株探(かぶたん)」

あとがき

多くの著書を生み出したわけではありませんが、新たな著作が世の中に出るたびに2つの気持ちが交差します。やっと終わったという安心感と、これが読者のみなさまにどのように受け入れられるのかという不安。

2つの相反する気持ちを持ったまま世に送り出すのは、子どもが独り立ちすることを見守る親の気持ちと一緒だと思います。幸いなことにここまで出した著作はすぐさま書店の本棚から消えることなく、重版を重ねながら世の中に広がっています。「なぜ外国人が日本株を語る必要があるの？」という疑いから「ジョンの本だから信用して買う」と言ってもらえるところまで至ったのは、すべて公平に評価してくださった読者のみなさまのおかげです。

前作を出してからずっとリクエストされてきた、「実際のチャートを見ながら実践の練習ができる」「それでもって内容もしっかりしている本がほしい」という要望にやっと応えることができたと思います。

はい、いつものとおり、孤独な個人投資家を支援する強力な実践帳ができました！

「つまらないものですが、どうぞ」といった時代遅れの謙遜は言いません。本当にあなたのことを思って最善を尽くした本をお届けします。あとはこの武器を使うあなた次第です。

この本も多くの人に支えられて誕生することができました。

今回も大きな関心とアドバイスを惜しげもなく出していただいたソーテック社の福田清峰編集部長に感謝の念を申しあげます。

初作が出るときはまだオムツが取れていなかったけれど、いつの間にか小学生になった息子のJinwoo君、ボーイフレンドを連れてリビングに現れパパを悲しませた娘のAyeonちゃん、内なるパワーで猿のように飛び回る夫を支える妻のワジュンにも宇宙一の愛情を送ります。

陰で会社を支えるサポーターとして、大事なビジネスパートナーでもある小田晃洋、石井香織、遠山有美子にもいつもありがとうと感謝の気持ちを伝えます。沖縄にいながらマレーシアの私を応援してくださる太陽の笑顔、新里哲也さんにも感謝します。

電子書籍という素晴らしいしくみで、いつでもどこでも会えるようになった全世界の読者のみなさま、北海道をはじめ、東京、沖縄まで広がったTBL投資アカデミーの素晴らしい仲間たちにも感謝します。いつもお話ししているように、みなさまの声援なしに今の私はありません。

そのほか、お一人おひとり名前を挙げるべきですが、私のここまでを支えてくれたすべての人たちに感謝します。私が現れる前より世界を1センチでもいい方向に進められるものを持って、また戻って参ります。

いつもありがとうございます。

ジョン・シュウギョウ（J.Jung）

世界一《せかいいち》やさしい　株《かぶ》の練習帖《れんしゅうちょう》　1年生《ねんせい》

2017年3月15日　初版第1刷発行
2024年2月29日　初版第10刷発行

著　者　ジョン・シュウギョウ
発行人　柳澤淳一
編集人　久保田賢二
発行所　株式会社　ソーテック社
〒102-0072 東京都千代田区飯田橋 4-9-5　スギタビル 4F
電話：注文専用　03-3262-5320
FAX：　03-3262-5326
印刷所　図書印刷株式会社

ISBN978-4-8007-2040-5